100 Regional Problems in the World

図説 世界の
地域問題
100

漆原和子・藤塚吉浩・松山 洋・大西宏治 編

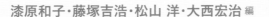
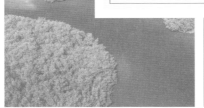

ナカニシヤ出版

.

まえがき

　『図説 世界の地域問題』は2007年に発刊された。この『図説 世界の地域問題 100』は十数年ぶりにあらたな視点で地域問題を見直すことを目的として，2020年から編集作業をはじめ，2021年に完了した。

　この十数年間で，国境を越えた問題がより一層クローズアップされるようになり，また地球規模での気候変化に伴う現象もより顕著になってきている。それに伴い，生態系の変化も我々の生活により大きく影響するようになってきた。そして，COVID-19の出現と蔓延により，諸活動が大きく制限された。本書では，地理学の分野を超えて，地球科学，社会学，都市計画，動物生態学などの研究者にもご協力をお願いし，できるだけ直近の地域問題にせまってみた。

　『図説 世界の地域問題』は，地理教育の現場で主題図を通じた地域問題を取り上げる入口になるように配慮して作成された。地理教育のおかれた状況は，15年間に大きく変化した。2022年度から高等学校の必修科目として地理総合が開設されることとなった。地理総合には，①地図とGIS，②国際理解と国際協力，③防災とESD（持続可能な開発のための教育）という3つの柱があり，それらが相互に関連しながら教科内容を構築することとなる。地図の重要性が改めて取り上げられることとなった。本書では，主題図が地域の課題を可視化し，解決までの道筋を示す重要なツールであることを教育現場で示してもらえるように考えてみた。

　本書の想定した読者は，総合的な学習の時間の調べ学習で世界の地域問題に関心を持ち始めている高校生，地理学や環境論を勉強しつつある大学生，卒業論文のテーマを探している学生諸君，そして教材を検索している高校までの地理学担当教員の皆さんである。また，本書の執筆のために聞き取りをさせていただいた自治体職員や市民の皆さんのなかにも，世界や日本の地域問題に大いに関心を持ち，地域の自然環境の変化や生活実感の変化に気づいておられ，それがなぜなのかを考えておられる方々が多かった。下書きを読んでいただいた市民の方々には，「新聞記事より論理的で，かつ深く掘り下げていて，なぜなのかよくわかった」という声もきかれた。是非市民の方々にも，本書を手にとってほしいと願っている。

　できるだけ読者が理解しやすいように，それぞれのテーマの導入に工夫を凝らし，図表を多用した。世界も日本も広い範囲からテーマを収集し，地域の抱える直近の問題を扱いつつ，執筆者が考える対策をそれぞれの章の最後に書くように努めた。読者が行ったこともない，想像もつかない事象のために，カバーに内容に関するカラー写真を載せたので，興味を持った写真があればその章を読んでもらいたい。そのテーマをさらに知りたいときには，引用文献やURLをあげているので，読者自身で深く掘り下げて調べることができる。刻々と変わる世界の変化を捉えることは容易ではない。読者にとって本書が，世界の地域問題の理解の糸口となることを，編者は願っている。

2021年11月

編者一同

目　次

図説 世界の地域問題 *100*
100 Regional Problems in the World

1 *General Remarks*
世界の地域問題
Regional problems in the world

1 地域問題の視点

地域問題の定義はこれまで多くの研究者によって述べられている（川島，1988；石原・森滝，1989；小金澤，1992；竹内，1998）。竹内（1998）によると，地域問題とは「広義の資源」の配分システムに関わる問題である。「広義の資源」の配分に格差があっても，地域問題を問題として提起する主体がなければ，地域問題は顕在化しない（竹内，1998）。本書では，この視点にさらに自然現象が強くはたらいて人間活動に何らかの支障をきたす場合も含めて，地域問題を扱うことにした。そして，それぞれの執筆者が人間活動によって生ずる負の事象があらわれると考えた地域問題を主として取り上げた。

地域問題を認識するにあたり，地域のスケールへの配慮が重要である。すなわち，スケールが変わると，認識される事象が異なる場合がある。例えば，マクロスケールの世界規模の視点や，大陸規模のメソスケールの視点からは，インナーシティ問題のようなミクロスケールの地域問題は認識されない。本書では地域のスケールに配慮し，地域問題を世界規模のもの，大陸の中のものに大きく区分し，それを図1に示した。そして，大陸の中の地域問題は，大から小のスケールへと配列するとともに，地域的なつながりを重視した項目の配列とした。

2 本書所収の新たな地域問題

本書の対象とした項目の地域を示す図1では，ほぼ全世界が網羅されており，南極を除く全世界に地域問題があることがわかる。本書では，前作（漆原ほか，2007）で取り上げられなかった地域を重点的に取り上げた。西アジアではドバイ（51），中央アフリカではナイジェリア（23），カリブ海諸国ではジャマイカ（32），太平洋の島々については，ツバル（16）に加えて，サモア（17），ハワイ（35）などを対象とした。

地球規模の最も深刻な問題は，地球温暖化である。本書では地球温暖化も項目（9，10，11）として取り上げた。

自然現象にともなう大きな地域問題は，日本国内に多い（図2）。2011年に起こった東北地方太平洋沖地震は広い範囲の被害をもたらしたので，地震のメカニズム（95），津波により非常電源が失われて起こった原子力発電所からの放射性物質による汚染（96），津波による市街地の破壊の問題への対処（97）の3項目を取り上げた。日本国内では，熊本地震（77），西日本豪雨（80），御嶽山の噴火（89），首都圏の洪水（91）など深刻な自然災害が起こったため，本書に所収した。

2010年代になり，世界的に深刻化してきたのが，難民の問題である。深刻な内戦状態にあるシリアからの難民は，トルコやギリシャを経由し西欧諸国を目指して移動し，最大の受け入れ国となったのがドイツである。ドイツでは米軍基地の縮小に伴い，難民の受け入れ先となった事例を項目として取り上げた（45）。信仰する宗教の違いからミャンマーで差別を受けたロヒンギャの人たちは，世界最大の難民数となり，隣国バングラデシュに来たが，境遇は十分ではなく，その問題についても所収した（61）。

国際的な人々の移動にともない問題となるのが，国境管理である。アメリカ合衆国大統領が国境管理を厳格にして，不法な越境者を無くそうとしたことがあり，本書では項目として所収した（36）。

2019年に発生した世界規模の問題は，COVID-19による感染症の拡大，すなわち，パンデミックである。本書を編集していた2021年10月現在では，パンデミックが進行しており，問題を総括することが不可能なため，本書

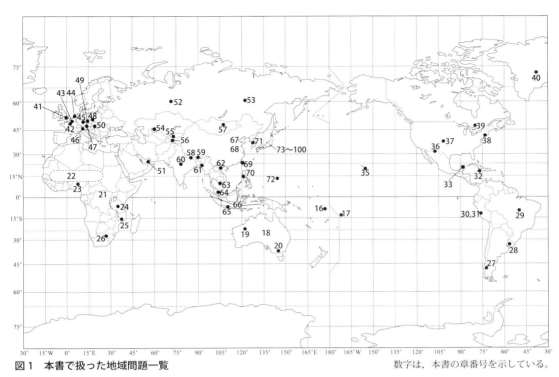

図1　本書で扱った地域問題一覧　　　　　　　　　　　　数字は，本書の章番号を示している。

総論

への所収は断念した。

3 『図説 世界の地域問題』の問題は解決したか？

　前作の1では，「20年後，30年後には，本書で扱った地域問題の多くが解決し，問題地域ではなくなっていることを願いたい」と締めくくった。前作で取り上げた地域問題は，その後どのような状況になったのか。前作と同じテーマは12項目あり，その内容について検討する。

　地球温暖化に関連して，世界の氷河は後退し続けており（11），海抜の低いツバルでは潮位の高いときに水没する状況は変わっていない（16）。インカ道の遺跡は砂漠による埋没の程度はそれほど大きくなく，むしろ工業や都市開発の影響が深刻である（31）。魚毒漁は環境へのダメージが大きく，各国政府により禁止されたが，ナポレオンフィッシュの希少価値から，不法な漁業活動が続けられている（66）。

　地域問題のスケールが小さければ，問題の解消がすすむわけではない。たとえば，南アフリカで廃止されたアパルトヘイトは，ネオアパルトヘイトの地域問題として継続している（26）。ロンドンのインナーシティ問題は，水路沿いの再開発を契機に変わりつつあるが，東部では問題の程度は大きい（41）。ニューヨーク市のジェントリフィケーションは，COVID-19の影響でさらに地域を拡大する（38）と考えられる。

　本書で取り上げた地域問題については，今後も注視し続けて，問題の推移を見極めることが必要である。

図2　日本の地域問題
　　数字は図1と対応し，本書の章番号を示している。

（漆原和子・藤塚吉浩・松山　洋・大西宏治）

2 General Remarks
地域問題の見つけ方
How to find regional problems?

1 問題発見の論理

地域問題の見つけ方に王道はない（もし，そのような方法があるのなら，こちらが教えてもらいたいくらいである）。しかしながら，「こうすれば地域問題を見つけることができるのではないか？」という経験則ならば語ることができる。本章では，筆者の経験に基づき，地域問題の見つけ方のヒントになりそうなことについて述べる。

2 とりあえず行ってみる

誰しも，気になる場所というものがあると思う。特に，読んだ本に出てくる場所には行ってみたくなるものである。

『地図学の聖地を訪ねて』（松山，2017）は，まさにそのような視点で書かれたものである。高校の地理の教科書の中には，「日本経緯度原点」や「日本水準原点」が写真で示されているものがあり，どちらも筆者が住む東京都内にあるものだから，現物を見てみたかったというのが松山（2017）の執筆の始まりだった。しかしながら，具体的な所在地（日本経緯度原点：港区麻布台 2-2-1 中央官庁合同会議所構内；日本水準原点：千代田区永田町 1-1 憲政記念館構内）を調べて現場に行ってみたところ，どちらも絶体絶命の危機に陥ったのである（写真1）。

実は，日本経緯度原点は，写真1 (a) で右を向いたところにあった。また，(b) はどうも車両進入禁止のようであり（実際，そのような道路交通標識になっている），憲政記念館の入口から人が入場する分には全く問題がなかった。それにしても，自分で経験したことというものは強烈であり，それに関する知識等は自然と身につくものである。松山（2017）は全編，このような調子で書かれているため，地域問題を見つける際の参考になるかもしれない。

3 繰り返し行ってみる

筆者は，同じところに時を隔てて行ってみるのが好きである。その例として天山山脈（中国）ウルムチ河源頭1号氷河がある（松山，2015）。

天山山脈ウルムチ河源頭部は標高約3300mである。ここに初めて行ったのは1994年8月のことであった。当時の日本では氷河の存在は認知されておらず，筆者にとって氷河を見るのは初めてのことであった。その10年後，現地を再訪する機会があり，1号氷河の写真を撮ったところ，期せずして10年前とほぼ同じアングルで写真が撮れた。時を隔てた2枚の写真を並べたところ，筆者には1号氷河の状態はあま

写真1　(a) 日本経緯度原点と (b) 日本水準原点の現場を訪れた時の現場の様子
(a) (b) ともに 2004 年 5 月撮影。2020 年 4 月現在，(a) は駐日アフガニスタン大使館になっており，付近の様子は変わっている。松山（2017）による。一部改変。

り変わっていないように見えた（本書の目的は「主題図で地域問題を語る」ということなので，あえて，この写真は載せないことにする）。地球温暖化に伴う山岳氷河の後退が世界各地で報告されているが，「ここでは，温暖化の小休止が起こっているのかもしれない」と思ったものである。

　2014年に，今度は同じアングルで写真を撮ることを狙って1号氷河を再訪した。氷河は縮小していたが，思い通りの写真は撮れなかった。その理由が分からず，翌年も現場に行ったところ，付近の地形が改変されていた。1号氷河のモニタリングのため，この10年の間に気象観測タワーが設置されていたのである。

　ここで挙げたのは極端な例かもしれないが，同じところに時を隔てて行ってみることでしみじみと考えることもある。次は2024年に1号氷河を訪問したいと思っている。

4 とりあえず行ってみたら，地域問題の真っただ中だった

　最後に別の事例を挙げたい。筆者は，2017年3月に初めて小笠原諸島 父島を訪れた。首都大学東京（当時）の野外授業の担当教員だったのだが，小笠原を初めて訪問するものだから，筆者も引率学生のようなものであった。東京都心から父島へは，基本的に6日に1回出航するおがさわら丸に乗って24時間船の旅である。

　この時の小笠原諸島は大渇水で，1980年以来，37年ぶりに父島の水道用ダムの総貯水率が20%を下回るにまで至った（松山，2018）。小笠原村では，総貯水率が50%を下回った時

に渇水対策本部が設置され，小笠原村公式サイトでは毎日，前日の父島における水使用量と水道用ダムの総貯水率が発表されていた。野外授業の打ち合わせがあった2016年12月上旬以降，毎日，小笠原村公式サイトにアクセスしてこれらの数値を記録していた筆者は，水使用量に6日周期の増減がみられることに気がついた（図1）。

　住民基本台帳によると2017年3月1日現在の父島の人口は2,127人，一方，おがさわら丸の乗船客数は，500〜700人である（図1）。つまり，おがさわら丸が父島に停泊している3日間は，父島の人口は約30%増加することになる。これは，水資源が限られている島嶼ではものすごく大きな人口増加率である。

　ここで述べたことは，父島の皆さんにとっては当然のことだったようだが，水循環の研究をしている筆者には興味深い「発見」であった。

　初めて小笠原に行った2017年3月が水不足の真っただ中であったこと，そして2018〜2019年に小笠原は再び渇水に襲われたこともあり，「小笠原の研究をしなければならない」という運命みたいなものを感じている。そのため最近では，小笠原の水資源や，渇水をもたらす大気循環場の研究が，筆者のメインテーマになりつつある。

5 問題意識をもつ

　結局，地域問題を見つけるためには，興味を幅広く持ち，現場に出て，「どうしてこうなるのだろう」と考え続けることが重要なのだと思う。問題意識があるかないかで，同じ風景でも見え方が違ってくるだろう。筆者はかつて，「なぜに答える学問，それが自然地理学」という話を書いたことがあるが（松山ほか，2014），このことは自然地理学に限らず人文地理学にもあてはまるだろう。本書では，多くの地理学者が分担執筆しており，それぞれの著者の地域問題への想いとその解決策に関する見解が述べられている。そういう意味で，著者たちが，地域問題をどのように捉えているのかに注目して本書を読むのも，面白いかもしれない。

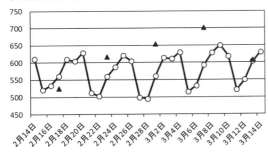

図1　2017年2月14日〜3月14日の父島における水使用量（t／日）とおがさわら丸の乗船客数（人）
後者はおがさわら丸が父島に入港した日にプロットされている。松山（2018）による。

（松山　洋）

総論

3 地理院地図の自然災害伝承碑
Natural disaster monument on GSI Map

1 地理院地図とは

2007年に制定された地理空間情報活用推進基本法では，国土地理院の作成する基本図の更新に必要なデータの種類を限定して電子的に基本図を作成することとなった。紙の地形図と異なり，電子的に情報を修正できることで，容易に更新頻度を上げられるようになった。

また，地域に開かれた地図を作成するために，様々な地図記号を一般に募集したり，社会的に役立つ地図記号を考案しようと検討を広げてきた。その結果，小学生などの提案から，老人ホームや風車，図書館，博物館などの新たな地図記号が付け加わることになった。さらに，社会的に有用な地図記号を考え，災害の痕跡を表す地図記号を考えた。それが，「自然災害伝承碑」という新たな地図記号である（**図1**）。

2 自然災害伝承碑

国土地理院では電子的に整備した基本図をウェブ地図の地理院地図で公開している[1]。そして，2019年6月から自然災害伝承碑の掲載を開始した。自然災害伝承碑は，過去に発生した地震や津波，洪水，火山災害，土砂災害等の自然災害の情報を伝える石碑などの位置を示したものである。地理院地図上で自然災害伝承碑の地図記号をクリックすると伝承された災害がどのようなものなのか，石碑の写真とともに情報を取り出すことができる。東京駅周辺の地震災害の伝承碑を示してみたのが**図2**である。

自然災害伝承碑は2018年7月の西日本豪雨災害がきっかけで載せることになった。豪雨災害で被害を受けた広島県坂町では，1907年に発生した大水害の被災状況を伝える石碑が現地

に建立されていたものの，地域住民には十分に伝わっておらず，災害に対してその教訓を活かすことができなかった。国土地理院は，過去の災害の教訓を地図上に示し，的確な行動につなげられるようにこの地図記号の掲載を開始した（国土地理院応用地理部，2020）。

2021年10月現在1,105カ所の自然災害伝承碑が登録されている。地域的な偏りはあるものの，47都道府県すべてに自然災害伝承碑が登録されている（**図3**）。現在，登録されている伝承碑数の多い都道府県は岩手県が109，高知県が80，三重県が63である。岩手県は津波の被害の伝承碑が多い。高知県は安政南海地震などの津波被害に加え，豪雨災害の伝承碑も登録されている。三重県では安政東海地震の伝承碑もあるが，伊勢湾台風の伝承碑が数多く存在する。伊勢湾台風の伝承碑は三重県から愛知県にかけて広がっている。

3 自然災害伝承碑からわかる災害

地理院地図を活用して自然災害伝承碑の

図2　東京駅周辺の地震災害の自然災害伝承碑（地理院地図）

地図記号

自然災害伝承碑	老人ホーム	風車	博物館	図書館
制定年　2019 年	2006 年	2006 年	2002 年	2002 年

図1　新たに加わった地図記号

分布などを解釈することも可能である。例えば1959年に発生した伊勢湾台風は，高潮被害により5,000人を超える死者・行方不明者を出した。その高潮被害の地域を拡大し，標高段彩図と自然災害伝承碑を重ねてみた（**図4**）。黒が標高0m未満，グレーが標高5m未満を表している。高潮被害は内陸部まで入り込んでいるものの，標高5mを超えるところまでは入り込んでおらず，丘陵地などは海岸に近くても無事のところが多い。低地に高潮被害が集中したことがわかる。このように，地理院地図に備わっている標高段彩図や陰影起伏図，そして古い地形を示している土地条件図や治水地形分類図，都市圏活断層図など，災害の手がかりになりそうな様々な地図と自然災害伝承碑を組み合わせて，過去の災害を学ぶことができる。このようにして，地理院地図は地域の防災学習へも活用が期待される。普段，何気なく見ている災害のモニュメントと地図を組み合わせることで，地域住民の防災意識を喚起することができそうである。

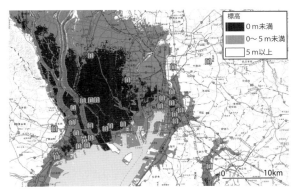

図4 標高段彩図と組み合わせた伊勢湾台風の自然災害伝承碑
地理院地図より作製。

4 自然災害伝承碑の活用の課題と可能性

地理院地図を工夫して自然災害伝承碑を地図記号としたものの，地理院地図が一般に普及しているとはいいがたい。地図に詳しい人や地図好きな人にしか波及効果がない。ただし，2022年度から高等学校において地理歴史科の必修科目として「地理総合」が設置される。地理総合の内容の柱の一つが地図・GISの活用であり，地理院地図は授業で積極的にとりあげられるであろう。このようにして社会の中での認知は高まっていくものと推測される。特に地理院地図は学校教育の中だけでの活用ではなく，大変便利なので，防災や趣味等で専門家以外にも活用してもらいたい。

もう一つ注意したいのは，現存する自然災害を伝承するモニュメントのすべてが地理院地図の上に掲載されているわけではないことである。自然災害伝承碑の掲載を国土地理院に申請できるのは，市区町村だけである。市区町村が申請書類を作成し，モニュメントを撮影した現地写真を準備し，それらを併せて国土地理院に送り，国土地理院が確認すると，地理院地図に掲載される。市区町村の中にはモニュメントの登録をすると，その維持管理まで責任が生じるのではないかと危惧しているところもある。その結果，存在していても掲載されていない災害のモニュメントが数多く存在する結果となっている。

市区町村が自然災害伝承碑のデータ整理などを市民参画型で実施する仕組みを構築し，官民連携型の事業として取り組むことができないだろうか。地理空間情報を市民が参加しながら構築する第一歩になる。数多く存在する自然災害伝承碑を収集掲載して，より活用しやすいものが構築されることが期待されている。

1) https://maps.gsi.go.jp/（最終閲覧日：2021年11月1日）

（大西宏治）

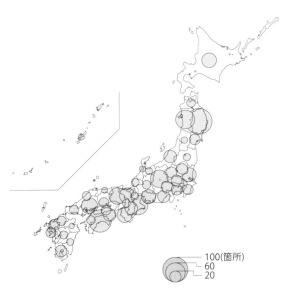

図3 自然災害伝承碑の都道府県別分布
国土地理院の資料により作成。

100(箇所)
60
20

4 「地図にない場所」をなくすには
―クラウドソース型ウェブ地図の進展
General Remarks
Progress of crowdsourced webmap

1 多様化するウェブ地図と 「地図にない場所」

　現在，私たちの毎日の暮らしにおいて，インターネットを利用する機会は飛躍的に増大しているが，そのひとつがウェブ地図の利用である。2005年にグーグルマップのサービスが始まるなど，いまや自分の知らない場所を調べたり，訪れたりする際にウェブ地図を用いることは当たり前になった（若林，2018）。

　その一方でこうしたウェブ地図に掲載されていない場所が数多くあることはあまり知られていない。世界的にみれば，建物や施設などの情報を含む詳細な地図のある地域は先進国のごくわずかな範囲に限られ，途上国の農村の多くはウェブ地図上に存在しないいわば「地図にない場所」である。

　このような状況を打破することを目的のひとつとして，クラウドソース型ウェブ地図と呼ばれる新たな形の地図が作られるようになってきた。2010年に発生したハイチ地震ではグーグルマップなどの既存のウェブ地図では非常に貧弱なデータしかない状況において，不特定多数の人々が情報を編集・共有することの可能なクラウドソース型ウェブ地図が活用された。提供された衛星画像をもとに，世界中のマッパー（mapper：マッピング活動を行っている人々のことをいう）が迅速に道路や鉄道網・水路，建物・避難所などのマッピングを行い，これらをもとに被害の把握や国際的支援活動が実施された（川崎・目黒，2010，**図1**）。

　この活動が行われたクラウドソース型ウェブ地図がOpenStreetMap（以下OSM https://www.openstreetmap.org/）である。OSMは，2004年に当時University College Londonの大学院生であったSteve Coastによって開始されたプロジェクトで，英国測量部により作成された地図をインターネット上で自由に使うことができないという制約から，人々の投稿したデータによって地図を作成することを発想し，始まったものである。このような自由な地図を編集・利用したいと考えるマッパーは増加しており，16年以上が経過した現在，登録ユーザ数で754万，登録された点データで67億を超え（2021年2月現在），今も日々増加している。

　OSMはだれもが自由に編集し，使うことのできる地図として，人々の多様なニーズを反映

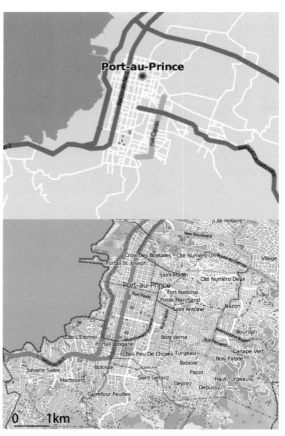

図1　2010年ハイチ地震のポルトープランスにおけるOSMのクライシスマッピング（上：発災前，下：発災後）
Haiti OpenStreetMap Team　の地図（Base map and data from OpenStreetMap and OpenStreetMap Foundation, https://www.hotosm.org/updates /2010-01-12_haiti_openstreetmap_response_by_mikel 最終閲覧日：2021年9月18日）を一部拡大。

したウェブ地図が作成されている。そのひとつが、クライシスマッピング（西村、2017a）と呼ばれる災害や疾病に関わるマッピング活動である。2011年の東日本大震災や2015年のネパール大地震などの大災害だけでなく、地域の小規模な災害、マラリアやエボラ出血熱などの感染症などにおいても迅速に被害や状況を共有し、その先の支援活動に結びついたマッピングが行われている（**写真1**）。

2 OSMの地図作成方法の特徴

ユーザ自身がデータを収集し、編集するOSMの地図作成方法は、それ以外のウェブ地図とは大きく異なっている。例えば、国土地理院が提供している地理院地図では、行政による基本測量成果をベースとして作成されている（このため2500分の1レベルの詳細な建物などのデータを持つ地域は都市計画区域を含む市町村に限られる）。またグーグルマップでは、衛星画像やスマートフォンのグーグルマップアプリユーザの移動履歴記録を中心としたデータなどを用い、人工知能（AI）・深層学習による分析に基づく地図作成を行っている。これに対して、OSMではユーザのフィールドワークによるデータ収集と、OSMでの利用が許可された衛星画像の人力によるトレースを中心とした地図作成を行っている（最近では衛星画像のAI・深層学習による自動トレースなども始まっている）。OSMの場合にはその地域の編集を行うマッパーがいなければ地図の詳細さは高まることがないが、逆に言えばマッパー自身の手で高めることができる。例えば日本の農山村部や離島では、その地域を編集するマッパーの存在によって他のウェブ地図と比較してもOSMのデータが最も充実している場合もある。

OSMの発展にとっては、数多くの自発的な協力によるマッパーと、マッパーの集まるコミュニティの存在が欠かせない。日本を含む多くの国で行われているユニークな活動のひとつとして挙げられるのが、マッピングパーティである。マッピングパーティとは実際に特定の場所に関心を持つ人々が集まり、OSMの編集にとって必要なフィールドワークの方法や地図データの編集方法などのマッピングに関わる知識を得るだけでなく、マッピングの楽しさを共有する場となっており、重要な普及啓発の場となっている。こうしたコミュニティを通じてユーザ自身が感じる「楽しさ」がOSMの重要な原動力のひとつになっている。

3 OSMと地理・GIS教育

OSMは特に大学での地理・GIS教育で世界的に活用されており、特にクライシスマッピングといった地図によるグローバルな災害支援は学生の関心も高い。学生を含む初心者に対してOSMではさまざまなオンライン上の学習方法が準備されている。ブラウザ上の編集アプリケーションであるiDでは、実際の編集作業に入る前にオンライン上で仮想データに対して、インストラクションの付いた基本的な編集作業を試すことが可能である。またlearnOSM・teachOSMという学ぶ側・教える側の両者に向けたコンテンツも整備されている。グローバルに合意されている地物の表記方法やマッピングの方法を知ることのできるOSM wikiページを通じて、ユーザ間の知識の共有も活発に行われている。

日本でも大学教育を中心にOSMを用いたクライシスマッピングが行われるようになってきており、学生中心の組織としてクライシスマッパーズ・ジャパンが設立されるなどしている。以上のようなクラウドソース型ウェブ地図への参加やその利用は、地理学・GIS教育の重要な一部として一層の浸透が望まれる（西村、2017b）。

（西村雄一郎）

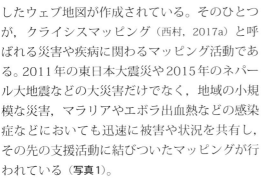

総論

写真1　2015年ネパール大地震翌日のカトマンドゥでのマッピング作業の様子
2015 Nepal earthquake（https://wiki.openstreetmap.org/wiki/2015_Nepal_earthquake）を一部拡大。

5 オープンデータと市民参加
General Remarks
Open data and the citizen participation

1 オープンデータの背景

オープンデータとは，この分野の普及啓発に取り組む国際的な非営利組織「オープン・ナレッジ・ファウンデーション（OKF）」によって次のように定義されている。すなわち「誰もが目的を問わず自由にアクセス，使用，変更，再配布できる。せいぜい出所とオープン性を維持するための要件を満たすことが条件である[1]」。このようなデータの民主化は，1950年代の科学データのオープンアクセス化をめぐる議論をはじめ，世界的に希求され続けてきた課題である。

21世紀に入り，世界的にオープンデータが着目される契機となったのは2000年代後半からの政府・行政機関での取り組みである。この頃，欧米諸国を中心に「オープンガバメント（開かれた政府）」と呼ばれる概念が注目された。これは，政府機関の意思決定や公共サービスに対して，市民自らが文書や手続きなどにアクセスする権利を保証し，透明性のある政府の実現を志向するものである。また，情報通信技術（ICT）の普及により，情報に対するアクセシビリティが高まったことも背景となっている。

特に大きな契機となったのは2009年に発足した米国の第一次オバマ政権において(1)政府の透明性，(2)市民参加，(3)官民連携の促進，をオープンガバメントの三原則として表明し，政府レベルで推進することを発表したことにある。この具体的な計画の一つとして，公共データの二次利用，すなわちオープンデータが推進された。さらに，2013年6月のロックアーンサミットで，日本を含むG8参加国の「オープンデータ憲章」が締結されたことも原動力となった（瀬戸, 2017）。

2 世界のオープンデータ

世界各国における政府機関のオープンデータの取り組み状況や効果測定は，シンクタンクなどの機関によって調査されてきたが，世界的な調査の代表例として，先述したOKFによるGlobal Open Data Index（GODI）がある。2017年5月に公開された第4版（2016年度）の調査は，94の地域を対象に，地図や統計など15の主要なカテゴリごとにデータセットのオープン性が指標化された。図1は第4版の総合スコア（100%）を分類した結果を表している。

結果を見ると台湾が世界第1位（90%）で，オーストラリアと英国が同率2位（79%），アメリカ合衆国は11位（65%）となった。そして日本は16位（61%；2015年は31位）であった。日本を含むスコアの上位国・地域は，政府予算や統計，法律・法制化草案のオープンデータ化が進んでいる一方，台湾を除いて土地所有の非開示が多かった。また，徐々にではあるものの

図1 世界のオープンデータ取り組み（2016年）
オープン・ナレッジ・ファウンデーションの調査資料により作成。

アフリカ大陸でも世界銀行などの支援により，国レベルでオープンデータ化が進みつつある。このことは，アフリカ諸国におけるICT産業の急成長とも相まって，情報アクセス権や政府の透明性の重要性が，民主化を進めるうえで高まっている点も大きいと考えられる。

3 日本におけるオープンデータの取り組み

日本国内におけるオープンデータ政策は，2011年3月の東日本大震災における情報共有の課題を契機に関心が急速に高まり，2012年「電子行政オープンデータ戦略」策定，2016年「官民データ活用推進基本法」，さらには2017年「オープンデータ基本指針」により，日本政府だけでなく地方自治体での取り組みが推進されるようになった。

図2は，2020年12月時点の地方自治体単位でのオープンデータ取り組み状況を示したものである。これは，地方自治体のホームページに「オープンデータとしての利用規約を適用し，データを公開」または「オープンデータであることを表示し，データの公開先を提示」してい

る市区町村を内閣官房IT総合戦略室（2020年当時）が調査した結果を元にしたものである。

この調査結果によると，全国1,741自治体のうち，868自治体（49.8%）がオープンデータを公開し，岐阜・京都・島根・石川・福井・富山・静岡の各府県は，全市町村で取り組みが実施されている。なお，市町村ごとの取り組みが低調な地域も，都道府県のオープンデータポータル上で，まとめてデータ公開が行われる場合もある。

人口規模別での集計結果によれば，政令指定都市の全市が取り組みを実施しており，人口20万以上の自治体においても95%以上で取り組まれている。地域情報化の一環で，地方自治体でのホームページ開設が推進された際と同様に，オープンデータが市民への基本的な情報提供手段になりつつあることを示している。

4 オープンデータの活用に向けて

オープンデータが地域の情報インフラとして整備されると同時に，活用する上では，オープンガバメントの基本原則にあるように，市民参加や官民連携の促進が肝要である。米国では2009年に非営利組織としてコード・フォー・アメリカが設立されたことで，地域的な諸課題に対して，ICTとオープンデータを駆使し，アプリケーション開発やデータ活用を担う活動，すなわち「シビックテック」が，中心的な役割を占めるようになった（稲継，2018; 瀬戸・関本，2018）。日本でも2013年にコード・フォー・ジャパンが設立され，コード・フォー・カナザワに代表されるように，地方自治体単位やローカルなコミュニティ単位で，日本国内で約80団体[2]が活動している。

地域の諸課題が複雑化・多様化するなかで，行政機関のオープンデータが自治体規模を問わず定着し，これらのデータを元にICTを組み合わせた公共サービスの新たな担い手として，シビックテックが新たな市民参加の一翼として重要性を増している。

1) https://opendefinition.org/（最終閲覧日：2021年2月18日）。
2) 2019年3月時点（コード・フォー・ジャパンによる）。

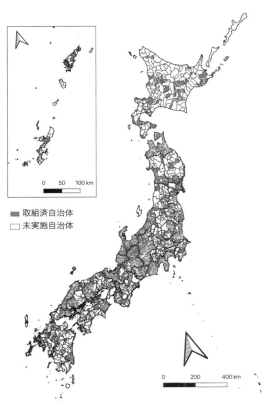

図2 **オープンデータ取り組み自治体**（2020年12月時点）
内閣官房 IT 総合戦略室の資料により作成。

■ 取組済自治体
□ 未実施自治体

（瀬戸寿一）

5

総論

General Remarks

地域問題を描く主題図の作成
Thematic maps sketching regional problems

1 主題図の作り方

地理学をはじめ，多少なりとも地域に関係のある学問分野で，論文やレポートに地図を掲げるのは，単に，地図を添えてあると分かりやすい，といった説明補助手段としてだけでなく，現象を地図化するということ自体が研究の重要なプロセスであり，それによって新たな発見や，発想の展開が期待できるからである（浮田，2005）。地域問題を主題図で示すことは，問題を認識する重要なプロセスである。

地図のデジタル化が進んでも，手書き時代の製図作業の伝統的な心得は，今なおその価値を失っていない（浮田・森，2004）ので，本章では手描きの**図1**をもとに説明する。**図1**は，1980年代前半の京都市西陣地区における世帯数の増加を示すために，国勢調査の調査区別集計結果を用いて作成した。国勢調査の調査区とは，各回の調査において1調査員につき約50世帯を担当することをもとに設定される。

図1は，ジェントリフィケーションの兆候を

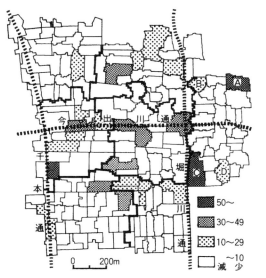

図1 研究対象地域の京都市西陣地区における国勢調査調査区別にみた世帯数の増加状況（1980～1985年）
A～Dは研究対象とした調査区を示す。藤塚（1992）による。

示す主題図であるが，現象を示すために用意された指標はない。職業別就業者数の変化を示せれば，ジェントリフィケーションの指標となりうるが，1985年の職業別就業者数の調査区別集計結果は存在しない。そこで注目したのが，世帯数の増加である。人口増加の方が適した指標と思われるかもしれないが，子どもの誕生による自然増が含まれるため，現象を的確に示すことができない。新たな来住者の動向を示すために，調査区別の地域単位では，世帯数の増加状況がより適切な指標となる。

ここでは**図1**を用いて，主題図の作り方について説明する。手描きの地図では，細かい作業が難しい。**図1**の塗りは，スクリーントーンを区画に合わせて，カッターナイフで切って貼り付けたので，完成図の大きさでは作業がきわめて難しい。そこで，2倍の大きさにして，線の太さは2分の1になることを考慮し，0.8mmのペンを用いて調査区界をトレースして，調査区別の白地図を作った。その上に「アミを掛ける」という，スクリーントーンを貼る作業を行った。凸版印刷で使われるアミの線数は120線まで（浮田・森，1988）が適切なので，**図1**の基図において使用するアミは，2分の1になることを考慮すると，最も細かくて60線までしか使用できない。「50～」の階級は，60線のアミを使用しており，全体を2分の1に縮小して仕上げた。密から粗になる段階区分を考えると，下の階級ではさらに粗いアミを使用する。図の仕上がりが影響を受けるので，図をつくる前のアミのスクリーントーン選びが重要となる。

主要街路を破線にしたのは，調査区のバウンダリー（境界線）と差異化するためである。主題図の仕上がりを左右するのは，街路名のような注記である。**図1**の解釈を「地理学概論」の講義で課題に出された受講生からは，「今出川

通といった通りの名前を示す文字の間隔が開き
すぎて見にくい」とのコメントがあった。これ
について授業担当者の浮田（1994）は，多少見
にくいかもしれないが，線の名称は「隔離字
隔」で注記すべきなので，この方がよいと説明
した。どこに文字を置くかが重要なのである。

2 地域問題を描く主題図

地域問題を主題図で示すためには，どの
ような工夫が必要となるのだろうか。**表1**では
本書に所収された主題図について，浮田・森
（1988）の分類を参照して，データの種類を名
目尺度，順序尺度，比例尺度に分けた。名目尺
度のデータは，事象を分類することが目的であ
り，事象を連想し類推できる記号で示す（浮田・
森，2004）。**図2**は，日本の地場産業地域や産地
を示すために筆者が作成した，事象を連想し類
推できる絵記号であり，これらは名目尺度の
データを示す点記号である。

順序尺度のデータは，事象のランク付けが目
的となり，面記号であれば，**図3**のようなもの
を使う。濃淡による段階区分は，コンピュータ
では簡単に設定できるが，7段階の区分は，人
間の目では十分に識別できない。その対処法と
して，**図3**上段の白と黒以外の階調模様を筆者
が作成し，段階区分とした。斜線は異なる方向
にして，太い線から細い線を利用し，密から粗
となるようにつくってある。この階調模様であ
れば，7段階の識別は容易である。

表1　データと記号の種類別に見た本書所収の主題図

	点記号	線記号	面記号
名目尺度のデータ	22	9	32
順序尺度のデータ	14	4	45
比例尺度のデータ	20	0	0

1枚の図に異なる種類の記号が含まれる場合にはそれぞれで数えた。

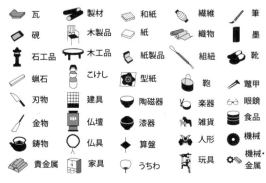

図2　産地を示す絵記号の点記号
藤塚・高柳（2016）による。

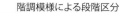

階調模様による段階区分

濃淡による段階区分

100%　80%　60%　40%　25%　10%　0%
図3　面記号の段階区分の比較

ブラジル　ジャマイカ　ブラジル　ジャマイカ

1次元表現　　　2次元表現
図4　国別コーヒー豆生産量の点記号の異なる表現方法

比例尺度とは，棒グラフの長さや円グラフの
面積を数量に比例させて作るものである（浮田・
森，2004）。コーヒー豆生産量を示す**図4**の
場合，ブラジルとジャマイカの生産量の比較に
は，棒グラフは適さず，円グラフとなる。

表1より，本書の地域問題を示す主題図の特
徴について考えると，線記号の使われた主題図
は少ない。アメリカ合衆国とメキシコとの国境
を示す本書36・**図1**の場合には，異なる線種で
示す必要があり，それは線記号でなければなら
ない。地域問題は地域という広がりがあるため，
線記号はあまり使われず，面記号の使われる場
合が多くなるのである。

地域問題を示すには，点記号も多く使われる。
特に，**図4**のような量を比例的に表す場合には
点記号が適している。本書では，ロンドンの空
き家数を区別に円グラフで示したり（本書41・**図
3**），イノシシの捕獲頭数の変化を棒グラフで示
したり（本書79・**図1**），多用している。

地域問題を主題図で表現するためには，デー
タの種類が，名目尺度，順序尺度，比例尺度の
いずれであるか考える。例えば，空き家の状況
を示すにも，実数が必要であれば比例尺度の点
記号が適切であるし，空き家率であれば，**図3**
の階調模様による段階区分により，順序尺度の
面記号で示すのが適している。

主題図で地域問題をわかりやすく示すには，
データの種類を精査して，基図は手描きできる
程度の情報に絞り，図の中で指標の記号がどの
くらいの大きさになるかという相対的関係を考
慮して作ることが必要である。　　（藤塚吉浩）

6

総論

高等学校必履修科目「地理総合」で大切にされていること
Key points of the new compulsory high school course "Geography"

1 「地理総合」設置の背景

2018（平成30）年告示の高等学校学習指導要領で，地理歴史科に念願の必履修科目「地理総合」（2単位）が設置されることになった。2022（令和4）年度から授業が開始される。

1989（平成元）年告示の高等学校学習指導要領以降，地理歴史科の必履修科目は世界史のみであった。一方，日本学術会議は，2007年以降次々と提言を公表する（表1）。例えば，2011年8月の『新しい高校地理・歴史教育の創造』（日本学術会議，2011）では，時空間認識のバランスという観点から高校地理歴史教育の改善の必要性が謳われ，「地理基礎」と「歴史基礎」の必履修化が提言された（碓井，2018）。また，京都府立西乙訓高校，東京女学館高校，神戸大学附属中等教育学校における地理と歴史の必履修科目設置に向けた研究開発学校での取組も盛んに行われたりして，新しい学習指導要領での地理必履修化に結びついた。

表1 高校の教育課程における地理の位置づけ，及び日本学術会議の提言等

	学習指導要領における地理の位置づけ，日本学術会議での提言等
1960 （昭和35）年版	「地理A」（3単位）と「地理B」（4単位）との選択必修。
1970 （昭和45）年版	「政治・経済」，「倫理・社会」が必履修科目。「日本史」，「世界史」と「地理A」（系統地理）もしくは「地理B」（地誌）から必履修科目を含めて4科目以上10～13単位を履修。比較的多くの高等学校では「地理A」または「地理B」を履修。
1978 （昭和53）年版	「現代社会」（4単位）が必履修化。地理履修者は，学習指導要領の実施となる1982年以降，激減。
1989 （平成元）年版	地理歴史科誕生。世界史のみ必履修。
2007年9月	日本学術会議『対外報告 現代的課題を切り拓く地理教育』
2011年8月	日本学術会議『提言 新しい高校地理・歴史教育の創造―グローバル化に対応した時空間認識の育成―』
2017年8月	日本学術会議『提言 持続可能な社会づくりに向けた地理教育の充実』
2018 （平成30）年版	地理歴史科に必履修科目「地理総合」が「歴史総合」とともに設置される。2022年度から授業開始。
2020年8月	日本学術会議『提言 「地理総合」で変わる新しい地理教育の充実に向けて―持続可能な社会づくりに貢献する地理的資質能力の育成―』

2 「地理総合」の目標

「地理総合」で大切にされていることは，学習指導要領の科目目標に具体化されている。科目目標は，「社会的事象の地理的な見方・考え方を働かせること」，「探究活動を学習方法とすること」，「広い視野から，国際社会で主体的に生きる社会の有為な形成者に必要な資質・能力を育成すること」の3つの要素からなる。

この目標を達成するために，育成すべき資質・能力の3つの柱に即した具体的な目標が設定されている。それぞれの特徴について述べる。

(1) 知識及び技能

知識及び技能は，教科に固有で基礎的・基本的なものを獲得しつつ，既習の知識・技能と関連付けたり組み合わせたりすることで，社会の様々な場面で活用できる知識・技能として体系化しながら身につけることが想定されている。

「地理総合」では，地理に関わる諸事象について，世界の生活文化の多様性や，防災，地域や地球的課題への取組などの理解，及び，地図や地理情報システムなどを用いて，調査や諸資料から地理に関する様々な情報を適切かつ効果的に調べまとめる技能を身に付けることが求められている。

(2) 思考力・判断力・表現力等

思考力・判断力・表現力等とは，問題の発見・解決や他者と情報を共有しつつ，対話や議論を通じて多様な考え方の共通点と相違点を理解して協働的に問題解決を図ることと，そのプロセスを表現することにより形成される力である。

「地理総合」では，地理に関わる事象の意味や意義，特色や相互の関連を，見方・考え方として例示されている位置や分布，場所，人間と自然環境との相互依存関係，空間的相互依存作用，地域などに着目して，概念などを活用して多面的・多角的に考察したり，地理的な課題の

解決に向けて構想したりする力や，考察，構想したことを効果的に説明したり，それらを基に議論したりすることが求められている。

地理に特有の概念と，地人相関や空間的相互依存作用のような見方・考え方とを関連させて空間的関係を分析し，複数の地理的要素を総合できる空間的思考力の基礎を養う必要がある。

（3）学びに向かう力，人間性等

学びに向かう力，人間性等とは，主体的に学習に向かう態度のほか，自己の感情や行動を統制する能力や自らの思考プロセスを客観的に捉える力であるメタ認知に関するもの，また，多様性の尊重，それぞれが良さを発揮し補い合って協働する力，持続可能な社会づくりに向けた態度などの人間性に関するものが含まれる。

「地理総合」では，地理に関わる諸事象について，よりよい社会の実現を視野に，そこで見られる課題を主体的に追究，解決しようとする態度を養うこと，及び，世界の諸地域の多様な生活文化を尊重しようとすることの大切さについての自覚などを深めることが求められている。

3 「地理総合」の内容と方法

「地理総合」では，A〜Cの3つの大項目，また，大項目の下に「内容のまとまり」が設定されている（文部科学省，2018）。

A 地図や地理情報システムで捉える現代世界
  (1) 地図や地理情報システムと現代世界
B 国際理解と国際協力
  (1) 生活文化の多様性と国際理解
  (2) 地球的課題と国際協力
C 持続可能な地域づくりと私たち
  (1) 自然環境と防災
  (2) 生活圏の調査と地域の展望

大項目Aでは，地図や地理情報システムを活用して育む汎用的で実践的な地理的技能の育成を目指している。地図や地理情報システムなどを用いて，情報を収集し，読み取り，まとめる基礎的・基本的な技能を身に付けることになっており，この大項目で完結するのではなく，「地理総合」全体にわたり，また，選択科目「地理探究」にも繋がる技能の修得を目指す。

大項目Bでは，グローバルな視座から求められる自他の文化の尊重と国際協力について学習する。国際教育の視座に立ち，単に異文化の理解にとどまらない，双方向からの国際理解を促すための「自他の文化の尊重」をねらいに掲げ，世界の人々の特色ある生活文化に焦点を当てて，その多様性や変容の要因を考察するといった学習活動の位置付けを意図している。地球的課題の現状や要因について，地域性を踏まえて考察するとともに，その解決の方向性について相互互恵の立場から我が国の国際協力の在り方を考察するような学習活動を位置付けることを意図している。

大項目Cでは，(1)で，様々なスケールにおける自然災害と防災について扱うこととされている。「地理A」との違いは，「世界で見られる自然災害や生徒の生活圏で見られる自然災害」についても取り扱うことである。また，学習のまとめとして「生徒の生活圏で見られる自然災害」を取り上げ，生徒自身の生活圏における自然災害への対処の在り方を，自助，共助，さらには公助といった側面から学習を深めることが可能となるよう意図している。(2)では，持続可能な地域づくりのための地域調査と地域展望を取り上げている。生徒自身にとって最も身近な地理的空間である生活圏を対象とし，実際に観察や野外調査，文献調査などを行うことによって，そこに存在する地理的な課題を見いだし，その解決策，改善策を考察，構想することを期待している。

4 「地理総合」で大切にしたいこと

「地理総合」では，「主題」や「問い」を中心に構成する探究型の学習展開が求められる。社会の情報化，グローバル化に伴い，真に必要な事象を対象に，位置や空間的な広がりに着目して，その事象がなぜそこにあるのか，その意味や意義を見いだし，追究するような学習活動を重ねることは，「社会的事象の地理的な見方・考え方」を働かせ，鍛えることそのものである。

持続可能な地域づくりと私たちの在り方を問う学習活動は，地理の総合的考察を基に，日本の国土像を描くことができる生徒の育成を企図しており，未来を描き，地域社会の主役となる生徒の育成が重要といえる。　　　　（吉水裕也）

7

総論

8 *World* プレートテクトニクスと地震危険度評価
Plate tectonics and seismic hazard assessment

1 世界の地震災害

アメリカ合衆国の地質調査所による世界の地震データベース（USGS, 2020）では，西暦2000年から2019年の20年間に地震による死者の数は80万人を超えたとされる。20世紀以降で死者数が1,000人を超える地震の分布（図1）を見ると，環太平洋造山帯や，東南アジアからヨーロッパアルプスへとつらなるアルプス・ヒマラヤ造山帯に沿った地域に集中していることが分かる。これらの地震の発生のメカニズムや分布は，地球科学の「プレートテクトニクス」の考え方で説明されている。この考えによれば，地球の表面には地殻と上部マントルからなる厚さおよそ100kmのプレートとよばれる岩盤が10数枚分布していて，それらが剛体的に移動することによって，主にプレートの境界部で地震や火山の活動，山脈や海溝の形成といった地殻変動を引き起こす。

プレートは構成する岩石の相違により玄武岩質の海洋プレートと花崗岩質の大陸プレートに大別される。これら2種類のプレートが収束する境界では，地震動だけではなく時には津波により沿岸域に大きな被害がおよぶプレート間地震が発生する。2011年3月11日に発生した東

北地方太平洋沖地震もその一例で，地震を起こした断層面の面積とその面上でのずれ量から求めるモーメントマグニチュード（Mw）は9.0とされ，これは1960年チリ地震（Mw9.5），2004年スマトラ地震（Mw9.3），1964年アラスカ地震（Mw9.2）に次ぐ大きさであった。日本の近海では，北海道南東沿岸から東北沖にかけての千島海溝・日本海溝，関東から四国沖の南海トラフ，さらに，日向灘から南西諸島に沿う琉球海溝がプレートの収束境界にあたり，1923年大正関東地震（Mw8.2）や1944年の東南海地震（Mw8.1），1946年の南海地震（Mw8.1）による地震動や津波の被害が知られている。

一方，海洋プレートと大陸プレートの境界部から内陸寄りの地域や大陸プレート同士が接している地域において，深さおよそ20kmの地震発生層内で発生する内陸地殻内地震でも被害が生じる。1906年のアメリカ合衆国・カリフォルニア州のサンアンドレアス断層によるサンフランシスコ地震（Mw7.9），20世紀中期にトルコの北アナトリア断層に沿って複数発生した地震，また1995年の六甲淡路断層帯による兵庫県南部地震（Mw6.9）や2016年の布田川断層帯による熊本地震（Mw7.0）がその事例である。プレート間地震と比べると内陸地殻内地震のマグニチュードは7クラスと小さいが，震源域が都市部に近接すると家屋の倒壊率30％以上というような甚大な被害を及ぼすことがある。

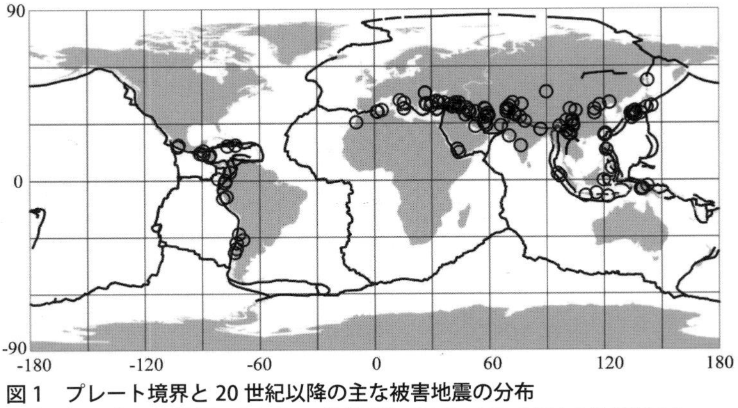

2 変動地形と活断層

地震は，プレートの移動により地殻に蓄えられた歪エネルギーが断層での岩盤のずれにより急激に放出される現

図1 プレート境界と20世紀以降の主な被害地震の分布
黒線は主なプレート境界，○印は20世紀以降で死者1,000人以上の地震を示す。
USGS（2020）により作成。

象であり，マグニチュードがおよそ7よりも大きな地震ではそのずれが地表に出現する。海溝でプレート間地震が発生した場合にずれが海底にまで達すると，海水が持ち上げられて津波の発生となる。一方，内陸で発生する規模の大きな地震では，例えば兵庫県南部地震では淡路島の野島断層に沿って，また，熊本地震では布田川断層に沿って，それぞれ田・畑の畦や道路にずれが生じた例のように，地表で地震断層の変位が観察される。このような地震活動の繰り返しで累積した地形を総称して変動地形とよぶ。変動地形は，1回の地震発生に関連する比高数メートル程度の低断層崖や水平方向のずれなどの空間スケールの小さなものから，同じ断層の繰り返しの活動による山地と低地の分化や山脈・海溝の形成といった大きなスケールのものまで多様である（図2）。これらは，陸上および海底の地形図の読図，空中写真判読，物理探査手法，また断層を人工的に掘削して地層を露出させた壁面でずれを探るトレンチ調査などが主な調査手法となる。

　こうした変動地形の調査結果をもとに，過去に繰り返し地震を発生させていて将来も地震を発生させる可能性がある断層を「活断層」と定義している。活断層の分布は，日本では「新編日本の活断層」（活断層研究会，1991）や「活断層詳細デジタルマップ新編」（今泉ほか，2018），また国土地理院の都市圏活断層図として公開されている。諸外国でも，例えば日本と同様に被害地震が多発するアメリカ合衆国やイタリア，ニュージーランドなどで活断層の分布図が公開

されている，さらに，パキスタン，バングラデシュ，トルコなどの国々でも，日本をはじめとする変動地形の専門家の協力の下で活断層の調査がすすめられている。

3 地震の危険度評価とハザードマップ

　地震による被害を減じるための防災・減災の対策を立案するためには，過去に発生した地震や現在の地震活動の研究データをもとにした地震危険度評価と，それを地図化したハザードマップが有効である。地震の危険度評価とは，変動地形や地震活動のデータを用いて，将来の①地震の発生場所，②地震の規模，③地震発生時期の推定を行うことである。例えば，文部科学省・地震調査研究推進本部は，南海トラフに沿って100～200年で繰り返しプレート間地震が起きていると仮定して，マグニチュード8クラスの地震が今後30年以内に発生する確率を70～80％と見積もっている。こうした個別の活断層の評価結果を統合して，地震動の大きさや生起確率を地図に示したものが地震のハザードマップである。日本では，文部科学省・地震調査研究推進本部（2018）の「地震動予測地図」がその代表例である（「73 大都市の地震災害と被害軽減の取り組み」を参照）。世界を対象としたマップでは，国際的な研究協力のもとで作成された「Global Earthquake Map」（GEM, 2018）が挙げられる。また，内閣府・中央防災会議（2020）は，人的被害や火災被害について過去の被害地震時の建物倒壊や火災発生などの原因となる事象と被害の大きさの関係を利用して，ハザードマップで推定された地震動によって生じる被害を算出し，地域ごとの被害予測を図示するリスクマップを作成・公開している。

　こうした成果は，国や地方自治体の防災・減災対策の基礎資料として利用されるだけでなく，損害保険料率の算定や原子力発電所など重要構造物の立地審査などでも活用されている。

（隈元　崇）

世界

A：三角末端面　B：低断層崖　C：断層池　D：ふくらみ　E：断層鞍部　F：地溝
G：横ずれ谷　H：閉塞丘　I：載頭谷　J：風隙　K－K'：山麓線のずれ
L－L'：段丘崖のずれ

図2　断層による変位地形の諸例　　　国土地理院の図を一部改変。

9 気候変化と気候変動
Climate change and climate variation

1 気候とは

私たちは日常的に天気，天候，気候の用語を使い分けている。「天気（weather）」は，その時刻の大気の総合状態を指し，晴れや曇り，雨などと表現する。気象庁では15種類の天気を定義している（気象庁，2021a）。「天候」とは，数日間から季節程度の天気の変わりようを指す言葉で，「良い（荒れた）天候」や「この夏は天候に恵まれて（恵まれず）」などと使う。「気候（climate）」とは，さらに長期間にわたり平均した時の大気の総合状態を指す言葉で，「縄文時代の気候は温暖」とか，「江戸時代の気候は寒冷」などと使う。

天気予報で用いられる「平年値」とは，30年間で平均した値のことで，2021年からは，1991年から2020年までの平均値が用いられる。この平年値は10年ごとに更新される。

2 気候の観測と復元

温度計など観測機器を用いた計測はここ150年ほどのことである。図1に1850年以降の全球で平均した地上気温偏差の時系列を示す。短い時間スケールの変動に加え，20世紀に入ると著しい昇温が続いており，地球温暖化が顕在化していると解釈されている。

観測機器の無い時代の気候については，陸上であれば木の年輪や氷床コア，海洋であればプランクトンの化石など，プロキシー（proxy=代替）資料を用いて推測することが試みられている。これを「古気候復元（paleoclimate reconstruction）」と呼ぶ。図2に，過去80万年間の海面水温などを復元した例を示す。

3 気候の変化と変動

気候の変わる様子を，通常，'変化（change）' と '変動（variation）' に分けて考察する。変化は図1に示すような一方向にずれていく現象に，変動は図2に示すような周期的に変わる現象に用いる。ただし，気候変化は現在のところ人為起源の地球温暖化現象に対してのみ用いることが多い（「10 地球温暖化」参照）。1988年に設置された国連の組織IPCC（Intergovernmental Panel on Climate Change）に対し，日本では「気候変動に関する政府間パネル」の訳語を与えたため，メディアでは地球温暖化も含め，すべて気候変動なる用語が使われている。

4 気候の変化と変動の要因

図1に示した地表面気温の上昇は，IPCCの第5次評価報告書（AR5）では，「人間による影響が20世紀半ば以降に観測された温暖化の支配的な原因であった可能性が極めて高い」と結論づけている。この「人間による影響」とは，主にはCO_2に代表される温室効果気体（GreenHouse Gas：GHG）濃度の大気中での増加のことである。すなわち，別の表現をすれば，地球温暖化とは，GHGの人為的な増加という大気組成の変化により生じている気候の変化である。

一方，図2に示した過去80万年間の気候変動の原因は何であろうか。この期間約10万年周期の変動が卓越しているが，この周期の変動を起こしている要因は，図2のa〜cに示した地球軌道の3要素の周期と連動していると考えられている。この変動により地球に到達する日射量が場所により変化することで気候変動が起

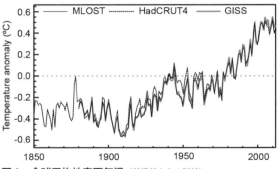

図1 全球平均地表面気温（基準値からの偏差）
3つのデータセットを重ね書きしている。 IPCC（2013）による。

9

世界

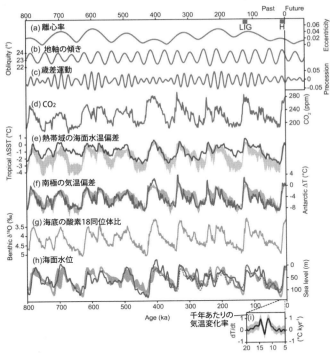

図2　過去80万年間の地球軌道3要素の変動と気候復元結果
横軸の単位は千年，右端は西暦2000年。IPCC（2013）による。

こっていると考えられている。これらの変動を，仮説を提出したセルビアの地球物理学者ミランコビッチの名前を冠して，気候の「ミランコビッチサイクル」と呼んでいる。

　その他，様々な時間スケールの気候変動が観察されており，その要因やメカニズムはそれぞ

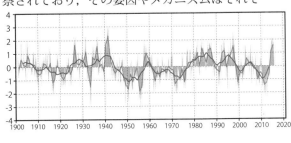

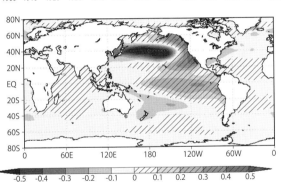

図3　1900年以降のPDO指数の時系列（上）と指数に回帰させたSST偏差場（下）
気象庁（2021b）による。

れ固有にあるはずだが，まだ解明されていない現象が多い。

5　短期気候変動

　大気や海洋の変動には，数年から数十年の時間スケールを持つ変動が観察されている。主な変動を挙げれば，①エルニーニョ／南方振動現象（「12 エルニーニョ・ラニーニャ」参照），②太平洋十年規模変動，③インド洋ダイポールモード現象，④大西洋数十年スケール振動などである（異なる名称や略称で呼ばれることもある）。これらは，主に大気と海洋が相互に作用しあって起こる現象とみなされているが，変動のメカニズムが詳しく分かっているわけではなく，現在も盛んに研究されている分野である（花輪，2017）。

　図3に，気象庁の解析による太平洋十年規模変動（Pacific Decadal Oscillation：PDO）の振幅（強さ）を示す指数（PDO指数）と，それに海面水温偏差を回帰させたときの空間分布を示す。この図は，指数が＋1のときの海面水温（SST）偏差場（℃）と見なすことができる。

　PDO指数は，北緯20度以北のSST偏差の経験的直交関数（EOF）解析第1モード解析の時係数で定義されている。指数が正（負）の時を温かい（冷たい）フェイズと呼ぶ。

　この現象は，北太平洋の中央部と，その周辺部，北米海岸に沿った海域から熱帯域のSSTが，符号が異なる分布となるのが特徴である。指数の時系列は，短周期の変動が重なっているものの，10年から数十年おきに符号が反転し，その状態が長く続くことが示されている。このように符号が急変する現象を，気候のジャンプ（climatic jump），あるいはレジームシフト（regime shift）と呼ぶ。この現象がどのようなメカニズムで起こるのかはまだ分かっていない。魚など水産資源の変動にも関与する現象であり，解明が待たれる（川崎ほか，2007）。

（花輪公雄）

10 *World* 地球温暖化
Global warming

1 地球温暖化の実態

まず，地球の気候は温暖化しているのか。地球の全地域で気象観測が開始された19世紀末以降2020年までの全体で平均した気温の変化を図1に示す。地球全体で気温は平均して0.72℃/100年の傾向で上昇している。1960〜1970年代には足踏み状態であったが，その後，顕著な上昇に転じている。季節的には北半球冬季により顕著な上昇傾向であり，地域的にはユーラシア大陸や北米大陸の高緯度地域でその傾向は大きい。この期間における「地球温暖化」はほぼ確かな傾向といえる。

2 「地球温暖化」の原因

19世紀末以降の「地球温暖化」の原因は何が考えられるか。現在，議論になっている主な要因についてまとめてみよう。

(1) 人類活動による温室効果ガスの増加

もし空気が全くなかったら，地球の表面温度はマイナス20℃前後と非常に低い温度になるが，地球の大気中には，水蒸気（H_2O），二酸化炭素（CO_2）やメタン（CH_4）などの温室効果ガスがあるため，地表面からの赤外線を吸収して大気を温める。暖められた大気からの赤外放射エネルギーの一部は地表に戻り地球表面をさらに温める。これが大気の温室効果である。代表的な温室効果ガスであるCO_2やCH_4は，18世紀に始まった産業革命以降増加しており，大気の温室効果は強くなっていると推定されている。

図2に3つの温室効果ガスの大気濃度の変化が示されている。いずれも1800年代中頃から増加しているが，特に1950〜1960年頃から急激に増加していることがわかる。これらの温室効果ガスは産業革命以降大きく増加しており，化石燃料消費などの人間活動に因っていることがほぼ明らかになっている。温室効果ガスの増加を入力した最新の気候モデルによる研究でも，温室効果ガスの増加により，気温はほぼ観測値に近い値で上昇する結果が示されている（IPCC，2013）。

(2) 太陽活動とエアロゾルの影響

人間活動による「地球温暖化」を否定する研究者の多くは，太陽活動の変化が温暖化の原因ではないか，と主張している。1600〜1700年頃は，太陽活動が弱く，この時期の北半球は「小氷期（Little Ice Age）」とも言われていた。1980年代以降，太陽から地球に入ってくるエネルギーは，人工衛星により地球の大気圏外での直接観測により測定されているが，太陽放射エネルギーが地球全体の気温の上昇傾向と対応する結果は示されておらず，近年の地球温暖化に対して，太陽活動が影響している直接的な証拠はない。一方で，大気中のエアロゾル（微粒子）は太陽光を反射するため地表付近の気温を低下させる効果がある。1960〜1970年代の温暖化の一時的弱まりは，大気汚染によるエアロゾル増加に因る可能性が指摘されている。

3 地球温暖化の影響

温室効果ガス増加による地球温暖化は，気温だけではなく，気候システムの他の要素に

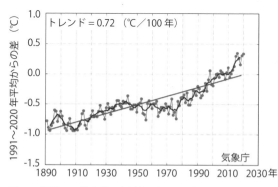

図1 世界の平均気温（陸域における地表付近の気温と海面水温の平均）の基準値からの偏差

基準値は1991〜2020年の30年平均値。細線（・印）：各年の平均気温の基準値からの偏差，太線：偏差の5年移動平均値，直線：長期変化傾向。
気象庁サイト（https://www.data.jma.go.jp/cpdinfo/temp/an_wld.html）による。一部修正。

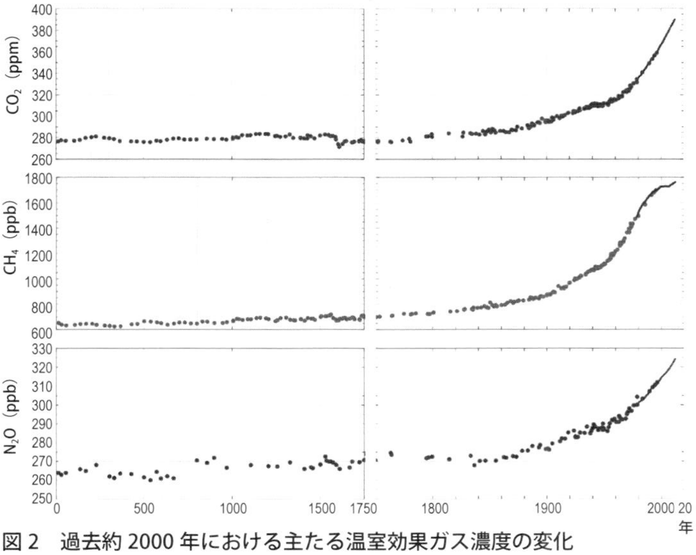

10

世界

図2 過去約2000年における主たる温室効果ガス濃度の変化
過去の濃度（点）は南極やグリーンランド氷床コアからの復元された値で，実線が観測値。上から二酸化炭素（CO_2），メタン（CH_4），一酸化二窒素（N_2O）。
IPCC（2013）による。一部修正。

も大きな変化を与え，そのいくつかは温暖化をさらに加速する正のフィードバックにもなっている。以下にその概要を記す。

(1) 雪氷圏の変化

　北極海では，夏場の海氷が急激に減ってきており，このまま気温上昇が続けば2030〜2050年には消える可能性も指摘されている。また，ヒマラヤやアルプスなどの山岳氷河は全体として後退している。グリーンランドの氷床は融解が進み，縮小しており，南極氷床も南西部氷床を中心に21世紀に入り質量収支が負に転じている。シベリアやアラスカの永久凍土の融解も進行しており，凍土の融解でメタンなどの温室効果ガスの放出が増えることも懸念されている。

(2) 海面水位の変化

　地球の平均海面水位は，20世紀のはじめから上昇し続けており，20世紀の間に約30cm上昇した。1971年以降の観測によると，その約40%が表層の海水の熱膨張，約30%が山岳氷河の融解に依っている。このまま温暖化が進むと2100年頃には1m近く上がり，CO_2を削減して，2070年にゼロにしても，平均で約30〜40cm上昇すると予測されている。

(3) 水循環の変化

　温暖化で海面水温が上がることにより，蒸発量が増え大気中の水蒸気量は増加する。すなわち，地球温暖化で海面水温が上がり気温も上が

れば，それだけ大気中の水蒸気量は増える。水蒸気は温室効果ガスであるため，CO_2が増えて水面が暖まって水蒸気が増えると，ますます温室効果は強化される（安成，2018）。

(4) 異常気象（極端気象）の増加

　水蒸気は雨の元であり，水蒸気の増加は，降水現象にも大きな影響を与える。地表面近くの大気下層の水蒸気量が増加することにより，大気は不安定になりやすくなり，積乱雲系の豪雨が増え，局地的に降水量が増える可能性が高くなり，地形条件などにより集中豪雨的な雨が降りやすくなる。近年の温暖化で，日本を含むモンスーンアジアでは集中豪雨が増加している。このまま温暖化が進行すれば，この地域では現在は20年に1回の豪雨が，2050年には5年に1回，2100年には2〜3年に1回になると予想されている。一方で，もともと乾燥地域である中近東，地中海沿岸では，温暖化により，さらに干ばつ傾向が強まると予測されている。

4 地球温暖化の抑制にむけて

　もし人類活動がこのまま何の対策もなしに続けば，21世紀末にはCO_2濃度が1,000ppm近くになり気温も産業革命以前に比して5℃近く上昇すると予測されている。2015年の「パリ協定」では，2070年頃に地球全体でのCO_2放出量をゼロにするという目標に向け，世界中のすべての国が合意した。それでも気温は産業革命以前に比べ2℃ほど上がるので，できれば1.5℃に抑えるべきという報告（IPCC，2018）が出ているが，そのためには2050年頃にはCO_2放出量をゼロにする必要がある。上述の温暖化に伴う気候システムの変化や生態系への影響は地域差も大きい。「地球温暖化」は人類を含む生命圏全体の生存そのものを脅かしつつある。健全な生態系はCO_2吸収にとっても不可欠であり，化石資源を柱にした経済活動の変革と生命圏保全を柱にした社会への転換が人類にとっての喫緊の課題である。

　　　　　　　　　　　　　　　（安成哲三）

11 *World* 世界における氷河の後退
The world's recent glacier shrinkage

1 世界の氷河の後退・縮小

世界各地で氷河末端の後退が報告されている。しかし，TVなどでしばしば見られる氷河の末端が崩落するシーンは，必ずしも氷河の後退を意味しない。前進傾向にある氷河でも下流部で常に氷が消耗するため同じような光景が見られる。氷河の末端変動を知るためには，末端位置を長期にわたって比較することが必要である。

世界の氷河の情報を集めているWorld Glacier Monitoring Service（2020）によると，末端位置の変動が観測されている世界各地の519氷河のうち，2017年までの数年間で末端が後退傾向にある氷河が418（80%）を占め，ほぼ停滞している氷河は92（18%），前進傾向の氷河は9（2%）にすぎない（**図1**）。

氷河の後退には二つの原因があると考えられている。一つは長期的な気候の温暖化である。世界各地の氷河は，小氷期と呼ばれる14〜19世紀の寒冷期に前進したことが知られている。小氷期の寒冷化に対応して拡大した氷河は，その後の気温の回復に対応して縮小する。そのため，観測される末端の後退が小氷期以降の縮小を反映している可能性は否定できない。そしてもう一つが地球温暖化である。一つの氷河の末端を長期にわたって観測すると，近年になって末端の後退速度が加速傾向にあることが確認される。ネパールヒマラヤのAX010氷河では，1990年代以降，後退速度が増加していることが報告されている（**写真1**；内藤，2001）。

末端が後退している氷河は，多くの場合で氷厚も薄くなり氷の体積が減少する。これは，1年間で氷河に供給される雪の量（涵養量）を，氷が融ける量（消耗量）が上回って，蓄積されてきた氷が融氷水として流出していることを意味する。長期間，質量収支が観測されている氷河の半数以上で，平均的な質量収支が負の傾向にあることも確認されている（青木，1999）。

2 氷河の縮小が引き起こす問題

氷河の質量減少による融氷水の流出は，全球的，地域的に様々な問題を引き起こす。その中で全球的な問題が海面上昇である。氷河は水を陸上に貯留するダムの役割を果たしている。氷河の縮小で，貯留されていた氷が融出すると，海水量が増加して海面上昇を招く。近い将来，地球温暖化によって世界各地の氷河が縮小し，海面上昇が起こることが予測されている[1]。海面上昇によって，標高の低い国々では高潮災害や国土の消失が危惧され，日本でも砂浜海岸の後退など，さまざまな影響が起こる。

一方，乾燥地では水資源問題が発生する。氷河は，冬の降雪を蓄積して消耗期に流出させることにより，夏の河川流量を確保してきた。しかし，氷河が縮小・消失すると，冬の降雪は春の雪解けとともに流出してしまい，夏の河川流量が減少する。乾燥地において河川流量

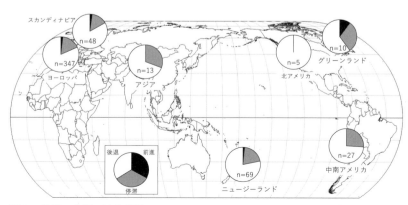

スカンディナビア n=48
ヨーロッパ n=347
アジア n=13
北アメリカ n=5
グリーンランド n=10
ニュージーランド n=69
中南アメリカ n=27

後退　前進　停滞

図1　世界の氷河の縮小状況　World Glacier Monitoring Service の資料により作成。

1978年　1989年　2004年　2008年

写真1　AX010氷河の末端位置の変化　　　名古屋大学雪氷圏研究室提供。

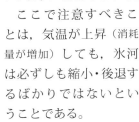

11

世界

の減少はオアシスの渇水を招くなど，流域の農業，飲料水の確保に大きな影響を及ぼす。

　氷河の後退・縮小は，山岳地域に洪水を引き起こすことがある。小氷期に拡大した氷河はその末端部にモレーンを形成した。氷河の後退にともなって，氷河末端とモレーンの間の凹地が湛水し氷河湖が形成される場合がある。この氷河湖が決壊し，下流に洪水被害をもたらすのが氷河湖決壊洪水（Glacial Lake Outburst Flood：GLOF，本書56）である。地球温暖化による氷河の縮小は氷河湖の急速な拡大を招き，GLOFによる被害を拡大させると考えられている。

　これら，氷河の縮小による海面上昇，水資源問題，GLOFでは発展途上国が大きな影響を受ける。氷河の縮小の引き金となる地球温暖化の原因の多くは日本を含む先進国にあるため，先進国は問題解決に取り組む必要がある。

3 気候変動と氷河

　氷河では，降雪量（涵養量）と気温（消耗量）とのバランス（質量収支）によって氷の体積が変化し，末端位置が決まる。つまり，氷河の拡大・縮小と涵養量・消耗量の変化の関係は，**表1**のようにまとめられる。

　ここで注意すべきことは，気温が上昇（消耗量が増加）しても，氷河は必ずしも縮小・後退するばかりではないということである。

　南極では気温が極めて低いため，予想されている程度の地球温暖化（3℃程度）では気温が氷の融点を超えることはなく，消耗量の増加はさほど多くない。一方，気温上昇による海面水温の上昇で蒸発量が増加し，降水量（涵養量）が増加すると考えられている。その結果，南極大陸においては消耗と涵養の増加がほぼ相殺しわずかに海面上昇に寄与するとされるが，その確信度は低い（IPCC，2014）。

　ヒマラヤでは，夏季モンスーンによる降雪で氷河が涵養されている。ネパールヒマラヤでは夏季の気温上昇は消耗量を増加させるだけでなく，低標高域の氷河では雪が雨に変わり涵養量をも減少させるため，氷河末端が気候変化に敏感に反応する（上田，1983）。いわば，氷河が地球温暖化のセンサーの役割を果たす。一方で，夏季の気温上昇はモンスーンの強化を引き起こすため，降水量は増加する。そのため，高標高域の氷河では消耗量の増加を涵養量の増加が上回る可能性がある。事実，インドヒマラヤでは日射量が増大した時期に氷河が拡大したことが指摘されている（Owen et al., 2001）。

　地球温暖化と氷河変動の関係を考える際には，温暖化がその地域にどのような気候変化をもたらすかをよく考える必要がある。

表1　氷河変動と質量収支

消耗量＼涵養量	増加	±0	減少
増加	★	縮小	縮小
±0	拡大	停滞	縮小
減少	拡大	拡大	★

★の場合，収支によって拡大・停滞・縮小のいずれもあり得る。

1）IPCC-AR5（第5次評価報告書）によると，2100年までの海面上昇予測値（RCP8.5シナリオ）である45〜82cmに対し，氷河・氷床の融解は15〜35％の寄与を持つ。残りは主に海水の熱膨張である。

（青木賢人）

12 *World*
エルニーニョ・ラニーニャ
El Niño and La Niña

1 エルニーニョの発見

通常，熱帯東部太平洋地域では，赤道湧昇と沿岸湧昇によって海水温が相対的に低く保たれている。この領域では，海洋深部から栄養塩が湧き上がってくるためプランクトンが多く，豊かな漁場が形成されている。気候学的には，毎年クリスマスの頃になると湧昇の弱化による海水温の上昇が起こり，休漁になる。この季節的な海水温の昇温現象をクリスマス休暇にちなみ，地元ではエルニーニョの到来と呼んでいた。1970年代以降の海洋と大気の観測データの蓄積により，年々変動スケールで見た場合，数年に一度の割合で海水温が高い状態が半年以上持続することが明らかになってきた。この異常現象はペルー沖にとどまらず，赤道中・東部太平洋にまで広がり，次節で述べる大気海洋結合現象として理解が急速に深まっている。

2 熱帯大気海洋結合系としての理解

エルニーニョ現象は，古くから地上気圧と高い相関があることが知られており，これらを総称してエルニーニョ／南方振動（ENSO）とよぶ。図1aに示すように，西太平洋では海水温が高く，対流活動は豊富な海面からの蒸発に支えられて活発になり，低圧部が形成される。その低圧部に向かって東太平洋から偏東風が吹き込み上昇流となる。西太平洋で上昇した空気は，対流圏の上層で東太平洋とインド洋に向かい，そこで沈降する。これらの東西鉛直循環のことを，南方振動の発見者にちなんでウォーカー循環とよぶ。

エルニーニョ時には赤道中・東部太平洋の海水温が平年に比べて上昇し，その上での対流活動が活発になる（図1b）。対流活発域に向かって西太平洋では西風偏差（偏東風の弱化）となり，結果としてウォーカー循環は弱まる。逆に，西太平洋からスマトラなどの海洋大陸上の対流活動は弱まり，降水の減少による干ばつや森林火災が生じる。このように，エルニーニョは全球的な現象として認識される。エルニーニョとは反対に，海面水温と対流活動を含むウォーカー循環が通常より強まる状態をラニーニャという（図1c）。統計的にはエルニーニョの発現期間は，ラニーニャよりも長く，その理由は第4節で触れているインド洋と太平洋の海盆間相互作用に求めることができる（Ohba and Ueda, 2009）。

3 エルニーニョの影響

エルニーニョ現象は熱帯太平洋上のみならず全球的に影響を与えることが統計的に知られている（Wang et al., 2000）。図2はエルニーニョ／ラニーニャ現象に伴う気温と降水量の変化の割合が大きい地域を示したものである。エルニーニョが起きた年の気温は，海洋から大気に熱が放出されるため，全球的に高温になる傾向がある。とりわけアジア域では，ウォーカー

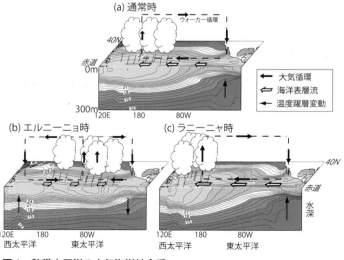

図1　熱帯太平洋の大気海洋結合系

循環の変化に関係し，海洋大陸からインドにかけての対流活動が不活発になるため地表面の乾燥化が進み，結果として北半球の秋から翌年の夏前まで高温偏差が続くことが多い。日本付近の冬季の天候は暖冬になる確率が高いことがこの図からも読み取れる。

エルニーニョ現象が発現すると，西太平洋上の対流活発域が東にシフトする。このため中央太平洋上では降水による潜熱解放が盛んに起こり，対流圏の中・上層の大気は加熱される。Horel and Wallace（1981）は，この熱源に起因して太平洋北アメリカ（Pacific North American; PNA）パターンと呼ばれるテレコネクションパターンが引き起こされることを示した。この波列の下流側に位置するアラスカからカナダ東部にかけては高気圧偏差，米国南東部での低圧偏差が確認できる。このようなテレコネクションパターンは，西太平洋の経度帯でも発現することが知られている。Nitta（1987）は，ラニーニャ的な水温偏差が西太平洋に出現した夏には，Pacific-Japan（PJ）パターンを介して日本付近の高気圧性循環が強まり，結果として猛暑年になることを示した。なお，冬にラニーニャが発現すると，日本付近は夏とは反対の低気圧性の循環偏差に覆われるため，ユーラシア大陸からの北西モンスーン気流の強化を通して日本海側での豪雪が引き起こされる（Ueda et al., 2015）。実際の例としては，平成18年豪雪や2020/2021年の日本海側の多雪などは，ラニーニャ現象の発現と密接に関係していたことが指摘されている。

4 エルニーニョ予測の最先端

エルニーニョの予測は半年以上前から行うことが可能になっている。その鍵は，海洋波動とよばれる海洋内部での暖水と冷水の東西方向への周期的な伝播にある。海洋波動にはケルビン波とロスビー波の2つがある。ケルビン波は赤道で振幅が最大で，東方にのみ伝播する。ロスビー波は赤道から少し離れたところに最大振幅をもち，西進する。これらの東西方向の海洋波動により，海水温が周期的に変化することを根拠に，エルニーニョの予測が行われる。海洋波動は大気と結合しているため，ENSOサイクルは大気海洋相互作用の自励振動（遅延振動子）として説明される。

エルニーニョ現象に付随して生じる大気海洋結合系の現象として，インド洋ダイポールモードやインド洋の全域昇温現象があげられる（Ueda and Matsumoto, 2000）。これらの現象は，エルニーニョ現象から数ヵ月から半年遅れで発達する場合が多く，それに伴うテレコネクションによって，日本付近の2019/2020年の記録的な暖冬や2020年夏の多雨（梅雨明けの遅延）などが引き起こされたことが解明されつつある。これらの海盆間相互作用は，季節予報の精度向上における鍵とされ，物理過程の理解への期待が高まっている。

（植田宏昭）

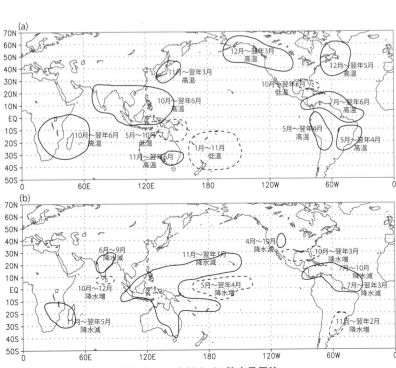

図2　エルニーニョ現象発生時の (a) 気温と (b) 降水量偏差
Halpert and Ropelewski（1992）と Ropelewski and Halpert（1987）により作成。

12

世界

13

深層循環
Abyssal circulation

1 海洋の循環と海流

海洋は地表面の約7割を占め，地球表層の水の約97％を蓄えている。海洋を満たす海水は，海水1kgあたり約35gの塩類を含んでいる。海洋は大気との間で熱と水をやり取りし，海面を吹く風から運動量をもらう（擦られる）。これらは外部からの強制（forcing）であり，そのため海水は絶えず流れ，そして揺らいでいる。

海水の運動を長期間にわたり広い空間で平均すると，渦や小さなスケールの運動が平滑化された大規模な流れの場が現れる。海洋にも大気の高気圧や低気圧と同様に渦が多数存在するが，平均された場には平滑化されて出現しない。強い流れが帯状になって現れるのが海流であり，それぞれ固有の名前が付けられている。

2 表層の循環と深層の循環

海洋の平均水深は約4000mであるが，数百mから千m付近に，躍層と呼ばれる水温，したがって，密度が急変する層（主水温躍層，あるいは主密度躍層などと呼ばれる）が存在する。この層より上層が表層であり，下層が深層である。

表層の循環は，海面を風が擦る（海洋が運動量を得る）ことにより生じており，そのため風成循環（wind-driven circulation）と呼ばれる。深層の循環は，大気との熱と淡水のやり取りの結果，重い密度の海水ができることによる対流的な循環で，熱塩循環（thermohaline circulation）と呼ばれる。図1に表層循環の模式図を示す。なお，図の矢印の長さは，流れの強さを意味していないことに注意されたい。

例えば北太平洋では，西岸近くに南からミンダナオ海流，黒潮，親潮などの強い海流が存在する。これを西岸境界流と呼んでいる。また，矢印をたどると黒潮を含む時計回りの循環を形成していることが分かる。この循環を亜熱帯循環と呼ぶ。その南には熱帯循環，北には亜寒帯循環が存在している。

深層循環に伴う流れは弱く，流速計などを使った計測でその循環の全体像を示すことは難しい。代わりにトレーサー（tracer）と呼ばれる種々の化学物質の濃度分布を用いて循環の概要が推定されている。図2に深層循環の概要を示す。図には明示されていないが，表層の循環と同じように海洋西岸に内部領域よりも強い流れ，すなわち西岸境界流が存在する。その速さは，毎秒数cm程度と極めて遅い。

3 海洋の3次元循環

図2の説明にあるように，海水は表層から深層へ2つの領域で沈み込む。ひとつは北大西洋北部海域で，ここで沈み込む水を北大西洋深層水（NADW）と呼ぶ。もうひとつの沈み込みの海域は南極大陸の周辺で，現在4ヵ所程度見つかっている。これらの水を一括して

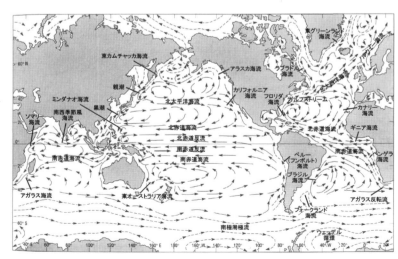

図1　主水温躍層より上部の海洋表層の循環　　花輪（2017）による。

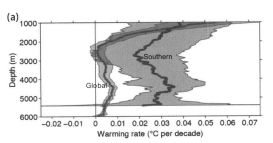

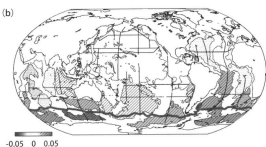

図2　深さ4000mにおける循環の概要
この層で循環している水は，北大西洋深層水（NADW）と
ウェッデル海底層水（WSBW）である。
Broecker and Peng（1982）による。

南極底層水（AABW）と呼ぶ。これらの水は世
界の海洋を巡りつつ，次第に湧昇し表層へと加
わる。表層では太平洋からインド洋を経て大西
洋に入り，再び沈み込む海域へと戻っていく。

　実際には上記以外の経路もたどって戻ってい
るのであるが，この経路を極端に単純化して描
いたのが，図3である。最初にこのような図
（経路）のアイデアを出した研究者の名を冠し，
「ブロッカーのコンベアベルト」と呼んでいる。

　NADWとAABWを合わせた沈み込む水の体
積は，毎秒2千万m^3，循環の時間スケールは
千年のオーダーと見積もられている。

4 地球温暖化と深層循環

　20世紀に入り，急速に進行している温暖
化（「9 気候変化と気候変動」と「10 地球温暖化」参
照）に伴い，深層循環がどのように推移するか
について注目が集まっている。

　図4に，研究船による複数回の精密な観測を
用いて評価した，深層の水の昇温率（a）とそ
の空間分布（b）を示す。対象としている深層

**図4 （a）各深さにおける10年あたりの昇温率。全球（左
側の帯）と亜南極前線よりも南の海域（右側）**
太線が平均値，帯の幅は5%から95%の信頼区間。
　（b）4000m以深の10年あたりの昇温率の空間分布
南極大陸を囲む実線は亜南極前線の位置。海洋に描かれた実
線は，精密観測測線を示す。インド洋および南大西洋東部に
降温している海域はあるが，南大洋やその他の海域はすべて
昇温している。　　　　IPCC（2013）による。一部修正。

水は主にAABWであるが，ほぼすべての海域
で昇温が起こっており，特に南極周辺での昇温
が著しく，10年あたり0.05℃程度にまで達し
ている。

　ごく微小な昇温であるが，海水の比熱容量が
大きく，莫大な海水量であるため，地球が温暖
化で蓄えた熱量の90%以上を海洋が蓄えてき
た。そのかなりの部分をこの深層水の昇温が
担っていると見積もられている。

　NADWの形成量が温暖化に伴い減少してい
るかどうかについては，現在の観測資料からは
判断できていない。IPCC（2007）における数値
モデルを用いた研究のまとめでは，今世紀末に
なってもCO$_2$排出シナリオによってはNADW
の形成量はかなり減少するものの，深層循環が
止まることはないだろうと推測されている。

　約10万年前から2万年前までの最終氷期の
古気候復元資料から，気候が急に温暖化する現
象が何度も起こったことが示されている。この
気候急変現象には深層循環も大きく関与してい
たと推測されているが，メカニズムの解明は今
後の課題である。　　　　　　　　（花輪公雄）

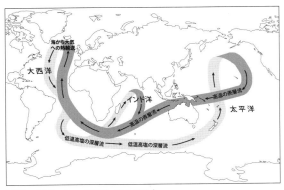

図3　ブロッカーのコンベアベルト
Broecker（1987）により作成。

14 *World* トウモロコシと大豆生産の空間的集中をめぐる課題

Issues of the spatial concentration of corn and soybean production

1 食料不足のさまざまな要因

　世界の人口が増加を続けるなか，誰もが「毎日おいしいものを腹いっぱい食べられることのために」（荒木, 2014）必要な食料供給は，経済のグローバル化とともに重要な役割を増している。FAOSTAT（FAO統計）によれば，多くの人々が主食とする米と小麦は，世界全体での生産量が1990年に比べて4割以上増加しており，それは世界の人口増加のペースを上回っている。1950年代まで食料不足が大きな課題であったインドやインドシナ半島の国々は，米の主要輸出国として名前を連ねるようになった（藤田, 2006）。

　しかしながら，世界では今も食料不足に苦しんでいる人々がいる。2020年の新型コロナウィルスの拡大によって，およそ7.6億人の人々が飢えに苦しんでいたとFAOは推計している（FAO et al., 2021）。国連はSDGs（持続可能な開発の目標）の一環として，2030年までに飢餓と栄養失調を撲滅することを掲げていたが，その目標達成は新型コロナウィルスの拡大によって大きな試練を迎えている。

　内戦や政情不安などにより安定して食料生産が行えなかったり，一部の権力者によって食料が独占されて国民に十分な量が分配されなかったりするなど，食料不足に苦しむ理由は様々である。西アジアや東アフリカで2019～2020年にバッタが大量に発生し被害が出たり（加藤・馬場, 2020），大雨や干ばつによる影響で不作が生じたりするなど，気候変動の影響と考えられる課題も発生している。

　他方で，もう一つ見過ごせないのは，一部の大国による穀物の生産と輸出の増加によって市場が独占され，自国に必要な食料を輸入に依存する国が増えていることである。なかでも，トウモロコシと大豆はこれまでアメリカ合衆国（以下，アメリカ）の生産と輸出が世界で大きなシェアを有していたが，2000年代以降は，ブラジルの生産が急増している。これにアルゼンチンを加えると，2016年には3国が世界のトウモロコシ輸出の70%近くを占めており，同様に大豆の輸出も85%以上を占めている（図1）。本章は地理的な集中が進むトウモロコシと大豆の生産と貿易に関し，主にアメリカに着目しながら，その現状や課題について検討する。

2 アメリカ合衆国におけるトウモロコシ生産と輸出の拡大

　アメリカではアパラチア山脈の西側と五大湖の南側にかけて肥沃な土壌が広がり，ヨーロッパ人が入植した19世紀以降は穀物の生産と養豚を組み合わせた混合農業が展開した。中西部のこの地域はコーンベルトと呼ばれるようになり，トウモロコシと大豆の生産がさかんに行われるようになった（写真1）。広大な土地での耕作を効率的に行うために，機械化が積極的に進められたほか，ハイブリッドコーン（交雑型トウモロコシ）の開発・導入は収量の増加に大きく寄与した。世界最大手の農業機械メーカーであるジョン・ディア社が創業・発展したのもこの地である。

写真1　アメリカ合衆国におけるトウモロコシ産地の景観
アイオワ州にて2015年8月撮影。

トウモロコシは家畜の飼料に使用されることに加え，でんぷんを利用してシロップが製造された。20世紀後半には高果糖シロップ（HFCS）が開発され，加工食品をはじめとした多くの商品に利用されることとなった。また，21世紀に入ってからはトウモロコシを利用したバイオエタノールの精製が拡大した。さらに，アメリカ政府は巨額の補助金制度を設け，トウモロコシの市場価格が下落しても生産者の所得を補償することで，自国の農業を保護した。この結果，多くの販路を生んだトウモロコシは増産しても価格が下落せず，アメリカでは多くの農家が盛んにトウモロコシを生産するようになった。

しかしながら，アメリカの過剰ともいえるトウモロコシ生産は，世界の市場価格に影響を及ぼし，日本や韓国ではトウモロコシ供給を輸入に依存するようになった。また，中にはメキシコのように，これまで国内でトウモロコシを生産していた国が輸入国に転じるケースも見られるようになった。

アメリカのトウモロコシ生産を支えているのは，様々な部門に特化するアグリビジネスである。モンサントやデュポンなど種子や農薬を販売する会社や，カーギルやゼネラルミルズなど穀物取引に特化した会社が，増加するトウモロコシ生産とともに大きな利益をあげていった（シャルヴェ, 2020）。なかでも，モンサントは遺伝子組み換え技術を発展させたとともに，種子販売においてその利用を拡大させた結果，現在アメリカで生産されるトウモロコシや大豆の9割以上が除草剤や殺虫剤に耐性をもつ遺伝子組み換え作物となっている（USDA, 2019）。

3 ブラジルにおける穀物生産の拡大

ブラジルでは20世紀後半からアマゾン地域の広大な熱帯雨林が伐採され，その跡地の多くが農業的土地利用に転換された。また，ブラジルにおける大豆栽培はカンポセラードでの大規模開発から始まった。大規模に整備された農地では，アメリカのアグリビジネスが積極的に投資を行い，穀物生産は急速に拡大した。中でも，大豆の生産はそれまで世界最大のシェアを有していたアメリカに迫る量となり，その多くが中国へ輸出された。

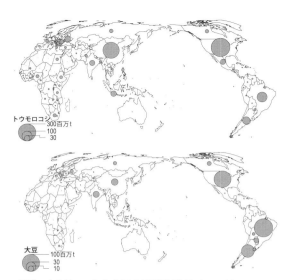

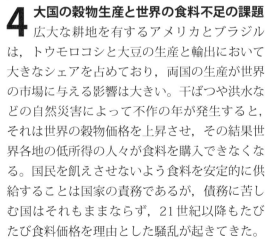

図1　トウモロコシと大豆の国別生産量（2019年）
FAOSTAT（FAO統計）により作成。

大豆はトウモロコシに比べると価格の乱高下が大きく，投機的な商品とされる。しかしながら，中国という巨大な輸出先が登場したことで，ブラジルは大豆生産を積極的に増加させていった。ブラジルは中国へ大豆粒を輸出しているほか，2000年代以降は隣国のアルゼンチンとともに，大豆かす（搾油用）を大量にEU諸国へ輸出している（シャルヴェ, 2020）。

4 大国の穀物生産と世界の食料不足の課題

広大な耕地を有するアメリカとブラジルは，トウモロコシと大豆の生産と輸出において大きなシェアを占めており，両国の生産が世界の市場に与える影響は大きい。干ばつや洪水などの自然災害によって不作の年が発生すると，それは世界の穀物価格を上昇させ，その結果世界各地の低所得の人々が食料を購入できなくなる。国民を飢えさせないよう食料を安定的に供給することは国家の責務であるが，債務に苦しむ国はそれもままならず，21世紀以降もたびたび食料価格を理由とした騒乱が起きてきた。

前述のとおり，アメリカやブラジルが大量に穀物を生産することや，前述のような農業補助金の影響から，アメリカのトウモロコシや大豆は世界で著しく安価に供給されており，他国の自給を減少させる悪影響ももたらしている。食料輸入依存のリスクを踏まえ，各国では独自の食料安全保障政策が求められる。

（二村太郎）

14

世界

15 *World* 世界と日本のジオパーク
Geoparks in Japan and the world

1 ジオパークとは？

ジオパークとは，「国際的に価値のある地質遺産を保護し，そうした地質遺産がもたらした自然環境や地域の文化への理解を深め，科学研究や教育，地域振興等に活用することにより，自然と人間との共生及び持続可能な開発を実現することを目的とした事業」（文部科学省，2021）とされている。ユネスコ世界ジオパーク（Global Geopark：GGp）が，世界遺産，ユネスコエコパーク（正式名称は生物圏保護区域）と並んで実施されている。2021年4月現在，ユネスコ世界ジオパークは44カ国（169地域）が登録されている（図1a）。これは，2021年の世界遺産（167カ国1,121件：図1c），ユネスコエコパーク（129カ国714地域：図1d）に比べ，地域的広がりも登録数も少ない。

人類は，生態系サービスおよび無機的自然環境（地圏，気圏，水圏）からの資源・エネルギーを利用して生存している。生態系もまた無機的自然環境に立脚している。すなわち，無機的自然環境，生態系のいずれもが持続可能でなければ人類の持続可能性が担保され得ない。この「無機的自然環境」「生態系」「人類」の3つの階層の遺産を保護する事業が，それぞれGGp，ユネスコエコパーク，世界遺産であると位置づけると理解しやすい。

2 世界のジオパーク

GGpと世界遺産は，同一組織によって実施される共通した目的を有する事業ではあるが，その対象と手続きには大きな違いがある。世界遺産は登録対象となる「不動産」が持つ普遍的で卓越した価値（Outstanding Universal Value）が審査対象となるのに対し，GGpは地質遺産を保護・活用する地域の「活動」も審査対象となる。そのため，遺産自体の価値が登録の根拠となる世界遺産では原則，登録時の1度しか審査が必要ないのに対し，GGpでは活動が経時的に変化しうるため4年毎の再審査が必要とされ，活動の停滞があれば条件付き再認定，その2年後の再審査で改善がみられなければ認定取り消しとなる。

この，活動を審査対象とし再審査・認定取り消しがあるGGpの制度は，地域における保全・活用の活動を継続し改善し続ける上で効果的に

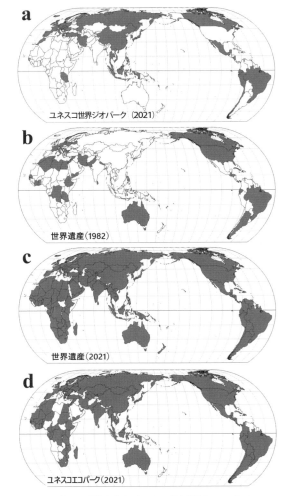

図1 ユネスコ世界ジオパーク，世界遺産，ユネスコエコパークの登録を有する国数（灰色の部分）**の比較**
Global Geoparks Network（2021）とUNESCO（2021a, 2021b）により作成。

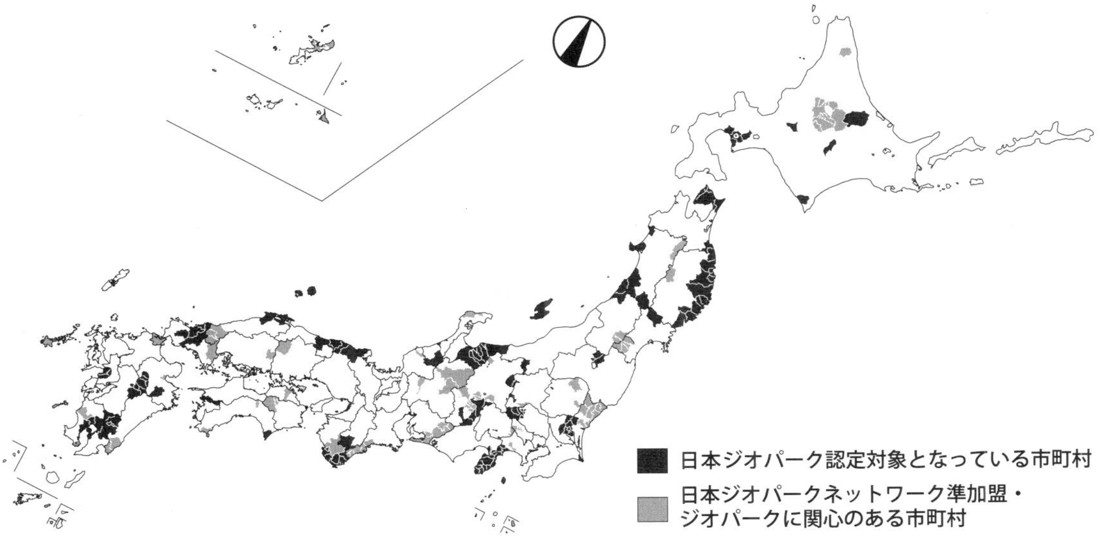

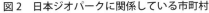

15

■ 日本ジオパーク認定対象となっている市町村
■ 日本ジオパークネットワーク準加盟・
　ジオパークに関心のある市町村

図2　日本ジオパークに関係している市町村

日本ジオパークネットワーク（2021）により作成。

世
界

寄与している。一方で，活動が持続的であるためには地域に一定の経済的余裕が必要であると指摘できる。**図1b**に1982年時点の世界遺産登録を有している44カ国を示した（登録件数134件）。この国数は2021年4月時点のGGpの認定地域を有する国数と等しく，登録件数／地域数ではGGpの方が35地域多い。この時点でネパール，エチオピアなど5カ国の後発開発途上国で16件が世界遺産に登録されているのに対し，2021年のGGpにおける後発開発途上国はタンザニア（1地域）のみで，44カ国中31カ国（169地域中148地域）は，一人当たりGDPが1万米ドルを超えている。GGpが発展途上国に広がっていくためには，理念としての地域の活動と地域の実態との整合性を図ることが課題となろう。

3 日本のジオパーク
　日本からは9地域（洞爺湖有珠山，糸魚川，島原半島，山陰海岸，室戸，隠岐，阿蘇，アポイ岳，伊豆半島）がGGpに登録されている。

　国内的には，GGpに準拠した日本ジオパークの制度がある。日本国内の地域がGGpへの審査・登録を希望する場合，まず，日本ユネスコ国内委員会のナショナルコミッティに認証されている日本ジオパーク委員会に申請し，審査を経て日本ジオパークに登録され，その上で日本ジオパーク委員会からのユネスコへの推薦を得

る必要がある。日本ジオパークとなった地域は日本ジオパークネットワークを構築し，相互に連携・支援を行っている。

　2021年4月現在，日本ジオパークに登録されているのは43地域（147市町村／GGpの9地域を含む），日本ジオパークネットワーク準会員（正式に認定へ向けた活動を行っている地域）が13地域（40市町村），日本ジオパークネットワークが把握しているジオパークに関心のある地域が35地域（63市町村）となっている（**図2**）。合計250市町村となり，全国の14％の市町村が何らかの形でジオパークに関わっていることになる。また上記250市町村の面積は日本全土の20％を占める。都市部の小面積の自治体よりも地方の大面積の自治体が参加しているケースが多いためこの割合となっている。また富山市，鹿児島市など8つの県庁所在地が含まれており，必ずしも「ジオパークは地方の活動」ではない。

　年々，日本ジオパークの数と参画する自治体数は増加し，拠点施設や看板類の整備は進み，視認性は上昇しているはずであるが，2015年以降継続して行われている調査では，ジオパークの認知度は5割強で推移している（日本ジオパークネットワーク，2021）。2022年度からの高等学校における地理総合の必修化は，ジオパークの認知度向上にとって良い契機になり得よう。

（青木賢人）

16
Oceania
地球温暖化の影響を受ける ツバル
The suffering consequences of global warming in Tuvalu

1 地球温暖化と海面上昇

IPCC（Intergovernmental Panel on Climate Change：気候変動に関する政府間パネル）の第5次評価報告書（2013：以下AR5）において，21世期末の地球の気温は1985～2005年の平均気温（平年差）よりも0.3～4.8℃上昇すると予測されている。前回の第4次評価報告書（2007：AR4）の予測幅（1.1～6.4℃）よりは縮小しているものの，将来的に気温の上昇は確実である。なお，1.5℃特別報告書（2018）によると，工業化以降，人間活動は約1.0℃の地球温暖化をもたらしている。

IPCCは，気温の上昇による海面上昇のメカニズムとして，海洋の熱膨張，山岳氷河および氷冠の融解，グリーンランドの氷床の融解，南極の氷床の融解が主な要因であるとしている。この中でも，海洋の熱膨張が最も大きい。AR5においては，21世紀末の海面水位についても

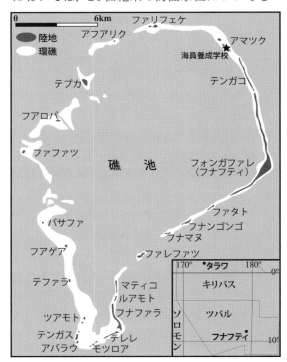

図1 フナフティ環礁

1986～2005年の平均水位より0.26～0.82mの水位上昇が予測されている。その結果として，ツバルは「地球温暖化で最初に沈む国」といわれる。

2 海岸侵食と陸地浸水

ハワイとオーストラリアのほぼ中間，南太平洋上にある小さな島国であるツバルは，9つの環礁から形成されており，首都はフナフティ，国土面積は25.9km²，人口は約10,000である。フナフティ環礁のフォンガファレ島に政府や国際空港等が集積している。国土がほぼすべて珊瑚礁起源の砂（珊瑚片や有孔虫の死骸など）からなる環礁州島であるツバルの平均標高は2m未満，最高でも約4mである。ツバルは国土が狭小で，天然資源が乏しく，土壌も肥沃ではないため，経済基盤が脆弱である。平地が少ないため，航空機が飛来していない間は空港の滑走路上を人々が往来し，スポーツを行ったりする生活の場の一部となる。

フォンガファレ島の北，アマツク島に国立の海員養成学校がある（**図1★**印）。基盤となる産業が無いツバルにとって外国船の船員として得る収入は貴重な外貨獲得手段であるが（若林，2007），大潮の時期になると海員養成学校の校舎が浸水し，授業どころではなくなる。海員を養成できなくなることは，外貨獲得の手段を失ってしまうこととなる。また，主要作物であるプラカ（タロイモの一種）は陸地浸水により，海水に浸かると芋の部分は腐ってしまう。陸地浸水は，自給自足ともいえる農業と生活にとって大きな打撃である。

フナフティの最高・平均・最低潮位のトレンドを見ると，1993年の観測開始以降それぞれ上昇傾向にある（**図2**）。中でも最高潮位の上昇幅が大きい（y＝0.0005x＋3.03）。島民たちの生活においては，平均潮位と最低潮位よりも最高

潮位が上がり，自分たちの生活の場が浸水してしまうことの方が問題である。

　隆起珊瑚礁の石灰質部分（地盤）よりも海面水位が高くなると，軽い表層の砂が流失してしまうため，岩場となる。また，ヤシの根元が侵食され，倒木となっている島も多い（写真1）。ヤシが倒れると，根が留めていた砂が侵食され，さらに砂が流失してしまう。このような被害は外洋側において顕著に見られる。侵食が進行する要因として，水質の悪化も指摘されている。生活排水等の汚水を処理する施設が無いため，汚水が直接海へ流れ込み，珊瑚の白化や有孔虫の減少を引き起こしている（山野，2019）。

　なお，陸地浸水は温暖化による海面上昇が原因と考えられているが，島の地形・地質や土地利用，地盤沈下などの可能性も否定できないため，主要因とは断定できないのが現状である。しかしながら，何らかの寄与があることは確かであろう。

写真1　ファリフェケ島のヤシの倒木（2010年9月撮影）

3 ツバルの動向と世界の対応

　ツバル政府は，国連など国際会議で国内の窮状を報告し，先進国に対して抜本的な対策を求めている。また，将来的に島での居住が不可能となることが想定されるために国民の海外移住を計画し，政治的・経済的に関係の深いオーストラリアとニュージーランドに受入れを要請した。オーストラリアは要請を拒否したが，ニュージーランドは2002年から毎年75人を労働ビザで受け入れることに合意した（神保，2004）。

　世界的には，地球温暖化抑制を目的として1997年12月に「京都議定書」が採択されたが，当時世界最大の二酸化炭素排出国であったアメリカ合衆国が批准しておらず，中国とインドという排出量の多い国に対して排出制限が課されていないという問題を抱えていた。2015年12月に京都議定書の後継として，2020年以降の気候変動問題に関する枠組みとなるパリ協定が採択された。2017年にアメリカ合衆国が離脱を表明したが，2021年1月の政権交代により，パリ協定への復帰を表明した。

　なお，京都議定書では温室効果ガスの削減を先進国のみに課していたのに対し，パリ協定では全ての国を対象としている。また，目標設定は義務であるが，目標達成を義務としていない。パリ協定では実効性を確保するために，目標の進捗状況に関する情報を定期的に提供し，専門家によるレビューを受けることと，各国の目標を5年ごとに更新することが求められている。

　地球温暖化の抑止に向け，政治的にはパリ協定を確実に実行するための国際協力と国際協調，技術的には太陽光をはじめとした，化石燃料に代わるクリーンエネルギーを軸とする低炭素社会の実現が求められる。

　　　　　　（西森啓祐）

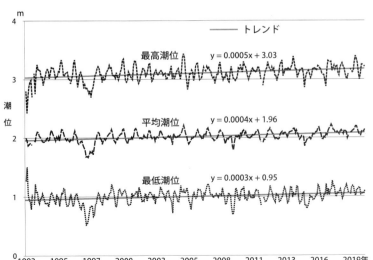

図2　フナフティの潮位変動（1993年3月〜2020年12月）
オーストラリア政府気象局資料により作成。

（グラフ内表記）
トレンド
最高潮位　y = 0.0005x + 3.03
平均潮位　y = 0.0004x + 1.96
最低潮位　y = 0.0003x + 0.95

16

オセアニア

17 *Oceania*
サモアにおける「伝統」をめぐる葛藤
Struggles over the preservation of Samoa's "customs and traditions"

1 2つに分割されたサモア諸島

南太平洋の島嶼地域には西洋人が来訪する前からの独自の伝統や慣習が変容しつつ残っているところが多い。その1つであるサモア独立国は、ハワイから約4,200km、ニュージーランドから約2,900km、日本からは約8,000kmの距離に位置する南太平洋の小さな島嶼国家である（図1）。サモア諸島の覇権は19世紀末に、サモア人の政治的な争いに乗じたイギリス、ドイツ、アメリカ合衆国によって争われ、その後の話し合いにより、1899年にサモア諸島の西側をドイツが、東側をアメリカ合衆国が、それぞれ領有することになった。東側は現代に至るまで依然として「アメリカ領サモア」としてアメリカ合衆国の一部のままであるが、西側は第1次世界大戦時のドイツ敗北を機に、1920年からニュージーランドの国連信託統治領になった。その後、ドイツ統治時代から断続的につづいてきた独立運動が高まり、1962年に「西サモア（Western Samoa）」として南太平洋で初めて独立を達成し、1997年から「サモア独立国」（以下、サモア）と呼ばれている。

2 独自の伝統としての「ファアサモア」

憲法の前文に「サモアはキリスト教の原理とサモアの慣習・伝統に基づいた独立国家であるべき」とあるように、サモアでは「ファアサモア（サモアのやり方）」と総称される独自の伝統・慣習が維持されてきた。ファアサモアの基盤は家族や共同体の行動様式を支配する首長制（chieftainship）と呼ばれる社会システムにある。その基本単位は1つの村をベースとした、いくつかの拡大家族から成り立っている親族グループである。そして、各親族グループは代々受け継がれてきた称号名をもつ首長、すなわちマタイたちによって統率されている。首長制自体は太平洋地域で広くみられる社会システムで

あるが、サモアの場合、称号名の継承は世襲制ではなく、一族の尊敬と信頼にたるリーダーとして親族グループ総員の合意の下で選ばれるのである。マタイは長として一族の経営を司る一方で、対外的には、村の合議体を通して、村の自治を行う。首長制は国家レベルの政治制度にも組み込まれており、2020年現在でもマタイでない者は被選挙権がないので、国会議員になれない。

マタイに選出されると、称号名就任式が行われ、誰がどの称号名を付与されたのか、土地・称号裁判所（Land and Title Court）に登記される。この土地・称号裁判所という一風変わった裁判所は称号名と土地が非常に密接につながっていることを示している。サモアでは土地はもともと称号名に付随している。すなわち、土地は一族が所有しており、マタイに選ばれたからといって、土地を勝手に売買したり、それを担保

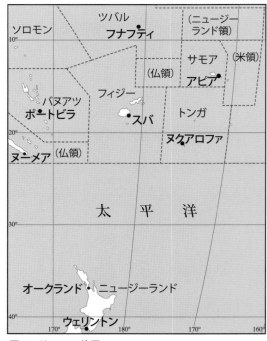

図1 サモアの位置

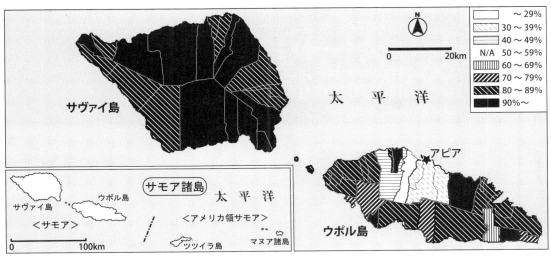

図2　慣習地の上で暮らしている人の割合

SBS（2016b：65）により作成。

17

オセアニア

にしたりすることはできない。マタイは一族の誰がどのようにその土地を使用するのかを差配するだけである。植民地統治時代においても一部を除いて，これら慣習地（customary land）の売買は禁止・維持されてきたため，2016年現在においても植民地統治時代にプランテーション化や西洋人による個人所有化が進んだウポル島の一部をのぞき，多くの地域では60％以上の人が慣習地の上で暮らしている（**図2**）。また，農業用地として使われている土地区画の80％以上も慣習地である（SBS, 2016a：3）。

3 伝統・慣習をめぐる葛藤

　概して，ファアサモアの下では，個人は自分の望みを達成するより，一族全体あるいは村というコミュニティの繁栄を優先するような行動をすること，すなわち共同性が重視される。このような共同性の重視はサモア社会の強みと良さである一方，近代化，そしてグローバル化が進む現代において，しばしば外部の価値観とぶつかり合うことがある。例えば，首長制の社会・経済的な基盤となる土地所有のあり方に関していえば，慣習地がサモアの経済的な発展の妨げにもなっていると論じられてきた（Ward and Ashcroft, 1998：70）。実際に，2008年に新たに成立した土地・称号登録法令（Land Titles Registration Act）では個人による土地所有を認めるようなトレンスシステム（Torrens system）が導入された。しかし，NGO等を中心に強い反対意見や批判があげられた結果，サモア政府は後日，同法令を憲法で決められた慣習地の譲渡の禁止に即したものへと修正している（Iati, 2016）。そして，2020年には，サモアの憲法が個人の権利を重視し，村のマタイたちの合議体の権威をないがしろにしていると，植民地統治時代に押し付けられた西洋的な法を排除しようとする動きが活発になっている（Meleisea and Shoeffel, 2020）。

　その一方で，21世紀の現代においてサモアが南太平洋の隔絶された社会というわけではない。むしろ，サモア人の国際移動は独立前後より，ニュージーランド，オーストラリア，そして，ハワイ，アメリカ本土へと増加の一途をたどっており，現代ではサモア国内の人口より，海外で暮らすサモア系人口の方が多い。サモアでは海外に親族をもたないサモア人と出会うことはほぼない。サモア本国とこれら移民社会は日常的に行き来がなされ，マタイも移民社会に暮らす者から選ばれたり，称号名授与式や葬式等の際に，親族間で行われる儀礼交換も国境を越えて実践されていたりする（山本，2018）。このように，サモア独自の伝統・慣習はドイツとニュージーランドによる植民地支配，そして近代化，グローバル化と時代が進む中で，様々な影響を受けつつ，徐々に変容し，実践・維持されてきた。今後においても，何がファアサモアなのかという葛藤を抱えながら，独自の伝統・慣習を維持すべく，サモア社会は挑戦し続けていくにちがいない。

（倉光ミナ子）

18 *Oceania*
オーストラリアにおける大規模森林火災
Mega-forest fires in Australia

1 2019〜2020年の大規模森林火災

2019年の年末からのオーストラリアにおける大規模森林火災（Mega fires）は被災するコアラやカンガルーの映像と共に大々的に報道されることによって世間の耳目を集めることとなり，世界的に特別な災害として印象付けられた。確かに多くの報道で紹介されたように，野生動物や都市部の建物に対し，これまでにない規模の被害を引き起こした。しかし，高温・乾燥の気候条件が大部分を占めるオーストラリアでは，落葉落枝や枯死木からの自然発火や落雷によって火災が発生しやすいため，森林火災（ブッシュファイヤーを含む）は特別な災害ではない。図1に示したように，リモートセンシングで検出された火災頻度はオーストラリア全土で年間100万回を超えることが一般的である。世界的にはブラジルやロシア，中央アフリカの国々と同様に森林火災が多い国の一つである。

2 オーストラリアでの火災発生時期

火災の要因が高温と乾燥であることに変わりはなく，火災発生時期は夏季に集中している。図1は，1年間における10月から翌2月までの火災発生件数を割合で示している。この5カ月間におおむね半分以上の発生が確認できる。

2012年と2019年は70％以上に及んでおり，この両年における夏季の高温・乾燥条件が火災頻度を上げ，かつ延焼面積も広げたことが推測できる。したがって，火災発生時期からも2019年の火災が特別な時期に発生したわけではないことがわかる。では，2019年の大規模森林火災は何が特別だったのだろうか？

3 火災発生の地域差

オーストラリアを構成し，大部分の面積を占める5つの州と1つの準州における2012年から2020年の火災頻度を図2に示した。

広大な面積を有し，乾燥地域を含む北部準州，西オーストラリア州，クイーンズランド州では例年の火災頻度が高いため，2019年から2020年の夏季の火災頻度も高いとはいえ，過去2年間と同等かそれ以下であった。さらに，これらの地域では2012年に，はるかに高い頻度で火災が発生していることから，2019年10

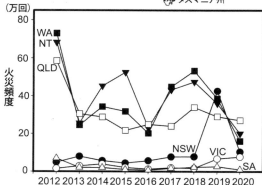

図1 オーストラリア全土で確認された火災頻度と10月から翌年2月の間に発生した火災の割合（2012〜2020年）
Global Forest Watch（2020）により作成。

図2 州別の火災頻度の変化（2012〜2020年）
Global Forest Watch（2020）により作成。

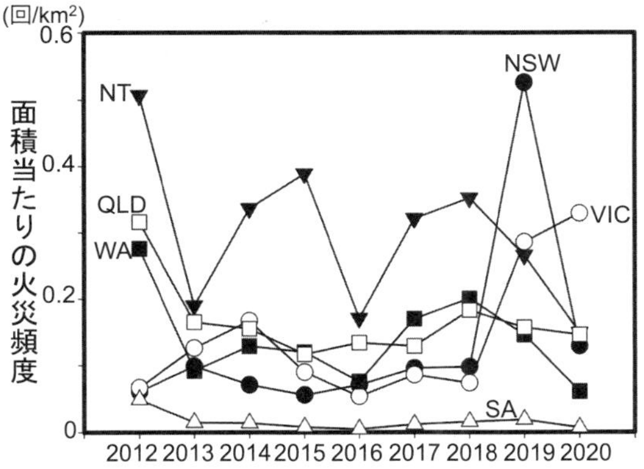

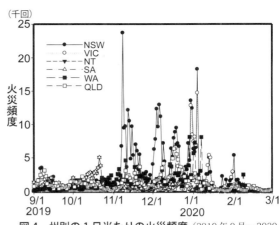

図3　州別の面積 1km² 当たりの火災頻度の変化(2012～2020 年)

Global Forest Watch（2020）により作成。

18

オセアニア

図4　州別の1日当たりの火災頻度（2019 年 9 月～2020 年 2 月）

Global Forest Watch（2020）により作成。

月からの火災は，その発生頻度からは特別であるとは言えない。一方，比較的人口が集中する都市を含むニューサウスウェールズ州（州都はシドニー），ヴィクトリア州（州都はメルボルン）と南オーストラリア州（州都はアデレード）では，先に示した3地域に比べて例年桁違いに発生件数が少ない。しかし，単純な確率では論じられないものの，単位面積当たりの発生頻度を算出してみると（図3），ニューサウスウェールズ州とヴィクトリア州は西オーストラリア州やクイーンズランド州と同程度の火災頻度であることがわかる。一方，北部準州は常に他の地域に比べて高い火災頻度である。それは火災が発生しやすい高温・乾燥・強風や落雷の自然条件がそろっているためだと考えられる。

　一方，2019年の火災に関して，注目すべきはニューサウスウェールズ州とヴィクトリア州の例年にない高い値である。国内人口が1位と2位の2つの州において，面積当たりの火災頻度が高いことは特筆に値する。

4 時間的・空間的な火災の集中

　次に，2019年9月から翌2月までの半年間における1日ごとの火災発生数を図4に示した。火災シーズンを前にした9月上旬に3,000件を超える発生数は異常であり，例年になく早い時期から火災があったことと，ニューサウスウェールズ州での発生には報道も注目し，今後の災害拡大への懸念も含めて取り上げられている。最悪なことに，その予測は的中し，この後も，ニューサウスウェールズ州では数百から数

千件のペースで火災発生の記録が続いている。他の州でも火災発生時期に入り，クイーンズランド州や南オーストラリア州でも数千件の火災発生記録が続くようになる。驚くべきは11月上旬の2万件を超えるニューサウスウェールズ州での火災である。その後，2019年末まで断続的に高頻度・広範囲の火災が続くこととなる。

　12月からヴィクトリア州とクイーンズランド州の火災頻度も高くなっており，ニューサウスウェールズ州を含めて人口が集中する地域で火災が頻発したことから未曽有の大災害に位置付けられたのであろう。この3州において3カ月間の短期間で集中的に高頻度の火災が発生・延焼したことが，この度の火災の特徴といえる。

　例年の火災頻度が高い地域では，その発生および原因が自然現象で説明されることが多く，火災は生態系における1つのサイクルとして捉えられる。そこでは生態系が，高い火災頻度の環境に適応して生育してきた生物相で構成されているため，火災に関わるダメージからの回復も可能である。一方で，想定外に多い頻度および速さで火災が生じた地域では，そのような火災に対応できる生態系（面積や構成種など）が成立していないため不可逆的なダメージを受けることとなる。都市域でも今回の火災は想定外であり，都市部周辺における土地利用や延焼防止のために防火帯を設けるなどの管理を再検討する必要性が考えられ，我々，人間が対応しきれなかった現象として記録する必要があろう。

（川東正幸）

19 *Oceania*
外資に頼る天然資源開発
──オーストラリアの事例
Mineral resource development driven by the high dependency on foreign investment

1 日本企業も参加した鉄鉱山開発

オーストラリア北西部のピルバラ地区における鉄鉱石の開発は，1960年代初頭に始まった。今日のピルバラ地区の鉄鉱石は，埋蔵量，産出量とも全オーストラリアの90％以上を占めている。マウントニューマン，マウントホエールバック，トムプライスなどの鉄鉱石の鉱山はみな海岸部から500kmほど内陸に入った所にあり，鉄鉱石を輸出するには，専用港の開発だけでなく，鉱山から港までの専用鉄道の敷設や鉱山労働者向けの住宅，ライフラインなどのインフラ一式の整備が必要であった。イギリスに拠点を置く鉄鋼大手企業だけでなく，日本からも総合商社を中心とした企業が鉄鉱石の資源開発に参画した。オーストラリアの鉄鉱石の産出量は，1970年代初頭には約1億tに達し，その後も徐々に産出量を増やし，2000年代初頭には2億tに達した。

2 輸出先の拡大

2000年代に入ると，中国の経済成長がオーストラリアの鉄鉱石開発に大きな影響を及

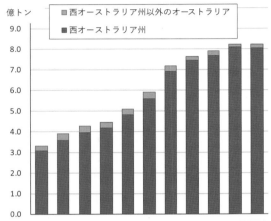

図2 オーストラリアにおける鉄鉱石の生産量（2008〜2018年）
Department of Mines, Industry Regulation and Safety, Western Australia（2019）により作成。

ぼすようになった。**図1**は，中国の粗鋼生産量と鉄鉱石輸入量の推移を示している。この図によれば，2000年頃を境に中国の鉄鉱石輸入量が急増しており，2018-19会計年度[1]には10億tを超える規模になっている。関連して，**図2**によれば，オーストラリアの鉄鉱石産出量は急拡大しており，2018年には8億tのレベルに達していることがわかる。2018-19会計年度の統計によれば，オーストラリア産の鉄鉱石の輸出先は中国が1位（81.9％），日本（7.5％），韓国（5.9％），台湾（2.3％）となっており，東アジア諸国，とりわけ中国経済に強く依存する構図が見てとれる（Department of Mines, Industry Regulation and Safety, Western Australia, 2019）。

3 FIFO
──長距離飛行機通勤がもたらすもの

FIFOとは，Fly-in-Fly-out Jobのことであり，パースやブリスベンなどの大都市に生活の拠点がある者が，内陸部の鉱山地区に飛行機で長距離通勤することを指す。オーストラリアの鉱工業関係の求人広告には「FIFOライフスタイル」

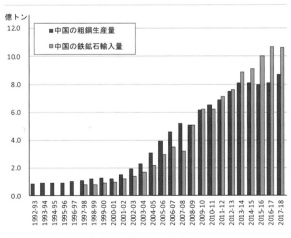

図1 中国の粗鋼生産量と鉄鉱石の輸入量（1992〜2018年）
Department of Mines, Industry Regulation and Safety, Western Australia（2019）により作成。

の文字が並んでおり，近年では一般的にみられる働き方である。この働き方とは，1週間の鉱山勤務と1週間の休暇を交互に繰り返すものである。鉱山の近くには，ターミナルビルこそ平屋で小規模ながらも2000m級の滑走路を有し，200人程度が乗れる中型機の離発着ができる空港が整備されている。大都市からは，早朝から夜にかけて1日8便程度の便があり，大都市と鉱山の間の搭乗時間は2時間程度である。FIFOは男女ともに働ける環境である。空港では，作業員用の蛍光色のジャケットを着た人々が送迎を待つ光景がみられる（**写真1**）。

写真1　ニューマン空港で出迎えを待つ FIFO 労働者
（2013 年 9 月 撮影）

　オーストラリアの全労働者の平均年収は89,122豪ドル（約713万円，2020年，1豪ドルは80円換算）であるのに対し，鉱山で働く場合の平均年収は123,844豪ドル[2]（約990万円，2020年，1豪ドルは80円換算）であり，重機の操作をはじめ，有資格者の給料は20万豪ドルに及ぶこともある。鉱山での仕事は，他の仕事に比べて約1.4倍の高賃金である。高賃金の魅力に誘われて，FIFOライフスタイルを選択する労働者も多い。かれらは，急拡大する資源需要に呼応して急増する求人需要に応えている。

　FIFOの従業者数を表す統計は公表されていないが，それに代わるデータとして，雇用の多い地区における長距離通勤者（非居住者）の割合を示したものが図3である。この図によれば，オーストラリア北西部のピルバラ地区とパースの東方の内陸部，クインズランド州の内陸部などで長距離通勤者の割合が高いことがわかる。

　2000年以降に急拡大したアジア向け，とくに中国向け需要により，FIFOの利用者も増加したと推定できる。しかし，どれだけ高賃金な仕事であっても，数年で退職するケースが多いと指摘されている。それは，鉱山での肉体労働が身体的にきついことに加え，家族と1週間離れ離れになることへの孤独感，鉱山での生活の単調さなどが原因とされる。また，片親が定期的に留守になる家庭環境は子どもの成育に悪影響だとしてFIFOをやめるケースがあるとも言われている。

　また，高賃金で魅力的な側面をもつFIFOではあるが，昨今の中国経済の一時停滞や，豪中の政治対立などから，輸出量の拡大に陰りが見られる。外資および外国に振り回されているのがオーストラリアの資源産業の姿である。

域外からの長距離通勤者の割合
　□　1%未満またはデータなし
　▨　1% 以上 〜 10%未満
　▨　10% 以上 〜 30%未満
　■　30% 以上

図3　長距離通勤者の卓越する地区（2016年）
オーストラリア統計局のデータにより作成。

1）オーストラリアの会計年度は7月1日〜6月30日である。そのため，統計は2年にまたがるケースが多い。
2）http://iminco.net/mining-job-salaries-how-much-can-you-earn-mining-careers/（最終閲覧日：2021 年 3 月 4 日）

（堤　純）

19

オセアニア

20 *Oceania*
メルボルンにおける人口の急拡大とコンパクトシティ政策
Rapid population increase and questionable compact city policy in Melbourne

1 リバブルシティ，メルボルン

イギリスのエコノミスト誌が毎年発表する「住みやすい都市（リバブルシティ）ランキング」では，メルボルンは2011年から2017年までの7年間は連続して1位であった。2018年と2019年にはウィーンに抜かれて2位である。大都市圏内であれば，電車・バス・トラムを組み合わせればたいていどこにでも行ける利便性の高さは，所得レベルの違いや移民か否かといったバックグラウンドとは関係なく，誰にとっても住みやすいまちの不可欠な要素だと言える。

2 人口の急拡大

メルボルン大都市圏全体の人口は，2016年の国勢調査によれば449万である。日本の大都市圏と比較して，メルボルン大都市圏の特徴は人口増加のスピードにある。2001年のデータによれば約341万，2006年は約365万，2011年には約400万と，2001〜2016年の15年間に約108万，年あたりの人口増加率にして2％を超えるスピードで人口が増加している。一方，オーストラリア最大都市であるシドニーの人口は，2001年には約400万，2016年には約482万であり，シドニーの年あたりの人口増加率は1.4％程度である。メルボルン大都市圏では，2050年時点の人口は，シドニーを追い越して800万程度になると想定されており，こうした急激な人口増加に対応して，老朽化の目立つ鉄道網の改善や幹線道路の整備などが大々的に行われている。

3 外国出身者の増加

こうした人口の急拡大と無縁ではないのが，外国出身者＝移民[1]の増加である。そこで，メルボルン大都市圏において増加する外国出身者の傾向をみるため，大都市圏居住者の出身国と家庭で使用する言語に着目して2006年からの10年間の変化を指数で示した（表1）。大都市圏居住者の出身国として最も多いのはオーストラリアの59.8％であり，非回答を除く残りの33.9％は外国生まれの移民である。この10年間ではアジア諸国の出身者数が増加している。とくに，インドと中国の出身者は2006年時点では5万前後だったものが2016年にはインド161,078，中国155,998となりそれぞれ約3倍にまで急増している。

次に，大都市圏居住者の家庭で使用する言語についてみてみると，2016年の時点で英語しか話さない人の数は2006年比の指数で111となり1割ほど増加していることがわかるが，大都市圏全体の人口が2006年の約365万から2016年の約449万にまで約84万増加したことから，割合では68.5％から62.0％へ

表1　メルボルン大都市圏における出身国および家庭で使用されている言語 (2016年)

順位	出身国	人数	比率	2006年を100とする指数	順位	家庭で使用する言語	人数	比率	2006年を100とする指数
1	イギリス	162,962	3.6%	102	1	中国語	280,015	6.2%	198
2	インド	161,078	3.6%	317	2	ギリシャ語	107,386	2.4%	94
3	中国	155,998	3.5%	285	3	イタリア語	101,849	2.3%	84
4	ベトナム	79,054	1.8%	136	4	ベトナム語	101,388	2.3%	143
5	ニュージーランド	78,906	1.8%	149	5	アラビア語	76,273	1.7%	141
6	イタリア	63,332	1.4%	85	6	パンジャビ語	52,767	1.2%	675
7	スリランカ	54,030	1.2%	176	7	ヒンディ語	49,446	1.1%	280
8	マレーシア	47,642	1.1%	163	8	シンハリ語	36,279	0.8%	218
9	ギリシャ	45,618	1.0%	87	9	スペイン語	33,664	0.8%	144
10	フィリピン	45,157	1.0%	183	10	トルコ語	30,306	0.7%	109
	その他	626,477	14.0%			その他	581,565	13.0%	
	非回答	280,877	6.3%			非回答	253,085	5.6%	
	オーストラリア	2,684,080	59.8%	114		英語のみ	2,781,188	62.0%	111
	合計	4,485,211	100.0%			合計	4,485,211	100.0%	

オーストラリア統計局のデータをもとに作成。

と6.5ポイントの減少となっている。この理由は，外国出身の移民1世や2世が増加することにより，家庭内では英語以外の母国語を話すケースが多く，英語以外の言語も操るバイリンガルやマルチリンガルが多数存在するからである。一方で，ギリシャ語（同指数94）やイタリア語（同指数84）にみられるように，1950年代〜1960年代にオーストラリアに渡った移民とその子孫が，家庭では母国語を使用しているものの，移民の世代が3世や4世になるにつれて親や祖父母の母国語を話せなくなり，徐々に英語のみの話者が増加する実態が読み取れる。

4 メルボルンは本当にコンパクトシティか

メルボルンは，コンパクトシティの成功例として世界でも最も有名な都市の一つである（堤，2019）。前述したように，公共交通の利便性の高さがこうした評価をもたらしているが，大都市圏全体をみた場合，はたして本当にそうだと言い切れるだろうか。

Currie et al.（2018）によれば，メルボルンの都心から10km以内（Inner Melbourne）の居住者は，車を所有しない人の割合が13.0％（2001年）から27.3％（2018年）へと大幅に増加した。都心から10km以内だけをみれば，多くのコンドミニアムが供給され，その住民が車を所有し

なくても通勤や日常の移動にはさほど困難はないと考えられる。一方で，大都市圏の中間域（Middle Melbourne：都心から10〜20km）では車を所有しない人の割合が45.7％（2001年）から42.7％（2018年）へとポイントを落とした。さらに，世帯において2台以上の車を所有している人の割合は，28.4％（2001年）から50.0％（2016年）へと大幅に増加した。さらに，大都市圏の外縁部（Outer Melbourne：都心から30km以上）では車を所有しない人の割合が16.4％（2001年）から16.9％（2018年）とほぼ横ばいであるが，世帯において2台以上の車を所有している人の割合は，20.8％（2001年）から54.7％（2016年）へと大幅に増加した。

メルボルン大都市圏の公共交通分担率を示した**図1**によれば，都心近くでは公共交通分担率は高く，自動車依存は改善されているといえるものの，大都市圏全体を俯瞰した場合は公共交通分担率が低く，公共交通優位というよりは高い自動車依存の状態にある。郊外に向かえば，一般に住宅価格は安くなる。そのため，車がなければ移動もままならないようなアクセスの悪い場所でも住宅開発が行われ，所得が高くない住民が住宅を取得していることが現状である。

予想を上回るスピードで人口が増加し続けるメルボルン大都市圏においては，とくに外縁部では，予想を上回るペースで進行する人口増加の圧力に押されて，現実的には無秩序な開発ともいえる安易な住宅開発が進行し，結果として自動車依存が改善されない現状も見てとれる。コンパクトシティの追求が，本当に住みやすいサステイナブルな都市をつくりあげることができるのかは議論の余地があるだろう。

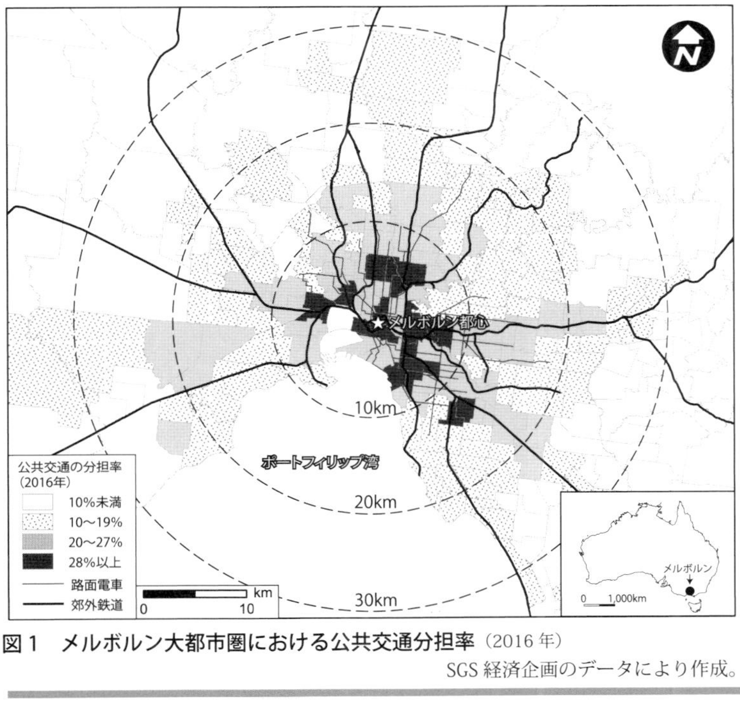

---

1) オーストラリアにおける移民（migrant）の定義は，外国で生まれた人をすべて含む。したがって，永住者はもちろん，長期滞在者，留学生なども含まれる。

（堤 純）

20

オセアニア

図1　メルボルン大都市圏における公共交通分担率（2016年）
SGS経済企画のデータにより作成。

公共交通の分担率（2016年）
- 10％未満
- 10〜19％
- 20〜27％
- 28％以上
- 路面電車
- 郊外鉄道

21 *Africa* アフリカ諸国の脱プラスチック政策とその実効性
Plastic use and regulation in African nations

1 プラスチック製品の増加

1950年代に石油を原料とするプラスチックの生産量が急速に増加し，われわれの生活はプラスチック製品に囲まれるようになった。プラスチックには，加熱することで軟化する熱可塑性樹脂と，加熱しても変形しない熱硬化性樹脂の2種類が存在する。熱可塑性樹脂にはポリエチレンやポリプロピレンなどがあり，ビニール袋やペットボトルなどにひろく使用され，汎用プラスチックと呼ばれる。熱硬化性樹脂は一度生成されると，ふたたび熱しても液体にはならない。代表例はポリウレタンで，靴底などに使われ，伸縮性と耐久性に優れ，エンジニアリング・プラスチックと呼ばれる。

プラスチックの生産量については，汎用プラスチックに限定しても，世界で毎年2.2億tが生産されている（経済産業省，2019）。そのうち9512万t（42.5％）は包装用のビニール袋に使用されるポリエチレンであり，そのほぼすべてが使い捨てである。

2 アフリカにおけるプラスチックのゴミ問題

アフリカにおける2017年の汎用プラスチックの生産量は291万tで，これは世界の1.3％にすぎない（図1）。しかし，この生産量は近年，年ごとに1.3倍に急増している。

2019年国連推計（United Nations, Department of Economic and Social Affairs, Population Division, 2019）によると，2020年現在，サハラ以南アフリカには10億9436万人が居住している。この人口は2050年には21億1773万人にまで増加すると予想されている。しかも，若年人口（0〜14歳）の比率が42.5％と高く，商品市場は急速に成長しつづけている。旺盛な消費活動とともに，廃棄物が急速に増加している。

世界銀行（World Bank, 2021）のデータによると，アフリカでは1日の所得が1.90ドル未満の貧困人口は2018年時点で全体の40.2％と高い。そのため，貧困層をターゲットにした製品の製造・販売がみられ，BOPビジネスと呼ばれる。BOPはBase of Economic Pyramidの略であり，企業が貧困層の購買力にあわせた製品・サービスを提供することで人々の生活水準の向上に貢献し，企業の発展も可能となる。たとえば，西アフリカのニジェールでは1kg入り洗剤の価格は1,000CFAフラン（200円：1フラン＝0.2円，2020年3月現在）であり，多くの人々は大容量の洗剤を購入できないが，30g入り小袋であれば価格は50CFAフランであり，日々の洗濯に使用できる。小形包装を基本とするBOPビジネスの製品はコーヒーや食用油，調味料，トマト缶など生活必需品に多い（**写真1**）。

また，飲料水としての水道水の安全性に不安をもつ住民が多く，ピュア・ウォーターという

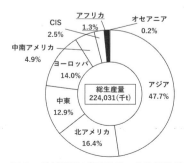

図1 地域別のプラスチック生産比率
（経済産業省，2019）

CIS 2.5%
アフリカ 1.3%
オセアニア 0.2%
中南アメリカ 4.9%
ヨーロッパ 14.0%
中東 12.9%
北アメリカ 16.4%
アジア 47.7%
総生産量 224,031（千t）

写真1 さまざまな大きさの缶詰めと袋入りのトマト・ペースト
（ニジェール首都・ニアメ，2020年3月撮影）

ビニール袋入りの水が西アフリカ，中央アフリカの多くの都市で販売されている。ニジェールではペットボトル入りミネラル・ウォーターは1.5ℓで500CFAフランであるが，ピュア・ウォーターは1袋（600㎖）で25CFAフラン，20袋入りのまとめ買いでは150CFAフランとなり，1袋あたり7.5CFAフランとなる。1ℓあたりに換算すると，ピュア・ウォーターの価格はペットボトルの27分の1となる。多くの住民にとってペットボトルの水は高価で買えなくても，ピュア・ウォーターであれば，気軽に買って飲むことができる。消費されると，ビニール袋はそのまま捨てられる。

このBOPビジネスは人々の生活水準の向上に貢献しているが，小形包装により，プラスチック・ゴミの増加を引き起こしている。これらのプラスチック・ゴミは道路脇に散乱して景観を損ねたり，都市の排水路にたまったりすることで衛生・生活環境の悪化を招いている。

3 アフリカ各国の脱プラスチックへの動き

アフリカ各国におけるゴミ処理方法は，先進国のような焼却が中心ではなく，処分地における積み上げが中心である。アフリカ各国の政府は首都圏において処分場の不足と急増するプラスチック・ゴミに対する危機感をもち，2020年時点で計37ヵ国において脱プラスチックに向けた政策が施行されている（図2）。UNEP（国連環境計画）や環境NGOグリーンピース（UNEP, 2018；Greenpeace Africa, 2020）による

図2　アフリカ諸国における脱プラスチック政策の内容
UNEP（2018）およびGreenpeace Africa（2020）により作成。

と，アフリカにはプラスチックの生産や使用，販売，輸入を禁止し，罰則を設けている国（21ヵ国），ビニール袋に使用税を導入する国（4ヵ国），ビニール袋の厚さによって販売や使用などに規制が設定されている国（12ヵ国）に大別できる。

ケニアでは政府が2017年に使い捨てビニール袋の生産や販売，使用，輸入を禁止し，生産や輸入には4万ドルの罰金，または最高4年の禁固刑が科せられる。また，使用者に対しては500ドルの罰金，または最高1年の禁固刑が科せられる。政策の開始後2年ほどの間で300人ほどが500ドルから1,500ドルの罰金を支払ったという。ケニアでは2017年以前には毎年，数千万枚のビニール袋が使用されていたが，政府による使用禁止の政策によって，国民の80%が使用しなくなった。また，2030年までにはペットボトルを含むプラスチックのリサイクル率を80%に引き上げる政策を発表している（Reality Check Team, 2019）。

強引ともいえる政治手法による脱プラスチックへの動きを示す国にはほかにルワンダがあるが，ウガンダのように産業界からの反対運動があって規制できなかったり，あるいは，南アフリカやタンザニアのように規制を緩和するとプラスチック使用量が増加したりする国もある。

ニジェールでは2014年に使い捨てのビニール袋の輸入や生産，使用，保管が禁止されたが，政府の規制が徹底しておらず，2020年現在，日常生活において人々はビニール袋やペットボトルの使用を続けている。ザンビアでは2018年に包装用ビニール袋の使用を禁じる政策が打ち出されたが，徹底されず，日常生活のなかで使用が続いている。プラスチックは水や油を入れることができたり，衛生的に商品の包装に使えたりして便利である。人類の生活に浸透したがゆえに，完全に排除するのはなかなか難しい。

現代社会は「大量生産―大量消費―大量廃棄」という直線型経済システムによって成長し，世界各地で廃棄物の問題が深刻となっている。アフリカ諸国は，この経済システムを変換し，環境保全と経済開発の両立をめざそうとしている。　　　　　　　（大山修一・川畑一朗）

アフリカ

22 *Africa*

サヘルの砂漠化
Desertification in the Sahel

1 砂漠化対処条約

1992年の地球サミット（国連環境開発会議）で採択された「アジェンダ21」がきっかけとなり，「砂漠化対処条約」が1994年6月に採択，1996年12月に発効となった。砂漠化に対する国際的な取り組みが始まったのは，1968~1973年にサハラ砂漠南縁のサヘルを襲った干ばつを契機としている。そして再び，1980年代前半にはサヘルで前世紀最悪の干ばつが発生し，砂漠化と食料危機の問題を引き起こした。このようなサヘルの干ばつが契機となり砂漠化への取り組みが後押しされ，砂漠化対処条約の発効にいたった。

2 砂漠化とは

砂漠化対処条約によると，「砂漠化」は「乾燥，半乾燥および乾燥半湿潤地域における気候変動および人間活動を含むさまざまな要因に起因する土地の劣化」と定義されている。ここでいう「土地」とは，土壌，植物，水などをさす。「土地の劣化」とは，①風または水による土壌侵食，②土壌の物理的，化学的および生物学的特質などの悪化，③自然植生の長期間にわたる消失である（以下，プロセス①，②，③）。実際の砂漠化は，砂漠の拡大という砂漠縁辺に限った現象ではなく，砂漠から離れた場所でも，人間活動により局所的にも生じることから，条約では，「砂漠化」に加えて「土地の劣化」という包括的な語句が併記されている。

砂漠化対処条約には，砂漠化の原因として，気候的要因と人為的要因があげられている（図1）。気候的要因とは，干ばつを引き起こす大気循環の変動などである。人為的要因とは，過放牧，過耕作，樹木の過剰採取など生態系の許容範囲を超えた人間活動で，その背景には貧困，人口増加といった社会経済的な要因がある。

3 サヘルの降水量変動

図2はサヘル地帯西部における1900年以降の降水量変動を示している。世界の乾燥地をみると，サヘルなどでその減少傾向が著しいが，この地域の砂漠化にはこのような気候的要因が効いている。しかしながら，それ以外の乾燥地では著しい降水の減少が認められないことから，気候的要因の砂漠化に対する影響は地域によってまちまちである。

サヘルにおける降水の減少傾向は1950年代～1980年代前半に顕著であるが，この原因については，サヘルの砂漠化にともなう地域的な陸面状態の変化よりも，海面水温に影響を受けた広域的な大気循環の変動のほうが主要な影響を及ぼしていると考えられている．この少雨傾向以降，2010年代まで多雨傾向が続いている。これについても，海面水温変動の役割は大きいが，人為起源のエアロゾルによる大気循環変動の影響も考えられている。

4 農牧業と砂漠化

植生劣化については，過耕作，過放牧，

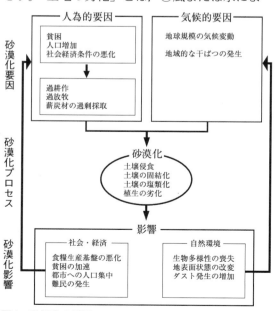

図1 砂漠化の構図　　　　篠田（2016）による。

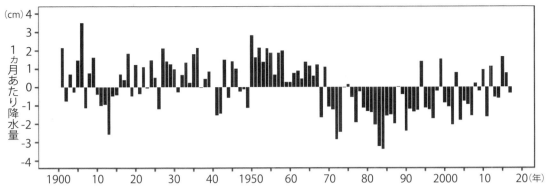

図2　サヘル地帯西部（北緯10〜20度，東経10度〜西経20度）における6〜10月の降水量変動
降水量は1900〜2017年の平均からのずれとして示され，プラスの値は平均より多いことを意味する。
http://research.jisao.washington.edu/data_sets/sahel/（最終閲覧日：2021年11月23日）

22

アフリカ

樹木の過剰採取が原因となっている。乾燥地では，短い雨季の雨水に頼った天水農業が広く行われている。天水農業において，一度，農作物を収穫すると，地力を回復させるため，数年間休耕することが伝統的に行われてきた。これは，土壌の肥沃度を回復させる。しかし，人口増加などにより，農作物の増産が必要となると，毎年くり返し，耕作するようになる。これは，土地をやせさせ（プロセス②の生物学的特質の悪化），最終的には植生の減少・消失をもたらす（プロセス③）。これを過耕作という。

　もともと，乾燥地の植物生産力は，少ない降水量の制約を受けて小さい。自然に生える草の量で養える家畜の数には上限がある。これを超える数の家畜を飼うと，植生が減少する。これを過放牧という。樹木の過剰採取も同様な結果を招く。樹木は，燃料材・建築材・家畜を囲い込むための垣根などに使われる。

　サヘル内を細かくみると，地域の気候・水文条件によって，砂漠化のプロセスが異なる。たとえば，砂漠周辺では風による土壌侵食が優勢で（写真1），降水量が比較的多い南部では水による土壌侵食が卓越する。また，セネガル川周辺では，塩類化による土壌劣化が認められる。

　サヘルにおける砂漠化では，サハラ砂漠が一線をなして拡大しているようにみえる。しかし，局地的にみると，砂漠のはるか南方の地域でも，過放牧や過耕作などの人為的インパクトが強く働けば，土地劣化が「飛び地」的に生じる。たとえば，集落近辺から同心円状に土地劣化が拡大していく現象が見られる。

　砂漠化・土地劣化・干ばつに関する国際的な取り組みとして，持続的な開発目標（SDGs）の中で，2030年までに「土地の劣化が中立的な世界」を達成することがあげられる。これは「土地回復面積から土地劣化面積を差し引いた面積が全世界でプラスとなるようにする」ということである。上で述べたように，土地劣化のプロセスが地域によって多様であることを考慮すると，そうしたプロセスの特性が同質的な地域単位で，土地劣化の中立性が達成されることが望まれる。

（篠田雅人）

写真1　ニジェール中東部における固定砂丘の再活動（1995年8月撮影）
過放牧のため，固定されていた砂丘の再活動が起こり，砂が右手のパールミレット（トウジンビエ）畑に侵入しつつある。砂の移動方向は，乾季の卓越風向に沿って，北東から南西である。数年前に設けられた砂丘後方の柵のなかは，植生が回復しているので，潜在的には砂丘は植生で固定されるはずである。年降水量は400〜500mm。

23 *Africa*
ナイジェリアの首都移転と首位都市
Relocation of the capital and the leading city of Nigeria

1 ナイジェリアの概要

最初にナイジェリアの概要を紹介しておこう。ナイジェリアはアフリカ南西部のギニア湾に面し、その面積は924,000km²、人口は20,600万人（2020年）[1]の国である。人口はアフリカ大陸最多であり、人口密度は212.1/km²である。ナイジェリアはイギリスの植民地だったが、1960年に独立した。政治体制は連邦共和制である。独立時の首都は同国最大の都市ラゴスであったが、1976年にアブジャが新首都として選定された。しかし、アブジャが正式に首都になったのは1991年である。

図1はナイジェリアの主要都市を示したものであるが、アブジャは同国のほぼ中央部に位置する。このことが示唆しているようにアブジャが首都に選定された一因は、内陸部の開発のためであるが、また、北部に多いイスラム教徒と南部に多いキリスト教徒の宥和を図ったものだとも言われている。

ナイジェリアは36の州によって構成されているが、アブジャは連邦首都地区（Federal Capital Territory）であり、いずれの州にも属さない。多くの州では州都は州内最大の都市であるが、ラゴス州の州都は1976年以来、ラゴスに隣接するイケジャである。本章では、人口と経済的中枢管理機能を指標に同国の都市を検討するが、とくに、首都のもつ意味に焦点をあてたい。

2 人口からみた主要都市

図1は1995年と2012年の人口の多い主要13都市を示したものである。ここから読みとれる重要

なポイントを指摘しよう。第1に上位都市の急激な人口増加が目を引くが、とりわけラゴスの著しい人口増加を指摘しなくてはならない。国全体の人口増加を想起すれば、この各都市の人口増加も理解できる。次に、アブジャの人口増加が注目される。1995年には375千人で13位であったが、2012年では3,000千人で3位になっている。

3 経済的中枢管理機能からみた主要都市

続いて、経済的中枢管理機能から主要都市をみていこう。経済的中枢管理機能とは、一般に民間大企業の本社と支所のことを指す。資料としてGoldstar Publications 刊のNIGERIA'S TOP COMPANIESを使用する。同資料は1995年版の掲載企業は500社であったが、2015年版の掲載企業は1,000社である。この種の分析

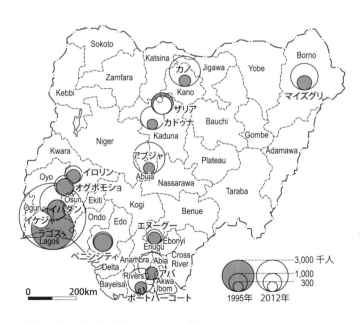

図1　主要都市の人口（1995, 2012年）
オグボモショ、ベニンシティ、ザリアは2005年のデータ。1995年のイケジャはデータなし。アブジャの人口は Abuja F.C.T（Federal Capital Territory）の人口。ラゴスとイバダンの人口は都市圏人口。
『Annual Abstract of Statistics』(Federal Office of Statistics) と『Africa South of Sahara』により作成。

においては，業種面からの検討が重要であることは言うまでもないが，紙幅が限られているので，ここでは業種については言及しない。

表1は両年次の主要都市の本社数と支所（配置企業）数を示したものである。本社数ではラゴスが圧倒的に多い。1995年では，379社（全体の75.8%），2015年では，786社（同78.6%）である[2]。

筆者がこれまで分析した国においては，この機能からみると非連邦制国家においては首都が圧倒的という地位にある。東京，パリ，バンコクなどがあてはまる。連邦制国家の場合，首都がこの機能で卓越していることは少なく，いわば経済的首都が第1となることが多い。このことはアメリカ合衆国のワシントンとニューヨークを想起すれば，理解されよう。しかし，アメリカ合衆国の場合でも，企業本社が第1位都市（ニューヨーク）に集中することはなく，企業本社は全国的に分散している（阿部，2015）。

しかし，ナイジェリアはそうではない。ナイジェリアは連邦制にもかかわらず，大企業本社の1都市への高い集中は特異である。それはラゴスが大西洋に面した良港であったためヨーロッパとの交易の窓口として発達してきたという歴史と発展途上国という性格が関係していると言えよう。

次に注目すべきはアブジャとポートハーコートの本社数の増加である。ラゴスには及ばないものの大きく増加した。とくに，アブジャは連邦制国家における首都の都市機能（ここでは本社機能）がどこまで増加するのか。他都市での増加数が少ないことを考慮すると，興味深い。

続いて，支所（配置企業）数からみた重要なポイントを指摘していこう。集計の原則は1企業1都市1支所である。業種によっては，金融業（とくに銀行）に代表されるように，1都市に複数の支所配置がみられるが，ここでは1支所しか集計していない。多くの本社は支所機能をも有している場合が多いが，とくにそのことが記載されていない限り，集計はされていない[3]。2015年のアブジャの363というのは，アブジャに支所を配置している企業の数ということになる。

対象企業数が2倍になったことで，いずれの都市の支所（配置企業）数も増加したが，第1に注目すべきは，アブジャの支所（配置企業）数の増加である。1995年では，カドゥナと同数の82（500社の16.4%）で4番目であったが，2015年では363（1,000社の36.3%）で第1位となっている。対象企業数が2倍になっていることを考慮しても，アブジャとポートハーコートの支所（配置企業）数増加は著しい。ポートハーコートは2.74倍，アブジャは4.43倍である。

表1の支所（配置企業）数を見ると，2015年では，アブジャ・ポートハーコート・ラゴス（第1階層）が突出していること，カノ・イバダンを第2階層，カドナ・ワリ・エヌーグー・ベニンシティを第3階層（あるいは，カノ・イバダンと合わせて第2階層），そして，それ以下の諸都市に区分できそうに見える。1995年では，階層性は顕著ではなかったが，2015年では顕著になったとも言えよう。このことはナイジェリアの都市秩序においてどのような意味を持つのだろうか。アブジャは都市としての歴史が浅いにもかかわらず，多くの企業が支所を配置するようになったことをどのように評価することができるのだろうか。また，将来において本社数が増えることはないのだろうか。先進国の連邦制国家と違う歩みをたどるのであろうか。首都のもつ意味を考えるうえでも興味深い点である。

アフリカ

表1　主要都市の本社数と支所（配置企業）数

		本社数		支所（配置企業）数	
		1995年	2015年	1995年	2015年
1	アブジャ	7 (1.4)	67 (6.7)	82	363
2	ポートハーコート	7 (1.4)	42 (4.2)	112	307
3	ラゴス	379 (75.8)	786 (78.6)	173	282
4	カノ	12 (2.4)	9 (0.9)	106	141
5	イバダン	14 (2.8)	14 (1.4)	66	139
6	カドゥナ	13 (2.6)	10 (1.0)	82	107
7	ワリ	2 (0.4)	6 (0.6)	54	95
8	エヌーグー	5 (1.0)	3 (0.3)	34	88
9	ベニンシティ	3 (0.6)	4 (0.4)	34	80
10	カラバル	1 (0.2)	2 (0.2)	17	56

NIGERIA'S TOP COMPANIES（1995, 2015年版）により作成。

1）IMF: World Economic Outlook Databases（2020年10月版）。
2）イケジャはラゴス州の州都であり，ラゴス市ではないが，事実上のラゴス大都市圏を構成しているので，ここではイケジャの本社数はラゴスに含めている。2015年のイケジャの本社数は165社である。
3）この点については，日本の主要都市を分析した筆者の研究（阿部，2017，2019）を参照されたい。

（阿部和俊）

24 *Africa*
「緑の革命」を受け入れない農村
──東アフリカ農牧民の世界から
Rural villages that do not accept the "Green Revolution": from the East African agro-pastoral world

1 「緑の革命」を拒否する農村

2000年代に入る以前，アフリカ諸国の経済的停滞は，東南アジアや南アメリカを含む南の世界でも突出したものがあり，中でもその農村の停滞は南の中の南ともいうべき状況を作り出してきた。2000年を過ぎると中国の強力な援助を軸に，アフリカのGDPは急速に伸びてきたが，農業に関しては，「緑の革命」の受容を契機に経済成長を目指して離陸する東南アジアなどと比較するとアフリカ農業・農村の技術的停滞は，深刻なものとして残された。混作を基調とするアフリカには，単作を前提とする高収量品種の導入を軸とする農業近代化という「緑の革命」を受け入れない農村が広く広がっている（平野，2013）。

自然生態系において同心円の構造を有するといわれるアフリカにおいては，その中心部にある熱帯雨林下の焼畑農村の停滞性はしばしば取りあげられてきたが，それに加えてその周辺部の「緑の革命」を拒否するもう一つの農村地帯として，その中心に牛のいる農牧地帯がある（図1，ヴェルト，1968）。サバナや乾燥疎開林の農牧民の世界は，アフリカの農業・農村の近代化を阻む障壁となっている。

アフリカにおけるこの農牧民の世界では，農と牧が切り離され，農よりは牧に高い価値が置かれる。図2に示されるように，農と牧が有機的に結びついているヨーロッパの有畜農業では，家畜の数に応じて農業の規模が大きくなるという比例関係がある。これに対して東アフリカ農牧民社会においては，農が大きければ牧は小さく，経済学的な特徴として反比例の関係が指摘されてきた（杉村，2015）。

2 東アフリカの農牧民の世界

こうしたアフリカ型の農牧複合は，自然環境への適応として，雨量の少ない乾燥地域では家畜の量が増加し，それに対して，雨量が増大すると農業生産が〈農〉と〈牧〉という2つのセクターのなかでより重要な位置を占めるようになってくる（図2）。福井（1999）の説明では，半農半牧の農・牧関係はc=p・a，有畜農業の農・牧関係はC=a/pとなる。この場合，pは牧畜的要素で，具体的には家畜の頭数，aは農耕的要素で，具体的には耕地面積があげられる。半農半牧の農民社会の中には，自然環境や歴史文化的な生活慣行との連関で上記の定数C，cも決まってきて，変化傾向の地域差が生まれる（福井，1999）。

しかし一方でアフリカ農村に滞在してみると内部差が際立ってきている。そこにも離陸するような農村とより停滞し続けるような，アフリ

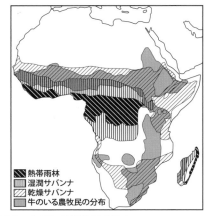

図1　牛のいる農牧民の分布
ヴェルト（1968）および米山（1986）により作成。

凡例：
■ 熱帯雨林
▨ 湿潤サバンナ
▨ 乾燥サバンナ
▨ 牛のいる農牧民の分布

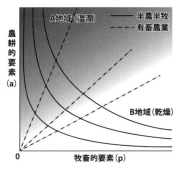

A地域（湿潤），B地域（乾燥）は図の中では，半農半牧・有畜農業の両方にかかる地域設定である。半農半牧的生産様式の場合には，pはB地域で大きくなるが，A地域では小さくならざるをえない。有畜農業の場合，半農半牧とは対照的に，pとaは正比例の関係であらわされているといえる。

図2　農牧複合のあり方　福井（1999）により作成。

24

アフリカ

カ農村内部の「南北問題」が存在する。タンザニアの農牧民ゴゴの社会は首都ドドマの近くにありながら，農業近代化が遅れたもっとも発達の困難な地域として知られ，南北問題の「南」に位置づけられる。数年に一度繰り返される干ばつは食糧不足になる多くの農民を生み出し，地域開発の進まない，アフリカ小農問題の集積する地域として知られる。

図3は，ゴゴ社会のトウモロコシの土地生産性とその低位状況を示したものである。政府による農業の近代化は，いっこうに進まず，それとセットとなった化学肥料を使用する農家も極めて少数にとどまっている（杉村，2015）。このドドマ地域と近隣のシンギダは，1ha当たりの生産が0.4tであり，雨量がもう少し多く安定した外延の地域と比べて3分の1程度にとどまる。このように土地生産性も低く，極度に天候の不安定な地域の農業であり，地域の人達がサブシステンス（生存基盤）を確保していくためには，天候の変動に耐えられる「牧」の支えなしには暮らしていけない。このような中で，家畜に，農業以上に高い価値を与える流動的分散的な暮らし方は，一つの生活合理性を有しているともいえる。

3 農牧民の内発的発展の道

近代化を促し農業を中心とした生活に組み替えていこうとする政府の諸政策にもかかわらず，牧畜に高い価値を置く農牧民の生活様式は変わらない。しかし一方で急速に変わる世界も展開している。ここ10年間の携帯電話の普及はすさまじい。村の中で半数以上の人が携帯を持つ。牛追いをする牧童が，携帯を片手にどこの牛市の価格がいいとか仲間と相談している。調理も三石かまどで，そのかまどのそばで携帯電話での会話が弾む。村の携帯電話の弱点は，充電のための電源がないことで，最近では充電用のソーラーパネルが普及し始めている。

その延長線上に，街場では見られるテレビが村にも入ってきている。村人に人気のある番組はサッカーだが，それ以外の世界のニュースにも日常的に接する機会が持てるようになった。世界の進展や文化の違いに関心をもちながら，自分たちのこと，自分たちの未来を考えるようになってきている。また無電化だった村に夜間電気がつくようになって，夜間にも学習ができるようになり，小学校から中学校への進学率が急速に高まっている。

これまで農牧地域の近代化とは，トラクターを入れて，何が何でも農業を中心においた生産の場に変化させていくことであった（Maghimbi et al., 2016）。しかし極度の天候の不順の中では，天水の農業への一元的な集中は不安定であり，農牧を併存させながら，流動的・分散的な生業システムを維持することが地域のバランスのとれた発展のためにもむしろ不可欠である。そして今日では，分散的なエネルギー源としてのソーラーなどの自然エネルギー利用が，分散的な暮らしの在り方を保持しながら，牛銀行のように蓄積の場としての家畜の在り方を再評価していく視点をむしろ後押しするものになってきている。

サブシステンスを軸にして，農業だけでなく，多元的なかたちで，地域資源を広く利用する道は，西欧に端を発する農業の化学化や機械化を中心とした近代化がもたらす環境負荷ということを考えれば，むしろもう一つの「緑の革命」の可能性を宿すものであるともいえる。地球の開発の限界を見据えるSDGsや人類の経済活動が地球の環境を破壊するような「人新世」（斎藤，2020）を射程に置いた新しい視点の中で，東アフリカ農牧民の内発的発展にも，より環境視点に立った新しい開発の哲学が求められている。（杉村和彦）

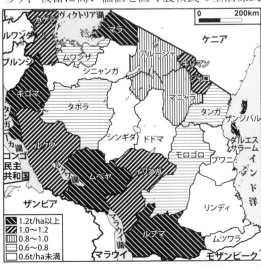

図3 タンザニアにおけるトウモロコシの地域ごとの土地生産性（t/ha）
United Republic of Tanzania（2006）により作成。

Africa
モザンビークの都市問題
Urban environmental problems in Mozambique

1 モザンビークの南北格差と都市群

　モザンビークは，アフリカ東南部に位置し，南北2,000kmの細長い国土をもち，慣習的に北部（3州），中部（4州），南部（3州）に区分される（図1）。同国の健康，教育，所得の複合指標「人間開発指数」0.456（2019年）は，189ヵ国中181位，南部アフリカ諸国の中で最低であり，モザンビークは世界最貧国の一つである。

　南アフリカ共和国との経済的結びつきの重要性などから，1898年に首都は北部のモザンビーク島から国土最南端のマプト市に移転した

表1　モザンビークの州別貧困者率（%）

	1997	2003	2008	2015
全国	69.7	52.8	51.7	46.1
都市部	61.8	48.2	46.8	37.4
農村部	71.8	55.0	53.8	50.1
①ニアサ州	71.9	48.3	33.0	60.6
②カーボ・デルガード州	59.1	60.3	39.0	44.8
③ナンプラ州	69.4	49.1	51.4	57.1
北部計	67.3	51.9	45.1	55.1
④ザンベジア州	67.6	49.7	67.2	56.5
⑤テテ州	81.9	60.5	41.0	31.8
⑥マニカ州	62.4	44.7	52.8	41.0
⑦ソファラ州	87.8	41.3	54.4	44.2
中部計	74.1	49.2	57.0	46.2
⑧イニャンバネ州	83.0	78.1	54.6	48.6
⑨ガザ州	64.8	55.4	61.0	51.2
⑩マプト州（マプト市以外）	65.6	59.0	55.9	18.9
マプト市	47.1	42.9	29.9	11.6
南部計	65.5	59.9	51.2	32.8

Ministry of Economics and Finance（2016）により作成。

（図1）。このため，南部のマプト圏が経済・産業の中心であり，中部・北部とは南北格差が存在する。最低限度の生活に必要な食糧と財の地方別購入価格に基づき設定された貧困線以下の貧困者率の推移をみても，北部州の貧困者率は低減せずに高く，南部州とくにマプト市の貧困者率は急減し，南北格差および都市部と農村部の格差が拡大している（表1）。

　2017年センサスによれば，モザンビークの人口上位都市とその人口は，マプト市108.0万，マトラ市（マプト市に隣接する衛星都市）103.2万，北部のナンプラ市76.0万，中部のベイラ市59.2万である（図1）。

　モザンビークの都市システムの特徴として，マプト圏への国家的都市機能の一極集中が顕著であり，交通インフラの未整備のため，航空路線を除けば，地方都市間の結合は微弱である。地域間関係としては，ナンプラ－北部農村，その下の階層の州都－州農村など，都市－農村関係が基本であり，中心地論的説明が有効である。

　広域的な地域・都市間結合では，北部：ナカラ港－ナンプラ－リロングウエ（マラウイ），中部：ベイラ港－シモイオ－ハラレ（ジンバブエ），

図1　モザンビークの都市分布（2017年）
2017年センサスで都市とされたものを表示。

南部：マプト港ーヨハネスバーグ（南ア共和国）など，港湾と隣国を東西に結ぶ国際コリドール（東西回廊）の形成が顕著である。

2 ナンプラ市の都市景観と都市問題

　同国北部の中心都市であるナンプラ市のセンサス人口の推移をみると，1997年30.3万，2007年47.2万，2017年76.0万であり，10年ごとに5割増しのペースで人口が急増した。

　モザンビークは，独立後の社会主義政策により，土地は原則として国有地であり，国民には使用権のみが認められる。ナンプラ市における土地利用用途別割合は，農地46.2％，森林24.5％，山・丘陵3.9％，都市的利用（住宅地域）25.3％とされる。住宅地域は，道路網が整備され，土地使用権をもつ住民が居住する住宅地（計画街区）と不法居住住民が随意に建てた家屋が無秩序に並ぶ住宅地（非計画街区）に二分される。非計画街区は，ナンプラ市において，全住宅地域106.9km²の68.1％を占め，全住宅の86.0％に相当する13.1万軒が立地する。

　ナンプラ市の都市景観を点描すれば，中心部や幹線道路沿いの商店，公共施設，ビルなどの恒久的建物を除けば，泥レンガ・土壁，茅・トタン屋根の不良住宅景観が延々と連なる。都心部においても，未整備で危険な道路状況（**写真1**），路上生活者，ゴミの放置，市場の不衛生など，都市問題は山積している。

3 ナンプラ市の非計画街区の事例

　ナンプラ市中心部より東方2kmにある非計画地域・ムハラ川沿い住民102名へのインタビュー調査事例を紹介する（福永，2021）。

　家屋に関しては，築年数5〜14年が多く，全体の72％を占める。トイレは，屋内（18％），屋外（46％），無し（36％）である。家屋の問題

写真1　ナンプラ都心の道路（2019年10月撮影）
側溝フタのずれや落下，向こうに路上露店。

写真2　線路沿いの違法マーケット（2019年10月撮影）
この直後，強制撤去され閉鎖。

写真3　窃盗団によるムハラ川での品物洗い（2019年10月撮影）

では，川水の流れ込みや洪水時の危険性，川水の汚なさ，雨水による壁のひび割れや崩壊など，水に関わる危険性や被害の指摘が多い。衛生状況に関しては，住民の91％がムハラ川を不衛生であると認識し，住民の88％がムハラ川にごみを捨て，その頻度は毎日が過半（54％）を占める。

　地区への愛着に関して，地区居住年数は10〜19年の住民が59％と多く，地区が好きである，地区に住み続けたいと回答した住民割合はともに66％である。最終学歴は，無就学25％，小学校33％，中学校3％，高校35％，大学4％である。学歴に関するクロス集計では，学歴が高いほど，収入は多く，居住期間は短く，地区への愛着は低い傾向が確認された。同地区の都市問題の一端を示す**写真2**，**写真3**を掲げる。

　以上のように，モザンビークの都市では，住宅，貧困，教育，犯罪，土地利用，都市インフラ未整備などの諸問題が輻輳して存在する。愛媛大学と，ナンプラ市に本部があるルリオ大学は2008年以来様々な交流・協働活動を続け，愛媛大学オフィスの設置，ルリオ大学教員8名の愛媛大学での修士・博士学位取得などの実績がある（寺谷ほか，2021）。都市問題の解決は容易ではないが，ルリオ大学学生が1家族を担当し家族の課題を解決する「1学生1家族プログラム」など，地道な地域貢献活動が都市問題の軽減に繋がることは疑い得ない。（寺谷亮司）

25

アフリカ

26 *Africa*
ネオアパルトヘイト都市, ヨハネスブルグの不均等発展
Uneven development of the neo-apartheid city of Johannesburg

1 ポストアパルトヘイトの苦難

1994年の民主化以降, 南アフリカ共和国 (以下, 南アと表記) は人種融和を掲げて新たな歩みを進めてきた。だが, 格差拡大, 貧困, 治安の悪化, 暴力, 汚職, 人種差別など多くの課題に直面し, 民衆は不満を抱えている。政府は貧困層への配慮を示しつつも, 大企業と富裕層に利する新自由主義的政策をとってきたため社会に亀裂が生じている。この新たな分断, ネオアパルトヘイトはヨハネスブルグの都市空間に不均等発展という形で刻み込まれている (Clarno, 2017；宮内, 2016)。

2 アパルトヘイト都市からネオアパルトヘイト都市へ

アパルトヘイト政策は単なる人種差別的社会政策ではなく, 低賃金移民労働者の確保を目的とした経済政策であった。黒人はバンツースタンと呼ばれる「黒人自治国」に強制移住させられ, 身分証携帯を義務付けたパス法で移動を制限された。これにより白人資本家は必要な時に必要な分だけ労働者を確保できた。「白人の国」南アにとって, 黒人は「黒人の国」に暮らす「外国人」であるから福祉を放棄できた。都市部ではタウンシップと呼ばれる黒人居住区をつくり最低限の行政サービスを施して労働者を確保した。タウンシップに暮らす黒人は毎日, 白人地区の職場まで長距離通勤を強いられた。法律に基づく究極の人種別セグリゲーション都市, アパルトヘイト都市 (寺谷, 2007) はこうして南ア資本主義を支える基盤となった。

民主化後, 人種別居住区は廃止されたが, ヨハネスブルグでは不均等発展が加速している。これは旧白人地区の北部郊外に不動産投資がさらに進み, 中間・富裕層向けのゲーテッドコミュニティが建設される一方で, タウンシップには政府が低所得者層向け住宅を供給し, 加え

て貧困層がインフォーマル住居 (掘っ立て小屋) を建てて暮らさざるを得ないからである (図1)。

黒人労働者に依存する経済構造にも大きな変化は見られない。低所得者層は引き続き中間・富裕層の暮らしを支えるエッセンシャル・ワーカーとしてタウンシップから中間・富裕層の暮らす郊外の職場まで長距離通勤を続けている。

民主化後, 人種だけでなく市場原理と階級に基づく空間分離によって, アパルトヘイト都市はネオアパルトヘイト都市となったのである。

3 要塞化された私有都市空間

ネオアパルトヘイト都市の景観はゲーテッドコミュニティや都市改良地区という要塞化された私有空間で特徴づけられる。

壁とゲートで守られた住宅地, ゲーテッドコ

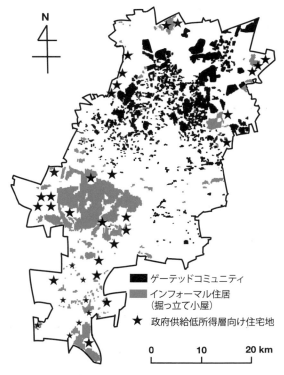

図1 ヨハネスブルグの3種類の住宅地の分布 (2020年)
Gauteng City-Region Observatory 作成の地図を一部改変。

ミュニティは，セグリゲーションの歴史，治安の悪化，行政サービスの停滞などを理由に民主化後発達し，現在ヨハネスブルグの広範囲がゲーテッドコミュニティと化している。不動産開発企業の手による新規造成地だけでなく，住民が許可なく公道にゲートを設置した違法ゲーテッドコミュニティもある。要塞化はオフィスやショッピングモール，カジノ等の娯楽施設にまで及んでいる。

都市改良地区とは都市の1区画を民間管理会社が維持管理している地区で，ヨハネスブルグには29ヵ所あり（図2），ほぼすべてを1社が経営している。管理会社は地区内の地権者から徴税し，さまざまな技術と仕組みで地区を統治する。例えば監視カメラや警備員配置によるセキュリティ強化，清掃員やゴミ箱設置，モラルの推奨による衛生・景観維持，歩道や街灯設置のような公共空間整備，起業家精神と競争力を持つ主体に利するマーケティングやブランディングなどを実行している（Didier et al., 2013）。

4 ネオアパルトヘイト都市の自己統治

ゲーテッドコミュニティや都市改良地区は特定地区を私有化し，特定グループを選別するので，社会の分断を招くと批判されてきた。

例えば住宅所有者組合は，新規入居者審査，入場規制，地区内の景観管理などを独占的に決定しており，これが他者を締め出すだけでなく，自分たちさえ良ければ良いというNIMBYな態度も生み出していると言われている。

要塞化の要因は犯罪への恐怖ではなく，アパルトヘイト期と同様の他者に対する恐れであるという指摘もある。「恐怖心を利用した排除の正当化」，「空間的メカニズムを利用した社会問題への免罪」，「社会的・象徴的排除主義」は変わることなく続いており，かつて黒人を要塞に閉じ込めたアパルトヘイトが，市民自らが要塞に引きこもる自己統治に形を変えたにすぎないと批判されている（Lemanski, 2004）。

さらに公共空間の排他的利用をめぐる批判もある。都市改良地区では厳格な警備によって公共空間から路上商人やホームレスが追い出されている。民主化後，黒人はあらゆる公共空間にアクセスできる権利を獲得したはずである。だが，現実は富める者だけが，整備された公共空間を利用でき，貧しき者は低質の公共空間に追いやられている（Landman, 2006）。これは国家と国民の間に共益関係が築けているかを示すインフラをめぐる政治にも通じるものである。誰のために水道，電気，道路や広場といったインフラが整備され，誰が実際にそれを利用でき，誰がその対価を支払うのか。技術による統治は，誰が「市民」として包摂されていて，誰が排除されているのかを白日の下に晒すのである（Von Schnitzler, 2016）。

このようにネオアパルトヘイト都市では，人種のみならず，階級，文化資本，市民的道徳観，起業家精神などに基づいた新たな人種主義による自己統治が不均等発展を生み出してきた。したがって都市空間の変革こそがネオアパルトヘイトを克服し，真に包摂的な社会を築くための基盤となるだろう。いかにして多様な住民が都市づくりに参加し，都市への権利を獲得できるかがいま問われているのである。　　　　（宮内洋平）

図2　ヨハネスブルグの都市改良地区 ❶〜㉙の分布（2014年）
Johannesburg CID Forum の資料により作成。

27 *Latin America*
氷河流域別にみる
パタゴニア氷原の盛衰
Mass balance of the Patagonian icefields controlled by frontal ablation

1 雨と風の大地とパタゴニア氷原

　パタゴニアは，南米大陸最南端部のチリとアルゼンチンにまたがる南緯40度から56度にかけての地域の総称で，地球上で最も風が強く，また降水量の多い場所の一つとして知られる。

　パタゴニアを南北に走るアンデス山脈をまたいで，偏西風が一年を通じて通過し，太平洋から多量の水蒸気が供給される。このため，西岸の年間降水量は最大10,000mmにも達し，一方のアンデス山脈の東側は雨陰となり，乾燥した平原が広がる。山岳域では大量の降雪による積雪が氷化して氷河が形成され，南緯46度以南は，南極氷床に次ぐ南半球最大の氷河域であるパタゴニア氷原となっている（図1）。

　パタゴニア氷原は，北パタゴニア氷原（NPI）南パタゴニア氷原（SPI），そして南米最南端に位置するコルディレラ・ダーウィン氷原（CDI）の3つの氷原の総称で，合わせて約5,500Gtの氷があり，これらがすべて融解すると約15mmの海面上昇を引き起こす量に相当する。

　パタゴニア氷原の融解で1960年代以降，約3mmの海面上昇が引き起こされたと見積もられている。これは雪氷圏に起因するグローバルな海面上昇のうちの10％程度を占め，グリーンランド氷床に次ぐ要因の1つとなっている。

2 多涵養・多消耗の質量収支特性

　氷原からアンデス山脈の東西山麓へと溢流する氷河は，樹木が密生する低高度まで流下している。膨大な降水量によって氷原にもたらされる涵養量に対応して，低標高での氷河の消耗量もまた大きく，世界でも類を見ない大きな収支差の質量収支[1]特性を有する。

　この多涵養・多消耗という質量収支特性は，温暖化の影響をグローバルに予測する上で不確実性をもたらす要因ともなっているため，その詳細なメカニズムの解明が急務とされている。

3 氷原の特徴を流域でとらえる

　河川の特性を把握する際に，降水が川に集まる「流域」を設定するのと同様に，氷原も溢流する氷河ごとの流域に区分すると，多涵養・多消耗の氷河特性を地理的につかむ助けとなる。

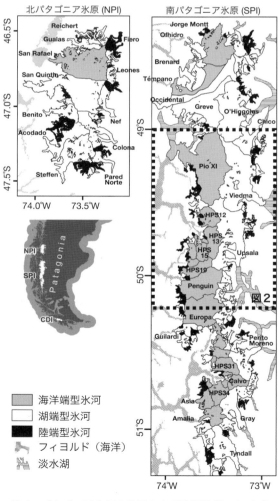

海洋端型氷河
湖端型氷河
陸端型氷河
フィヨルド（海洋）
淡水湖

図1　パタゴニア氷原の位置および氷河終端のタイプによるNPIとSPIの流域区分
WGMS and NSIDC（1999）の公開データにより作成。

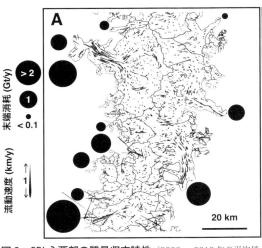
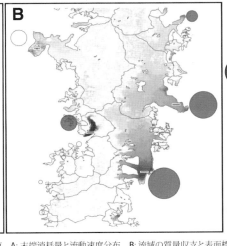
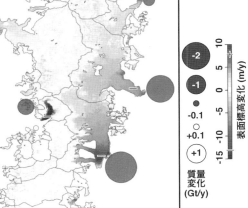

27

ラテンアメリカ

図2　SPI主要部の質量収支特性（2000～2019年の平均値，A: 末端消耗量と流動速度分布，B: 流域の質量収支と表面標高変化）
位置は**図1**内の枠を参照。グレースケールに＋／－があることに注意。Minowa et al.（2021）のデータにより作成。

図1は，世界氷河台帳（WGMS and NSIDC, 1999）に基づいて，NPIとSPIから溢流する氷河ごとの流域を区分したもので，さらにそれらを，溢流氷河の末端が海洋・淡水湖・陸のどこで終わるかで分類している。こうしてみると，SPIの西側は海洋端型で，東側は湖端型で占められる傾向がみえる。

4　流域の質量収支を探る4つの指標

図2は，SPIの主要部に注目して，各流域の質量収支特性を，以下に述べる4つの指標（Minowa et al., 2021）で示したものである。

図2Aの紡錘線は氷河の流動速度と方向を示すベクトルで，これが長いほど，より多くの氷が涵養域から消耗域へと移動していることを意味する。また円の大きさは，近年「末端消耗」と呼ばれるようになった新しい指標で，氷河の末端が水中で分離・融解することで消耗する「カービング型氷河」の特質を示している。

地球温暖化の危機をセンセーショナルに伝える報道で，氷河の末端が派手に崩落するシーンを見かけるが，まさにそのようなダイナミックな氷河の振る舞いを示しているのがこの2つの指標である。これらで見る限り，海洋端型と湖端型のどちらも，流動速度が大きくて末端消耗量も大きく，いかにも温暖化の脅威にさらされているかのように見える。

ところが，多くの流域でどんどん氷が減っているかというと，実はそうともいいきれない。

図2Bは氷原の「体格」の変化を示す指標を表しており，**図2A**を「動的指標」とするならばこちらは「静的指標」ともいえる。このうち，流域の濃淡は氷の表面標高変化の地理的分布で，濃いエリアほど氷体が痩せていることを意味する。これで見る限り，海洋端型の流域は明るい色調がほぼ全域を占め，痩せても太ってもいないことがわかる。つまり，涵養量と末端消耗量が流域内でほぼ均衡していることを意味し，この状態のことを「氷河が定常である」という。

これに対して湖端型は，動的指標は海洋端型とほぼ同程度かやや小さいにもかかわらず，表面標高が低下しているエリアが広範囲に広がっている。さらに**図2B**の円の大きさでわかるように，流域全体の質量収支も大きなマイナスになっており，氷河は衰退傾向にある。

以上により，過去20年間の温暖化に対して，海洋端型はすでに応答しきって定常化し，湖端型は今現在も応答しつつあるのだといえよう。

この違いがなぜ生じているかの解明も含めて，湖端型の流域がこの先どう変化していくのかを注視していく必要があるといえるだろう。そのためには，このような高い時空間分解能の広域主題図の作成が有効な手段となる。

---

1)　質量収支については「40 収支で見るグリーンランド氷床の氷量」を参照のこと。

（澤柿教伸）

28 *Latin America*
小さな農牧業大国，ウルグアイ
Uruguay, a small country with big agricultural power

1 小さくても農牧業大国

日本のちょうど反対側に位置するウルグアイ東方共和国は，面積は日本の約半分，最も高い山でも標高530ｍしかない平坦な国である（図1）。FAOSTAT（FAO統計）によると陸地175,020km²のうち，2019年の農地は約8割を占める。人口約348万のうち約半数が住む首都モンテビデオから幹線道路で内陸へ向かえば，なだらかな丘陵地帯が続き，緑が美しい牧草地のところどころで，牛や羊の群れが草を食んでいる。大地の下には，アルゼンチン，パラグアイ，ブラジルにまたがる巨大なグアラニ帯水層がある。この大地こそ，植民地時代から現代にいたるまで，ウルグアイの富の源泉である。

紆余曲折のすえ英国の仲介でアルゼンチンとブラジルの緩衝国家として1828年に独立すると，ウルグアイは英国への経済的依存を深めていく。アルゼンチンとの国境をなすウルグアイ川に面するリオ・ネグロ県の県都フライベントスに，1864年，ドイツ人科学者リービヒが肉エキス製造工場を設立し，のちにはコンビーフや冷凍肉を英国に輸出するようになったのはその一例である。この工場は，2015年に世界遺産に登録された（米元・玉井，2017）。なお，東日本大震災の際，コンビーフ缶4,600個が日本語のメッセージを添えて日本に贈られた。ウルグアイの民主主義と福祉国家の基礎を築いたバッジェ・イ・オルドーニェス大統領（在任1903～1907, 1911～1915年）は，対英従属脱却をめざし，英国系鉄道への規制を強化した。

2 21世紀の農牧業多様化—大豆生産の光と影

朝鮮戦争後に一次産品ブームが終わり，さらに軍事政権期（1973～1985年）に多くの獣医や農業専門家が亡命した（Norberg, 2020）ことで牧畜業は長らく停滞してしまったが，牛はいまでもウルグアイの主要輸出品である。特に①畜産副産物未使用，②成長ホルモン未使用，③「自然」に近い形で使用している牧草肥育，で育てられた牛肉は「ナチュラル・ビーフ」と形容され，評価が高い。さらに2006年制定の法令第17997号によって，政府が費用を負担し，全ての牛を対象にしたトレーサビリティ（追跡可能性）が確立しており，輸出される部分肉から個体まで遡ることも可能である。日本は1998年にウルグアイからの生鮮牛肉輸入を解禁したが，2000年10月の口蹄疫発生に伴い禁輸，2019年から輸入を再開した（佐藤・石井，2019）。

2000年代には輸出品目と輸出先が多様化し

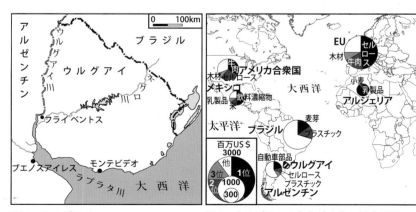

図1　ウルグアイ　　図2　ウルグアイの主な輸出先と輸出品目（2019年）
Investment, Export and Country Brand Promotion Agency（2019）により作成。

た。1995年の南米南部共同市場（MERCOSUR/MERCOSUL）発足後，ウルグアイはブラジルやアルゼンチンへの輸出に依存するようになった。1999年初めからのブラジル通貨危機，2001年末からのアルゼンチン通貨危機に翻弄され，2002年に百年に一度のレベルと言われる深刻な経済危機に陥ったウルグアイにとって，輸出先の多様化は必須であった（**図2**）。一方で，輸出品目の多様化は，環境や社会に悪影響をもたらした。

輸出品目多様化の主役は大豆とセルロースである（**表1**）。大豆は，地価が安く輸出税もなく政治的に安定していることに魅かれ，経済危機のさなかにウルグアイ川を越えてきたアルゼンチン人が栽培を始めたのが生産拡大のきっかけである。大豆ブームは地価上昇を招き，小農場主や小牧場主は自ら経営せず土地を貸すようになって家族農は減り続けた。また伝統的な分益小作人は地代を払えなくなり，主に外国企業が土地を借りて経営する大規模大豆生産の下請けに転じた。農業労働者は農村地帯の街に住んで通勤するようになり，田園地帯の過疎化が進んだ（Norberg, 2020）。CEPALSTAT（国連ラテンアメリカ・カリブ経済委員会統計）によれば，2018年の大豆生産は耕地面積の69.0％を占め，小麦11.7％，コメ10.0％，トウモロコシ6.7％を圧倒的に上回る。一方，農業・農業関連産業人口は減り続け，2019年にはわずか6.5％である。他方，2019年には農村部極貧層（生活に必要な栄養をとれる食費額より所得が低い人）が0.2％に倍

増している。コロナ禍の影響で2020年は全国で極貧層が0.3％に増加する見込みで（CEPAL, 2020），土地集中の農村部貧困層への影響が懸念される。

大豆生産が環境に与える影響として，冬作物と組み合わせず大豆を連作して土壌が浸食された，ふれた植物をすべて枯らすグリホサート系除草剤の使用で生物多様性が損なわれた，農薬の人体への影響や残留農薬，水質汚染が生じた等がある（Norberg, 2020）。

3 国内外で問題となったパルプ工場

ウルグアイは20世紀半ばから林業とその関連産業の可能性に着目し，育成に努めてきた（日本は長年ODAで植林等に協力してきた）。2019年の森林面積は天然林が8,490km²，人工林が11,490km²で，陸地の約11％にすぎないが，機関的森林投資会社の有望な投資先になっている。また，フィンランドのパルプ工場誘致に成功し，2000年にフライベントスで操業開始した。パルプ工場は経済特区にあり，国内から木材を輸出し，経済特区でセルロースに加工して各国に輸出するので，ウルグアイ税関を通した輸出統計にはセルロースは載っていない（下保, 2020）。

だがパルプ工場の操業は国内外で反発を招いた。アルゼンチンは工場操業が両国間の1975年のウルグアイ川協定違反だと国際司法裁判所に提訴した（2010年にウルグアイ勝訴）。国内では2019年の大統領・国会議員選挙で11％を得票して国民党のラカジェ・ポウ政権の連立の一翼を担うカビルド・アビエルト（Cabildo Abierto, 開かれた市参事会）がパルプ工場建設に反対した。この党は軍関係者の利益代表を任じる元軍司令官が結成した極右政党だが，植林規制では宿敵「拡大戦線」と手を結ぶ。

4 真のウルグアイ・ナチュラルをめざして

大豆生産がもたらした土地集中に対しては，「拡大戦線」政権が行った家族農支援政策や土地課税で対抗する方法が考えられる。環境保護の観点からは，農薬・遺伝子組換え作物も規制強化が必要だ。また，森林の大半を占めるユーカリは水資源に負荷が大きいので植林規制は妥当である。
（内田みどり）

表1　ウルグアイの主要輸出品目（2019年）

順位	品　目	輸出に占める割合	金額（百万ドル）	前年比
1	牛肉	20％	1,798	+11％
2	セルロース	17％	1,527	-8％
3	大豆	11％	1,002	+90％
4	乳製品	7％	649	-5％
5	濃縮飲料	6％	524	+11％
6	米	4％	372	-6％
7	木材	4％	359	-23％
8	食肉副産物	3％	235	+8％
9	プラスチック	3％	235	+2％
10	麦芽	2％	216	+6％
11	医薬品	2％	211	-7％
12	羊毛・毛織物	2％	186	-25％
13	自動車部品	2％	181	-11％
14	皮革	2％	155	-30％
15	車両	1％	117	-9％

Investment, Export and Country Brand Promotion Agency（2019）により作成。

28

ラテンアメリカ

29 *Latin America*
アマゾンの森林消失と環境政策
Disappearance of the Amazonian forest and the environmental policy

1 森林消失の実態

アマゾン地域の森林面積は約550万km²に及ぶ。その約6割にあたる335万km²（2018年現在）を，ブラジルのアマゾニア森林が占めている。この世界最大の熱帯雨林は，20世紀半ば以降，木材の伐採や農牧地の造成，ダム湖水没などにより激減を続け，その累計消失面積は2019年現在，約81万km²にも達している。

1988年より人工衛星による森林消失モニタリング計画（PRODES）を始動させたブラジル国立宇宙研究所（INPE）は，法定アマゾン地域（アマゾン開発を目的に政府が1953年に制定，**図2**参照）における森林消失面積を毎年公表している（**図1**）。これによると，森林伐採リアルタイム探知システム（DETER）が導入された2004年までは，年平均1.8万km²（四国の面積に相当）のペースで森林が消失したが，2005年以降は消失面積が劇的に減少に転じ，2012年には4,571km²まで減少した。しかし，その後は森林消失面積が徐々に増加傾向にある。

2 森林消失の諸要因

森林消失の要因は多様である。焼畑による自給的な作物栽培は，二次林の再利用が中心で，乾季の終わりに高温多湿な熱帯雨林の中で，小規模かつ注意深く火入れが実施されるため，原生林消失の主要因ではない。しかし，「伝統的な生態学的知識」を持たない外来者の焼畑は問題が多い。たとえば1970年代の「国家統合計画」で，ノルデステ（ブラジル北東部）からアマゾンに入植した小規模自作農の多くは，テラフィルメ（アマゾン台地）における焼畑農業に失敗して離散し，二次林となった農地の存在が牧場化を促す誘因となった。

企業的農業の影響も大きい。大豆栽培（1990

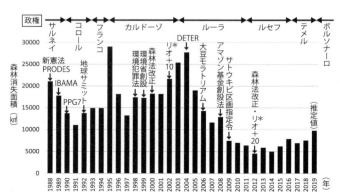

図1　法定アマゾン地域における森林消失面積の推移と環境政策
＊は国連持続可能な開発会議。

年代）やバイオ燃料用の作物栽培（2000年代）が，隣接するセラード（灌木をまじえたサバナ地域）やノルデステからアマゾンに侵入し，森林消失の新たな要因になった（丸山，2013）。また，電源開発の要である大型水力発電所の建設も，広大な森林のダム湖への水没により森林消失に拍車をかけた。さらに，鉄鉱石や金などの鉱山開発も，深刻な森林消失の要因である。

とりわけ牧場の造成は，アマゾンの森林消失の最大の要因である。牧場化は，1960年代以降に国策により建設，舗装整備されてきた幹線道路の沿線から，木材の伐採と一体となって急速に拡大した（松本，2012）。衛星画像には，幹線道路に直交する無数の横道から人々が原生林の内部へと侵入し，森林を伐採，乾燥させて火を入れ，牧養力の低い（牛1頭に1haの草地が必要）広大な牧場を造成してきた痕跡が克明に記録されている。

3 森林火災検知地点の分布特性

NASAのTerra・Aqua衛星（MODISセンサ）が検出した2019年8月15日〜22日の火災検知地点（1つ以上の熱異常がある1km²区画の中心）を，白黒反転した夜間画像に重ねたものが**図2**である。森林消失の現場である火災検知地点は，アマゾンの全域で認められるが，とりわけアマ

図2　森林火災の検知地点と幹線道路の分布　　　　　NASAの衛星画像をもとに作成。

凡例：
● 州都
★ 都市
← 開発圧
A〜D クラスター
── 幹線道路
‥‥‥ 法定アマゾン

①アマゾン横断道路 (BR230)　⑤ポルトヴェーリョ－マナウス道路 (BR319)
②クイアバ－ポルトヴェーリョ道路 (BR364)　⑥マナウス－ボアヴィスタ道路
③クイアバ－サンタレン道路 (BR163)
④ベレン－ブラジリア道路

火災検知地点

0　　　400 Km

29

ラテンアメリカ

ゾン川右岸の法定アマゾン地域内に集中している。2019年8月の火災検知総数は約3.1万地点にも達し，世界中から注目を集めた。火災検知地点の分布は，主に幹線道路に沿って帯状に広がり，複数のクラスターが確認できる（図2）。

　1つめは，クイアバとサンタレンにあるアマゾン川の外港（穀物メジャーのカーギル社が立地）を結ぶ，大豆輸送の大動脈の国道163号沿線である（図2中のA）。2つめは，世界有数の鉄鉱産地であるカラジャス鉱山からさらに西へと拡大する開拓前線である（図2中のB）。3つめは，アマゾナス州内のアマゾン横断道路沿線である（図2中のC）。4つめは，クイアバとポルトヴェーリョにあるマデイラ川の外港を結ぶ，大豆輸送の大動脈として最初に建設され，1980年代に凄まじい原生林破壊により世界中に衝撃を与えた国道364号沿線である（図2中のD）。

　クラスターの発生地は，主にこれまでの農林業開発で人工的に改変された二次林が卓越する農牧業地域である。人々はお金をかけずに農地を広げたり，植生の森林化を抑制して放牧地を拡大したりするために，安易に火を入れて大延焼を招く。その結果，周辺の原生林も延焼やエッジ効果（林地の周縁部が外部からの影響を強く受ける）により，深刻なダメージを被る。

4 森林消失と環境政策

　20世紀後半，アマゾンは国策による大規模な国土開発の舞台となり，開発優先の政策が幅を利かせる中で森林消失面積は増え続けた。政府は無秩序な開発や違法な森林伐採を防止するための法整備や，人工衛星を用いた森林監視システム（PRODES, DETER）の導入などにより対策を講じてきたが，顕著な効果は2004年まで見られない（図1）。

　しかし，ルーラ政権下，アマゾンのアクレ州出身の政治家であるマリナ・シルバが環境大臣に就任（2003〜2008年）すると，森林消失面積は劇的に減少した（図1）。彼女は熱帯雨林の保護を目的とするアマゾン基金創設法の成立に尽力する一方，幹線道路や水力発電所の建設にはブレーキをかけ，違法な森林伐採の取締強化にも力を注いだ。開発推進派の強い圧力にも屈せず，森林保護の姿勢を貫徹した。

　その後，ルーラ政権期の国際協調主義は，政権交代により国内経済優先への転換を余儀なくされ，森林消失面積も再び上昇に転じた。森林消失面積は，政権交代期に増加する傾向がある中，国内経済優先を鮮明にするボルソナーロ政権が2019年に登場したことで，森林消失面積が再び20世紀後半の状況に回帰しないか危惧される。森林を消失させるのも保全するのも人間である。公正な環境倫理と国際協調主義に基づく実効性のある環境政策が希求される。

（丸山浩明）

30 Latin America
ペルーの世界遺産を取り巻く諸問題
Problems pertaining to the world heritages in Peru

1 ペルーの世界遺産と観光

ペルーを訪れる観光客は2008年に200万人，2013年に300万人，そして2017年に400万人を超え，2018年は約442万人を数えた。この急速な伸びの背景にはクスコやマチュ・ピチュ，チチカカ湖などの観光資源を多く抱え，南米ではブラジルの23に次ぐ13の世界遺産に恵まれているからであろう（**図1**）。ペルー通商観光省と観光協会はペルーの観光立国化を推進し，2021年には1千万人台に乗せたいとの目標を2013年に掲げたが，そこにはあまり報じられていない難問が潜んでいる。そのいくつかを見てみよう。

2 マチュ・ピチュにロープウェー？

もっとも有名な「マチュ・ピチュの歴史保護区」は文化遺産「クスコ市街」と同じ1983年に複合遺産として世界遺産に登録された。標高約2400mの尾根上に築かれ「空中都市」とも呼ばれ，インカの精密な石造りの建物が残っている。国内外からの訪問客は2012年に100万人，2018年には150万人を超え，2019年は1,585,300人となっている（**図2**）。この人口圧が石の土台の摩耗や揺らぎの原因となっていることは容易に推測できるが，オーバーユースを嘆く一方で，適正なインフラ整備をうたってロープウェーの建設計画が持ち上がったのである。

マチュ・ピチュへはクスコ方面から鉄道とバスを乗り継ぐが，このバスが地域環境に与える影響を緩和するべく，ロープウェー建設が提言された（**図3**）。だがロープウェーは大掛かりな施設が必要なため，かえって一帯の環境に影響を与えると分析され，ユネスコとクスコ県の観光局はこの計画を否定した（2007/11/28 Expreso

● 世界文化遺産
◆ 世界自然遺産
■ 世界複合遺産
コロンビア
エクアドル
太平洋
ペルー
ブラジル
ボリビア
チリ
チャンチャン遺跡地帯 1986
リオ・アビセオ国立公園 1990
ワスカラン国立公園 1985
チャンキーヨの天文考古学遺産群 2021
チャビン（考古遺跡）1985
神聖都市カラル＝スーペ 2009
マヌー国立公園 1987
リマ歴史地区 1988
マチュ・ピチュの歴史保護区 1983
クスコ市街 1983
ナスカとフマナ平原の地上絵 1994
（改称）ナスカとパルパの地上絵 2016
アレキパ市の歴史地区 2000
アンデスの道路網カパック・ニャン 2014
0 400km

図１　ペルーにおける世界遺産の分布

万人
150
100
50
0
2005
2010
2015
年

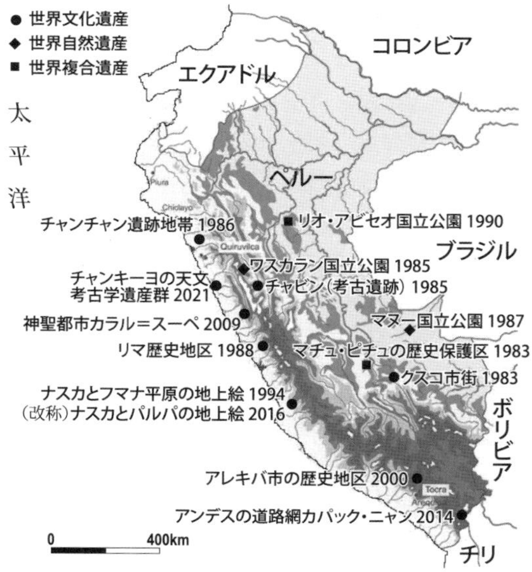

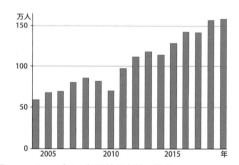

図2　マチュ・ピチュ年間訪問者数の推移（2004～2019年）
Ministerio de Cultura - Dirección Regional de Cultura – Cusco により作成。

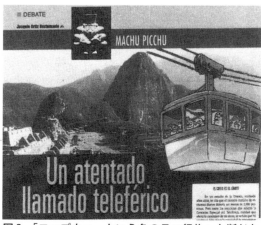

DEBATE
MACHU PICCHU
Un atentado llamado teleférico

図３「ロープウェーという名のテロ行為」と断じた 1998/5/17 El Comercio 紙　関（2003）による。

の教授に報告したら，「よく無事で戻ったね，キングストンでは昨日人が殺されたよ」と言う。

キングストンにはこの国の経済規模に見合わないような大邸宅が林立する一角がある。その一方で，ブリキ板で屋根をふいただけの住まいも密集する。貧富の差が大きい国である。

3 ジャマイカのコーヒー，ブルーマウンテン

世界のコーヒー栽培は，コーヒーベルトと呼ばれる低緯度（北回帰線〜南回帰線）に集中しており，中南米も同様である（図2）。ジャマイカのコーヒー豆の生産量は，2019年に5,587tで世界第45位に過ぎないが，この国にとっては多くの雇用を生む基幹産業である。

ジャマイカでは1728年にキングストンの北でコーヒーの栽培が始まった。現在ではその栽培面積は約8,000haである。ブルーマウンテンの山麓の標高800mから1200mのところでは，ブルーマウンテンと呼ばれる香りの高い高品質のコーヒーが栽培されている。土壌は中性ないし弱アルカリ性で，コーヒーの栽培に適している。しかし，降水量は年々変動が激しい。

コーヒーはカリブ海で発生したハリケーンの被害を受けることも多い（図3）。2004年9月

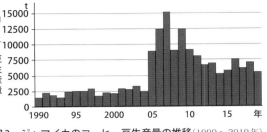

図3 ジャマイカのコーヒー豆生産量の推移（1990〜2019年）
FAOSTAT（FAO統計）により作成。

の「イヴァン」，2007年8月の「ディーン」，2012年10月の「サンディ」などの損害は大きく，11〜3月が収穫期となるコーヒー豆は，「ディーン」により生産量の約45%が失われた（Selvaraju et al., 2013）。

また，2012年にはジャマイカを含む中南米諸国でコーヒーの葉のサビ病（寄生虫害）が発生した。ブルーマウンテンのコーヒー豆供給量は減り，価格が高騰した。したがって生産高は一定ではない（図3）。現在ではイギリスのプランテーションを日本の企業が買い取り，ブルーマウンテンの栽培をつづけている。毎年，この国のブルーマウンテンの生産量が世界の価格を決定するという。その生産量の80%は日本に輸出されている。

ジャマイカの農務省コーヒー生産局はブルーマウンテンの商標を許可する権限を有している。商標使用の規定を細かく決めているが，とりわけその産地をブルーマウンテンの山麓地域に限定している。

4 将来への展望

この国のガンジャの栽培は，世界の大麻使用者がなくならない限り続くであろう。そして国の影の領域を支え続けるであろう。

コーヒーのような熱帯作物には病虫害がつきものである。熱帯の植民地を有していたイギリス，フランス，ドイツ，オランダでは熱帯の農業のみならず，農作物の病虫害の薬剤研究が盛んに行われている。しかし，熱帯の農業に踏み出したばかりの日本には，ほとんどこれまでの蓄積がない。日本は熱帯に進出を図っている今こそ，単なる農薬のバイヤーとしてではなく，基礎研究にも本腰を入れて，取り組むべきと考える。　　　　　　　（漆原和子・藤塚吉浩）

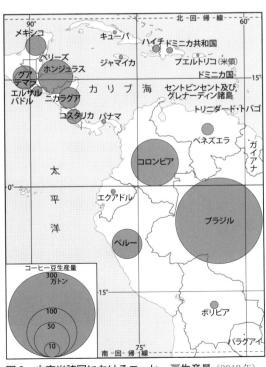

図2 中南米諸国におけるコーヒー豆生産量（2019年）
FAOSTAT（FAO統計）により作成。

32

ラテンアメリカ

33 *Latin America*
ユカタン半島における マングローブ枯死林の修復
Mangrove habitat restoration in Yucatan Peninsula, Mexico

1 低平で広大な半乾燥半島の脆弱性

ユカタン半島（図1）は，その面積が10万km²を超すほど広大だが河川が無い。理由は主に2つある。半乾燥地であることと広大な石灰岩台地であり，地下浸透が激しいことだ。降水は一旦地下に貯留され，セノーテと呼ばれる湛水石灰洞を作り，沿岸部で湧出する。沿岸に発達するマングローブ林は湧出する湛水にも恵まれ，種数こそ少ないが，多様な森林景観を育んでいる。それが過去数十年の間に，半島の北から西の海岸約300kmでマングローブが枯死林化している。潮汐環境と湛水の動きの双方を阻害するような土地利用を施したのが遠因のようである。河川を持たない半乾燥地の沿岸では，潮汐環境の遮断が地表付近の乾燥化と塩分集積に直結する潜在的な脆弱性があるらしい。それらを修復するには次の3つの要件が必要と設定できた。すなわち，①潮汐の回復と湛水の排水，②土壌塩分の希釈，③植林の実施である。2006年からこうした試みを順次実施しており，植林にも成功の見通しが出てきている。

事業から10年を過ぎて，最近の様々な画像を観察すると，枯死林もその周辺地区もしっかりとした森林に覆われている。この経緯と成果は半乾燥地域におけるマングローブ林環境修復のマニュアル（Miyagi, 2010），ユカタン半島でのマングローブ環境修復に関する報告（Miyagi, 2013）にまとめている。

2 環境修復と森林回復の企画

1で述べたように，潮汐環境に依存して成立する森林生態系の修復は木を植えることもさることながら，環境修復が最初である。もともと其処には木が生えていたのだから，枯死林化の原因を取り除けば森林は自然と復元できる。短絡的にイメージすればそのようになる。そして，それができないとすれば困難な課題となる。1で修復要件は3つと書いたが，①と②はマングローブの根が集積するような浅い地下の水の動きにリンクしている。本地域の堆積物は砂で，透水性はすこぶる良好であり，地下には被圧地下水として膨大な淡水がある。そこで潮汐環境の回復を試みることとした。ただし，目の前では枯死林化が毎年進行している。森林技術者達は植物の塩分耐性に注目していた。土壌中塩分濃度の測定を重ねながら意見の調整をはかり，潮汐環境の確保には，井戸を掘って地下水を溢

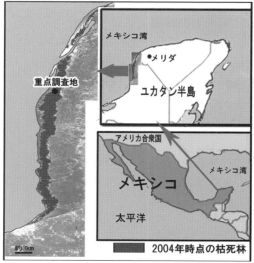

図1　ユカタン半島東岸の枯死林域とプロジェクト重点実施箇所　本報告の写真やデータは全てここで得た。

写真1　枯死林とラグーンを繋ぐ水路掘削（2006年3月撮影）この水路での水交換は，1回の潮汐で約3万tである。

れさせ土壌塩分を低下させ，同時に耐塩性が高いとされる**A**（Avicennia germinans）を植えるのが良いだろうということになった。しかし，厄介な課題に直面した。淡水が湧出して地表を覆っても，土壌の高塩分はすぐには希釈されない。林学技術者のアイデアで「畝<ruby>立<rt>うね</rt></ruby>たてをしてはどうか？」となったが，砂地なので崩れて根が剥き出しになる。さらには，「畝たてを数百kmの海岸で実施するのは現実的か？」という環境修復上の基本的なスタンスも問われる。そこで，被圧地下水を土壌中に浸透させる「浸透井戸」を考えた。地表の潮汐環境を構築するために，近傍のラグーンと試験地とを水路でつないだ（写真1）。大小の水路網を構築して地下と地表の水の移動を活発化することで土壌と地表の塩分濃度を自然状態に戻すことを試みた。

3 環境修復と樹木の反応

潮汐環境の回復によって，森林回復は目

写真2　枯死林が再生する過程
水路開削直後に植林し，その後は自然拡大も植林木の成長もあった。写真中の**A**は，枯死林でただ1本生存していたAvicennia germinans。現在は新しい樹林にうずもれるが，この樹木自体も復活した。

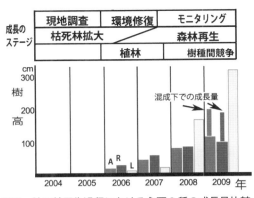

図2　枯死林再生過程における主要3種の成長量比較
A:Avicennia germinans, R:Rhizophora mangle, L:Laguncuralia racemose, 2009年の細い柱線は混交林状態での樹高。

覚ましいものがあった（写真2）。ここでは主に3種のマングローブがある。**A**のほかに**R**（Rhizophora mangle），**L**（Laguncuralia racemosa）である。苗は**A**と**R**を育てた。水路を掘って潮汐環境を回復させ，**A**と**R**の幼木を植えた。しばらくして，順調に成長を始めた植林木の間に，おびただしい数の**L**が芽生えた。ヒマワリの種ほどの大きさで水に浮く**L**の種子が大量に流れ込んだのである。**L**は数年で**A**と**R**を追い越して，植林5年目では，樹冠を見ると，まるで**L**の純林のようになった。しかし，林業技術者は「**L**はいずれ**R**や**A**に置き換わるよ」と口をそろえた。よく見ると，**L**の中に取り込まれた**A**も**R**も，成長量は良さそうだ。今後の樹種間競争がどのように推移するかを見守る必要がある。

4 2010年から2020年までの変化

2019年4月のGoogle Earthの画像を見ると，枯死林は修復され，周辺の緑も明らかに増加している。そして，樹木の特徴を観察すると，**L**は既に影を潜め，**A**が大きく成長している。2005年頃に周辺の森林を観察した折には，**L**と**A**の混合林もあった。地域の水環境が良好な場所では**R**の美しい森が広がるが，長期的に見て，樹種間競争がどう進むのか（図2）は未だ解らない。けれど，森林の修復は地域の人々に新たなビジネスをももたらしてくれた。現場を観察するために設置した木道は，近年カヌーによるエコツーリズムのインフラに変わっている。僅か10年程度で潮間帯という特異なニッチに育まれるマングローブ生態系の奥深さを一つ学ぶこととなった。
（宮城豊彦）

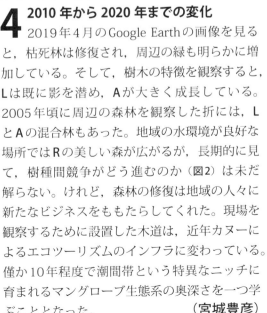

33

ラテンアメリカ

34 *Anglo America*
肥満大国のアメリカ
Obesity problems in the United States

1 肥満とBMI

アメリカ合衆国（以下，アメリカ）に行ってみると，太っている人がとても目につく。しかも，老若何女を問わず，かなり病的に肥満な人も多い。そのため，糖尿病などの生活習慣病に苦しんでいる人が多く，平均寿命も男性76.0歳，女性81.0歳と日本人と比べて6～7年短くなっている。

肥満度を示す指標として，BMI（Body Mass Index）がよく利用される。近年は健康診断結果でも用いられ，体重（kg）÷身長（m）^{2}で計算することができる。BMIの値が25～30ならば過体重，30以上ならば肥満とされている。アメリカでは肥満者の割合は4割，先進国の中では最も高い（表1）。しかも，それらの割合は年々上昇している。日本人も肥満傾向にあるが，それでも4％程度にとどまっている。アメリカだけではなく，ヨーロッパや中南米でも肥満者の割合は2～3割に達し，肥満は今や世界的な問題である。

2 肥満者増加の要因

現代人はなぜ太るのか。それは，摂取カロリーが多く，消費カロリーが少ないからだ。つまり，食べ過ぎと運動不足である。アメリカでは食べる量も増えたが，食餌の中身も変化した。カロリーが多い油脂類や糖分の摂取が多く，しかも増加している。たんぱく質，脂質，炭水化物の摂取比率をPFC熱量比率といい，日本型

食生活はバランスがよいとされてきた。それに比べると，アメリカ人の食生活はバランスを欠いている（図1）。健康的な食生活は個人が気をつければよいが，なかなか難しい。肥満は，単に栄養学的な問題ではなく，経済・社会や文化の問題とも密接に関わっているからだ。

第1に，アメリカでは外食する人が非常に多く，その結果，健康に良い食生活が送れていない。夕食で週1回以上外食する人は，日本人は14％（2018年，マイボイスコム社調査）であるのに対し，アメリカ人は61％（2016年，ギャラップ社調査）に達している。しかも，家で食べても，TVディナーとよばれる冷凍食品や宅配ピザなどの中食であることも非常に多い。アメリカで料理はもはや家事ではなく，趣味と言っても過言ではない。

第2に，外食や食品企業のマーケティング戦略である。具体的には，外食や加工食品で供される1人前の量が巨大化した。とくにファストフードでは，1970年頃と比べると，2倍から4倍のカロリーが含まれるようになった（ニューマン，2004）。その背景にあるのは，世界最大の農業大国であるアメリカでは，食材や原料農産物にかかるコストは相対的に安く済むことである。サイズを2倍にしても，小売価格はほん

表1　各国の肥満者の割合

単位：%

国　名	1990年	2000年	2010年	2017年
アメリカ合衆国	23.3	30.5	35.9	40.0
メキシコ	…	24.2	30.0	36.1
オーストラリア	10.8	21.7	24.2	30.4
イギリス	14.0	21.0	24.2	28.8
ドイツ	…	11.5	13.8	23.6
フランス	5.8	9.0	13.4	17.0
韓国	…	3.2	4.1	5.4
日本	2.3	2.9	3.5	4.4

BMI≧30の割合。ドイツの2010年までとフランスは自己申告。2017年欄の米国は2016年，メキシコは2018年，ドイツは2013年，フランスは2015年。OECDの資料により作成。

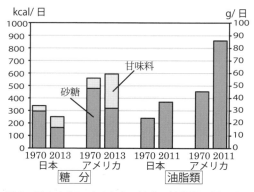

図1　日本人とアメリカ人の糖分・油脂類の摂取量
FAOSTAT（FAO統計），およびUSDAの資料により作成。

の少ししかアップしないため，消費者はお買い得感のある大きなサイズの商品を好む傾向がみられる。また，子どもをターゲットとしたマーケティングも目立つ（Story and French, 2004）。味覚は経験によって形成されるので，幼い時に覚えた味は一生忘れない。そのため企業は，いかに子どもたちに売り込むかということにしのぎを削っている。ファストフードの学校給食，小学校から清涼飲料水の自動販売機の校内設置，学校内への食品業界の広告（看板・学校新聞など），間接的なプロモーション（教材・コンテストなど）など，日本以上に顕著にみられる。

　第3に，生活習慣や文化の問題があげられる。レストランでの1人前の量の巨大化は，単にコストだけの問題ではない。日本で料金が同じでも巨大サイズはあまり受け入れられないであろう。アメリカ人もレストランで毎回食べきれるわけではない。だから持ち帰り用のドギーバッグが用意されている。でも，目の前に料理があるとつい食べ過ぎてしまうのだ。一方，日本では食べ残しはマナー違反とされる。子どものころから学校給食で完食指導がなされてきた。今や世界語になりつつある「もったいない」という価値観は食品ロスの削減にも有効であろう。また，アメリカは日本以上にモータリゼーションの発達した車社会であるが，自動車の普及というよりは歩く習慣がないことのほうが問題である。子どものころから，黄色のスクールバスや親に車で送迎してもらう人が大半である。高校生になると自分で車を運転して通学する人も多い。その結果，農村部はもちろん郊外の住宅地でも歩いている人はほとんどいないのだ。

3 肥満の地域差

　世界の食料問題に関して，飢餓と飽食ということが，よく言われる。現在でもアフリカなどで，十分な食料を得ていない人がみられる。では経済大国のアメリカは，豊かだから太っているのであろうか。

　州別の肥満者の割合（図2）をみると，南部諸州で高くなっている。とくに，ミシシッピ州，ルイジアナ州，ウェストバージニア州の順で高くなっている。これらの州はアメリカの中でも

図2　肥満者（BMI30 以上）の割合（2018 年）
Centers for Disease Control and Prevention の資料により作成。

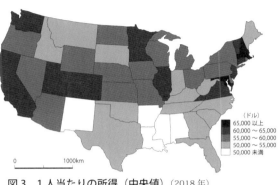

図3　1人当たりの所得（中央値）（2018 年）
Annual Social and Economic Supplements により作成。

貧しい地域である（図3）。アメリカ人は豊かだから太っているのではなく，貧しい人ほど肥満になる傾向がみられる。

　アメリカは，貧富の差が激しい国で貧しい人は少なくないが，それでも飢え死にするほどではない。ファストフードや加工食品は，手軽に食べることができる上，きちんとした食事を作ったり，レストランで食べたりするよりも，価格がはるかに安い。また，貧しい人ほど栄養や健康に関する教育を受けていないことや，都心周辺に居住する貧しい家庭の子どもたちは，安全性の問題から外で遊ぶことも難しい（クライツァー，2003）といったことも，その理由としてあげられる。カリフォルニア州のバークレーやフィラデルフィア，シアトルなどで，甘味料入りの清涼飲料水に課税する「ソーダ税」が導入されるようになった。価格を上げて消費を減らそうとするたばこ税と同じような発想である。ソーダ税も部分的には効果があろうが，肥満の原因は清涼飲料水だけではない。肥満問題の解決には，やはり大人を含めて食育による啓発と意識改革が求められよう。　（高柳長直）

アングロアメリカ

35 *Anglo America*
ハワイの日系人と戦争の記憶
World War II memories of the Japanese American in Hawaii

1 戦争の記憶と日系人移民

　2015年2月，オバマ大統領によりハワイ州オアフ島に立地するホノウリウリ強制収容施設跡が，国定史跡に指定された（**図1**）。ここは，第二次世界大戦中に日系人が敵性外国人として収容されたハワイ最大の施設である。しかし，戦後この場所について語られることはほとんどなく，改めてホノウリウリ収容施設立地の特定ができたのは2002年のことであった。

　アメリカ本土における日系人強制収容所に関しては，1988年の市民的自由法により，収容された日系アメリカ人に対する謝罪と補償金が支払われた。公式の謝罪要求のための活動はリドレス運動として展開され，日系アメリカ人のアイデンティティ意識にも影響を与えた。一方ハワイでは，近年ようやく，強制収容所に関して注目されるようになった。アメリカ本土とハワイでは，日系人の収容に関して状況が異なっていた。それぞれの地域の歴史と日系人への対応が，戦争への記憶にも影響しているのである。

2 ハワイにおける日系人移民

　日本からハワイへの官約移民として公式に移民政策が開始されたのは1885年であった。サトウキビプランテーションへの労働を中心に，契約移民として移動を始めるが，その後定住者が増加していった。1894年以降の私約移民時代には悪質な幹旋業者が続出し，契約移民が禁止された1900年以降の自由移民時代にはハワイからアメリカ本土への転航者が急増した。

　日米関係の悪化から1907年には転航禁止令が出され，1908年の「日米紳士協約」により日本人労働者の渡航制限措置が出された。家族のみの入国が許可されたこの協約への対策として，写真花嫁の急増する呼び寄せ移民時代に入った。日本から妻を呼び寄せ，子どもを多く作った結果，日本人・日系人の数は急増した（**図2では日本人**）。一方，アメリカ本土同様にハワイにおいても低賃金で勤勉に働く日本人に対して，排斥運動が展開され，1924年の排日移民法により移住は禁止されることとなった。

3 太平洋戦争とハワイの日系人

　1941年12月7日（日本時間8日），真珠湾に停泊していた太平洋艦隊への日本海軍の奇襲攻撃により，太平洋戦争が勃発した。その日のうちに戒厳令が敷かれ，領事館職員，宗教家，日本語教員，地域のリーダー，ジャーナリストなどが危険人物として逮捕された（JCCH，2015）。深刻な排日運動も展開されている状況で，前もってFBIによりブラックリストが作られていたのである。

　日本国籍しか持たない日系一世とは異なり，アメリカ国籍も取得している日系二世の中には，特にアメリカへの忠誠を示すことが求められ，「リメンバー・パールハーバー」を合言葉に日系人部隊に参加した兵士も多く存在した。日系二世を中心に結成された第442連隊は，敵性外国人による軍隊という差別的なまなざしを他の部隊から受けながらも，ヨー

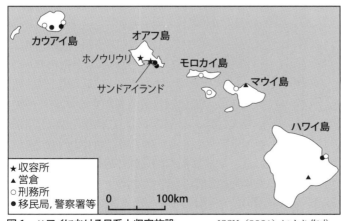

図1　ハワイにおける日系人収容施設　　JCCH（2021）により作成。

★収容所
▲営倉
○刑務所
●移民局，警察署等

0　　100km

ロッパ戦線で多く勝利を収めた。その結果，第100歩兵大隊とともに第442連隊は，9,486件の名誉負傷章（パープル・ハート）などを授与され，米軍で最も多くの勲章を受けた。アメリカへの忠誠を示すために，最前線での戦闘で命をかけて戦ったのである（中嶋，1993）。この業績はその後の日系人の地位の向上にもつながった。

　アメリカ本土では一般居住者である日系人12万人が強制収容所に移送された。一方ハワイでは収容者は一部の人間に限られた。人口の4割近くを占めていたすべての日系人を強制収容施設に入れることは，経済的にも政治的にも不可能だったのである。

4 ハワイの日系人強制収容所

　真珠湾攻撃の翌日1941年12月8日にはサンドアイランドにハワイの日系人収容所が開設された。そのほかオアフ島ではホノルル移民局，警察署，軍警察本部に，他の島では刑務所や軍の営倉などに，一斉に検挙された人々が拘留された（図1）。サンドアイランドは移民局に隣接しており，ホノルル港に面している。そのため，ここは他の収容施設に移送されるまでの拘置場としての役割も担った。

　ハワイ州で収容された人数は1,330人に上った。その後10回にわたり，アメリカ本土の日系人収容所に送られた（相賀，1948）。アメリカ本土のように家族全員ではなく個人で拘留されたため，拘留者を追って本土の収容所に希望して入った家族も多く，その数は270世帯940人であった（JCCH，2015）。

　1943年3月，サンドアイランド抑留所の閉鎖に伴い，ハワイで最大のホノウリウリ強制収容施設が開設された。本土へ送る，あるいは一時的に収容施設に拘置するよりも，戦争捕虜とともに敵性外国人をハワイに収容するための施設であった。ここは，人里離れた峡谷の中の乾燥した地域に立地し，過酷な居住環境であったことから「地獄谷」と呼ばれた。収容施設は戦争捕虜と民間人の居住区に分けられ，民間人の地区には日系アメリカ人とともにドイツ系，イタリア系アメリカ人も収容された。戦争捕虜は全体で約4,000人，ハワイからの民間人収容者は370人であった（JCCH，2015）。

　周囲には鉄条網が張られ，軍の事務局があった。家族からの訪問は月に2回で，家族に場所が特定されないように目隠しをして連れてこられた（秋山，2020）。収容先ではすることがなく，日中は園芸や木工で時間を過ごしていた。食べ物も制限されていたため，許可を得て野菜を栽培し，漬物を作ったりした。隠れてワインを製造したりもした。やるべきことがないという状況に精神を病む人も少なくなかった。

　1946年に閉所されるとこの地は草木に覆われ，場所の特定もできなくなった。そして，収容者もこの施設で過ごしたことを明らかにせず，人々の記憶から忘れ去られていった。この背景には，アメリカ国家に対して敵愾心を抱く人びとについて，「日系人が戦争協力をした」というコミュニティの歴史を編む段階での選別と除外があったのではないかと秋山（2020）は指摘する。

　1998年，ハワイにおける日系人収容所への関心が生じ，ホノウリウリの調査が始まった。2002年に収容所跡が発見され，発掘が進められた結果，2015年に国定史跡に指定された。2016年，ハワイ日本文化センターにホノウリウリ教育センターが開設され，情報発信を進めている。

　埋没していたハワイでの戦争の記憶が改めて注目されている。ホノウリウリに見られる戦争にかかわる歴史の発掘は，日系人部隊の業績とともに移民と戦争について検討する重要な課題を提起している。

（影山穂波）

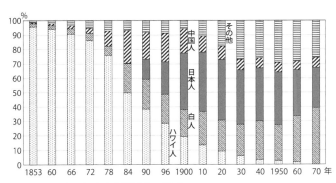

図2　ハワイにおける人種別人口構成
フランクリン・篠遠（1985）により作成。

35

アングロアメリカ

36 *Anglo America*
アメリカ合衆国とメキシコの国境問題
US-Mexico border issues

1 国境成立の経緯と注意点

アメリカ合衆国（以下，アメリカ）とメキシコの国境は，太平洋からメキシコ湾まで約3,200kmにわたる長い境界線である（図1）。西側は太平洋から陸上に東へ続く人為的国境であり，リオグランデ川との結節点からメキシコ湾までの約2,000kmは南東へ蛇行するリオグランデ川が両国の国境となっている。

両国の国境は，1821年にメキシコがスペインから独立した時に初めて誕生した。1836年にテキサスがメキシコに反乱を起こし，1845年にテキサスがアメリカに併合されてから，アメリカとメキシコで戦争が勃発した。首都メキシコシティまで攻め込まれたメキシコは，1848年のグアダルーペ・イダルゴ条約によって現在のカリフォルニア，アリゾナ，ネバダ，ユタ，コロラド，ニューメキシコ各州にあたる領土を1500万ドルでアメリカへ割譲することで合意した（カレーニョ・長岡，2019）。その後，大陸横断鉄道建設を目指したアメリカは，1853年に1000万ドルで現在のアリゾナ州とニューメキシコ州の一部を購入し（ガズデン購入），現在の国境が成立した。

19世紀中期に成立した両国の国境は，当時フェンスなどを設けることもなく，その行き来も自由であった。しかし，1910年のメキシコ革命で多くの人が難民としてアメリカへ渡り，両国の国境には緊張が高まった。1918年に，管理された国境地帯で銃撃事件がおきたことを機に，両国の国境は厳しく管理されるようになった（Miller, 2019）。

本章はアメリカとメキシコの国境をめぐる問題について論じるが，これを考える際に注意したいことがある。それは，いわゆる「違法な国境横断」は国境通過者数全体でみればごくわずかであり，大多数の人々は定められた国境を合法的に行き来していることである。国境付近で観察していると，アメリカからメキシコへ観光に来る人がいるように，メキシコからアメリカへ買い物に来る人々も多くいる。両国の「国境問題」は，報道などの影響で南から北へ国境を越える人々がすべて不法に入国しているようなイメージを抱かれがちであるが，国境を隔てた人々の往来は日々普通に行われていることを踏まえておきたい。

2 両国を隔てる国境の変化

現在の国境では，約1,200kmにわたる陸上部分にはフェンスが設けられている。かつては木材や有刺鉄線による柵が主であったが，次第に金網の柵に変わり，1990年代にはかつてベトナム戦争当時にヘリコプターの離発着用に使われた高さ3.6mの金属板が国境に設置されていった（Miller, 2019）。加えて，国境には何千もの監視カメラや地下センサーが設置されている。リオグランデ川沿いにはフェンスや壁が建てられていないが，アメリカ側の国境警備隊は飛行機，ドローン，ボートなどを使用して，陸上だけでなく上空と水上の両面から国境を厳重に管理している。

2017年に就任したドナルド・トランプ大統領は，前年までの選挙戦において，メキシコとの国境に壁を建設し，中南米からの移民の入国を制限することを公約としてきた。メキシコからの移民の取り締まりを求める保守層はトランプ氏の主張を支持する一方，移民労働力に依存する農業団体や人道支援組織は強く反発してきた。移民政策強硬派は非合法的に入国した人々を「不法移民（illegal immigrants）」と呼んだのに対し，移民を支援する人々は「登録されていない移民（undocumented immigrants）」と呼ぶようになった。中でも，後者は特に幼少時代に親とともにアメリカへ入国してきた人たちには罪

がないと訴えた。

　アメリカ税関・国境警備局は壁の建設状況を動画や地図で発信しているが（**図1**），トランプ大統領による壁建設の計画は，環境保護団体からも強く批判されていた。Parker（2019）は，壁建設による潜在的な影響として，多様な自然景観への脅威，鉄砲水による洪水の悪化，野生動物や植物の生息地の分断や減少，河川と所有地の分断，国立公園の環境悪化，環境関連法の適用外による規制の減少の6つを指摘している。また，国境にまたがって生活する先住民のコミュニティを分断することにもつながる。

　トランプ大統領が就任していた期間（2017年1月～2021年1月），不法入国による逮捕者数は減少した。ただし，トランプ政権時における移民の動向を検討すると，永住権（グリーンカード）発行や非移民ビザ発給の数を減らすことで合法的な移民が著しく減少したが，不法移民はあまり減少していない（Nowrasteh, 2021）。また，合法な移民の減少の背景として，難民・亡命申請の認可を大幅に減少したことが指摘されている（Fox, 2021）。実際に，中米のエルサルバドルやホンデュラスからは母国の治安悪化を理由に逃れてくる人が多く，そのような人々は亡命・難民庇護を求めてくるが，トランプ政権はその認可を厳しくしていた。

3 リオグランデ川沿いの国境の現状

　筆者は2018年7月にテキサス南西部にある国境の街プレシディオから州道170号で南東へ向かい，リオグランデ川沿いにビッグベン

写真1　リオグランデ川で分けられたアメリカ合衆国とメキシコ
（2018 年 7 月撮影）

ド国立公園まで運転する機会があった。アメリカとメキシコを分けるリオグランデ川は夏季のせいか流量もそれほど多くはなく，その気になれば徒歩で通過できそうな箇所も随所に見られた（**写真1**）。また，国境を越えてきたと思われる汗だくの男性に，乗車を求められる経験もした（後から隣町の名前を連呼していたことに気づいたが，当時は言葉がわからず乗車を拒否したことが，今も忘れられない）。田原（2018）が指摘するように，国境に近い地域では州道・国道を問わず各地に検問所が設置されており，不法に国境を越えた移民が自動車で内陸へ移動するのは困難である。国土が広いため，徒歩での移動は現実的ではなく，不法に国境を越える人々にとって行く道は険しい。

　バイデン政権発足後は，アメリカが移民に寛容な政策へ転じるとの期待から，不法に国境を越える人々が再び増加している。中でも，優先的に人道的な保護を求めるねらいで，子どもだけで国境を越える例が後を絶たない。国境地帯では子どもたちの収容所も既に満杯となっており，保守・リベラルの双方から批判されている。中米とアメリカの経済格差は歴然としている一方，安住できる地を求めて命がけで国境を越える人々へどのように対応していくのか，アメリカは今後も難しい選択を迫られるであろう。

（二村太郎）

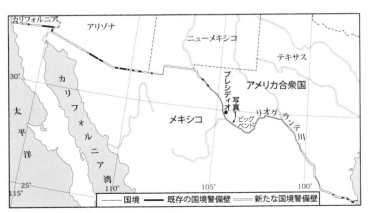

図1　アメリカ合衆国とメキシコの国境
新たな国境警備壁には，建設中のものも含まれる。
US Customs and Border Protection（https://www.cbp.gov/border-security/along-us-borders/border-wall-system）による。

36

アングロアメリカ

37 *Anglo America*
オガララ帯水層と農業の持続性をめぐる課題
Issues of Ogallala Aquifer and agricultural sustainability

1 オガララ帯水層とは

オガララ帯水層はアメリカ合衆国（以下，アメリカ）内陸部の8州（サウスダコタ，ワイオミング，ネブラスカ，コロラド，カンザス，オクラホマ，ニューメキシコ，テキサス）にまたがった地域の地下に広がる巨大な地下水層である。地下水の存在はネイティブアメリカンがこの地に生活していた時から知られており，1800年代に入植した人々は風車を設置して地下水をくみ上げていたが，その利用は限られていた。

1952年にセンターピボット灌漑装置が開発されてから，地下水を利用した灌漑農業が一気に普及した。センターピボット灌漑とは，農地の中央部でくみ上げた地下水を長さ400mの配管を通して農地に散水する機器（**写真1**）で，配管を支える支柱にタイヤがついており，円形に動きながら直径800mの農地を灌漑することができる。広大な農地を機械で灌漑することができるようになった結果，それまで放牧地として利用されていたこの地域では，地下水を利用してトウモロコシ，大豆，ソルガム，アルファルファなどの飼料作物が大量に生産されるようになった。これを受けて，それまでシカゴなど大都市に立地していた食肉加工業は大平原地域へ移動し，ネブラスカやカンザスには大規模な集約的肉牛肥育施設（フィードロット）と食肉加工

写真1　センターピボット灌漑 　（2003年7月撮影）

業が立地するようになった（詳しくは，斎藤，2007a, bを参照）。

2 灌漑農業の拡大と農業地域の変容

オガララ帯水層を有する地域が飼料用の穀物生産を著しく増加させていったことで，アメリカの農業生産の地図も変貌した。これまではオハイオ州からアイオワ州まで広がる「コーンベルト」と呼ばれる中西部の州が，アメリカのトウモロコシと大豆生産の上位を長らく占めていた。現在でもコーンベルトは有力な産地であるが，近年ネブラスカ州はトウモロコシ生産の全米第3位に上昇し（2018年），サウスダコタ州やカンザス州のトウモロコシ生産もコーンベルトに位置する諸州の生産量に近づいている。

他方で，現在の牛の飼育頭数を州別にみると，全米上位5州のうち4州（テキサス，ネブラスカ，カンザス，オクラホマ）がオガララ帯水層の地域に集中しており，この4州でアメリカの牛の飼育頭数の約33％を占めている。言い換えれば，少なくともアメリカ産の牛肉の3割がオガララ帯水層地域で生産されているのである。牛は1日あたり17〜76ℓの水を消費するため（Meehan et al., 2021），オガララ帯水層の水は灌漑農業だけでなく家畜の飼育にも大量に使われることとなった。

3 地下水位低下の問題

大規模な灌漑農業が広域に展開することで，オガララ帯水層の地下水が得られる地域は20世紀後半以降，アメリカの食料生産や農産物輸出において大きな位置を占めるようになった。しかしながら，生産が拡大した結果，オガララ帯水層の地下水位は徐々に低下していった。もともと長い年月を経て涵養された帯水層は，灌漑農業の増加によって地下水の涵養よりも取水量が多くなり，水位は年々低下を続けた。危機感を抱いた連邦議会は，1984年からオガラ

ラ帯水層の水位を２年ごとにモニタリングして報告することをアメリカ地質調査所（USGS）に課し，その実態が広く知られるようになった（McGuire, 2017）。**図1**に示すように，地下水位の大きな低下はカンザス州南西部，テキサス州西部において特に顕著で，観測地点によっては150フィート（45.72m）以上も水位が低下しており，その減少量は極めて深刻である。なお，ネブラスカ州のように地下水位が上昇している州もある。

　Sanderson et al.（2020）は，農業者やフィードロット経営者など多くが地下水減少の問題を認識しているものの，政策的な理由からそれが改善しないことを批判している。現状の農業法では栽培面積が大きいほど農業補助金が多く支給されるため，農業者にとって地下水利用を減らすインセンティブが働かない。そもそも，トウモロコシや大豆は単位面積当たりの収益が低いので，農業収入を増加させるために農家はより広い面積でより多くの収量を得ることを目指すことから，必然的に灌漑用水の使用量も増加する。このため，オガララ帯水層の水の利用が止まらず，その結果地下水位は低下するという負のサイクルに陥っているのである。

　アメリカ農業センサスによると，2017年の

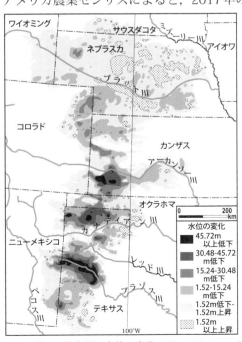

図1　オガララ帯水層の水位の変化（灌漑開発前〜2015年）
McGuire（2017）により作成。

灌漑農地面積はアメリカ全体で約5800万エーカー（約2347万ha）あり，この約37％をオガララ帯水層が分布する8州が占めている。しかし，2002年から2017年の間にアメリカ全体で灌漑農地面積は約270万エーカー（約110万ha）増加したが，8州での増加は約20万エーカー（約8.1万ha）にとどまり，灌漑農地はアメリカ全体の傾向に比べて増加していないことがわかる。中でもカンザス，ニューメキシコ，テキサスの3州は2002年から2017年の間で灌漑農地面積が約110万エーカー（約44.5万ha）減少しており，15年間でその割合は約13％減少した。これらは州全体の値であるため，オガララ帯水層が分布する郡に限定して集計すると，減少率はさらに高くなると考えられる。

4　持続可能な地下水利用に向けて

　オガララ帯水層に位置する各州は地下水減少の問題を深刻に受け止めており，連携して課題解決に取り組んでいる。センターピボット灌漑を開発したヴァレー社などは，ITを活用して効率的に灌漑を行うスマート灌漑の開発を進めている。しかしながら，地下水位の低下を防ぐためには，地下水そのものの利用を最小限に留めることが肝要であることはいうまでもない。実際に，不耕起栽培を援用して灌漑を利用せず乾燥農法で生産を行った結果，地下水位が前年に比べて上昇した結果も得られている（Moran, 2019）。

　西経100度以西の地域はかつて「グレートアメリカンデザート」と呼ばれたほど降水量が少なくかつ不安定であり，1930年代にはダストストームとよばれる砂塵嵐で深刻な土壌侵食を経験している（矢ヶ崎ほか, 2003）。地球温暖化に伴い，オガララ帯水層が分布する地域は降水量の減少が予測されており，地下水が急速に涵養される可能性は低い。そのため，今後はさらに慎重な水資源管理が求められている。日本で消費されるアメリカ産牛肉の多くがこの地域で生産され，日本の仮想水問題にも影響していることを考えると，オガララ帯水層の地下水減少に伴う穀物生産や大規模な集約的肉牛肥育の将来への懸念は，決して私たちにとっても他人事ではない。

（二村太郎）

37

アングロアメリカ

38
Anglo America
ニューヨーク市における
ジェントリフィケーション
Gentrification in New York City

1 ジェントリフィケーション

　ジェントリフィケーションとは，衰退する大都市のインナーシティにおいて，専門職に就く若い富裕な人たちが来住し，近隣が再生される現象である。伝統的な建築様式として価値のある住宅は間取りや内装の改修により復興されるが，老朽化した粗末な住宅はコンドミニアムなどの高価な住宅に更新される。

　ジェントリフィケーションについては，様々な問題があるが，なかでも最大の問題は立ち退きの惹起である。立ち退きの最大の要因は，家賃の上昇である。また，借家がコンドミニアムにリニューアルされることも大きな要因であり，これにより持ち家が増加する一方で，借家人が立ち退きさせられる。

　立ち退きさせられる者の社会的属性を見ると，多くは低所得者，高齢者，マイノリティなどの社会経済的弱者である。彼・彼女たちは，立ち退きさせられることにより，従前の家賃水準の住宅を確保することは容易ではなく，上昇する住宅費の負担が彼らの経済状況を圧迫するか，それが負担できない場合には，より劣悪な住環境へと追いやられることになる。こうした立ち退きが数多く起こるようになると，彼・彼女たちの依存する伝統的なコミュニティも破壊されてしまう。

　立ち退きさせられた人たちのなかで，中心市から郊外へ移動できるのは裕福な層であり，貧しい人たちは中心市内を移動する。また，ジェントリフィケーションが進行した結果，アフォーダブルな（手の届く価格の）住宅が不足しているために，結果的には住宅市場から排除され，ホーム

レスになった人たちも多い。

2 ブルックリン北部へ

　ニューヨーク市のマンハッタン南部のSoHoでは，1970年代になると使われなくなった工場があり，安い家賃に惹かれてアーティストが来住した。アーティストはロフトを自らの手で修復して居住する者が多かった。このようにして，地区の雰囲気が変わってくると，アパートの家賃が上昇し，それがロフトの家賃にも影響し，アーティストは立ち退きさせられることになった（Zukin, 1982）。アーティストは，1980年代にはEast Villageへ移り，1990年代にはブルックリンのWilliamsburgへと移ってきた（Zukin and Braslow, 2011）。1990年代のマンハッタン南部では家賃の上昇が大きく，この影響を受けて多くの人たちがブルックリンへ移ったのである（藤塚, 2021）。

図1 ニューヨーク市のコミュニティ別エスニシティの変化（2000-2010年）
New York City Department of City Planning, *Community District Profiles* により作成。

　図1は，2000～2010年のニューヨーク市のコミュニティ別エスニシティの人口変化を示したものである。白人人口が最も増加したのは，ブルックリンのWilliamsburgである。

　Williamsburgでは，イースト川の水運によって立地した工場や倉庫が使われなくなり，老朽化した状態であった。イースト川沿いの工業地域は，2005年にゾーニングが変更され，住宅地域と近隣商業地域，公園となった。住宅地域において共同住宅を建設する際に，アフォーダブルな住宅を合わせて供給すると，許容される容積が付加される。床面積の20～25％分のアフォーダブルな住宅を供給すれば，高さも33階建てのところが，40階建てとして建設可能になる。このようにして，ウォーターフロントには高層共同住宅が建設された。この影響はWilliamsburgの内陸部にも及び，これがジェントリフィケーションの発現要因となった（藤塚，2017）。

3 家賃の上昇

　図2は，ニューヨーク市中心部における平均家賃の変化を示したものである。Brooklyn Heightsは，かつてジェントリフィケーションにより再生された近隣に，より裕福なジェントリファイアーが来住しており，Lees（2003）はこれをスーパージェントリフィケーションと呼んだ。世界的な金融市場や多国籍企業に勤める非常に裕福な居住者が集中し，平均家賃も400ドル以上上昇した（図2）。

　ブルックリン北部では，400ドル以上平均家賃が増加したところがある（図2）。South Sideにはプエルトリコからの移民が多く，白人が増加した一方で，ヒスパニック住民の立ち退きが起こったのである（図1）。ジェントリフィケーションにより立ち退きさせられた住民は，より安価な家賃の地区へと移動する。ジェントリフィケーションは，白人がアフリカ系住民を立ち退きさせるだけではない。Crown Heightsでは，立ち退きにより来住した白人と地域のアフリカ系住民が，予期せず共生したことを，森（2019）は示した。

　ゾーニングの変更により，イースト川沿いのNorth SideとGreenpointとの間にはBushwick

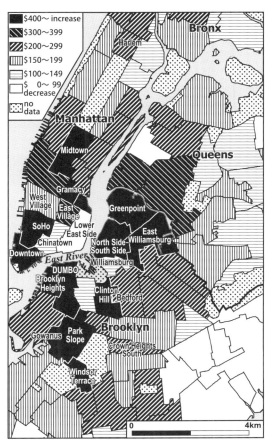

図2　ニューヨーク市中心部における平均家賃の変化
（2006-2010 ～ 2014-2018 年）　New York City Department of City Planning, *Community District Profiles* により作成。

Inlet Parkが整備された。この公園は，地域のアメニティを高め，その近くに共同住宅が建設された。そしてジェントリファイアーを来住させるという，グリーンジェントリフィケーションが起こった。建設後にはアフォーダブルな住宅は供給されたが，立ち退きを緩和するには遅すぎたと，Gould and Lewis（2017）は指摘した。

　ジェントリフィケーションによる地区の再生は，資産価値の上昇をもたらす一方で，立ち退きを惹起する。都市再生は衰退するインナーシティのすべてには波及しない。

　2019年に発生したCOVID-19による感染症のために，遠隔勤務が推奨された結果，都心のマンハッタンへ通勤する必要性が薄れた。これによりジェントリフィケーションは，都心よりさらに離れたところで発現することが想定される。この影響については，さらなる調査を実施して解明する必要がある。

（藤塚吉浩）

39 *Anglo America*
カナダの公用語マイノリティ
Canada's official language minorities

1 カナダの二言語主義と公用語マイノリティ

よく知られるように，カナダは英語とフランス語を公用語とする国である。ただし，このことはカナダに住むすべての人が英語とフランス語を話すことを意味しない。2016年国勢調査によれば，カナダにおいて英語とフランス語の両方を話すことのできる人は全人口の約17％にとどまり，実際にはほとんどの人が英語かフランス語を中心とした生活を営んでいる。

カナダは，10の州と3つの準州から構成される連邦国家である。2016年のカナダの人口は約3500万であり，57.3％が英語を，21.1％がフランス語を，21.6％が英語でもフランス語でもない言語（以下，非公用語）を，それぞれ母語とする（単一回答のみ）。母語とは，最初に覚えて現在も話すことのできる言語を指し，非公用語を母語とする人の多くは移民である。近年では，出生率が低い水準で推移する一方で，人口増加の3分の2を国外からの転入（移民）が占めており，非公用語を母語とする人口がフランス語を母語とする人口を上回った。

少数派であるフランス語を母語とする者（以下，フランス語話者）が集中するのは東部のケベック州であり，800万を超える州人口の約8割がフランス語を母語とする。ただし，ケベック州の東に位置するニューブランズウィック州で約3割を占めるのを筆頭に，その他の州・準州にも，いずれも人口の5％未満ながら，フランス語話者が居住している。また，ケベック州では約8％が英語を母語とし，その多くがカナダ第2の都市であるモントリオール都市圏に居住している。非公用語を母語とする人には，英語を第一公用語とする人もいる。

図1は国勢調査基本統計区におけるフランス語を母語とする人口の割合を示し

たものである。カナダ全土には293の基本統計区が設定されており，100の基本統計区でフランス語を母語とする人口の割合が50％を超えている。そのほとんどはケベック州に位置しているが，ニューブランズウィック州とオンタリオ州にもフランス語を母語とする人口が過半数を占める統計区がある。また，フランス語を母語とする人口の割合が10％以上50％未満なのは19の基本統計区であり，それらはケベック州の3統計区のほか，ニューブランズウィック，オンタリオ，ノヴァスコシア，マニトバの各州にみられる。

このように，カナダでは言語の境界と行政の境界とが一致せず，属地主義にもとづいた言語政策の導入は難しい。1969年に制定された公用語法は，連邦政府が管轄することがらについて，英語かフランス語のいずれか希望する言語によるサービスを保障するものである。すなわち，カナダのどこであろうと，連邦政府機関の建物等は英語とフランス語で表記され，サービスも原則として二言語で提供される。また，民間企業でも航空会社のように公的性格が強い場

図1 カナダにおけるフランス語を母語とする人口の割合 (2016年)
Census of Canada 2016 により作成。

合には，二言語によるサービス提供が求められる（飯野ほか，2021）。

話をより複雑にするのが，一部の州が独自に公用語を定めていることである。ケベック州はフランス語のみを，ニューブランズウィック州は州で唯一，英語とフランス語を州の公用語としている。その他の州では，英語が実質的に公用語として機能している。そして，それぞれの州の少数派，すなわちケベック州の英語話者とそれ以外の州のフランス語話者を公用語マイノリティと呼ぶ。

2 フランコ・オンタリアン ―オンタリオ州のフランス語話者

公用語マイノリティの一例として，オンタリオ州のフランス語話者であるフランコ・オンタリアンに着目し，具体的に考えてみよう。

人口が1300万を超えるオンタリオ州においてフランス語のみを母語とするのは約50万人であり，州人口の約4％にすぎない。しかし，実数ではニューブランズウィック州を大きく上回るフランス語話者が居住している。地域的には，州東部や北部にフランス語を母語とする人口の割合が高い統計区が存在する（図1）。

少数言語集団の言語維持に欠かせないのは制度的支援であり，とくに学校教育は重要である。教育が州の権限であるカナダでは，かつて学校教育は住民の英語への同化の手段であった。オンタリオ州では1912年以降，フランス語による教育に強い制限が加えられた。それが大きく転換されるのは1980年代に入ってからである。1982年憲法に組み込まれたカナダ権利自由憲章によって少数派言語教育権が保障され，オンタリオ州でも1984年に初等・中等教育においてフランス語で教育を受ける権利が公的に確認された。現在では，州全土に450以上の，フランス語を教授言語とする学校が設置されている。また，オンタリオ州はフランス語を公用語としていないが，1986年にフランス語サービス法が制定され，一定の条件を満たす地域では州政府機関におけるフランス語によるサービスの提供が義務づけられている（図2）。なお，フランス語を母語とする人口の割合が高い東部や北部だけでなく，人口の集中する南部の都市地域もかなりの程度指定地域となっていることに注目したい。フランス語サービス法は実数も指定の条件の1つとしているからであり，たとえば，カナダ最大の都市トロントを含む統計区には約3万5千人のフランス語話者が居住している。

ケベック州でカナダからの分離・独立の動きが目立ち始めた1960年代以降，ケベック州外のフランス語話者はそれぞれの州と結びついたアイデンティティを育んできた。象徴体系も整備され，緑地に白百合，白地に緑のエンレイソウ（オンタリオ州の花）をあしらったフランコ・オンタリアンの旗や，集団の歌ノートル・プラス（Notre Place）は広く親しまれている。

3 公用語マイノリティをとりまく課題

多くの先進国同様，カナダでも進行する少子・高齢化は，英語話者よりも，移民の少ないフランス語話者においてより深刻であり，フランス語話者の移民の獲得が課題である。オンタリオ州北部のような隔絶地域では都市地域への人口流出も続いている。

そうしたなかで，高等教育機関の充実はこれまで以上に重要となろう。オンタリオ州では2つの大学が二言語で教授してきたが，それに加え，2021年9月にフランス語のみを教授言語とする大学がトロント都市圏に開学した。制定から50年以上が経過した公用語法の見直しも議論されており，今後の動向が注目される。

（大石太郎）

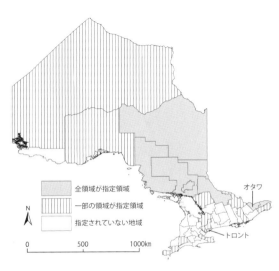

図2 オンタリオ州におけるフランス語サービス提供地域
（2021年） Ministry of Francophone Affairs の資料により作成。

凡例：全領域が指定領域／一部の領域が指定領域／指定されていない地域

39

アングロアメリカ

40 *Anglo America*
収支で見る グリーンランド氷床の氷量
Melting of Greenland icesheet

1 氷を失いつつあるグリーンランド氷床

グローバルに進行している温暖化の中でも，北極圏の気温上昇幅は大きく進行も急速である。南極氷床に次いで多くの氷を蓄えているグリーンランド氷床の質量損失は，IPCC第5次評価報告書の高排出シナリオの予測に非常に近い値で推移しており，近年の海面上昇を加速させている主要因の一つとなっている。

氷床は一般的に，標高の高い所で降雪によって涵養され，氷河流動によって低高度まで流動した後に融解し，これによって氷床全体の質量の均衡を保っている。つまり，氷床からの氷の損失は温暖化とは無関係に常に起こっているのだが，消耗量（支出）が涵養量（収入）よりも多くなった時に氷床は縮小し，海面上昇を引き起こす要因となる。今起きているのは，まさにこの赤字収支なのである。

グリーンランド氷床の氷は，末端が海洋に流入する多数の溢流氷河によって排出されている。このような氷河の質量損失を見積もる場合は，氷が表面で融解する量に加えて，氷河の末端から氷山の分離（カービング）で失われる量や海水中で融解する量も含める必要がある。

表面融解の大半は水流となって氷河表面を流れ下るので，これを「流出（run off）」と呼び，氷のまま海洋に直接出て消耗するほうは「排出（discharge）」と呼ばれて区別されている。

2 8月締めの年度会計でみる氷床表面質量の収支

気象観測データに基づいてグリーンランド氷床の質量収支の経年変化を評価するには，短い夏の融解期が終わって氷床が再び積雪を蓄積し始める8月下旬を会計年度の区切りにして，氷床表面の積雪涵養量と「流出量」を合計した年間収支（表面質量収支：SMB）で比較するのがよい。8月を区切りにしているため，2020年の夏を終えた時点で，ちょうど2010年代の10年間の平均値を算出する節目を迎えた。

グリーンランド氷床のSMBは様々な気候計算モデルによって算出されており，それらの過去30年分を10年ごとに遡って概観すると，氷床全体のSMBは，1990年代までは400 Gt/y台の黒字で推移していたが，2000年代には約270 Gt/y，2010年代には約260 Gt/yとなり，黒字幅が次第に減少している（Portner et al., 2019）。

SMBは同じグリーンランド氷床内でも地域差がある。**図1**は，Polar PortalというWebサイトで公開されているもので，2018〜2019年と2019〜2020年の両収支年におけるSMBが，1981〜2010年の平均値と比べてどれだけ少なかったかの地理的な違い

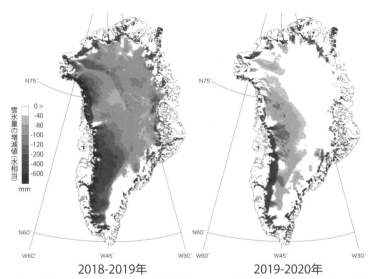

雪氷量の増減値（水相当）
0 >
-40
-80
-100
-120
-200
-400
-600
mm

2018-2019年　　2019-2020年

図1 グリーンランド氷床の表面質量収支のマイナス偏差（1981-2010年平均比）DMI et al.（2021）による。加筆修正。

を色の濃さでわかるように示している。2018～2019年はグリーンランド氷床のほぼ全域にマイナス域が広がる異常な年となった。また2019～2020年は、全体のSMBが過去40年平均とほぼ等しい典型的な年であったが、それでも氷床の西半分では1981～2010年の平年値を下回る傾向がみられ、この地域の質量損失が深刻であることがわかる。

3 海洋に流入する溢流氷河による質量損失

前述のように、グリーンランド氷床は、黒字幅を縮小させながらも、かろうじてプラスのSMBを維持している。毎年黒字が続けば氷床は太り続けるはずだが、実際はそうなっていない。それは、SMBで見ている消耗はあくまでも「流出」のほうであって、「排出」を含んでいないからである。

「排出量」を推定したSasgen et al.（2020）の研究によれば、2000年代初頭に450 Gt/yであった「排出量」は、2020年には500 Gt/yにせまるまで増加したという。これはグリーンランド氷床全体の質量損失の約半分を占める量であり、これをSMBの黒字から差し引くと正味は150 Gt/yの赤字となる。

実は、この研究のように「排出量」の算定が可能となったのは、1980年代半ば以降、人工衛星で氷河の流動速度や表面標高といったダイナミックな変化を測定できるようになってからである。それによってグリーンランド氷床から溢流する氷河の多くが、近年、急速に末端を後退させ、氷厚を減じ、カービングを増加させていることが観測されるようになった。

「排出量」が増えたのは、これまで比較的安定していた溢流氷河の末端位置が、最近になって後退に転じるようになったことと関係しているのではないかと考えられている。海水に溢流する氷河の先端部では、表面と底面の両方からの融解によって氷河が薄くなる。薄くなった氷河末端は海水の浮力に負けて離底するようになり、それによって氷河の流動が加速する。流動速度が大きくなると伸張歪みが卓越して氷厚が薄くなるとともにカービングも増加し、それがさらに氷河の後退を促進する。こうした連鎖的なフィードバックによって「排出量」が増大していると推定されている。

4 存在する氷の質量の直接測定

最近では、人工衛星で重力を測定することで、存在する氷の質量そのものを推定できるようになった。図2は2002年と2019年の氷の質量の差の地理的な違いを示したもので、質量損失の大部分が氷床縁辺部で発生していることがわかる。一方、氷床の中央部でわずかに質量が増加していることもみてとれるが、これは、現地観測などから、海からの水蒸気供給が増えて降雪量がわずかに増加したことによるものであろうと解釈されている。とはいえ、支出のほうが圧倒的に増えているため、この程度の収入増では損失を補填するには到底不十分である。

5 リアルタイムに更新される主題図の利用

ここに示した図はいずれも、時々刻々と蓄積される観測データを利用した数値計算モデルによって作成され、インターネット上で定期的にアップデート版が公開され続けているものを基にしている。これらのデータに適宜アクセスして、その図の示すところを的確に把握し解釈するスキルは、気候変動に伴って変化する様々な地表現象を監視し、将来予測につなげたり、温暖化対策を検証したりするうえで欠かせないといえるだろう。

（澤柿教伸）

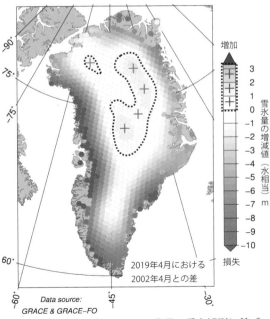

図2　GRACEおよびGRACE-FO衛星の重力観測に基づくグリーンランド氷床の質量変化（2002-2019年）
DMI et al.（2021）による。加筆修正。

アングロアメリカ

41 *Europe*
ロンドンのインナーシティ問題
Inner city problems in London

1 インナーシティ問題

インナーシティ問題は，ニューヨークや東京，大阪など先進資本主義国の多くの大都市でみられるが，最も早くに認識されたのは，1970年代の，ロンドンをはじめとするイギリスの大都市の都心周辺部においてであった。図1は，ロンドンの行政区 borough 別に人口増減率を示しているが，1971年から1981年までの増減率についてみると，人口が増加したのは都心の City of London だけであり，都心周辺部で人口減少の大きいことがわかる。背景には，人口と産業活動をニュータウン等へ移転させて大都市の過密を解消した政策の実施がある。

英国環境省（1978）は，インナーシティ問題として，工場等の経済活動が失われる経済的衰退（economic decline），住宅や諸施設が老朽化する物的衰微（physical decay），貧困者が集中する社会的不利益の集積（social disadvantage）を示した。また，インナーシティにおいてみられるものとして，エスニックマイノリティ（ethnic minorities）の問題もある。エスニックマイノリティは，都市によっては郊外においてもみられる。

このようなインナーシティ問題を解消するために，1980年代にイギリス政府は民間活力の導入により，都市再開発を行ってきた。ロンドンドックランズも，その地域のひとつである。

2 ロンドンドックランズ

ロンドンにはテムズ川を利用した河川交通の拠点があり，図1中の City of London の東側の，Tower Hamlets, Southwark, Newham にある複数の掘込み港のところはドックランズと呼ばれている。ドックランズでは，かつては多くの移民労働者が働いていた。Tower Hamlets に住みはじめたユダヤ人は事業の成功により地区を離れ，その後バングラデシュ系住民が多くなった。

河川を航行する船舶による貨物輸送から，鉄道・自動車による陸上輸送にかわるとともに，船舶の大型化に伴い外洋港の利用が増加したため，ドックランズの土地利用は大きく変わった。ドックランズでは運輸の企業だけでなく，港湾立地型の関連企業の多くが閉鎖され，ドックランズ周辺地域の失業率は高くなった。

イギリス政府は1980年代に，ロンドンドックランズ開発公社を設立するとともに，エンタープライズゾーンを設置した。エンタープライズゾーンとは，税の減免や各種の規制緩和を

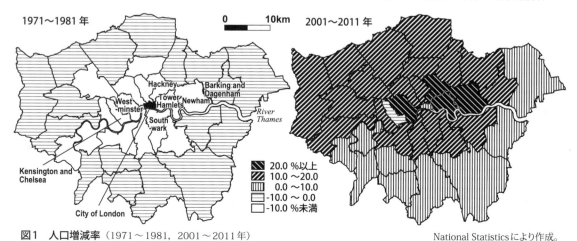

図1　人口増減率（1971〜1981，2001〜2011年）　　　　　　　　　National Statistics により作成。

行うことで，企業の自由な経済活動を支援する地域のことである。これにより，民間活力を導入して，ドックランズの再開発を行ったのである。ドックランズでは地下鉄やドックランズライトレールの公共交通機関，旧埠頭を再利用してロンドンシティ空港が整備された。

　その結果，金融業やサービス業など従来この地域にはなかった業種の新規企業の参入があり，新たな就業先を生み出した。

3 2000年代以降の変化

　ロンドン全体の人口は，1939年に860万人でピークを迎え，1983年には680万人まで減少したが，1990年代には増加に転じた。

　図1より2001年から2011年までの人口増減率についてみると，インナーシティ問題の顕在化した1970年代の広範な人口減少の状況に比べて，人口が減少したのはKensington and Chelseaのみである。City of Londonから東側のTower Hamlets，Barking and Dagenhamにおいては20%以上増加した。

　ロンドンでは，テムズ川を中心にその支流の小河川と，内陸部へ通じる運河が産業活動にとって重要な役割を果たしてきた。水運がすたれたため，水路に面していた，製材所や木材関連業や食品製造業などの産業活動が失われ，それらの工場などの跡地は，長らく使われないまま放置されてきた。ロンドンプラン（リビングストン，2005）では，水に恵まれたロンドンの特性を見直し，これらの水路の再生とともに，水路沿いの低・未利用地を再利用することを目標とした。これは「ブルーリボンネットワー

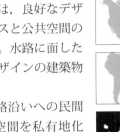

図3　6ヵ月以上居住のない空き家数（2020年）
Ministry of Housing, Communities & Local Government, *Vacant Dwellings* により作成。

ク」として示され，その4原則は，良好なデザイン，複合利用，川へのアクセスと公共空間の創出，適度な建物の規模である。水路に面したところに，これまでにはないデザインの建築物が増えた。

　しかしながら，テムズ川や水路沿いへの民間共同住宅の建設は，川沿いの空間を私有地化しており，周囲のコミュニティとの間にセグリゲーションを生じる（Davidson, 2009）こととなり，「ブルーリボンネットワーク」構想の実現に十分寄与しているとはいえない（藤塚，2016）。

　2017年12月のロンドンの失業率は5.3%であり，それ以上の区を示したのが図2である。複合地域開発により新規来住者は増加したが，ドックランズのTower HamletsやBarking and Dagenhamにおいては，失業率は8.4%以上であり，他区に比べて高い（図2）。職を失った住民と新しく増加した就職先との雇用のミスマッチの解消は，容易ではない。

　図3は，6ヵ月以上居住のない空き家数を示したものである。住み替えを可能とするためには，ある程度の空き家は必要であるが，長期の空き家は，インナーシティの空洞化を示している。空き家はSouthwarkに最も多く，Newham，Lewisham，Hackneyなど都心周辺部に多い。複合地域開発によって人口や新たな産業は増加したが，インナーシティ全体の状況を改善させてはいない。インナーシティの衰微した住宅をいかに再利用するのかが，重要な課題である。

（藤塚吉浩）

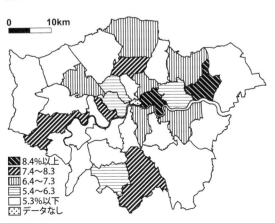

図2　失業率（2017年12月）*London Area Profiles* により作成。

▨	8.4%以上
▧	7.4～8.3
▤	6.4～7.3
▥	5.4～6.3
□	5.3%以下
▦	データなし

41

ヨーロッパ

42 *Europe* グラン・パリ政策とオリンピック
The policy of Grand Paris and the Olympics

1 オリンピック招致とグラン・パリ

パリは，2024年夏季オリンピック・パラリンピック競技大会の開催都市に選出された。近代オリンピックの仕組みを作ったピエール・ド・クーベルタンはフランス人であり，パリは初期の1900年と1924年にオリンピックを開催した経験をもつ。2024年はちょうど前回から100年となる。とはいえ，この都市のオリンピック招致は，100年記念を理由とした象徴的なものではない。パリは並行して2025年の万博にも立候補しており，オリンピックが決まった後に取り下げている。このような国際的で大規模なイベント（メガ・イベント）は，都市開発の触媒として招致されることがある。パリにおいては，「グラン・パリ」と呼ばれる新しい都市圏，そしてその新しいイメージを内外に周知し，様々な経済活動の促進剤とすることが招致の目的であった。

グラン・パリとは，21世紀に入ってからパリ市とその周辺を一体としてみる際に政治・行政の場で使われるようになった語で，何を主題とするかによってその範囲は異なっている。パリ市の周辺のみをさすこともあれば，セーヌ川河口の港湾都市ル・アーヴルまで含めることもある。いずれの場合にも共通しているのは，「パリ市とその郊外」，「パリ市と周辺部」ではなく，あくまでそれを全体として捉えることである。行政区画に変更はないが，パリ市とその周辺の130の基礎自治体（コミューン）を合わせて一つの議会組織を持つ「グラン・パリ大都市圏」（MGP）も2016年に発足した。市と県を兼ねるパリより大きく，上位の行政体であるイル・ド・フランス州よりは小さい（図1）。パリ市長のアンヌ・イダルゴは，「パリの未来，それはグラン・パリである」と言っている。

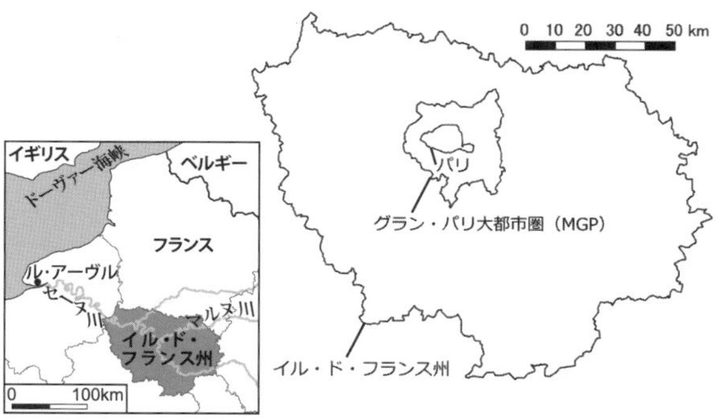

2 「パリと郊外」から「グラン・パリ」へ

パリの現在の形を作り出したのは，いわゆる「オスマンの都市改造」を中心とした19世紀の都市計画である。近代化の中で人口が倍増したパリでは，公衆衛生や交通循環の改善のために，中世からの入り組んだ街区が取り壊され，広幅員の道路が放射状あるいは環状に縦横に建設され，上下水道や緑地も併せて整備された。パリ市の領域もその時にほぼ固まり，現在まで維持されている（松井，1997）。

その後の更なる人口増加に際しては，パリは市域を拡大するのではなく，周辺自治体を含めた一帯の都市計画（地域計画）を立てることで対応した。第二次世界大戦後に作られた地域計画は，農村として残すべきところを含め，1970年代までにイル・ド・フランス州の広がりにほぼ対応するようになった。

ところで，19世紀以来，パリ北郊の平原には大規模な工場が多く立地し，雇用を提供していた（手塚，1998）。第二次世界大戦後には，郊外に設定された「優先市街化区域」に数千戸規模の団地が建設され，パリ都市圏で働く労働者の居住地としての役割も大きくなっていた。しかし1970年代以降，脱工業化が進むなかで，郊外の団地では貧困化が目立ち始めた。特に，高度成長期にヨーロッパの外から労

図1　パリ，グラン・パリ大都市圏，イル・ド・フランス州の範囲

働者として働きに来た移民とその家族が，失業や学業失敗などによって貧しい団地に取り残されるようになってきた。郊外（バンリュー）という言葉は，それだけで貧困や非行，あるいは異文化を表象するようになった。

他方でパリ市内は，歴史的な街並みが保護されて観光的な価値や威信が維持される一方，新しいオフィスや商業スペースを確保することができなくなっていた。市内からは仕事が失われ，郊外への転出が起き始めた。大学や研究所なども，市外に移転したものが多い。

グラン・パリ政策は，行政区画を維持したままパリを拡張させ，都市と郊外という区分を超えた新しい一体性の中で，都市を作り直そうとしている。それは，グローバル化の中で，世界の大都市との競争を勝ち抜こうとする資本と国家による「リスケーリング」（既存のスケールを変えてそれまでとは異なる空間発展を促すこと）の試みであった。

2007年に発足したサルコジ政権によって推進されたグラン・パリ政策は，2010年には法律化され，新しい交通網グラン・パリ・エクスプレスの整備を中心に，次第に人々の目にも見えるようになってきた。バス路線や鉄道の再編，パリ市の周辺部における観光資源の掘り起こし

も進んでおり，パリと聞いてグラン・パリがイメージされるようになるのは，そう遠いことではないかもしれない。

3 オリンピック都市開発がもたらすもの

2024年のオリンピック会場は，パリ市内と北郊の「グラン・パリ・ゾーン」の大きく2カ所に分かれている。メインスタジアム「スタッド・ド・フランス」があり，選手村やメディアセンターが置かれるのは後者である。新しい鉄道駅や高速道路のインターチェンジの工事なども並行して行われている。

パリ北郊でこのような事業が行われるのは，実は初めてではない。1998年のFIFAワールドカップのためにスタッド・ド・フランスが作られたことをきっかけとして，周囲のプレーヌ・サン・ドニ地区は，ビジネスセンターに生まれ変わった。しかし，それがこの周囲に雇用をもたらしたのかと言えば，必ずしもそうではない。このビジネスセンターで雇用されている住民は周辺自治体を含めてもわずかで，しかも大半が下請け・派遣業あるいは建設業での不安定雇用にとどまっているという（森，2016）。

図2は，MGP内のコミューンごとの貧困率（フランス大都市の生活水準中央値60％未満の人口比率，2017年）である。オリンピック開発が行われるスタッド・ド・フランス周辺に低所得層が集中していることを見て取れる。オリンピックは果たしてこの地域住民に恩恵をもたらすことになるのだろうか。過去の例からみて，可能性はあまり高くないように思われる。一度築かれたパリと郊外の不均等性は，それほど簡単に覆ることはない。おそらく虫食い的にジェントリフィケーションが起き，周囲との格差が広がるなかで，一部地域のみがグラン・パリとしての威信を獲得することになるのではないか。

この地で求められているのは，オリンピックのような締め切りのあるイベントのための急激な開発ではなく，地に足のついた支援とそれを可能にする経済・都市政策である。それを求めるためのローカルな市民活動は，開発主体にわずかずつながら修正を迫っている（荒又，2020）。その動きにこそ，地域問題の解決策として学ぶべき点がある。　　　　　　　　（荒又美陽）

42

ヨーロッパ

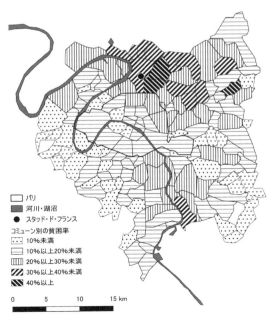

図2　グラン・パリ大都市圏内の貧困率
INSEE（2020）により作成。

43 *Europe* リールにおける産業構造の転換と社会連帯経済の挑戦

Transformation of the industrial structure and the challenge
faced by the social and solidarity economy at Lille, France

1 製造業の衰退と斜陽工業地域化

脱工業化の進展に伴う産業構造の転換と，新しい発想に基づく「もう一つの経済」を創造する試みについて，フランスの代表的な斜陽工業地域であるリールの経験をもとに紹介する。

同地域における工業は，リール（図1）・ルーベ・トゥールコワン（図2）を中心とする北部地域に繊維産業が立地し，石炭産業と鉄鋼業などの重工業が，リール南東部の「バサン・ミニエ」と呼ばれる炭田地帯に立地してきた。衣服・繊維産業は，産業革命以来，全国的な生産拠点として繁栄したが，第二次世界大戦後，設備近代化の遅れ，工場の地方分散・閉鎖によって衰退した。従業者数は，1954年の190,000人から，2006年には11,000人にまで減少した。

石炭や重化学工業は，1720年代に石炭の採掘が開始されて以降，石炭産業から，コークス加工業，ガラス工業，火力発電，石炭化学工業，鉄鋼業が発展した。しかし1960年代から石炭産業は衰退を始め1990年12月に最後の炭鉱が閉鎖され，石油化学工業が崩壊，コークス加工業と火力発電が活動を停止した。旧炭鉱街では深刻な社会問題が生じ，労働組合と共産党支持の強い地域から，移民排斥で知られる極右政党の国民戦線（FN）の支持地域へと変貌を遂げた。

図2は1962年と2011年の製造業の雇用分布を示す。かつての繊維工業と石炭産業に代わって，下段の図では自動車産業等が雇用の受け皿となっているが，製造業の雇用自体が顕著に縮小している。

2 産業政策と雇用創出の試み

これに対し，リール地域では技術力の向上と産業転換・多様化を図り，雇用創出を試み

図1 リールの位置（立見ほか，2021）

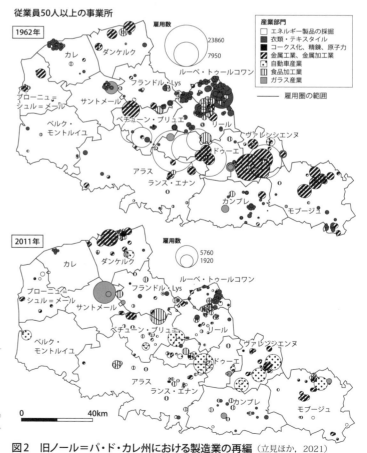

図2 旧ノール＝パ・ド・カレ州における製造業の再編（立見ほか，2021）

てきた。2005年にはじまった産業クラスター政策「競争力の極」の指定を2019年現在，9分野で受ける。就業者数では，1960年代末に4割を占めた製造業は2010年代には15％以下に低下し，代わってサービス産業がおよそ8割に及ぶ（立見ほか，2021）。

繊維産業では，衣服・繊維産業に従事する企業のおよそ20％が，イノベーションを重視する高機能繊維の開発に携わる。素材の取引，教育ネットワーク，最終製品の流通，等々の面で当地域は優位性を有し，高機能繊維・衣服分野でクラスター認定されている。繊維産業からはまた，多種のサービス産業が分岐し，通信販売業ではフランスを代表する地域に成長している。フランスの総合通信販売業の80％がルーベ，トゥールコワンに集積する。派生的に，印刷業，カタログ業，広告メッセージ産業が発展したことで，フランスのグラフィック産業の第二の集積地域ともなった。フランス各地で目にする総合スーパー「オーシャンAuchan」をはじめ，大規模流通業が育っている。

「バサン・ミニエ」では，鉄鋼業からの素材供給をもとに機械金属工業や輸送産業（造船・自動車・鉄道車両）が発展した。1960年代からの積極的な誘致政策もあり（小田，2003），Alstomや Bombardierといった鉄道車両の世界的大企業の工場と，主要自動車メーカーの工場が立地する。

リールでは技術・流通・研究機関など既存の産業基盤を基に，諸資源を関連させながら産業の転換・多様化を図ってきた。進化経済地理学等で指摘される「関連づけられた多様性 related variety」の創出を見ることができる。

3 「もう一つの経済」へ

リール地域では，さらに，失業問題等，産業構造の転換のみでは解決できない課題に対し，「経済」の発想を根本的に転換させ，「もう一つの経済」に向けた実践に取り組んでいる。「社会連帯経済（ESS）」の挑戦である。

ESSとは，「通常の」経済のように私的利益の追求ではなく，社会的な有用性（社会的効用），つまり万人にアクセス可能な共通財・善bien communを追求する経済である（立見ほか，2021）。失業／貧困の解決など社会的包摂，有機農業や再生可能エネルギーなどエコロジー，文化，知識，景観，交通手段，情報プラットフォームなど対象は多岐にわたる。

日本でもＳＤＧｓ（持続可能な開発目標）やソーシャルビジネスなどに関心が向けられるようになっているが，ESSは社会的目的を有する企業の集まりを意味するだけでなく，固有の仕組みを備えた「経済」を目指している。特に2014年の社会連帯経済関連法以降，組織や融資など諸種の制度が整備され，非営利セクターや，条件を満たせば株式会社等の法人企業を包括する形で，グローバル経済とは異なる「もう一つの経済」の具体化が進んでいる。

リール地域は，工場労働者の連帯の伝統があり，ESSの先進地域の一つである。図3はESS関連雇用の分布を示したものだが，失業等の深刻な社会的課題に直面するリール市とその北部の旧繊維工業地域において総雇用に占めるESSの割合が高いことは，ESSの活動が衰退地域で重要な役割を果たしていることを示唆する。

さらに，ESSと歩調を合わせて，州議会と商工会議所が中心となり，再生可能エネルギーへの切り替えと産業転換を結びつける「第3次産業革命」の試みも進んでいる（立見ほか，2021）。脱工業化に伴う深刻な課題に直面する中，既存の「経済」の枠組みにとらわれない新しい経済を創造する壮大な実験が試みられていると言える。

（立見淳哉）

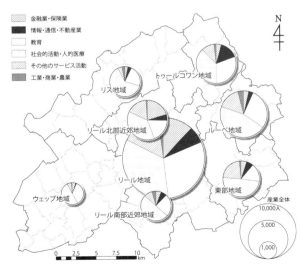

図3　リール欧州メトロポールにおける社会連帯経済関連の雇用分布（立見ほか，2021）

金融業・保険業
情報・通信・不動産業
教育
社会的活動・人的医療
その他のサービス活動
工業・商業・農業

トゥールコワン地域
リス地域
リール北部近郊地域
ルーベ地域
リール地域
ウェップ地域
リール南部近郊地域
東部地域

産業全体
10,000人
5,000
1,000

0 2.5 5 7.5 10 km

43

ヨーロッパ

44 *Europe*
オランダにおける農業と自然
—循環型農業への挑戦
Agriculture and nature in the Netherlands:
The Dutch challenge of the transition to circular agriculture

1 岐路に立つ，オランダ農業

オランダでは，2019年秋に政府が気候変動対策として，アンモニア発生源となる家畜の飼養頭数削減を提言したことに反発し，畜産農家のデモが各地で行われた（AFP, 2019）。乳牛を1として各家畜を換算して，家畜全体を比べる家畜単位でみると，オランダは，2016年に1ha当たり3.8家畜単位とEU平均0.8家畜単位を大きく上回り，EU域内で最も高い。畜産をはじめとする農業生産性の高さが，オランダをアメリカ合衆国に次ぐ，世界第2位の食料／農産物輸出国にさせ，EUにあって，その平均5倍以上の経営体生産額をもたらしている（**図1**）。

この農業競争力の高さは，①立地条件（欧州の中心かつその玄関という位置と平坦な国土），②豊かな隣国（販売先）の存在，③施設園芸や集約畜産といった労働集約型・資本集約型を主とした農業構造，④継続的なイノベーションと知識の共有を可能にする教育・普及・研究システム

と産学官連携の産業競争施策，農民の協同性等に基づいていた（一ノ瀬, 2013）。

しかし，オランダ政府は，2018年に新農業ビジョンで競争力の高い生産主義的な農業から循環型農業への転換をめざすことを公表した（オランダ農業・自然・食品品質省, 2018）。

2 農業の地域構成

オランダは，低地オランダと高地オランダからなる（伊藤, 2009）。低地オランダは，オランダ西部から北部の海岸地域にかけて広がり（**図2**），海岸砂丘，潮汐堆積平野（粘土質地帯），泥炭層地帯，ライン・マース両河川の沖積地等からなり，湖沼や海面下の泥炭・粘土質地帯を干拓したポルダーを主とする。これに対して，高地オランダはオランダ東部から南部にかけての地域からなり，その北部から東部の氷堆石丘陵地帯，南部の洪積台地（砂質土），リンブルフ州のレス丘陵地帯に分かれる。

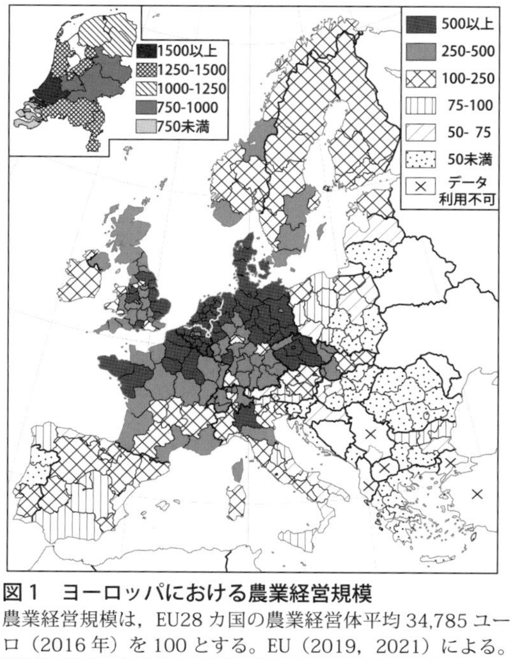

図1 ヨーロッパにおける農業経営規模
農業経営規模は，EU28カ国の農業経営体平均34,785ユーロ（2016年）を100とする。EU（2019, 2021）による。

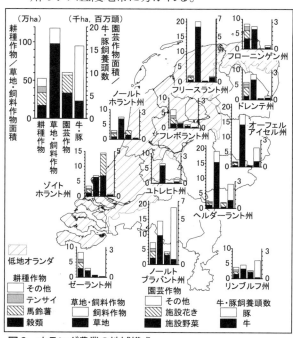

図2 オランダ農業の地域構成
CBS（2021）と伊藤（2009）による。

オランダの農業は，この土地条件と消費地への近接性等から，施設園芸を含む園芸が低地オランダの両ホラント州のほか，高地オランダのノールトブラバント・リンブルフ・ヘルダーラントの各州で盛んである。さらに後者3州では畜産も盛んである（**図2**）。また，耕種農業は，フローニンゲン州やドレンテ州，さらにゼーラント州のほか，ゾイデル海干拓によるフレボラント州が中心である。このうち，両ホラント州のほか，リンブルフ州とノールトブラバント州，そしてフレボラント州では，経営体の経営規模がEU平均の12.5倍以上と高い（**図1**）。

　この大規模経営は，施設化・機械化・化学化等による規模拡大（**図3a**）とコスト削減という生産主義的なオランダ農業の成果であるが，環境への負荷（**図4**）が問題とされてきた。

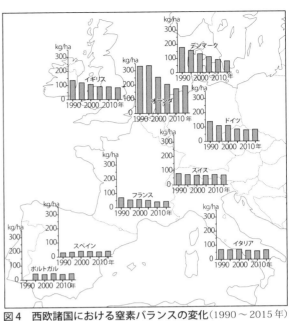

図4　西欧諸国における窒素バランスの変化（1990〜2015年）
OECD（2021）により作成。

3 環境負荷と循環型農業への転換

　オランダ農業の環境への負荷は，温暖化のみならず，水質汚染等の素因でもあった。ただし，これはオランダだけの問題ではないため，EUは，1991年に「硝酸（塩）指令（農業起源の硝酸による汚染からの水系の保護に関する閣僚理事会指令）」（European Communities, 1991）を公布し，加盟国に硝酸性窒素による水質汚染や富栄養化発生の恐れのある硝酸塩脆弱地帯の指定，およびその地帯の農家の遵守すべき施肥等の行動計画，さらに同地帯以外の農家が取り組むべき汚染防止等に関わる農業生産工程管理（GAP：Good Agricultural Practice, 適正農業規範とも言う）の策定とその実施を求めた（西尾，2014）。

　オランダにおける農地の窒素バランスは，その投入量が作物等による吸収量を大幅に上回り，

減少してきたとはいえ，西欧で最も高く，再び増加基調を示した（**図4**）。これは，飼養頭数の再拡大に伴う排泄量増加による（**図3b**）。オランダ政府は，硝酸（塩）指令を守るため，2020年に2015年と比べて牛36.8万頭，豚74.3万頭を減少させた（**図3a**）。さらに，温暖化防止への対応として家畜飼養の削減が提言され，畜産農家の反発をみたわけである。

　この提言の背景が，新農業ビジョンの循環型農業への政策転換であった。そこでは，生産コストの低減ではなく，循環サイクル内での原料と廃棄物の効率的利用による持続可能な食料生産（つまり，循環型農業）とその世界的リーダーになることが謳われた。例えば，畜産では，食品サプライチェーンの廃棄物等の飼料利用のほか，家畜糞尿の再資源化による化学肥料利用の低減等も期待されていた。気候中立による持続可能な社会への移行を成長戦略とする欧州委員会のグリーンディール政策にあって，この政策転換は，その「Farm to Fork（農場から食卓まで）戦略」（European Commission, 2020）をリードしようとする野心的なものだが，冒頭のデモのように，その成否もまさしく農場から食卓までの各主体の意識変革とイノベーションにかかっている。　　　（伊藤貴啓）

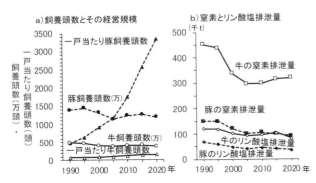

図3　オランダにおける牛・豚の飼養と排泄量の推移
CBS（2021）により作成。

44

ヨーロッパ

45 Europe ドイツの米軍基地における難民の収容問題

Conflicts over the conversion of a former military base
by the central-led "AnkER centers" against the local public policies

1 日本でも無視できない難民問題

　ドイツ連邦共和国（以下，ドイツ）A.メルケル首相の「私たちは，それを成し遂げる。」(Wir schaffen das.) で始まった大量の難民収容問題は，ドイツの地域社会に暗い影を落としている。もちろんこの問題は，香港や朝鮮半島の情勢を見ていると，日本においても他人事では済まされない。そこで，ここではドイツの難民政策を参考に，難民の受け入れについて論じ，同時に国家（連邦）と市の役割についても考察する。

2 ドイツの難民事情

　UNHCR（国連難民高等弁務官事務所）によると，2019年現在，世界の紛争や迫害によって移動を強いられた人は，7950万人である。そのうちの68%が，シリア，ベネズエラ，アフガニスタン，南スーダン，ミャンマーの5ヵ国に集中している。最大の受け入れ国はトルコであって，ドイツは，コロンビア，パキスタン，ウガンダに次ぐ第5位である。もともと，ドイツでは第2次世界大戦後，道路などのインフラ建設を引き受けてきたのは，トルコ移民を含む外国人労働者（Gastarbeiter）であった。彼らは移民として受け入れられることはなく，外国人としてドイツ社会に適応することはなかった。

　大きく変わったのは，1998年コール政権による統合政策（Integrationspolitik）の導入からであった。統合政策とは，移住者のドイツ語の習得と憲法・諸法の順守と引き換えに，受け入れ側の社会が移民に歩み寄るという双方の課題である（岡本，2019）。また現在，ドイツに居住する外国人は，8年間合法的に居住し，基準を満たせばドイツ国籍が取得できる。

3 ドイツの軍事基地事情

　日本では，外国の基地といえば米軍基地だけであるが，ドイツでは，冷戦当時，旧西ドイツにはアメリカ合衆国，イギリス，フランスをはじめ，カナダ，オランダ，ベルギーなどNATO加盟国によって，また，旧東ドイツには旧ソビエト連邦によって，日本とは全く比較にならないくらい多数の軍事基地が建設された。東西冷戦終結後，ドイツは再統一し，国内にあった多くの軍事基地がその必要性を喪失した（**図1**は現存する米軍基地）。

　ドイツでは，基地撤退後の土地はその多くが連邦あるいは州の所有であるため，土地を最初に買い取る権限とその土地の都市計画に最終的な決定権をもつ市当局によって，着々と基地返還跡地の再利用（コンバージョン）が進行している。ドイツのコンバージョンは，市当局と住民対話によってその骨格が固められる。土地所有者の利益よりは，地域に住む住民の意向を最大限に取り入れて進行するのが，日本とは大きく

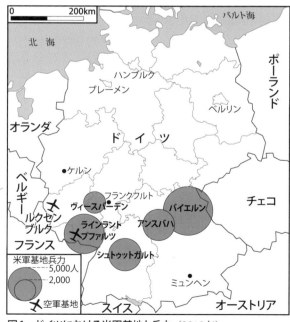

図1　ドイツにおける米軍基地と兵力（2019年）
Deutsche Welle（2019）により作成。

違う点である。

4 バンベルク市の基地跡地利用計画

バイエルン州バンベルク市は，人口77,373（2019年），面積54.62 km²，1993年に小ベネチアと言われる旧市街が世界遺産リストに登録された小規模な地方都市である。

2014年2月，1945年にバンベルクに進攻して以来，かつてのドイツ軍基地を再利用して駐留を続けていたアメリカ軍が，バンベルク市からは完全に撤退した。2014年11月，連邦不動産局（BImA）が跡地を引き受け（この段階では国有地），バンベルク市と一緒に再開発計画の策定を開始した。2015年6月までに，市の主導でコンバージョンのアリーナ（ワークショップ）が8回開催され，6つの地区に分けて，住民参加で設計コンペを実施した。その結果，マスタープラン「Target Concept 2035」が策定され，市が連邦から土地を買い取り，高級住宅街を含む都市再開発を実施することを決定した。

5 バンベルク市の難民受け入れ

2014年8月，バイエルン州が難民の受け入れの検討を始めた。2015年8月20日，バンベルク市議会が難民の受け入れを決議し，米軍基地ワーナー兵舎のフリン家族住宅地区をAnkER（難民到着・帰還II）施設として提供することが決定された。メルケル首相の発表から11日後の9月16日にバンベルクのAnkER施設の開設が宣言された。その後2016年から1,425人，1,331人，1,935人，1,298人と施設

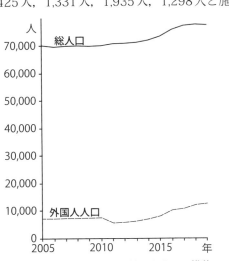

図2　バンベルク市の人口と外国人人口の推移
（2005～2019年）　　Stadt Bamberg（2020）により作成。

の収容定員が推移しているが，入所者数合計は4年間で15,889人に上る。入所者の回転がとても速いのである。

バンベルク市の人口は，2011年に70,712であったが，2019年には77,373に膨れ上がっている。外国人人口を見ると，2011年に5,441であったが，2019年には12,453に増加している（図2）。EU域内からの転入者はほとんどないので，人口の増加分はすべて中東からの外国人ということになる。

6 難民受け入れ後の基地跡地

返還跡地が連邦の施設に使われることになったが，市は「Target Concept 2035」の機能保持を確認した。同時に，コンバージョン協議会は，市による迅速な買収とその後の都市開発を連邦政府へ要求した。連邦の土地を扱うBImAは，「（難民施設）撤退宣言」が州から入手できる場合にのみ，自治体に販売することが可能であるため，基地跡地は国有地のままである。2016年9月1日，連邦警察訓練および高度訓練センター（BPOLAFZ）が，AnkER施設を取り囲むエリアの使用を開始した。AnkERとの契約は2025年までであるので，今後期限通りに施設が撤退するかどうか注目が集まっている。

7 米軍基地跡地の今後

ここまで連邦政府は，ドイツ基本法第16条「政治的に迫害されている者は，庇護権を有する」に従い，「難民は弱きもので，それを助けるドイツ人は善」という姿勢で臨んできた（川口，2019）。しかし，そもそもイギリスのEU離脱も，移民難民問題からだと言われる。難民収容問題は，EU内の亀裂を生み出す要因ともなっている。また，難民の受け入れによって，ドイツ国内のみならず，EU内に格差社会が生まれたとも言われる。

2016年7月制定の統合法（Integrationsgesetz）は，難民のドイツ社会への統合に重点が置かれた。統合支援にはセグリゲーション（空間的凝離）防止が盛り込まれたが，最初に割り当てられた州への居住義務と新規庇護申請者の居住地指定は，3年を期限とするため（岡本，2019），その後のセグリゲーション発生への懸念も指摘される。

（難波孝志）

45

ヨーロッパ

46 *Europe*
共通農業政策と地理的表示
The common agricultural policy and geographical indications

1 EU における共通農業政策

　ヨーロッパの農業を考えるうえで，共通農業政策（CAP）を欠くことはできない。ヨーロッパ連合（EU）加盟国であっても，ユーロを導入していない国やヨーロッパ域内で国境を越えて人の自由な移動を認めるシェンゲン協定に加盟していない国がみられる。しかし，すべてのEU加盟国は基本的にはCAPに従う必要がある（ただし加盟国の裁量も小さくない）。農産物の貿易は市場統合するうえで大きな障壁となりうるからだ。

　CAPはEUの中心的な政策である。かつてはEU予算の6割以上を占めていたが，現在でも3分の1程度を占めている。図1の「自然資源と環境」に関わる予算の大半はCAPである。農業は自然の影響を強く受け，土地制度の歴史も国によって異なる。したがってEU内の農業構造も地域差が大きい。イギリス，ドイツ，フランスなどは平均農場規模が60haを超えて規模が大きい一方で，ギリシャやルーマニアなどは日本と同じくらい小規模農家が多い。

　ヨーロッパではイギリスを除いて，家族経営農家を大事にしてきた。しかしCAPは小規模な農家を，必ずしも保護するというものではない。図2を見ると，1農場あたりの農地面積が大きくなるほど，1農場あたりの補助金が多くなる。

　CAPは農家の経営対策である第1の柱と農村振興策の第2の柱の2つからなる。第1の柱の政策のうち価格支持は，品目ごとに一定の価格を下回った場合，政府の機関が公金で買い入れることで，価格を上昇させようとするものである。その結果，農家の所得は増加したが，逆に生産過剰となり，EU予算も大きく圧迫した。価格支持政策は，農業の生産を大きく歪め，域外での貿易面も不公平となるので，農家の所得支持と市場歪曲効果とを断ち切るデカップリングの考え方が取り入れられ（矢口，1998），2000年代以降は農家への直接支払いが中心となった。

　CAP予算のうち，第2の柱は4分の1ほどにとどまっているので，多くは直接支払いである。農業経営にとって直接支払いは，まさに「柱」となって支えており，たとえばフランス山村の畜産農家では，直接支払いの農業収入に占める割合は2割から5割以上を占めている（市川，2020）。

　このように，EUでは税金で農家の生活を保障している。そうすると，納税者を納得させなければならない。そこで登場してきた考え方が農業の多面的機能である。農業は農産物の生産だけではなく，美しい景観を保ったり，洪水などの災害を防止したり，昔ながらの伝統的な文化を受け継いだりする機能がある。ヨーロッパ

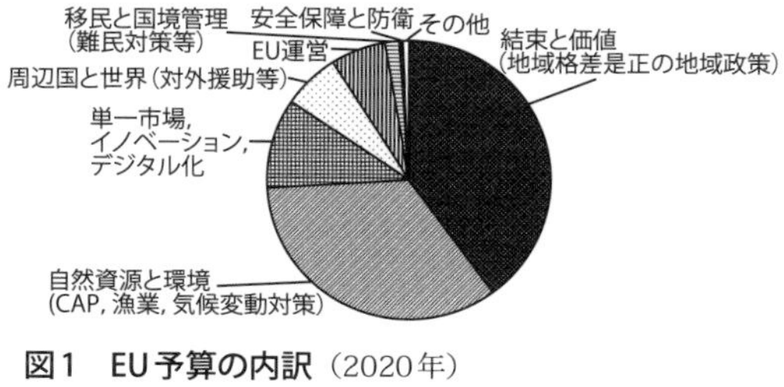

図1　EU予算の内訳（2020年）
欧州委員会の資料により作成。

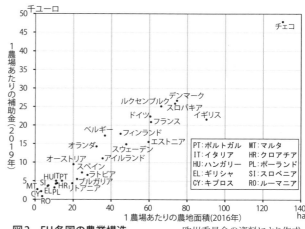

図2　EU各国の農業構造　　欧州委員会の資料により作成。

写真1　ハンガリー北東部の工業都市オーズドの古い工場跡（1995年9月撮影）

写真2　オーストリア・ハンガリー国境のノイジードラー湖（1984年9月撮影）

48

ヨーロッパ

が遅れ，企業の進出が比較的少ないこれらの地域では，汚染源排出を抑えるための設備投資が遅れ，水質や大気の汚染の問題は依然として残されたままになっている。

　そこで，ヨーロッパ全域での環境整備を目標に掲げて，EUでは経済発展のための地域振興補助金を用意し，経済停滞地域における産業の育成と生活環境改善を促している（加賀美，2019）。

　また，多くの環境問題が一国では解決できず，国際的に取り組むべき課題であることから，国境を越えた国家間での協力が求められている。EUでは，置き去りにされがちな国境地域の発展を目指して，国境地域連携事業を推進している。国境に接する自治体同士が国境を越えて連携するユーロリージョンがほとんどの国境において設定されており，環境の改善・整備を重要な課題として位置づけている。

　たとえばスロヴァキアとルーマニアの国境では，「カルパティア・ユーロリージョン」が1993年に発足した。ここではカルパティア山脈の森林保護や河川の水質管理などが両国間での協力によって進められている。また，2008年に設立された「黒海ユーロリージョン」では，ルーマニアとブルガリアの沿岸自治体の協力によって，黒海の汚染防止や海洋資源の保護を目標とした取り組みがなされている。

　東ヨーロッパでは，EUに加盟することによってこうした補助金による環境整備が進められている。しかしその一方で，EU域内の経済の地域間格差は拡大する傾向にあり，ハンガリー東部やルーマニア北部，ポーランドやスロヴァキ

アの東部など，環境整備が遅れがちな地域が各地にみられる。東ヨーロッパの環境改善については，地方自治体レベルから国，そしてEUそれぞれの次元での支援を融合させる取り組みが求められている。

3　進む自然保護

　その一方で，東ヨーロッパでは自然保護が積極的に進められていることも挙げておきたい。社会主義時代にはコンビナートのような特定の産業開発の拠点で工業化が進められた一方で，産業化の政策の対象にならなかった国境地域のようなところでは，西ヨーロッパでは失われてしまったような，ほぼ手つかずの自然が残されてきた。

　たとえばポーランドとベラルーシの国境地域に広がるビャウォヴィエジェの森は，ヨーロッパ最後の原生林といわれ，ウシ科のヨーロッパバイソンの棲息地としても知られる。ポーランド側では1977年，ベラルーシでは1992年に世界遺産（自然遺産）に登録され，積極的な保全に乗り出している。また，スロヴァキアとルーマニアにまたがるカルパティア山脈にはヨーロッパブナの原生林が広がっており，2007年に世界遺産として保護されている。このほか，オーストリアとハンガリーの国境に位置するノイジードラー湖は，湖面にヨシが生い茂る自然が残り，コウノトリなどの渡り鳥が飛来する場所として知られる（写真2）。これは人の手が加えられてできあがった景観であり，文化遺産として保存されているが，東ヨーロッパに残された貴重な環境として積極的な保護がなされている。　　　　　　　（加賀美雅弘）

49 *Europe* プラハのヴルタヴァ川沿岸の住宅地開発
Residential redevelopments along the Vltava River in Prague

1 リバーフロント開発

プラハはヴルタヴァ川沿いにあり，右岸の堤防の上につくられた中心市場が発展して，旧市街となった。14世紀には旧市街の南に新市街がつくられた。8区の南に位置するカルリーンは，1900年頃から市街地が発達してきた，最も古い郊外住宅地のひとつである（Carter, 1979）。当地にはヴルタヴァ川に面した港があり，水運に関連する産業が立地していた。ヴルタヴァ川の流れを利用してつくられた河川港は，水運の衰退により機能を失い，リバーフロントとして再開発された。カルリーンにおいて旧河川港（図1）の一部として使われていた運河は埋め立てられ，かつての運河沿いの所にあった工業地区では，外国資本によりオフィスビルが開発されるとともに，高級住宅開発が行われてきた（Cook, 2010）。

カルリーンのヴルタヴァ川沿いのところで，建設された共同住宅（写真1）の住戸について調べた。住戸には1部屋から4部屋まであり，住戸面積の増加とともに価格は高くなる。写真1に見える，ロッジアと呼ばれる，住戸の一方の側が外に開かれた廊下を付帯したものの価格が高く，同じ部屋数でも最大で200万コルナ（約900万円）の差がある。最も高い価格の住戸（2016年3月）は14,135,000コルナ（約6500万円，1コルナ＝4.6円）であった。2010年以前の公示価格の設定はないが，この場所では，2011年に1m²あたり26,850コルナに設定された。これは，早くにジェントリフィケーションがはじまったヴィノフラディの公示価格よりも高い。このような高価な住戸には，どのような人が来住するのであろうか。

1990年代にヴィノフラディを調べたSýkora（2005）によると，西ヨーロッパの外国人の居住者が多かった。2011年のプラハにおける国籍別居住者についてみると，チェコ人が85％を占めており，15％が外国人居住者である。外国人居住者は，ウクライナ人が最も多く26％，スロヴァキア人が12％，ロシア人が11％であった。2001年から2011年までの国籍別人口変化を調べると，1区では，チェコ人が大きく減少したが，ロシア人とウクライナ人が増加した。カルリーンのある8区では，チェコ人が減少する一方で，ロシア人，ウクラ

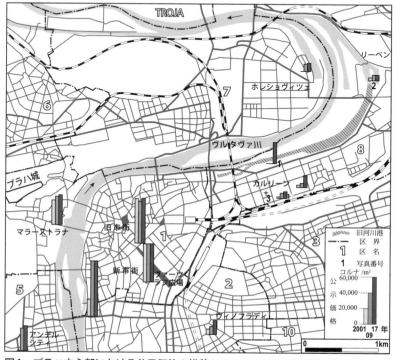

図1　プラハ中心部における公示価格の推移（2001〜2017年）藤塚（2019）により作成。

写真1　カルリーンにおけるロッジアを備えた共同住宅
（2016年3月撮影）

写真3　聖キリルと聖メトディウス教会入口の掲示板にある2002年8月14日の浸水状況（2016年3月撮影）

イナ人の増加が顕著であった（藤塚, 2019）。ロシア人は高価な共同住宅に居住する者が多く, ウクライナ人は労働者が多い（Sýkora, 2009）。

　写真1の共同住宅の広告はチェコ語とロシア語のみであった。これはロシア人の顧客が多いことを意味しており, 新しく開発された価格の高い住宅には, ロシア人が来住するのである。

　ヴルタヴァ川では, 1926年にカルリーンの辺りから新しい流路がつくられた。カルリーンの対岸のホレショヴィツェでは, ヴルタヴァ川の一部の流路が1,100m埋められ, その下流を利用して港がつくられ, 洪水地帯は港湾に生まれ変わった（Jungmann, 2014）。

　ホレショヴィツェの港湾地区では, 2004年から大規模再開発が始まった。再開発計画はオフィスと商業空間を含んでいるが, 強調されたのは住宅である。河岸における高級住宅の建設は, 2006年に始まった（Sýkora, 2007）。ホレショヴィツェの公示価格は, 2008年に1m²あたり9,080コルナに設定され, カルリーンの半

写真2　リーベン港に面した共同住宅 （2015年9月撮影）

分以下の値である。

　ホレショヴィツェ対岸のリーベンは, カルリーンから続く旧河川港（Jungmann, 2014）を埋め立てて再開発され, 共同住宅が建設された（写真2）。公示価格は, 開発以前には1m²あたり3,700コルナであり, 2008年に6,930コルナと倍近くになったが, 交通至便なカルリーンよりも低い。この共同住宅の近くには, 水門が設置されたが, この地区では2013年にもヴルタヴァ川の水位が異常に上昇した。

2 洪水の危険

　カルリーンの中心には, 聖キリルと聖メトディウス教会がある。2002年8月には, ヨーロッパで大雨が降り, ヴルタヴァ川の水量は非常に多くなり, この教会の入口も浸水した（写真3）。ヴルタヴァ川から600m以上離れたところでも, 2002年の洪水時には2m以上浸水した。1997年, 2002年, 2010年, 2013年に夏の大洪水があり, このうちの2つの洪水は500年から1000年に1度起こる頻度のものであった（Elleder, 2015）。

　ヴルタヴァ川沿いの低地では, 2000年代から共同住宅の開発が進められてきた。異常気象や, 上流地域での多量の降水により, ヴルタヴァ川の水位は上昇する。かつては, 河川本流の急激な流量増加を緩和していた運河は埋め立てられたため, 低地での水害の危険は高まりつつある。洪水対策として堤防は築かれたが, このような共同住宅開発は水害の危険と隣り合わせなのである。浸水歴のある地域の開発計画は, 見直すことが必要である。

（藤塚吉浩）

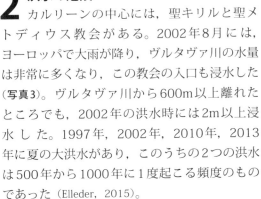

49

ヨーロッパ

50 *Europe*
ブダペストにおける廃墟化した建造物の再利用
Reuse of ruin buildings in Budapest

1 社会主義後のインナーシティ

ブダペストは，1873年にオーブダとブダとペストが合併して誕生した。オーブダは，ブダペスト発祥の地であるが，19世紀に人口はほとんど増加しなかった（ルカーチ，2010）。ドナウ川西側のブダには王宮が存在したが，ドナウ川東側のペストは19世紀に商業町として発展した。都市の伝統的な高級住宅地域は，ドナウ川の近くのブダの丘の上と，ペストの都心であり，ペストの大半が低級住宅地域であった（Kovács，1998）。

ハンガリーでは，社会主義体制下において多くの住宅が接収の対象となり，より大きな住宅は細分化され，労働者階級の世帯に再配分された。1953年にはブダペスト市内の住宅の77％が国有化された（加賀美，2007）。

社会主義体制下におけるインナーシティの住宅の多くは修繕されずに放置され，大半は衰微した。多くの住宅はトイレや浴室も備えていなかったが，資金の制約から修復されなかった。

社会主義後には政府所有の住宅は，住戸の物的な状態に応じて価格は異なるが，市場価値のわずか9％で売られた（Kovács，1998）。老朽化した建物を改装するコストは，それらを修繕する十分な資金のない新たな所有者に託された（Kovács et al.，2013）。

ブダペストでは1990年に市政府から区政府へ権限が移譲され，区政府の住宅政策により，私有化には差が生じた。ブダの区とペストのV区では私有化が完了したが，ペストのVII区とVIII区では，私有化は10〜20％の完了であった。これは，状態の悪い住戸の多いことと，低所得の居住者の多い近隣の存在とが，私有化を阻んだのである（Kovács，2009）。最も状態の悪いスラムは，VII区の一部と，移動してきた民族のロマが人口の大半を占めるVIII区である。富裕層は郊外へ移動する一方で，空いた政府所有の住宅には低所得者世帯が居住した（Kovács，

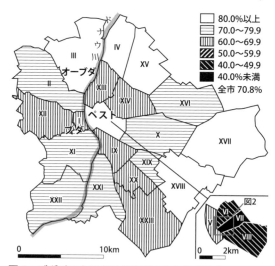

図1 ブダペストにおける完備された住宅比率（2011年）
Hungarian Population Census 2011 により作成。
完備された住宅とは，12 m² 以上の居室，調理場，浴室，水洗トイレ，電気，給湯，下水処理，中央暖房のあるもの。

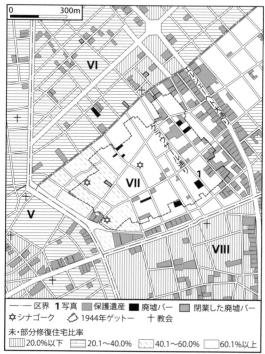

図2 ペスト中心部における修復住宅比率（2005年）**と保護遺産と廃墟バー**（2017年）　藤塚（2020）による。加筆修正。

1998）。これらの区における住宅設備の状態は，2011年時点でも不十分である（図1）。

2 廃墟化した建造物の再利用

VII区には，1944年にユダヤ人のゲットー（図2）に指定された地区があった。旧ユダヤ人街では，建物の多くは老朽化し，廃墟の状態であった。エルジェーベト大通りの両側では，修復されていない住宅の比率が60.1％以上である。1993年に多くの建物が保護遺産として指定され，エルジェーベト大通りの両側の建物も，保護遺産として指定された。その一方で，これら以外の建物は物的衰微が著しい。

VII区のこの地域では，多くの建物は政府所有のままであった。2000年代初頭から，これらの住宅は区政府によって空き家にされ，建物全体が私有化されるものがあった。私有化が遅れる過程において，区政府は，老朽化して空き家となった建物の中庭を夏のテラスにして開放する許可を出した（Olt et al., 2019）。これが，修復されていない建造物の再利用方法として注目されている，廃墟バーのはじまりである。

この地域では当初，アートプロジェクトやアートギャラリーが増加した。アーティストの中にはオーナーに交渉し，安価な家賃で空きビルに入居した者もあった。建物はワークショップや倉庫として利用されたが，非合法の住宅として使うにも酷い状態であった。建物が空き家になった後，それらの建物は政府所有であり，数年間空いたままになった。地区で営業する歓楽業の起業家は，建物を一時的に廃墟バーや，中庭をガーデンバーとして使用するために，区政府と交渉した（Smith et al., 2017）。

3 オーバーツーリズム

問題は，廃墟バーやガーデンバーの顧客が引き起こす夜間の騒音であった（Lugosi et al., 2010）。騒音への苦情は多く，2005年に区政府は営業のライセンスを制限し，数を少なくするとともに，文化的機能だけを有する店にのみ営業許可を出した（Smith et al., 2017；Olt et al., 2019）。2013年には国の法律改正に応じて，VII区政府はこの地区の閉店時間を午前6時としたために，VII区では歓楽業への投資が急激に成長した（Smith et al., 2017）。

写真1　クラウザール通りにある老朽化した建造物を利用したレストラン（2017年3月撮影）

廃墟バーの人気は大きく拡大し，この地区は「パーティー地区」と呼ばれるようになった。その背景には，低価格の航空便（LCC）が拡大し，西欧各地からブダペストへの来訪が容易になったこと，2010年頃からホストとゲストをインターネットで結ぶAirbnbのサービスにより，アパートの一室を宿泊客に提供できるようになったことがある（Smith et al., 2017）。

写真1は，老朽化した歴史的建造物を利用したレストランであり，前面の外壁は剥がれ落ちているが，入口の看板には空調設備があること，金曜と土曜にはディスクジョッキーが入ることが記されている。建物内部は，中庭に屋根を架けて内部空間としている。

バーやクラブの収益をよりあげる方法は，創造活動の場を売りに出すことである。2016・2017年の現地調査では，VI区にあった廃墟バーの3店が閉店した（図2）。2010年代になると夜間のツーリズムが急速に拡大し，毎週末に20万人の来訪客があり，その多くが観光客である。夜間のツーリズムの拡大により，廃墟バー以外のバーやレストランの集積が大きくなり，商業の立ち退きが起こりつつある。文化的要素の強かった廃墟バーであったが，商業的要素が強くなり，アーティストがVIII区へ押し出されるとともに，VI区の廃墟バーの多くは閉業に追い込まれた。

廃墟化された建物へのツーリズムは，そのような建物がなくなれば終わる。地域にとっては重要な歴史的な遺構であり，老朽化した建物を保全していくことが重要である。（藤塚吉浩）

51 *Asia*
ドバイの都市開発と
その持続可能性
Urban development and its sustainability in Dubai, UAE

1 中東ドバイの都市化

ルブアルハリ砂漠が卓越するアラビア半島，そのペルシア湾に面してドバイは位置する。7つの首長国からなるアラブ首長国連邦UAEの経済の中心としてのドバイの歴史は驚くほど短い。ドバイ首長国の建国は1833年，その後イギリス保護領の時代を経てUAEとして独立したのは1971年であった。都市国家ドバイの1968年の人口はわずか5.9万に過ぎないが，その後の急成長で2020年時点の人口は340.0万に達している。

イギリス統治下の小さな漁村に過ぎなかったドバイは，クリークを活用した自由貿易政策でインドとイギリスを結ぶ中継貿易港としての役割を強めた。首長の権限が強い同国ではトップダウンでさまざまな施策が行われ，とりわけ経済発展のためのインフラの整備に取り組んだ。その背景には，それまでUAEで唯一石油を産出し，他の首長国を経済的に支えたアブダビからの自立を目指したことがある。ドバイで1966年に発見された海上油田の埋蔵量は少な

く，長期間オイルマネーに依存することができないため，それを原資にインフラ整備を進め，石油依存経済からの脱却をめざした。

経済基盤が脆弱で人口規模が小さかったドバイは，モノと人を集めるための仕組みづくりに着手した。貿易センタービルの建設，港湾の建設・拡充に続き，1985年にはジュベル・アリ・フリーゾーン（JAFZ）を開設した。JAFZはアジア，ヨーロッパ，アフリカの結節点としての地の利を活かし，2020年現在8,000社以上の企業が進出し13.5万人の雇用とGDPの23.8％を生み出している。ドバイが経済成長を遂げるための仕掛けとして，JAFZ以外にも法人税の免除などを掲げたさまざまなフリーゾーン（経済特区）を設け，2020年現在でその数は28におよぶ。それらの多くは2000年代に整備が進められ，物流・製造業以外にヘルスケア，メディア，ICT，アカデミック，教育など多彩で，海外の有力企業等の進出を促す（図1）。ドバイは受け皿としての多様な経済特区の整備だけでなく，その移動を円滑にするため1985年に国営

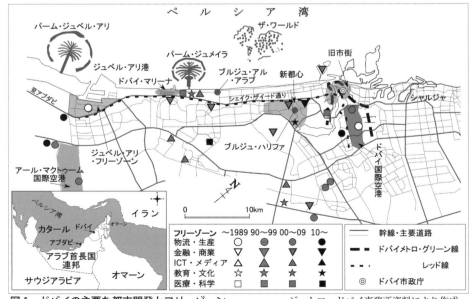

図1　ドバイの主要な都市開発とフリーゾーン　　　ジェトロ・ドバイ事務所資料により作成。

エミレーツ航空を設立し，現在ドバイと世界の157都市を結んでいる。

2 No.1 戦略の都市開発とドバイ・ショック

ドバイ政府は世界各地から人を集めるために，観光にも注力している。その集客の仕掛けとしてユニークな都市開発が行われてきた。ドバイの地図を見ると，まず目に飛び込んでくるのは，ヤシの木をイメージしたパーム・ジュメイラとパーム・ジュベル・アリ，世界地図を模したザ・ワールドなどの人工島であろう（写真1）。ユニークな都市開発はそれだけに留まらず，世界一の高さを誇るブルジュ・ハリファや，世界初の7つ星ホテルのブルジュ・アル・アラブなども観光資源として注目を集める。これらは偶然の産物ではなく，世界一となるものをつくり観光資源にするNo.1戦略に基づいている（山下，2013）。

こうした都市開発の多くは政府系ファンドにより企図され，2000年代には世界の建設機材の3分の1がドバイにあると言われ，各地で土木工事が行われていた。これほどの事業が同時期にドバイで進行可能となったのは，2001年9月11日のアメリカ同時多発テロの発生により，アメリカの銀行に預けられていたイスラム圏である中東のオイルマネーが行き場を失い，当時のイスラム圏での優良な大きな投資先であったドバイに集中したことが背景にあった。2005年当時の人口はおよそ120万であったが，その多くは建設作業に従事するインド，パキスタン，バングラデシュからの出稼ぎ労働者で，今日でもUAE国籍の住民は約15％に過ぎない。ドバイは他文化との共存に寛容で，こうした移民の存在が人口増加と経済発展には不可欠であった。

2008年9月のリーマン・ショックによる金融危機で世界的に不動産ブームが縮小し，開発資金の調達が困難となったドバイ政府と政府系企業全体の債務総額は900億ドルに達し，2009年11月にドバイ政府が政府系ファンドの債務返済繰り延べへの要請を発表した。このドバイ・ショックで株式相場が世界的に急落し，UAEと他の湾岸諸国への信用低下を招いた。その後しばらくドバイの不動産開発は停滞したが，その窮地を救ったのはアブダビ首長であった（山下，2010）。今日ではドバイ・ショック後の不況を脱し，再び旺盛な都市開発が行われている。ビジネスの拠点としても成長したドバイの市街地は隣国のシャルジャ首長国にも拡大し，シャルジャはドバイのベッドタウンとしての性格を強め，人口も2019年には237.4万に成長した。

3 砂漠都市の持続可能性

年最高気温の平均値が33.5℃に達し，年平均降水量が94.3mmに過ぎないドバイが300万を超える人口を抱えた大都市圏に成長した。世界の乾燥地には人口1000万を超えるメガシティも存在するが，厳しい自然環境下で多くの人間が生活することの環境負荷は大きい。ドバイでは年間を通じて空調機器の使用が不可欠で，海水を淡水化し生活用水などに使用するが，飲料水と生鮮食料品のほとんどは輸入に頼らざるを得ない。また，電力消費もかさむため，産油国でありながら原子力発電所を有している。急増した人口にインフラの整備が追い付かず，2000年代には深刻な交通渋滞に悩まされ，2009年に中東初の鉄道，ドバイ・メトロが開業した。

経済の面では脱石油依存型の経済を確立し，中東の新たな持続可能な都市開発のモデルともなり，周辺諸国はドバイを手本とした類似の都市開発を進めている。しかし，海外からの進出や投資に依存する経済特区は，周辺環境の影響を受けやすい弱点もある。ドバイの後を追う中東諸都市は，自前の潤沢なオイルマネーを活用でき，ドバイにとっては強力なライバルとなり得る。そのためドバイは先行事例としての優位性を保ちつつ，これからも次々と新しいアイデアでの都市開発を続けていかなければならない。

写真1　開発中のパーム・ジュメイラ（2010年2月撮影）

（山下博樹）

51

アジア

52 *Asia*
西シベリアで増加する極端気象
——地球温暖化に関連して
Increase of extreme meteorological events in Western Siberia:
Event attribution related to global warming

1 極端気象と地球温暖化

　ヨーロッパロシアから西シベリアにかけては，2010年と2012年の暖候期に熱波が発生するなど，21世紀に入ってから極端気象が頻発している（Dole et al., 2011；Pokrovsky et al., 2013）。このような極端気象が発生すると必ず出てくるのが，「熱波の発生に地球温暖化がどの程度寄与しているのか？」という問いである。これに答える手段の一つとして「イベントアトリビューション」（例えば，森ほか，2013）がある。本章では，イベントアトリビューションの概要について説明し，西シベリアで増加する極端気象について述べる。

2 イベントアトリビューション

　図1aは，モスクワ（場所は**図2**参照）における1950〜2020年の8月の平均気温の経年変化を示している。この図では地球温暖化という

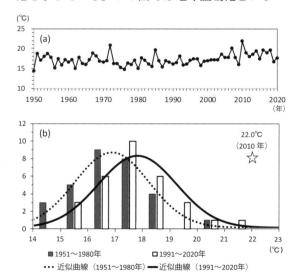

図1（a）モスクワにおける1950〜2020年の8月の平均気温の経年変化
（b）1951〜1980年と1991〜2020年の各30年間にモスクワで観測された8月の平均気温の度数分布図（棒）およびそれらを正規分布で近似したもの（曲線）
☆印は2010年8月の実況（22.0℃）である。
Menne et al.（2018）により作成。

よりも，むしろ「氷河時代が来る」と言われた1970年代後半の寒冷化の傾向が見える。しかしながら，1951〜1980年の8月の平均値は16.9℃で標準偏差は1.4℃，1991〜2020年の平均値は17.8℃で標準偏差は1.4℃であり，後者の方が平均気温は約1℃高くなっている。どちらの期間も標準偏差が同じなのは興味深い。

　図1bの棒グラフは，1951〜1980年と1991〜2020年の各30年間に観測された8月の平均気温を1度刻みで集計した度数分布図である。気温は正規分布に従うと考えられるため，それぞれ，図中の曲線で近似される。**図1a**ではそれほど温暖化が顕著にはみられないが，それでも1991〜2020年の度数分布図およびその近似曲線は，右側にシフトしている。

　図1bには，熱波に襲われた2010年8月の気温（22.0℃）も☆印でプロットされている。この時の気温に及ぼす地球温暖化の影響は，以下のように評価される。正規分布は平均値と標準偏差によって数式で表現でき，平均値±1標準偏差に全データの約68%が，平均値±2標準偏差に全データの約96%が，それぞれ入る。そのため，22.0℃という値が正規分布のどこに位置するかを計算すればよい。**図1b**では，1951〜1980年の近似曲線が1991〜2020年の近似曲線よりも左側に位置しているため，2010年8月の22.0℃という気温は，1951〜1980年の気候では稀な現象であるが，1991〜2020年の気候では相対的に起こりやすいと言える。

　実際には，数値気象モデルを用いた実験を，初期値を少しずつ変えて何回も行うことで，**図1b**の2つの近似曲線を求めることになる。1つは人為的影響（地球温暖化の影響）がない時の近似曲線，もう一つは人為的影響がある時の近似曲線である。産業革命以降の地球の気温変化

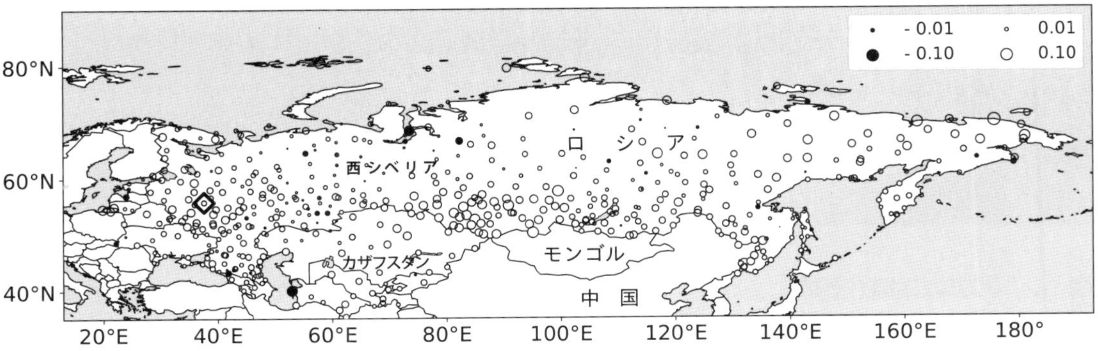

図2　4月における日最低気温の月最大値の長期変化傾向（℃ /year，1950～2019年）
黒枠はモスクワ付近を示す。RIHMI-WDC（2020）により作成。

は人為的影響を取り入れないと再現できず（IPCC, 2013），現在の数値気象モデルは，人為的影響を取り入れることによって，観測された地球の気温変化を再現できている。そのため，人為的影響を取り入れた場合の数値実験の結果と，取り入れない場合の結果を比較することによって，人為的影響を定量的に評価することができる。これが，**1**で述べたイベントアトリビューションである。

2010年8月のロシアの熱波については，Watanabe et al.（2013）によって，人為的影響が評価されている。人為的影響を取り除いた時に実況（2010年8月）が起こる確率は0.6％だったのに対し，人為的影響を取り入れた時に実況が起こる確率は3.3％であった。すなわち，人為的影響によって2010年8月の熱波の発生確率は5.5倍となった。このように，イベントアトリビューションによって，熱波の発生などに関する人為的影響を定量化できる。ただし，**1**で紹介したDole et al.（2011）では，数値実験の結果，このイベントについては人間活動の影響は限定的であったと結論づけられており，研究者によって意見が分かれている。

3　世界気象機関による極端気象の指標

いずれにしろ，西シベリアで極端気象が頻発していることは間違いない。極端気象に関しては，世界気象機関による指標が27個提案されており（WMO，2017），このうち気温に関する指標が16個，降水量に関する指標が11個となっている。これら27個の指標を，ロシアの気象データベース（RIHMI-WDC，2020）に基づいて計算して解析した（計算期間は1950～2019年）。なお，**図1**とは使用したデータが異なるので，対象期間も異なる。

気温に関する指標のうち西シベリアに特徴的なものとして，4月における日最低気温の月最大値のトレンドが挙げられる（**図2**）。ロシア国内の中でも西シベリアは春季の気温の上昇傾向が特に大きく，融雪の時期を早めていることが考えられる。特に，西シベリアの南部では4月の日平均気温が0℃前後であるため，気温変化が融雪に与える影響は大きい。

また，図は省略するが，西シベリア南部においてモンゴル，カザフスタン，中国の国境付近では比較的強い雨が降りやすくなっており，春季から夏季にかけてその傾向が顕著になりつつある。さらに，西シベリア全体では夏季の雨量強度がやや強くなってきている。

4　西シベリアにおける極端気象の将来予測

西シベリアに限らず，世界の極端気象は将来どのように変化していくのだろうか？　この答えを得る手段の一つとして，「地球温暖化対策に資するアンサンブル気候予測データベース（d4PDF）」（Mizuta et al.，2017）を解析することが挙げられる。これは，全球平均気温が2℃および4℃上昇した時の将来の気候について予測したデータベースであり，のべ数千年分の実験結果を用いて極端気象の発生を確率的に評価することができる。筆者たちは今後，d4PDFを用いて1年ごとに極端気象に関する指標の計算を行い，数百年分の計算結果から平均を求めて，極端気象の将来変化について検討する予定である。

（渡邊貴典・松山 洋）

53 *Asia* シベリアにおける永久凍土の環境変化
Environmental change in the permafrost zone of Siberia

1 シベリアの温暖化傾向

　北極は，1970〜2020年の時間スケールでみると地球全体の温暖化傾向に比べて，約2倍の強さで温暖化が進行している。夏季の北極海氷面積の減少は，近年の北極の温暖化と同調した象徴的な現象の一つであるが，北極の気候の影響を強く受ける北ユーラシアにおいても温暖化傾向に伴う永久凍土の温度上昇や融解現象が報告されている（飯島，2019）。

　かつて北極域で見られた20世紀半ばの温暖期（1935〜1945年頃）には，シベリアの温暖化は地域的で，北極海沿岸のツンドラ帯で温度上昇の傾向を示すのみであった。しかし，20世紀末（1990年代以降）から，広域に温暖化が進む傾向が明確となり，2000年代に入ると，シベリア全域で年平均気温が上昇する状況となっている（図1）。これは，夏季の積算温度（融解指数）の増加と，逆に冬季の氷点下の積算温度

（凍結指数）の減少をもたらし，北ユーラシアの雪氷環境を特徴づける永久凍土が地表層から温められる環境になりつつあることを意味している。

2 東シベリア・タイガの永久凍土環境変化

　レナ川流域以東の東シベリアはユーラシア大陸の永久凍土分布の中心地域である。そこには広域に優占する亜寒帯林（カラマツ林からなるタイガ）が広がり，永久凍土との共生系として，長らく植生と凍土とが絶妙なバランスでお互いの環境を維持してきた。森林とその下のカーペット上に広がる林床植生，さらに地表の有機質土壌は，夏の日射をさえぎり，土壌下の永久凍土層を保護する断熱材のように振舞うため，夏の間の融解を抑えるはたらきがある。成熟したカラマツ林では，活動層（年間で凍結・融解を繰り返す地表層）の深さは1m程度であり，長い冬の間に再凍結することで，安定した凍土状態が維持されてきた。

　この森林の環境が大きく変わり，地下の永久凍土環境も変化する要因はいくつかある。よく知られているのは大規模な森林火災であり，乾燥した気候条件で雪解け以降から夏季にかけて発生する。大規模な森林火災が起きると，樹冠が開き，林床植生がなくなり，かつ地表面が炭化物で黒色に変わることで，日射による地中への加熱が著しく増える。また，土壌表層の有機物層が焼失することで，断熱効果が弱まり，地下への熱伝導がさらに強まることになる。その結果，森林火災の直後から永久凍土地域の地表面の融解層（活動層）が深くなる。活動層の深さは森林火災後には2m近くに達する。土壌融解層が深い状態は，植生の回復の時間スケールに対応して，火災後30〜40年は続くと考えられている。

　一方，近年注目されるのが北極域の気候変動と対応した影響である。例えば，東シベリアの

(a) 年平均気温 偏差* (℃)
*1930-2020年平均からの偏差

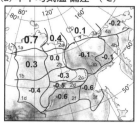
1935-1945年

2010-2020年

(b) 融解指数 偏差* (℃・day)

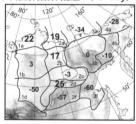
1935-1945年

2010-2020年

図1　東シベリアの各地域における2時期の年平均気温と融解指数の偏差　Fedorov et al. (2014) を改訂。

レナ川中流域では，2004年の冬以降，冬季の積雪量と夏季の降水量が同時に平年を大きく上回る年が2008年まで続く顕著な気候の湿潤化が継続した。これによって，地表面および活動層内に極めて過湿な環境が形成されることとなった。その結果，活動層は経年的に湛水した状態となり，熱が伝わりやすく，かつ貯まりやすい状態へと大きく変化した。すなわち，夏に融解する活動層が深くなり，冬には凍結しにくくなり，また活動層内が長年にわたり湿潤状態が維持されるフィードバックをもたらした。レナ川中流域のヤクーツク近郊の森林では，2004年の土壌湿潤化以降，かつては1.2m以下であった活動層の深さが2009年には2m以上に達する状況となった。

3 凍土荒廃地形（サーモカルスト）の発達

シベリアの永久凍土地帯には，凍土層内の含氷率が極めて高く（場所によっては80%を超える），それが数十mの深さで堆積する地域が広がっている。この地下氷層を現地の言葉でエドマという。前述の環境変化によって，地表面の活動層の深化が進み，それが地下氷（エドマ層）にまで達すると，地下氷の融解と消失（蒸発や流出）が始まる。氷がなくなった部分では，地面が不均質に沈む「サーモカルスト」と呼ばれる地形変化が進行する。レナ川中流域では，

写真1　東シベリアにみられる地下氷（2017年9月撮影）

写真2　サーモカルストによる沈降地形と湖沼化の進む土地（東シベリア・チュラプチャ，2018年6月撮影）

地下約2mの深さからエドマ層が現れる地域が多い（写真1）。植生が健全に保たれた，活動層が浅い地域と比較して，森林火災や湿潤化の影響を受けた地域では，活動層の深化が数年のうちに顕著に進み，地下氷の融解が開始されると，地表面の沈降が同時に進む（写真2）。

いったん地形が陥没し始めると，そこでは地下氷の融解水や周囲からの水の流入によって，湖沼化がはじまり，湖沼（サーモカルスト湖）が形成され，その変化は不可逆的なものとなる。

4 永久凍土融解の住民への影響

永久凍土表層の融解と水の滞留は住民の暮らしにも直接的な影響をもたらしている。居住地の敷地内では，数m掘り下げた永久凍土層の地下倉庫を天然の冷凍庫として利用しており，冬季に湖から切り出した飲料用の氷，秋に収穫したコケモモなどの果実，肉などを長期保存して春から夏の間利用している。しかしこのような安定的であった気候資源も，表層凍土の融解と，浸透してきた降水の流入などで，貯蔵庫が利用できなくなる事例が2000年代の多降水年を中心に報告されるようになってきた（田畑・後藤，2020）。住民の根底には，永久凍土と共存し，森や草原から得られる恵みを知っており，開墾をしたとしても，裸地を増やさない，森林を皆伐しないなど，地表面の状態を上手く制御することで，サーモカルストを起こさない伝統知があった。しかし，2020年現在の状況は，彼らの想像を超える速度での変化を示しており，より凍土荒廃に意識を置いた注意深い環境変化の理解と対応に変えていく必要がある。

（飯島慈裕）

53

アジア

54

Asia

アラル海周辺の環境問題

Environmental problems around the Aral Sea

1 アラル海の縮小

ソ連時代の灌漑開発による過剰な水利用により、かつて世界第4位を誇ったアラル海の表面積は、2018年には10分の1程度にまで縮小した（図1）。

1950年代、フルシチョフは国内の農業政策を重視して中央アジアに広大な灌漑農地を開拓する事業を展開した。時は冷戦期まっただ中であり、アメリカ合衆国などによる東側陣営への経済封鎖で小麦や綿花の輸入がままならないソ連は、綿花の増産が必須だった。広大な砂漠にシルダリア川やアムダリア川の豊富な水を取水し、そこから運河を網の目状に張り巡らせ、オアシス農業の村を大規模農場へと変貌させた。遊牧民が羊とともに暮らした砂漠は緑の綿花畑や水稲栽培の水田になった。

綿花栽培は水稲同様多くの水を必要とする。石田（2020）によると、1tの綿花を栽培するために必要な水は300t近くにもなり、また川から取水された農業用水は送水過程での蒸発や漏水などにより失われる部分が多く、取水量は要水量の3倍にもなる。そして、農地の拡大は、さらなる取水量の増大になり、年々両河川の下流では流水量が減っていった。アラル海東湖岸は遠浅で、1960年代〜1980年代にかけての1日の後退速度は平均150mほどであったとのことだ。

このように杜撰な灌漑等の結果、かつてはアラル海最南部の半島上に位置し、漁業が盛んだったモイナクでは、海岸線が80km以上先に

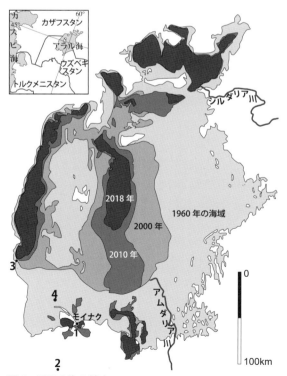

図1　アラル海の縮小（1960〜2018年）
図中の数字は写真番号、黒い点は写真撮影地点を示す。
NASA Goddard Space Flight Center（2021）により作成。

写真1　モイナクの船の墓場（2018年9月撮影）

写真2　塩類集積の様子（2018年9月撮影）
カラカルパクスタン共和国のクングラート近郊。白い部分は地表に塩類が溜まっているところ。いたる所で塩類集積が見られた。

遠ざかった。今では港を失って使われることがなくなった船が多数展示されている（**写真1**）。アラル海縮小問題は，「旧ソ連の社会主義的近代化の負の顛末であり，開発災害であり，極めて20世紀的な環境破壊」（地田，2020）であった。

　2018年9月，ウズベキスタン西部に位置するカラカルパクスタン共和国での聞き取りによると，乾燥地域での農業ではよくとられる手法であるが，春に栽培を始める前に綿花畑等に集積した塩類を洗い流すためのリーチング（水を張っては排水するという作業）を毎年3回も行わなければならないとのことだ。それに使われる水資源の管理の不適切さも，アムダリア川の水量を減らしている理由だということだった。不適切な水・土壌管理による灌漑農業により，農地の多くで塩類集積が起こっている（**写真2**）。

2 健康被害の状況

　カラカルパクスタン共和国では，害虫や雑草のためにソ連での平均使用量の10倍の量の農薬が使用され（FAO，2003），独立後環境への配慮によって使用量が制限されたものの，この大量の農薬が今もなお，水や土壌に汚染物質として集積している。

　塩砂漠と化したアラル海周辺では，砂塵嵐がしばしば起こる。「塩混じりの砂塵嵐は，年間5日〜146日の幅の頻度で発生する。塩分を含んだ砂塵は干上がった湖底から吹き飛ばされ，大気中を移動後，畑に降り注ぎ，土壌を劣化させてしまう」（山中・ドデリッチ，2020）。

　カラカルパクスタン共和国では，2012年以

写真3　旧湖底に広がるサクサウール（2018年9月撮影）
旧湖底にも緑が広がる。右下の写真がサクサウール。

写真4　旧湖底に開発されたガス田（2018年9月撮影）
モイナク北方のスルギル地域。

降呼吸器系の疾患の罹患率が最も高くなっている。これはウズベキスタンの他地域とは異なった特徴を示しており，原因の1つとして綿花栽培を主とした"大規模灌漑農業"とそれに伴う"殺虫剤や化学肥料の大量使用"があげられる（井上ほか，2016）。

　旧湖底砂漠の砂や塩の移動抑制は，生活や健康維持のための重要事項である。そのために，積極的に植林が行われているのがアカザ科の灌木であるサクサウールである。サクサウールは耐乾耐塩性が強く，天然林からの種子や苗の収集も可能であり，植林が進んでいた（**写真3**）。ただ，現地でも植林の説明を受けたものの，大規模な塩嵐は今も起こるとのことだった。

3 アラル海周辺の今後

　漁業の町だったモイナクからアラル海までの間には，ユーラシア最大規模で，ウズベキスタンと韓国との合弁会社（ウズコルガスケミカル）によるスルギル・プロジェクト（ガス田化学団地）をはじめとした天然ガス田開発と天然ガスプラントの建設が進められている（**写真4**）。かつての湖底から大規模な現金収入が見込めることとなったのだ。

　ガス田開発により，資材運搬等のための道路インフラがモイナクから旧湖底に整備されている。舗装されていないものが多いとは言え，アラル海への時間距離を縮めている。これらは，ダークツーリズムの振興にも寄与していると考えられる。

（吉水裕也）

54

アジア

110

55 Asia 中央アジアにおける野生動物の保護と観光狩猟
Wildlife conservation and trophy hunting in Central Asia

1 中央アジアの環境問題

図1に示したカザフスタン，キルギス，タジキスタン，ウズベキスタンおよびトルクメニスタンの5ヵ国を中央アジアと定義すると，環境問題として最初に出てくるのはアラル海であろう。アラル海の環境問題については，例えば本書の54や松山（2021）など，いくつかの紹介がある。しかし，1990年代の初めまで旧ソ連邦の一部であった中央アジア諸国が多くの共通した環境問題を有していることは，あまり知られていない。貧困な国が多いことから，外貨獲得のために地下資源開発が進められ，さまざまな環境悪化が生じていることは，そうした環境問題の一例である。もう一つの例が，商業目的やスポーツ目的で野生動物が観光で狩猟されるトロフィー・ハンティングの問題であろう。ここでは，中央アジアの中でも日本人になじみの少ないパミール（キルギスおよびタジキスタン）を中心にみられる環境問題のうち，野生動物の保護と観光狩猟に焦点を当ててみたい。

2 中央アジアの自然保護地域

中央アジアには，旧ソ連邦時代から自然保護地域があり，その代表がザポベドニク（厳正自然・生物圏保護区）である。1993年に国連と国際自然保護連合（IUCN）が発行したリストによれば，カザフスタンに8件，キルギスに4件，タジキスタンに3件，ウズベキスタンに9件，トルクメニスタンに8件のザポベドニクが設置されていた。当時，いわゆる国立公園と呼ばれていた地域は，カザフスタン，キルギス，およびウズベキスタンにそれぞれ1件ずつ設置されていたにすぎなかった。図1は中央アジアにおける主要な自然保護地域の分布を示しており，この図から，中央アジアにおける自然保護地域の最近の増加が理解できるだろう。

3 自然保護地域と野生動物

自然保護地域の設立件数の増加をみると，中央アジアの自然保護は進んでいるかのように思われるが，現実は大きく異なっている。図2に示した野生動物の分布域の多くは，図1の自然保護地域とは一致しておらず，国立公園をはじめとする自然保護地域が生態系保護にどれだけ役立っているのかは疑問である。以下では，図2に示した種についてみてみよう。

図2a〜cからサイガ・アンテロープ（以下，サイガ）がカザフスタンを中心とした広大な草原地域（ステップ）および半乾燥地域に分布しているのに対して，アイベックスとアルガリ（マルコポーロ・シープ）の生息域がキルギスやタジキスタンの高山地域に多いことがわかる。カザフスタンのサイガは，かつては角や毛皮を目的に大規模な狩猟対象となっていた。いまでは保護対象となっているものの，

図1　中央アジアのおもな自然保護地域（主として国立公園を示した）
渡辺・泉山（2021）などにより作成。

2020年には保護官2名が密猟者に殺される事件が発生していて，やはり密猟の対象となっている。アルガリは，いわゆるトロフィー・ハンティングと呼ばれる観光狩猟（スポーツ狩猟）の対象となっている。主としてヨーロッパ諸国のハンターによる観光狩猟は，図2に示した4種の他にも多くの種で実施されていて，外貨獲得

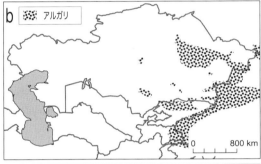

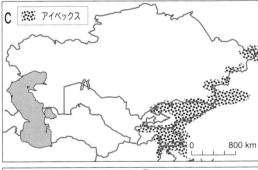

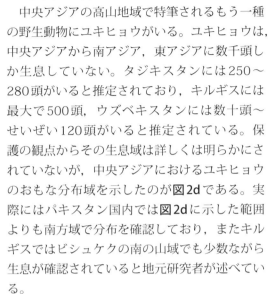

図2　中央アジアの大型草食動物（サイガ・アンテロープ，アルガリ，アイベックス）およびユキヒョウの分布
Mallon and Kulikov（2015）などにより作成。

の手段の一つとなっている。しかしその一部は国立公園などの自然保護地域で違法に行われていて，大きな問題となっている。
　中央アジアの高山地域で特筆されるもう一種の野生動物にユキヒョウがいる。ユキヒョウは，中央アジアから南アジア，東アジアに数千頭しか生息していない。タジキスタンには250〜280頭がいると推定されており，キルギスには最大で500頭，ウズベキスタンには数十頭〜せいぜい120頭がいると推定されている。保護の観点からその生息域は詳しくは明らかにされていないが，中央アジアにおけるユキヒョウのおもな分布域を示したのが図2dである。実際にはパキスタン国内では図2dに示した範囲よりも南方域で分布を確認しており，またキルギスではビシュケクの南の山域でも少数ながら生息が確認されていると地元研究者が述べている。

4 野生動物の観光狩猟と保護

ユキヒョウはブラウン・ベアーとならんでこの地域の生態系の頂点に君臨している。ブラウン・ベアーはキルギスではユキヒョウよりも広域に分布していることがわかっている。また，これら2種に加えて，オオカミが広域に分布している。これらの中・大型肉食動物は，アルガリやアイベックスなどの大型草食動物を餌としている。したがって，これらの種のうちある種の生息数が変われば，この地域の生態系のバランスが狂うことになる。しかし大型草食動物の観光狩猟は相変わらず盛んに行われている。これは観光狩猟が大きなマーケットを形成しているためである。
　こうした問題に対して，地元や国際社会の取り組みが徐々に進められるようになってきている。ユキヒョウは絶滅危惧種であることからも，国連機関や国際NGOなどによって保護活動が行われている。また，最近になって，タジキスタンやキルギスでは，ユキヒョウやブラウン・ベアー，アルガリの保護に向けた住民参加型の取り組みもみられるようになってきた。こうした努力に加えて，保護のための法的な根拠を有する自然保護地域のさらなる拡充が期待される。

（渡辺悌二）

55

アジア

56 *Asia* 南アジアの高山における氷河の変化とその社会問題

Changes in the glaciers of South Asia's high mountains and
the resultant social challenges

1 温暖化と南アジアの氷河

温暖化によって地球上の多くの氷河が縮小しているが，ヒマラヤに代表される南アジアの山岳地域の氷河もその例外ではない。こうした氷河の変動のようすは，現地調査やリモートセンシングを用いた解析によって明らかになってきている。最近は，繰り返し現場に行って観測をしなくても，衛星を利用して氷河の質量収支（氷河の融解量と蓄積量の差）を計算することが可能になった。

ヒマラヤの主要な氷河をクリーン型氷河，デブリ・カバー型氷河，および末端付近に氷河湖を有する氷河の3つに区分をして**図1**に示した。クリーン型氷河（岩屑に被われていない氷河）は圏谷氷河（カール地形の中に収まっている氷河）や懸垂氷河（急峻な岩壁に形成される氷河）に相当するものが多く，一般に小規模である。ヒマラヤの氷河の中で，特に谷の中に流れ込む長大な氷河はしばしば岩屑に覆われていることが多く，そうした氷河はデブリ・カバー型氷河と呼ばれている。デブリ・カバー型氷河が多いことがヒマ

ラヤの氷河の特徴となっている。

Mauer et al.（2019）によれば，いずれのタイプの氷河も融解しているが，融解速度は氷河のタイプによって大きく異なる。最も速く融解しているのは氷河湖を有する氷河で，逆に最も融解速度が遅いのはクリーン型氷河である。

ごく小規模な氷河の融け水に依存する集落の住民にとっては，温暖化は深刻な問題である。小規模な氷河は温暖化によって完全に消失してしまい，日々の生活に必要な水の源を失ってしまうことになるためである。

一方，温暖化が進んでも大規模な谷氷河は容易には消失しないものの，別の大きな問題をかかえている。温暖化によって急速に拡大する氷河湖は，周囲を支えているモレーンが湖水を支えきれなくなったときに一気に排水する。この水が河川を流れて下流域に洪水をもたらす。いわゆる氷河湖決壊洪水（GLOF: Glacial Lake Outburst Flood）である。

2 氷河湖の拡大と氷河湖決壊洪水（GLOF）

谷氷河であるイムジャ氷河の上にできた

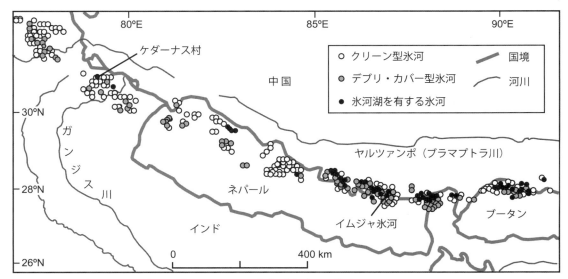

図1　ヒマラヤ（インドからブータン）におけるタイプ別の主要氷河の位置　　　Mauer et al.（2019）により作成。

標高約5000 mの湖（イムジャ氷河湖）は，GLOFを起こす危険性の高い氷河湖として考えられてきたことから，ヒマラヤの中で最もよく調べられている氷河湖である。1956年頃には氷河の表面に小さな池がいくつか認められただけだが，これらの池が1970年代に一つの湖になり，その後はこの湖が拡大を続け，現在では東西方向に約2.7 km，南

図3 ヒマラヤ中核部で発生したGLOFの分布　　Chand（2020）により作成。

北方向に0.5〜0.7 km，最大深さ150 mを超える大きな氷河湖に成長した。

　GLOFが発生すれば下流域の家屋，農地，道，橋などが押し流される。例えば，エベレストの南方で1985年8月に発生したGLOFによって，5人の命が奪われ，海外援助で完成間近であった水力発電所が破壊された。また最近では，2013年6月にインド西部で6,000人以上の死亡者，および多数の橋や道路，30以上の小型水力発電所を破壊した豪雨の際に，チョラバリ氷河湖が決壊して，下流のケダーナス村が大きな被害を被った（図1）。

3 GLOFの問題への取り組み

　図2はアジアの高山にみられる氷河湖の分布を示しており，図3はネパール・ヒマラヤとチベット高原の最南端で2020年までに決壊した氷河湖の位置を示している（インドで決壊した氷河湖を除く）。この図の中には見つかったばかりの例も含まれており，いまだに見つかっていない例がかなり残されている可能性がある。

　こうした可能性を考慮したとしても，過去のGLOFの発生件数（図3）は氷河湖の数（図2）と比べてはるかに少ない。しかし温暖化の進行によって今後はその発生の増加が予想される。GLOFは，氷河湖自体が大きくなりすぎて発生することもあれば，地震によって湖のそばの岩壁や急峻な氷河が崩れて湖面に大きな波を発生させることでも生じる。将来的には永久凍土の融解が岩壁や急峻な氷河の崩落を招くことによっても湖面に生じた大きな波でGLOFが発生することも考えられる。

　こうした状況に対して，欧米や日本などの研究者が現地調査やリモートセンシング調査などによって多くの情報を得て，地元政府に還元している。さらに地元の研究者の育成も行われている。イムジャ氷河湖（図1）をはじめいくつかの氷河湖では人工的に湖の水位を下げて決壊発生の可能性を小さくする工学的な取り組みも行われている。しかし，将来のGLOFの発生予測に関する研究は，いまだに十分とは言えず，今後の取り組みの強化が期待されている。

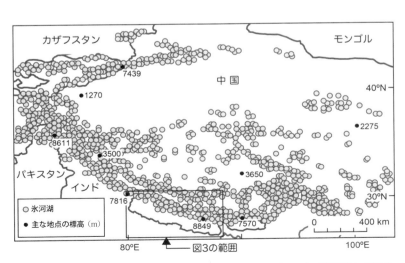

図2　アジアの氷河湖の分布　　Wang et al.（2020）を簡略化して作成。

（渡辺悌二）

57 *Asia*
モンゴルの遊牧とグローバリゼーション
Globalization and Mongolian mobile pastoralism

1 モンゴル高原の自然と遊牧

　モンゴル高原は，アフリカ・アジア乾燥帯の北東端に位置する。乾燥かつ寒冷という厳しい自然環境のもと，そこでは遊牧民がウマ，ヒツジ，ヤギ，ラクダ，ウシ（ヤクも含む）などを飼養しながら数千年来暮らしてきた。

　モンゴル高原の北部には，1992年に誕生したモンゴル国があり，その前身のモンゴル共和国は，1911年に清朝より独立し，1921年に旧ソ連に次いで世界で2番目に社会主義国家となった。ゴビ砂漠をはさんだ高原南部は中国に留まり，1948年に内モンゴル自治区となって現在にいたる。漢民族の影響下で牧畜地域でも1950年代から農耕が活発になり，1980年代以降は草地の請負政策により牧民の定住化が進められた。

　内モンゴル自治区以外でも，20世紀に多くの遊牧地域で定住化が進んだ中，北部のモンゴル国は世界でも唯一遊牧が基幹産業であり続けてきた。ここでは以下，モンゴル国について述べる。モンゴル国でも社会主義崩壊に伴う1990年代初頭の経済体制の変化とグローバリゼーションの影響（両者は区別が容易ではない）で，遊牧に大きな変化が起きた。一方，1990年に社会主義体制が崩壊するまで70年間あまり旧ソ連の影響を受けながら近代化がはかられたことも遊牧を大きく変えていた。端的には，計画経済のもとで起きた，社会主義的集団化，畜産物の開発による工業原料としての搬出，固定施設への依存の高まり，であり，生業として行われてきた遊牧がその特徴を拡大利用しながら産業へとかわったとされる（小長谷，2007）。

2 グローバリゼーションの影響

　1990年代の社会主義の崩壊による市場経済への急速な移行期におけるモンゴル国の開発は，IMFや世界銀行などの国際機関や，日本などの援助国の影響を強く受けた。それによりある程度の経済成長は達成されたが，これまでの遊牧文化と相いれない部分においては，齟齬も生じ，それが特に草原部の遊牧民に及んでいるとみられる。

　その顕著な例は，土地の私有化政策にみられる。遊牧社会においては，数千年来土地が共有されていたが，2003年より都市近郊で土地の私有化が始まり，草原に突然私有地を囲む木の柵が登場した。遊牧民が移動する目的は，草・水・ミネラルを求めると同時に，自然災害である干ばつやゾド（寒雪害）を避けるという意味合いがある。また，寒冷・乾燥で農耕限界を超えた草原では，定住せずに土地への負荷を分散することで持続的な利用が可能になっていた。現在，草原部に土地所有制を拡大するための議論が行われているが，特に草原部でも降水量の少ない地域では，定住化による土地の劣化が懸念される。

　経済成長についてみると，体制の急速な移行直後に経済は混乱したが，1994年からGDPの成長率はプラスに移行し，加速した鉱山開発により，2011年にはGDPの成長率が＋17.4％という急成長をとげた。一方で，貧富の差は都市と草原部で，あるいは世帯間でも拡大し，政治

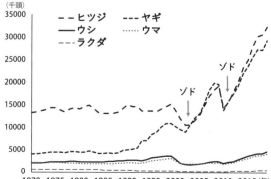

図1　家畜の数の変化（1970~2019年）
モンゴル国統計局HPにより作成。

家の腐敗に対する不満への運動もたびたび起こった。鉱物資源の国際市場の変動や中国経済の影響を強く受け，経済状況は概して改善したとはいえ，不安定である。2020年はコロナの影響で貿易や観光が打撃を受けて，成長率が大きくマイナスとなった。

　社会主義時代は家畜数が各戸に割り当てられていたが，移行後は家畜の私有化が許されたことや，都市部で失業した人が遊牧民になったことなどで，家畜数が急増した。1999年から3年続いたゾドや単年で家畜の3割が失われた2010年の大規模ゾドの後には数が減ったが，すぐに増加に転じ，2019年に五畜の総数は7千万頭を超えた。なかでも，カシミヤ価格の上昇を受けてヤギの飼養数が増えた（図1）。特に1990年代末から増えたゾドの被害の要因とし

1975

1km

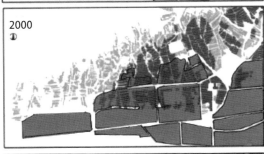

2000

2014

ゲル地区　■ 1975　アパート地区 ■
　　　　　■ 2000
　　　　　■ 2014

図2　ウランバートルの市街地西部における住居の拡大の様子
Matsumiya（2017）による。一部修正。

ては，市場経済化以降の遊牧民の経験不足や，ネグデルという農牧業協同組合解体後の牧畜業のサポート体制の劣化などが挙げられ，人災の面も注目されている。家畜数の急増は，過放牧を引き起こし，ゾドの悪影響を増幅する可能性もある（篠田・森永，2005）。ネグデルの解体で地方では，畜産品の市場へのアクセスが困難になったことにより地域格差が生じた。これにゾドの影響があいまって，都市部への人口集中が加速した。また，経済成長にともない医療・教育・雇用が都市部で改善されたことも都市への人々のプル要因となった。

　ウランバートルでは，アパートの周辺を囲むようにゲル地区が年々広がる（図2）。ゲル地区の拡大は社会主義時代から始まったが，その後，経済体制移行後の人口増加を吸収して拡大傾向が加速している（Matsumiya，2017）。進む都市化にインフラ整備が追い付かず，大気汚染，水質汚濁，土壌汚染，廃棄物問題など，都市環境問題が深刻化したことにより，健康への影響が懸念される。モンゴル国の場合，都市の周縁に発達したゲル地区のストーブで石炭やゴミを燃やすときに出る煙が，冬季に盆地に発達する逆転層により地上付近にたまることが，主な大気汚染源になっていることが特徴である。乳幼児死亡率の減少は顕著になった一方，大気汚染由来の肺炎による死亡率は高くなっている。このため2019年には石炭禁止令が出され，半成コークスや電気への移行が試みられている。

3 遊牧の衰退が意味するもの

　専業で遊牧を行う人の数は2005年に全人口の14.2％だったのが，2019年には8.7％にまで減少している。ただし就業者数に対する割合は2019年で24.9％であり，遊牧は今もモンゴル国の基幹産業であるといえる。しかし今後さらに遊牧民が減ると，世界でも稀な，アネクメーネ（人類の居住や経済活動が不可能な地域）の近傍で，時に自然の猛威をやり過ごしつつ家畜とともに食べつないでいくという，草原の持続的な生活様式が失われる。先進国からの援助は，グローバリゼーションに沿う方向で行われることが多いが，遊牧を支えてきた「遊牧知」の伝承もまた重要な課題である。　　　（森永由紀）

57

アジア

58 *Asia* 南アジアにおける仏教聖地と観光開発
The Buddhist sacred site and tourism development in South Asia

1 仏教の伝播と展開

　仏教は，紀元前5世紀頃，現在のインドとネパールの国境付近で誕生したゴータマ・シッダールタによって開かれた。多くの部派に分裂後，紀元前3世紀頃にスリランカに上座部仏教が伝播し，紀元前後に大乗仏教へと展開，4世紀頃には密教を生み出し現在のバングラデシュやネパール，チベットに伝えられ，さらなる発展を遂げた（井田，2020）。13世紀頃にイスラーム教徒による侵攻を受け，教団としての仏教はインドから姿を消したが，各地に伝播した仏教はそれぞれの地域で独自に発展を遂げてきた。

　20世紀半ば以降，インドでは，カースト差別からの自由を求めて仏教に改宗するネオ・ブディスト運動が興り，またチベット人が難を逃れて中国からインドに流入したことにより，仏教徒人口が増加した。他方，スリランカでは，イギリス植民地時代の政策でヒンドゥー教徒のタミル人が優遇されていたが，独立後，多数派で仏教徒のシンハラ人優遇政策がとられ，これがもとで民族対立が激化し，内戦が続いた。

　今日の仏教徒の分布を国・地域別に示した**図1**によると，仏教徒人口は中国が最多で，タイ，日本と続く。現在，仏教徒の人口割合が高いのは，上座部仏教ではカンボジアやタイ，ミャンマー，スリランカ，大乗仏教ではブータンやモンゴルである。仏教は，その発祥地で衰退したが，伝播先のアジア諸地域で国家形成に関わるなど大きな影響力を有し，文化摩擦や政治問題を内包しながら展開してきた。

2 仏教聖地の形成と観光化 ―ブッダ生誕地ルンビニの事例

　仏教発祥地である南アジアには，ゴータマに関連する仏教遺跡が複数あり，仏教聖地となっている。**図2**に示した仏教四大聖地は巡礼先として人気があり，ネパールに位置するルンビニ以外はインドに存在する。このうちルンビニとボードガヤーは世界遺産に登録され，観光地としても知られている。ここからは，仏陀生誕地のルンビニを事例に，仏教聖地として観光開発が進められてきた過程を概略する。

　ルンビニの開発事業は，1967年にミャンマー出身で仏教徒のウ・タント国連事務総長がルンビニを訪問したことが契機となっている（森ほか，2020）。ルンビニ開発のマスター・プランは，国連から要請された建築家の丹下健三が

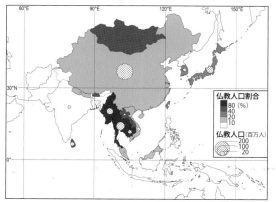

図1　仏教徒人口とその割合（2010年）
　　Pew Research Center（2015）の資料により作成。

図2　仏教四大聖地

1970年代に完成させ，以後開発計画の基盤として参照されてきた。イスラーム教徒が多く暮らしていたルンビニの一部は，マスター・プランに基づきルンビニ公園として区画・整備され，観光を前提とした仏教聖地として少しずつ開発が進められてきた。

ネパールでは1990年に民主化が達成され，経済の自由化が進み，観光開発が重視されるようになった。1990年代に行われたルンビニでの発掘調査で仏陀の生誕を証拠づける印石が見つかり，仏陀生誕地であることが確定され，1997年に世界遺産に登録された。印石を保管するために聖堂が建立され，草が生い茂っていた遺跡周辺には運河や歩道が整備され，各国・地域の様式で建立された寺院が建ち並ぶようになった。

ルンビニにおける観光開発に伴い，訪問者数が右肩上がりに増加してきた（**図3左**）。世界遺産に登録された1997年以降減少しているのは，1996年から10年間に及んだネパール共産党統一毛沢東主義派による武装闘争（「人民戦争」）によるところが大きい。ただし，2002年にスリランカのコロンボとボードガヤーが位置するガヤーが空路で結ばれると（**図2**），スリランカからの訪問者が急増した。訪問者の多くはガヤーからガイドやバス運転手の他，医師や料理人，カメラマンが同行する大型バスによる聖地巡礼ツアーを利用する。ツアー参加者は気楽に安心してルンビニを含めて巡礼を楽しめるが，ルンビニへの経済効果はあまり期待できない。

1994年時点では，訪問者のうち3割以上を日本人が占めていた。**図3右**の2019年のルンビニ訪問者の国・地域別割合をみると，スリランカやミャンマー，タイからの上座部仏教徒が多く，日本人観光客の割合は著しく減少した。スリランカやASEAN諸国からの訪問者が増加した要因として，各国の政情の安定化と経済成長が挙げられる。また，最近では中国における辺境旅行の流行を受けてネパールを訪れる中国人観光客が急増しており，ルンビニにおいてもその割合は年々増加している。

3 観光開発をめぐる近年の動き

1960年代以降，ルンビニ開発マスター・プランに基づき，国連によるルンビニ開発の呼びかけに応じた国や組織・団体によって開発援助が行われてきた。この過程で，イスラーム人口が多いルンビニに仏教に関連した建造物が増加し，園内に各国・団体のそれぞれの様式に基づいて寺院が建立された。ルンビニは，多種多様な仏教の宗派が一堂に会した新たな仏教聖地として形成されてきた。

「人民戦争」終結後，2008年に毛沢東主義派が政権を獲得すると，これまでのインドに対する一元的な従属傾向からの脱却が進み，開発援助のドナー国として中国が存在感を増すようになった（別府，2018）。中国系のNGOがルンビニの開発計画を作成し，ラサからカトマンドゥ経由でルンビニまでの鉄道敷設，巨大仏像，博物館，仏教大学・寺院建設，インフラ整備，観光関連施設の拡充を提案している。こうした中国による開発援助を通して，ネパールは中国の巨大経済圏構想「一帯一路」に組み込まれ，インド国境に近いルンビニは両大国の地政学的な利害の衝突の場となっている。

他方で，チベット問題を抱える中国によるルンビニの仏教聖地開発計画は，観光開発に重点が置かれたものであり，これまで参照されてきたマスター・プランと相容れない。ネパールの仏教徒によって，こうした中国の介入や仏教の商品化に対して反対運動が起こり，仏教聖地の観光開発をめぐって摩擦が顕在化している。平和の象徴としての仏教イメージとは裏腹に，政治的にも文化的にも様々な衝突や摩擦を孕みながら，観光開発が進められているのである。

（森本　泉）

58

アジア

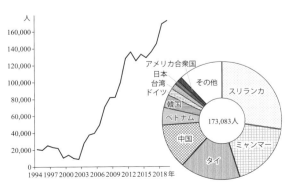

図3　ルンビニ訪問者数の推移および訪問者の内訳（2019年）
ネパール人，インド人は除く。Nepal Tourism Statistics により作成。

59 *Asia* ブータン王国首都 ティンプーの都市化
Urbanization in Thimphu City, the capital of Bhutan

1 ティンプーの都市化

ティンプーはヒマラヤ東部に位置するブータン王国の首都で，ヒマラヤ山麓のインドとの国境から約70kmヒマラヤ山中に入った，ティンプー川沿いの谷底平野に位置する。筆者は，1985年以降継続的にブータンを訪問してきた。1985年ごろのティンプーは，現在の市街地中心部のみに建物が集中し，市南部はまだ水田が広がり，農家が散在していた。1985年から2000年頃までは，ティンプーの都市化はゆっくり進んでいたが，2005年ごろから急速に進行した。特に，2005年にティンプー市街地から南に延びる新道の開通にともない，市南部の開発が進み，都市域が拡大し，都市化が進展した。このような都市化の背景には，1990年代末からの民主化や情報化の推進，経済の発展という社会情勢の変化があり，地方からティンプーへの人口の流入も加速した。

ティンプー市南部の開発は，Bacani and Mehta（2020）によると，ADB（Asian Development Bank）の援助をもとにブータン政府の都市計画に沿って進められた。対象地域はティンプー市南部の4つのLAP（Local Area Plan）である。4つのLAPの2017年の合計人口は34,122人で，ティンプー市の人口の約30％を占める。2005年から2017年に増加したティンプー市の人口が35,366人であることを考えると，この市南部が2005年以降のティンプー市の人口増加の中心となっている。最初に開発が進んだのはChangbangdu LAPである。次に，Lungtenphu LAPの開発が新道の開通した2005年から2012年ごろにかけて急速に進み，この時期の変化が，ティンプーの近年の都市化の中では最も著しい。2010年代中ごろからは，さらに南のSimtokha LAPとBabesa LAPに開発の中心が移った。

このように，ティンプーの都市化は，谷底に建設された新道の開通にともない急速に進展し，外装をブータン風にしたアパートや商店などが新道沿いを中心に建設された（写真1）。

2 人口センサスからみたティンプーの都市化

人口センサスによると，ブータンの総人口は2005年には634,982人であったが，2017年には727,145人となり，14.5％増加している。一方，ティンプー市の人口は，2005年の79,185人から2017年の114,551人と，

写真1 ティンプー市南部の Lungtenphu LAP 南部の新道沿いの開発の様子（2019年8月撮影）

新道沿いには，商業用の建物が多い。これらの建物の裏手に，1階が商店で，2階から5階までが住居用のアパートが，多く建設されている。

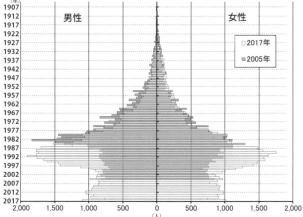

図1 ティンプー市の出生年による各歳人口ピラミッド
鈴木ほか（2021）により作成。

59

アジア

44.6％増加しており増加が著しい。

ティンプー市の各年齢別の人口は，2005年から2017年にかけて，ほぼ全年齢で増加しているが，特に20代の増加が著しい。**図1**は，ティンプー市の2005年と2017年の出生年による人口ピラミッドを示したものである。2017年に18歳から30歳になる年齢層の人口の増加が著しく，それに対し30歳以上になる年齢層はむしろ減少傾向にある。これは，地方の若者が職を求めてティンプーへ移住し，20代の間はティンプーで働くが，30歳を過ぎるとティンプーから地方へ移り住むためであると考えられる。また，日々雇用の外国人労働者の多くが20代であることにもよると考えられる。この傾向は，特に男性に顕著である。女性に同様の傾向がみられないのは，地方出身者が結婚などによって継続して居住することや，女性の外国人労働者が少ないことによると考えられる。

ティンプー市に流入した人々がどのような職業に従事するかをみるために，産業別の就業者数について分析した。ティンプー市の15歳から64歳までの就業者数は，2005年の29,928人から2017年の47,263人と，17,335人増加している。男性は9,195人，女性は8,140人増加している。増加数は，男性が女性より1,000人ほど多いが，2005年には女性の就業人口が全体の29％であるのに対し，2017年には35％と大きく上昇し，女性の就業機会が増加した。

2005年から2017年の産業別の就業者数の増加を見ると，公務員が7,747人，卸売・小売業が3,674人，宿泊・飲食業が2,665人となっており，特に公務員の増加が大きい（**表1**）。公務員は，男性の増加数が5,344人と多く，女性も2,403人と多い。卸売・小売業は，男性が1,508人，女性が2,166人の増加，宿泊・飲食業は，男性が911人，女性が1,754人の増加で，女性の就業者数の増加が顕著である。ティンプーの都市化と人の移動を合わせて考えると，地方から職を求めティンプーへ来た20代を中心とした人々のうち職を得た人は，男性の場合は公務員となる人が多いのに対し，女性の場合は公務員のほか，都市化にともない増加した小売店や飲食店やホテルなどの従業員になっていると考えられる。

また，外国人労働者については，2017年のティンプー市の外国人が6,894人であることと，都市部の建物の建設に多くの外国人労働者が従事していることを考慮すると，2005年と2017年ともに5,000人を超える建設業従事者には多くの外国人労働者が含まれている可能性が高い。

ティンプー市では，2000年代に入ってからの急速な都市化の進展にともない，交通渋滞，ごみ問題，若者の失業などの問題が顕在化してきた。しかし，鈴木ほか（2021）による全国的な都市人口の推移の分析では，ティンプー以外のブータンの都市でも同じような人口増加がみられ，首位都市であるティンプーへの人口集中は顕著ではなかった，また，都市への産業集中も顕著ではなかった。そのため，ティンプーの都市化による問題は，現在まだ深刻な状況にはない。ブータンのように山地がほとんどを占め，自然環境の地域差が大きい国では，都市化にともなう問題の発生を抑制し，また発生した問題を解決するためにも，首都への一極集中ではなく，首都と並行して地域ごとの中心都市が発達することが，今後も望ましいと考えられる。　　　　　（江口　卓）

表1　ティンプー市（Khasadrapchu を含む）における就業人口（15-64歳）の変化

ティンプー（都市部）	2005		2017		2017-2005	
	男性	女性	男性	女性	男性	女性
農業	613	477	296	297	-317	-180
鉱業，採石業	91	27	200	104	109	77
製造業	239	323	1,775	1,181	1,536	858
電力・ガス・上水道業	459	64	712	381	253	317
建設業	5,755	315	6,794	357	1,039	42
卸売・小売業	768	903	2276	3,069	1,508	2,166
宿泊・飲食業	587	497	1,498	2,251	911	1,754
運輸・通信業	1826	192	2,709	970	883	778
金融・保険業	536	300	706	583	170	283
公務員	3,882	868	9,226	3,271	5,344	2,403
教育	659	587	1,004	1,517	345	930
医療	379	287	917	953	538	666
その他	5,557	3737	2,433	1,783	-3,124	-1,954
合計	21,351	8,577	30,546	16,717	9,195	8,140

鈴木ほか（2021）による。ただし英語を日本語に改変。

60 *Asia* インドにおける人口とジェンダー
Population and gender in India

1 人口大国インド

14億の人口を抱えるインド。国連の推計では，2023年に中国を抜いて，世界一の人口大国になったとみられている。しかし，インドの人口の自然増加率は減少傾向を示してきており，世界平均並みの水準にまで達してきている。ただ，人口増加率の州間格差が大きいことも事実である。

人口の自然増加率に関しては，概して北部で高い州が目立ち，南部の州では比較的低い傾向にある。こうした違いをもたらしている要因の一つとして女性の教育が挙げられる。

2 女性の教育と出生率

図1と図2はそれぞれ，インド各州の出生率と女性の識字率を地図化したものである。北部の比較的出生率が高い州においては，女性の識字率は比較的低く，逆に，南部や北東諸州の比較的出生率が低い州では，識字率が比較的高い傾向がみられる。また図3は，National Family Health Survey（NFHS）の調査結果から，教育レベル別に見た合計特殊出生率の推移を示したものである。このデータからも，女性の教育レベルと出生率との関係は明らかである。もちろん，出生率に関しては，家庭の経済状況，宗教，カーストなどとも関係性が見て取れるため，女性の教育だけの問題ではない。

ただ，ここで注意したいのは，女性の教育による出生率の違いは縮小傾向にあるということである（図3）。特に，非就学の女性の出生率の低下は著しく，全体の出生率の低下に大きな貢献をしてきたといえる。

インドにおいても，女性への教育の普及が進み，出生率も低下し続けてきた。また，保健医療の改善等によって乳幼児死亡率もかなり改善されてきた。しかし，出生率や乳幼児死亡率を男女別に詳しくみてみると，女性の人権に関して多くの課題を抱えているインド社会の実情が見えてくる。

3 人口におけるジェンダー格差

インドの人口における男女の性比に関し

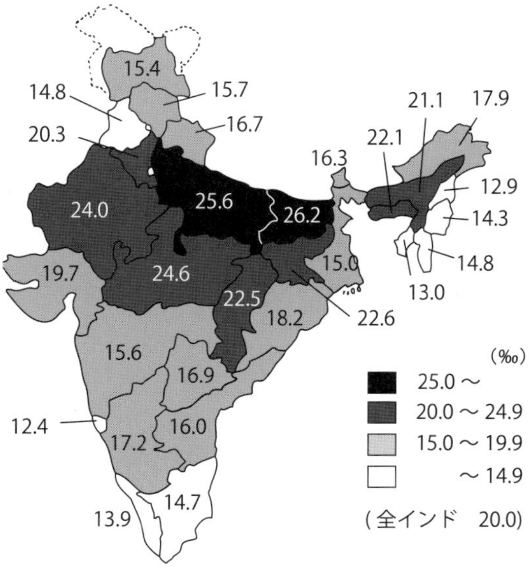

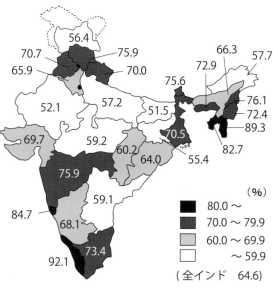

図1　インド各州の出生率（2018年）
SRS Bulletin Vol.53, No.1（May, 2020）により作成。

図1凡例：
- ■ 25.0〜
- ■ 20.0〜24.9
- ■ 15.0〜19.9
- □ 〜14.9
（‰）
（全インド　20.0）

図2　インド各州の女子（7歳以上）**識字率**（2011年）
Census of India 2011 により作成。

図2凡例：
- ■ 80.0〜
- ■ 70.0〜79.9
- ■ 60.0〜69.9
- □ 〜59.9
（%）
（全インド　64.6）

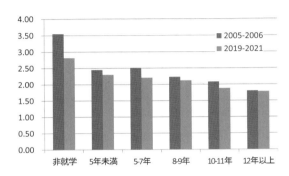

図3 インドにおける女性の教育歴別にみた合計特殊出生率

National Family Health Survey（NFHS-3）2005-2006 および（NFHS-5）2019-2021 により作成。

ては，その不自然さがこれまで指摘されてきた。2011年の国勢調査では，男性と女性の性比（男性1,000人に対しての女性の数）は943であり，前回の国勢調査時（2001年）の933より若干改善されたとはいえ，女性の少なさが目立つ。0〜6歳児の性比に関しては，近年，国勢調査のたびごとに減少し続けてきており，2011年では919と，2001年の927より悪化した。いわゆる「失われた女児（missing girls）」として問題視されてきた事象である。

では，より直近のデータから，出生時の性比をみてみよう。**図4**は，2009-2011年から2018-2020年（いずれも3年間の平均値）の都市部と農村部別の出生時の性比の推移を示したものである。全体として，極めて低い数値で推移している。また，2016-2018年までは農村部

図4 インドにおける出生時の性比の推移

性比は，男性1,000人に対しての女性の数。
Sample Registration System Statistical Report（Office of the Registrar General & Census Commissioner, India）の各年度版により作成。

より都市部のほうが低い数値を示してきた。州別のデータからは，これまで比較的良好な性比を示してきた諸州の中でも，減少傾向を示している州もあることがわかる。

出生時の性比に不自然さをもたらしている原因に，性選択を目的とした妊娠中絶がある。出生数が抑えられるなかで，出生前性判定の技術にアクセスしやすい都市部で，性比がより不自然になっていたと考えられる。また，比較的高収入で，教育も受けている層での子どもの性選択の広がりも指摘されてきた。1994年の法の制定とその後の改正法により性選択が禁止されているが，その抑止効果は十分ではなかった。

インドでは，ダウリー（婚姻の際の持参財）の慣行や家父長的な家族制度・価値観（こうした慣習が強いとされている北部の諸州で性比の低さが目立つ）などの社会・文化的要因により，女子よりも男子を選好する傾向は強い。NFHSの調査結果からは，教育歴が高くなるほど，また，経済状況がよくなるほど，その傾向は弱まるとはいえ，成人男女問わず，女児よりも男児を選好する傾向があることがうかがえる。

同じくNFHSの乳幼児死亡率のデータでは，生後1年までの死亡率ではおおむね男児が女児よりも若干高い傾向を示してきたが，1歳から5歳未満の死亡率では，これまでの5回の調査で一貫して女児のほうが高い数値を示してきた。出生前の中絶の問題だけではなく，生後も，女児に関しては，男児に比べ十分な保険医療サービスを受けさせてもらえないなど，ネグレクトされてきた可能性がある（Dagar, 2014；上山, 2018）。

目覚ましい経済成長を遂げ，また，社会開発も進む一方で，女性への様々な形での暴力はインド社会の中で依然根強く残っている。人口におけるジェンダー格差はそのことを如実に示している。広く女性の人権にかかわる問題の解決なくしては，「失われた女児」の問題の解決も難しい。ただ，**図4**からも明らかなように，性比の改善がみられることも事実であり，人々の意識や行動の変化がみてとれる。今後の動向に注視したい。

（森　日出樹）

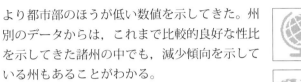

60

アジア

61 *Asia* バングラデシュ東南部におけるロヒンギャ難民
Rohingya refugees in Southeastern Bangladesh

1 ロヒンギャの人々

ロヒンギャの人々はムスリムである。その多くは，ミャンマー西部のラカイン州に住んでおり（図1），ミャンマーのムスリム人口の大多数を占める。2018年にグテーレス国連事務総長が，「世界で最も迫害された人々」としたロヒンギャの人々は，ミャンマーにおいて1982年に市民権を失い，基本的な権利をもたない無国籍の人々となった。ロヒンギャの人々は長年その地に住みながら，「ベンガル系の不法移民」であると，ミャンマー政府に位置付けられ，ミャンマーの多くの人々もその事実を受け入れている（日下部，2018）。

ロヒンギャの人々は断続的に続く迫害から逃れるため，ラカイン州西側に流れるナフ川を渡って，ムスリム人口が多くを占めるバングラデシュに避難してきた。アラカン・ロヒンギャ救済軍による地元治安部隊への攻撃に対する報復として行われた，ミャンマー軍による迫害から逃れて，2017年8月25日からの1ヵ月で，ロヒンギャの50万人以上がバングラデシュに移動した。この1ヵ月間の流入人数は，2016年に起きたシリア危機によるヨーロッパ全体が受け入れた人数よりも多かった。その後も流入が続き，認知されていなかった人の数を含め2019年には約91万人となった。2021年2月時点では，約88万人の難民がバングラデシュの東南部にあるコックスバザール県で生活している（図2）。

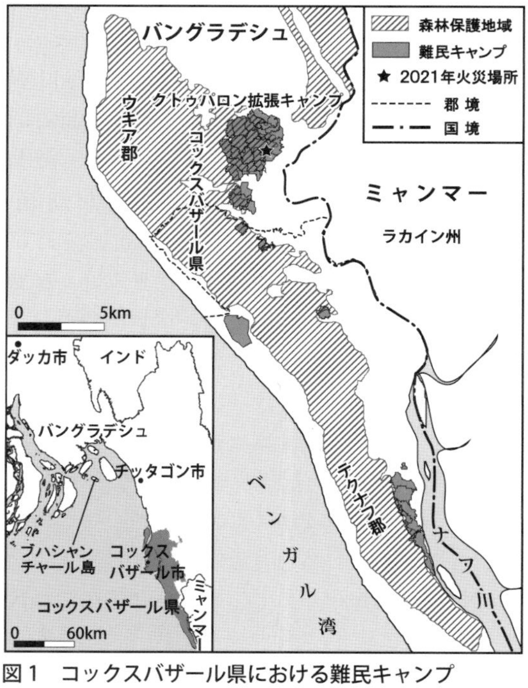

2 コックスバザール県

コックスバザール県は，バングラデシュ南東部のベンガル湾沿いに位置する。東はミャンマーと国境を接する。コックスバザール県の50％は，丘と森で覆われているが，河川がいたるところに流れている。また，ベンガル湾から北上する台風や季節的な豪雨にみまわれるため，難民キャンプが位置する地域は災害にあいやすい（杉江，2018）。この地域の人口の70％が貧困線（1日1.9ドル）以下の生活水準であり，バングラデシュの平均値は32％と比較して高い。コックスバザール県は急速な社会経済的成長（世界銀行の2019年の報告によれば成長率7％以上）から十分な恩恵を受けておらず，最も経済水準が低い地域の一つである。

難民の流入を背景に，コックスバザール県の

図1 コックスバザール県における難民キャンプ

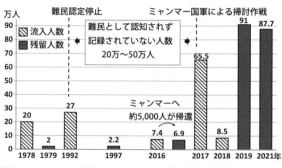

図2 コックスバザール県への流入難民数の推移
UNHCR（2018）により作成。

人口増加率（2.6％）は，バングラデシュ国内の1.5％と比べて高くなっている。難民の流入により，医療サービスへの負荷が掛かり，地域の基本的な食品や生活用品の価格が上昇する一方で，安価な労働力が増え賃金が下がり，貧困層の経済状態が悪化した（斎藤，2018）。

3 難民キャンプと自然災害

コックスバザール県のロヒンギャ難民の大半は，国際機関が管理する難民キャンプに住んでいる。バングラデシュ政府がさらなる難民の流入を恐れて，1992年に難民認定を取りやめたため，それ以降に流入した多くが難民として認定されなかった。その結果，公式の難民キャンプの外にも，非公式な難民居住区が建設されてきた。1978年以降に公式に設立されたクトゥパロンキャンプは，2017年の難民流入によって急速に拡張し，約60万人が住む巨大キャンプとなった（杉江，2018）。キャンプ周辺の人口密度は局所的に急変し，クトゥパロン拡張キャンプでは約6万人/km²となり，ダッカの人口密度約2万人/km²よりも高い。クトゥパロンキャンプの一部は森林保護地域とも重なり（図1），2016年12月から2017年12月の間に，コックスバザール県の森林保護地域の18％となる約2,000haが失われた。人口増加に合わせて，燃料用薪の必要量は，2016年では約5万tであったが，2018年では約31万tに増えた（ISCG, 2018）。その結果，キャンプ内や周辺の森林伐採が進み，高い人口密度と相まって，地域における自然災害，特に季節的豪雨や地すべり等に対して脆弱になった。

ロヒンギャ難民の流入前は，政府のもとで森

写真1　斜面地に建設された仮設住宅と仮設トイレ
（2018年2月撮影）

林保護地域として管理されていたこの地域は，クトゥパロンキャンプの中央を通る道路の西側に急勾配の斜面が続いており，地すべりが発生しやすい。仮設住宅は，仮設トイレ（土地をボーリングし設置，写真1）とともに斜面に設置された。2019年には，飲み水や生活用水の汚染が，多くの世帯で確認された（ISCG, 2019）。

クトゥパロンキャンプは，国連が主導で計画的に建設した居住区と，非公式に建設されて密集した居住区が隣接している。油分を含んでいる乾燥した竹が，難民へ支給される住戸の一般的材料であり，2021年3月22日に起こった大火災の原因の一つとなった。約124,000人が住む4つのキャンプ区画が影響を受け，9,500戸以上の住居と，1,600の施設が焼失した（EC, 2021）。

4 ロヒンギャ難民とバングラデシュ政府

2019年に国連難民高等弁務官事務所（UNHCR）と政府は，ミャンマー帰還時の市民権の基礎とするために，コックスバザール県にいるロヒンギャ難民全員の登録を行い証明書を発行した。ロヒンギャ難民には，バングラデシュにおける正式な市民権は認められていない。バングラデシュ政府にとって，ロヒンギャ難民の登録は，ミャンマーへの帰還を前提としている。2019年にバングラデシュ政府は，ロヒンギャ難民のブハシャンチャール島への移住計画を立て，2020年12月に国連との合意なく，自主的移動を前提に，10万人の難民移動計画を開始した。ブハシャンチャール島は海面に現れたばかりのベンガル湾に浮かぶ孤島で，洪水が頻発する，脆弱な湿った砂地である（Braun et al., 2020）。国際機関は，この移動計画に対し，基本的人権の確保が難しい島への移動が，強制的に行われないよう要求している。

バングラデシュ政府は，自国に多くの貧困層を抱えているため，すべての人が納得できる解決策を立てるのは難しい。多くのロヒンギャの人々が自らの生き方を選び，その選択肢が増えるように，そして人々が地域に受け入れられるよう，各国が協力して支援しなければならない。難民を受け入れている人々と環境を含めた地域への影響を理解し，長期的な視野で，地域全体への支援をしていく必要がある。　（寺田裕佳）

61

アジア

62 *Asia* ベトナム北部紅河デルタの マングローブ林拡大地域
Mangrove habitat restoration in the case of the Red River Delta coast, Vietnam

1 1993年時の宿題と北部植林

1993年，初めてベトナムに入り，その後マングローブ生態系と斜面災害に関連して100回近くの調査をしている。ホーチミン市郊外の巨大な森林であるカンザ地区は，ベトナム戦争の際に広範な枯葉剤散布により激烈な森林破壊を被ったが，地域民による植林で見事な復活を実現したものだ。この地域に関する調査を重ねた結果，3万haを超える巨大な森は，植林と自然拡大とが半々に機能して成立してきたことが明らかになった（Miyagi et al., 2014）。さらに，ここで感じた「耐塩性を持つ植物群にのみ設定された潮間帯森林生態系という極めて不安定かつ高機能なニッチの複雑な意味」を他の場所でも考えることになった。北部の紅河デルタは広大な田園地帯で，沿岸には延々と土手が構築されていた。ここに集落が伸びている。海側の潮間帯は幅が数キロにもなる広大な干潟だ。同国マングローブの父とも称されるHong先生から「ここに植林をしてはどうか」という提案が出された。北緯20度付近の紅河デルタ一帯では，4種のマングローブが確認されている（Hong, 2004）。

2 人民委員会総出の植林事業

ACTMANGというNGOの2人が駐在して植林事業を始めることとなった。その後，紅河デルタ沿岸では，デンマーク・韓国・オーストラリアの機関が植林事業を展開して，2018年には沿岸約100kmにマングローブ林が拡大している。2019年10月に，久しぶりに**写真1**に示した村を再訪した。今回の目的は，植林で造成されたマングローブ林と周辺の土地条件が，台風や津波・高波などの自然災害に対してどれ程の防災機能を有するのかを評価するための実験地としての調査であった。地域の景観は一変していた。以前は大きな土手だった堤防は，きれいなコンクリート堤防に変わり，眼前には広大な植林地が広がり，背後は区画されたエビの養殖池と集落が広がっている。27年前はまさに寒村だったが。森林帯の幅が1kmを超すまでに拡大したマングローブ林と泥濘を歩くのは，それだけでも一苦労で，翌日は住民に小舟を手配してもらい，沖側まで移動して調査した。当初はKanderia obobataを植えた。次いで植林したSoneratia caseoralisは，1m/年程度の成長を示した。

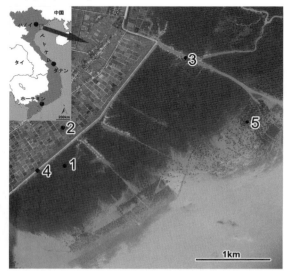

写真2　2018年時点の植林地画像
複数の画像を比較すると年間30m程度の自然林拡大が見られる。写真中の1は**写真1**の，2,3,4,5は**写真3**の1,2,3,4の撮影地点を，それぞれ示している。
World Imageryのデータによる。

写真1　1994年植林当初

3 環境修復と樹木の反応

最近は，Google Earth を始めとして多種多様な画像情報が容易に確保できる。これを使って世界中の沿岸環境の変化を確認できる。もちろんそのような画像情報がそのままで正確な数値的な意味を持つものであるとは限らない

写真3　2019 年時点の紅河デルタ植林地の状況
1. 1993 年時点では堤防内側の低湿地の状態で，塩分に強いイグサが栽培されていたが，現在は整備された養殖池である。
2. 植林地には水路が巡らされ，そこでもエビ漁が行われている。
3. コンクリート製防潮堤と植林地帯。
4. 約 10 年前に植林した成長の良い S. caseolaris（図中の白線は約 2m を示す）。

が，大略の変化実体は十分に解る（**写真2**）。一方で，グローバルかつ詳細な GIS データベースとして整備されたデータも各種存在している。国立環境研究所では，これらの情報を駆使して世界のマングローブ林分布の実態を把握するプロジェクトを実施しており，筆者もそのメンバーとして作業の一端を担っている（宮城，2020）。海に森林が広がる状況をつぶさに把握してきた我々からすれば，ベトナム沿岸は森林の変動が端的に把握できる例でもある（**写真3**）。

4 潮間帯ニッチ（生態学的地位）に適合樹種を植える意味

人為によるマングローブ林の破壊は世界的に注目されているが，この種群は潮間帯にしか生存できない。したがって，過去の海水準変動に際しては，その存在位置・規模を大きく変動させてきたことも事実である。海面上昇の速度が大きければ水没して絶滅する可能性もあるし，過去の氷河期のような海面低下期には海岸線が沖合に移動した当時の潮間帯に森を作っていたに違いない（藤本・宮城，2016）。いわゆる温室効果ガスの排出などに伴う温暖化による「急激な海面上昇」に際しては，そのハビタット（立地域）を陸側に移動する状況も想定できる。

マングローブ植物にとっての植林とは，現時点での潮間帯条件下で，その環境条件を損なわないように植える行為だとすれば，それは潮間帯において自然にマングローブが森を拡大するきっかけとしての行為ではないか。

熱帯域におけるマングローブ林の減少が国際的な課題とされて久しく，現在も森林破壊が進んでいる事実も随所に確認できる。その一方で，今回の事例のように，植林地と自然林地が相伴って広がる様子も世界各地で見ることが出来る。マングローブ林は，潮間帯の森林生態系として，その特異性が注目されてきたが，そこは人間が集中してすむ場所でもあったため，激しい土地利用変動の対象となった。近年は土地に注目した研究が進展し，多数の画像情報が容易に手に入るようになったことで，時空間的な変化実体を正確に把握できるようになり，この生態系の脆弱性も強みも理解が進んでいる。

（宮城豊彦）

62

アジア

63 Asia
ベトナムの韓国人移住者
Korean immigrants in Vietnam

1 ベトナムへ移住する韓国人たち

ベトナムのホーチミン市には東南アジア最大の韓国人コミュニティが形成されている。ベトナム政府が外国人居住者数を公表していないため、正確な数は把握できないが、現地の韓国公館の推計では2013年時点でベトナム全国に約10万人以上の韓国人が住んでおり、そのうち約9万人がホーチミン市とその周辺に住んでいるとされる。また、ホーチミン市内には移住動機や時期を異にする韓国人集住地域が、2013年時点で6ヵ所も形成されている（図1）。ところが、ベトナム政府は外国人の移民を認めていないので、駐在員やその家族を除く在越韓国人の多くの法的地位は中短期滞在である。しかし、実際のところ、ベトナムに居住する韓国人の多くは、家族ぐるみで新たな生活基盤を求めて移住してきたいわば「移民」であり、自営業・中小企業などを営みながらホストコミュニティであるベトナム人社会と日常的な相互作用を行っている地域社会の構成員なのである。

一方、ホーチミン市日本商工会によれば、ホーチミン市とその周辺に居住する日本人は2013年時点で1万人前後と推定され、その多くは駐在員やその家族であるらしい。このような推察はホーチミン市日本人学校と同韓国人学校の規模と学級編成からも裏付けられる。日本人学校は小学校と中学校のみで構成されているのに対して、韓国人学校は1学年約200人規模の高校まで備えたホーチミン市最大規模の外国人学校となっている。つまり、日本に比べて約1/3の人口規模を持つ韓国からの移住者数が、ホーチミン市居住日本人数の約10倍に上っているのである。

その結果、ホーチミン市における韓国人コミュニティは群を抜いて最大のエスニック集団となっている。ハングルで書かれた看板など街の景観からもその存在感は容易に読み取ることができる。

では、なぜ、これほど多くの韓国人が、1人あたりGDPでは約1/12の水準のベトナムに移住しているのか。Kim and Yoon（2003）は1990年代以降の韓国人移民の特徴として、高学歴で中産階級のホワイトカラー出身であり、子どもの教育環境ときれいでゆとりある生活環境をもっとも重要な移住動機として挙げている。このような社会経済的属性や移民の動機は、低い社会経済的ステータスと経済的理由といった従来の韓国人移民とは明らかに異なっており、新しい韓国人移民を象徴するものであると指摘している。このような傾向は今でも続いている事実であり、韓国人移民の主要な流れを成していることに変わりない。しかし、ベトナムにおける韓国人移住者は社会経済的な属性が多様である。子どもの教育やよりよい生活環境では移住動機の説明ができないなど、最近の韓国人移民の動向とは

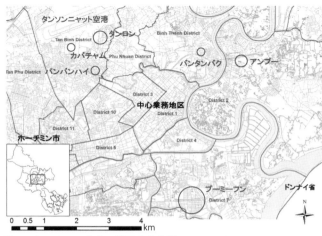

図1　ホーチミン市内の韓国人集住地区（2013年）
円の大きさは2013年時点での韓国人集住度を概念的に表したものである。
現地調査により作成。

全く異なるものと言って良い。持続的な成長を続ける祖国を離れて慣れない途上国のベトナムに移住する「彼（女）ら」はどのような人々で，いかなる動機と経緯でベトナムを移住先として選び，ベトナム人コミュニティとどのように相互作用し，ホスト社会と融合・隔離・妥協しているのか。ここでは2013年に実施した現地でのアンケート調査（有効回答数582）[1] の結果から，ホーチミン市に居住する韓国人移住者の属性と彼（女）らの定住意識に焦点を当てて概説する。

2 ホーチミン市の韓国人移住者の属性

アンケート回答者の属性をみると，年齢は全体的にバランス良く分布しているが，40代が31％とやや多く，性別は男性が74％と高い。これは製造業従事者が多い母集団を反映した結果であるとみられる。職業は，自営業が25％と高く，会社経営（21％）と会社員（16％）がそれに次ぐ。ベトナムでの居住期間は5年未満が約52％で，10年以上は20％に過ぎない。ベトナムへの移住目的は，「新たなビジネスの機会を求めて」が33％と最も多く，そのほか就業目的の移住を含めると60％に上る。一方，子どもの教育を移住理由として挙げている人は1％に過ぎない。

ベトナム語能力をみると，片言の会話程度の初級レベルが51％と最も多く，日常会話が十分できる程度は28％に過ぎない。他方，ベトナム生活への満足度をみると，ある程度満足（48％）と大変満足（12％）を合わせると，約60％の回答者がベトナム生活に満足していることがわかる。

ホーチミン市における居住地域をみると，ホーチミン市の南に1990年代中盤に開発された，新興外国人集中地区であるプーミーフン Phu My Hung 地区に約63％が集住し，次に空港近辺のタンロン Thang Long 地区に19％が住んでいる。そのほかアンプー An Phu 地区にも新たに集住が進んでおり，パンバンハイ Pham Van Hai，カバチャム K300 およびバンタンバク Van Thanh Bac といった1990年代から形成された集住地区も確認され，空間的な住み分けが進んでいることがわかる。

ビザは約半数が1年未満の短期滞在の在留資格であるが，74％の回答者が家族と一緒に暮らしている。一方，回答者の中には，韓国人とベトナム人のカップルで形成する「韓ベ家族」が23％含まれているが，これは「韓ベ家族」の親睦団体にもアンケートを依頼したため，母集団の比率よりはやや多く含まれていると考えられる。また，このような標本の偏りは韓国人移住者の定住意識の結果にも影響する。

3 韓国人移住者の情報入手源と定住意識

では，このように滞在歴も相対的に短く，現地の言語にも不自由な韓国人移住者は仕事や日常的に必要な情報をどこから得ているのだろうか。業務関連や日常生活を問わず，彼（女）らの情報源は圧倒的に韓国人コミュニティが多く，ホストコミュニティから情報を得ているケースは業務関連，日常生活のいずれも8％未満であった。しかし，病気の時に主に利用する病院を聞くと，32％がベトナム人病院を利用すると回答しており，その際はベトナム人知人に同行してもらうことが多いと言う。

このようにホーチミン市に住んでいる韓国人移住者はホストコミュニティと社会的・空間的な住み分けの中で，限られた接点で妥協し，隔離と同化を繰り返していると考えられる。

さらに，ホーチミン市に居住する韓国人移住者の定住意識をみると，「韓ベ家族」は72％が自分自身を移民と認識しているのに対して，そうでない場合は9％しか移民として認識しておらず，法的に不安定な地位が定住意識の低さに反映されていると考えられる。

なお，調査を行った2013年以降，新型コロナウイルスが流行し国際的な移動が厳しく制限された2020年までベトナムの韓国人移住者はさらに増え続け多様化したが，彼（女）らの情報入手源と定住意識には主だった変化は見られない。ただ，ホーチミン市の都市計画の影響で，韓国人集住地区の中心がプーミーフン地区から2区（District 2）へと変わりつつある。

1）アンケートの配付と回収は，スノーボウル・サンプリングと各種団体への依頼を並行し，ホーチミン市に住んでいる高校生以上のすべての韓国人を対象にしたが，駐在員およびその家族のように帰国予定が決まっている人々は対象外とした。

（金　科哲）

63

アジア

64 *Asia* マレー半島東海岸の変わりゆく漁村
The changing fishing villages of the Malay Peninsula

1 はじめに

東南アジアの沿岸部には，漁業を生業とする様々な暮らしがある。こうした地域は，多様な自然・社会経済的条件のもとで，どのようにして成立し，変貌してきたのであろうか。基盤にあるのは，何世代にもわたって定着している人びとが形成してきた，いわゆる「伝統的な漁村」である。ただし，漁業をになう民族と村の成立の歴史に注目すると，漁村はこれ以外に，①船上生活者が定着し形成した漁村，②中国系移民が形成した漁村，③民族（マジョリティ）に疎外，排斥されたマイノリティが形成した漁村，④国内外の移住政策によって形成された漁村，⑤土地を所有しない人びとが漁業へ就労したことによって成立した漁村，⑥内戦状態や政情不安によって，従前の土地から避難した人びとが形成した漁村，などの類型がみとめられる（田和，2009）。

以下ではマレー半島における漁村の立地について理解したうえで，国外からの避難民の受け入れによって変化する東海岸の漁村の姿をとらえてみよう。

2 マレー半島の自然と歴史

マレー半島における漁村の特徴をとらえる時，東海岸と西海岸の自然環境と歴史性を対比して考えることが多い。

漁業生産に関係が深い自然環境のひとつにモンスーン（季節風）がある。出入りの少ない砂浜海岸が卓越する東海岸では，11月頃から2月頃まで北東モンスーンの影響を受ける。雨季が到来し海上では風波が強く，出漁には向かない漁閑期となる。西海岸のマラッカ海峡側では，北東モンスーン時には半島の脊梁山地がこの影響を遮る。4月頃から10月頃までの南西モンスーンの時期には，スマトラ島西海岸の山脈が風を遮る。半島西海岸は周年にわたって比較的穏やかで，荒天による漁閑期はほとんどない。

また，大陸棚が発達した浅海と海岸部の広大なマングローブ湿地が特徴的である。生物生産性は，東海岸に比較してはるかに高い。

次に，19世紀から20世紀にかけての漁村社会を歴史的にとらえると，「東海岸の小規模な生業型のマレー人漁村」と「西海岸の商業漁業をおこなう華人漁村」に二分できる。前者は伝統的な漁村である。後者は中国人移民の流入に端を発して成立してきた。

中国東南の沿海部は，数年に一度は干害に襲われ，農民にとっては飢餓に苦しむことも多かった。マレー半島ではイギリスがマラッカ海峡側を植民地とし，半島内部へと支配領域を拡大させ，経済開発を進めた。これらの動きに応じて，中国人が移民として大量に流入したのである。西海岸側に集中したスズ鉱山やプランテーションの開発は，この典型例である。

中国人移民のほとんどは，最初から賃金労働者であった。このような人びとが鉱山やプランテーションの近くに集住しはじめた。動物性タンパク質の需要が増すと，同じ地方出身者を束ね，沿岸部に漁業集落を開拓し，水産物流通をになう中国人魚商人が出現した。開拓されたのは，漁業資源の「豊度」が高い西海岸側であった。

他方において東海岸のマレー人コミュニティは，経済開発から留め置かれ，生業経済がそのまま維持されるかたちとなったのである。

3 東海岸のスクク漁村

パハン州は，マレー半島の中部に位置し，半島で最大の面積を有する州である。パハン川が北部に発し，南流したのち東流し，南シナ海に注いでいる。州都クアンタンは，40万以上の人口（2017年）を擁する。

クアンタンから南へ約50kmのところに，かつての王都プカンがある。プカンの市街地から国道3号を2km東へ向かい，さらに地方道に

沿って約6km行くと，感潮河川ガット川に架かるコンクリート橋に到達する。ここがスクク村の玄関口である。橋のたもとは，村内で最大の漁船係留場所となっている（図1）。

スクク村は，もともとマレー人が水田を開いて居住していた農漁村であった。1960年代の人口は周辺部を含めて約600程度であったという。地方道が敷設される1960年代以前には，農水産物や林産物をプカンに売りにゆく場合，パハン川の舟運にたよっていた。

マレー人の農民漁民的な生活は，1969年11月の大雨とその後に襲った高潮によって崩壊した。塩害が生じた水田は放棄され荒地化した。村びとは生活費を得るために，水産物や薪炭材をプカンで売ったり，近隣のアブラヤシプランテーションで賃金労働に従事したという。

そこへ1976，1977年頃，カンボジア内戦から逃れた難民5家族が流入した。定住政策は，アセアン（ASEAN）の取り決めに従ってプカンの知事が決定したものであった。彼らはマングローブ林を伐開し，家屋を自らの手で建てた。マレーシア政府やイスラムの援助機関から得た支度金や村の集荷魚商人からの借金によって小型漁船と網漁具を手に入れ，漁業に着業するようにもなった。その後も，カンボジア人の流入が連鎖移住のように続いた。こうして，ガット川周辺にカンボジア人の集落が拡大した。

村の人口は，約3,000（2012年）であった。内訳は，マレー人が680，カンボジア人が2,000以上，オランアスリとよばれる先住民は

100に満たない。家屋数は，267軒（2012年）に達した。カンボジア人の人口増加には，自然増だけではなく，親族や知人を頼っての不法入国による増加も含まれている。

代表的な漁業種類は刺網である。約120隻が操業している。一人乗りが多い。40隻はマレー人，80隻はカンボジア人による操業である。主要な漁獲対象は，多獲性のアジ・サバ類，ニベ類，エビ類である。通常は，午前中の早い時間帯に出漁し，午後から夕刻にかけて戻る。

カンボジア人漁業者には，IDカードや正式な漁業ライセンスを所持していないものが含まれる。彼らの漁船は，村に6人いるマレー人魚商人のいずれかの「支配船」となっており，魚価の決定も魚商人の専権である。しかし，カンボジア人漁業者は，限られた漁期のなかで，出漁時間を長くしたり曳網回数を増やして収入の確保に努力している。配偶者が服の行商で成功し，家計収入が上昇した家もある。

4 スクク村の行くすえ

2009年には，国道3号から枝分かれするかたちで，低湿地林とマングローブ林にそって大規模な高速道路の建設が開始された。これはマレー半島東海岸高速道路の一部で，パハン川河口に橋梁を架け，さらに北へと延伸させる計画であった。近隣の天然ガス開発も計画された。しかし，2011年には工事は，村の東にある外部資本によるエビ養殖池の手前で中断し，道路は閉鎖されたままであった。2014年には舗装は傷み，一部は子どもの遊び場と化していた。一連の開発で新たな雇用が生み出されることへの村びとの期待は水泡に帰した。工事に伴う騒音の発生，マングローブの伐採，土砂の採取による沿岸部の改廃などによって漁獲量は急減してしまった。漁業自体も立ち行かなくなったのである。伝統的なマレー人の村が，自然災害や開発独裁的な施策の中で翻弄され，さらには難民の居住問題が根本的に解決されないままで移り行く姿は，東南アジアの各国に見られる社会問題の縮図のようにも思われる。 （田和正孝）

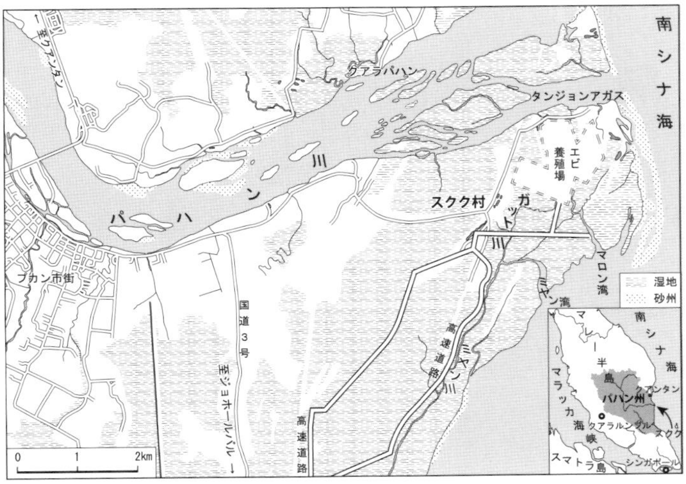

64

アジア

図1　スクク村周辺の地図　田和（2013）を加筆修正。

65 _Asia_

ジャワ島の農業・農村問題

Rural and agricultural problems in Java Island

1 もう一つのインドネシアの農業

　高校までの地理の学習において，インドネシアの農業といえば，アブラヤシやゴムを代表とする商品作物のプランテーション農業だろう。しかし，インドネシアの農業にはもう一つの側面がある。それが，日本の2倍以上，2.7億の人口（BPS-Statistics Indonesia, 2020）を支える食料の生産である。

　商品作物と食料作物は，インドネシア国内の主要な生産地も異なっている。前者がスマトラ島やカリマンタン島である一方，後者は消費市場の近く，つまり人口が集中するジャワ島である。また，熱帯地域に属し，肥沃な土壌に恵まれたジャワ島では，稲作の場合，2期作，場所によっては3期作も可能である。このため，主食である稲については，2019年時点で生産量の55.5％がジャワ島で生産されており，トウモロコシと大豆については，2015年時点で54.1％，62.3％がジャワ島で生産されている（BPS-Statistics Indonesia, 2020）。

2 ジャワ島における農村と農業の特徴

　上記のように，ジャワ島はインドネシアにおける主要な食料生産地域である。しかし，ジャワ島は，本州の半分ほどの面積に日本の全人口よりも多い1.5億人以上が居住する人口稠密な地域でもある。多くの人口を支えるジャワ島の農業の仕組みについては，1963年にギアーツが発表した『農業のインボリューション』（日本語版はギアーツ, 2001）をはじめ，多くの研究者が注目してきた。特に，1970〜1980年代には，緑の革命以降の農業や農村の変化について多くの報告がなされた（加納, 1993；水野, 1993など）。これらの研究によって示されたジャワ島の水田稲作農村の特徴は以下の通りである。まず，特徴的な農業労働慣行や土地と労働を組み合わせた仕組みにより労働集約的な農業が行われ，農地から得られる利益を多くの人々に分配していた。例えば，希望者は誰でも稲刈りに参加可能とするデルッパンという労働慣行や，生産費と利益を地主と小作で折半する分益小作は現在でもみられる。次に，1世帯当たりの農地の規模が零細であり，大土地所有者でも数ha，多くの世帯では0.5ha未満であった。加えて，土地を所有しない農村住民も多く，農業労働や非農業労働が収入源として大きな機能を果たしていた。

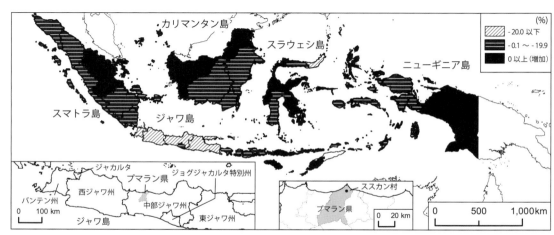

図1　インドネシアにおける州別農家増減率（2003〜2013年）　　2003年, 2013年農業センサスデータにより作成。

そして，インドネシアの経済成長以降，2000年代前半までに行われた研究でも，非農業就業機会の増大による所得増加などはみられるものの，雇用労働を多用した農業のあり方や就業機会としての農業部門の重要性は維持されていた（横山，1999；遠藤，2006）。しかし，2010年代以降，このような従来の農業のあり方がついに難しくなってきたようである。

3 ジャワ島農村における脱農と農業の高齢化

図1のようにジャワ島外では農家が増加している州もみられる一方，2003年から2013年の10年間で，ジャワ島ではジャグジャカルタ特別州を除く全ての州で農家が20％以上減少しており，脱農が進行していることが分かる。また，表1は，中部ジャワ州北海岸平野部に位置する水田稲作を主とするススカン村で2012年に行った世帯調査の結果を示している。表のように，この村では農業や農業労働を主職業とする世帯主は，50歳代以上が8割以上を占めており，高齢化が進行していた。この背景には，村外での非農業就業機会の一層の増大，生産費の増大による農業経営状況の悪化などがあると考えられる。農業労働の賃金水準は，その他の

就業機会の増大とともに上昇しているものの，相対的に低いため，農家は労働力の確保が難しくなりつつある。一方で，上昇した労働費は，農業経営を圧迫している。

またススカン村では，2012年時点で20〜40歳代の世帯主の45％以上が中部ジャワ州外で就業していた。ただし，ジャワ島農村部の場合，日本のように，農村部全体の人口減少や高齢化は進んでいない。図2のように，ススカン村の位置する中部ジャワ州プマラン県農村部では，2010年時点で，15歳未満の子どもと30歳代以上の生産年齢人口が人口の多くを占めていた。これは，ススカン村の事例のように，世帯の拠点を農村において域外で就業する移動労働が多いことが一因となっている。そして，その背景は，農村部の居住環境の良さや親族からのサポートというプラスの要因だけではない。都市部と農村部との学歴の差異により，賃金水準が高く安定的な都市部の就業機会へのアクセスが困難なことも寄与している。

4 持続可能な農業と農村について考えよう

このようなジャワ島の農業問題は，インドネシア全体の食糧安全保障に関わる重大な問題でもある。また，農業部門に代わって農村住民の収入を支えている非農業部門についても，前述のように，都市との格差を背景とした問題を抱えている。一方で，立地条件の差異による地域固有の可能性やリスクもある。例えば，筆者の調査対象地域の中には，高地の気候を生かした都市向けの温帯野菜栽培の展開により，脱農や農業の高齢化が進んでいない地域もみられる。しかし，そこでは傾斜地の過剰利用による環境悪化が発生している。

このように複雑な諸問題に対処し，持続可能な農業と農村を目指すには，農家や農村に焦点を当てたミクロレベルの現状分析やそれに基づく取り組みと共に，地域間の教育機会の格差解消のようにマクロレベルの政策的対応も不可欠である。そして，そのようにバランスが取れた対策の実現には，農家や行政機関など多様なアクターが問題意識や情報を共有し，共に問題に取り組む必要があろう。

（遠藤　尚）

表1　ススカン村における世帯主の主職業と年齢

	農業および農業賃労働		その他の職業	
	（人）	（％）	（人）	（％）
20歳代	0	0.0	7	4.8
30歳代	1	3.4	31	21.2
40歳代	4	13.8	44	30.1
50歳代	11	37.9	34	23.3
60歳代以上	13	44.8	30	20.5
合計	29	100.0	146	100.0

2012年現地調査により作成。

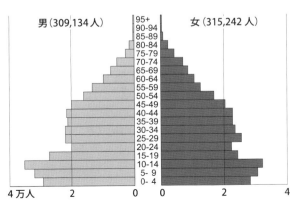

図2　プマラン県農村部の人口構成
2010年人口センサスデータにより作成。

65

アジア

66 *Asia*
魚毒漁と活魚流通
──ナポレオンフィッシュの行く末
Use of cyanide and the live food fish trade: Future of the Napoleon wrasse

1 魚毒を使った漁業生産

サンゴ礁域に生息するナポレオンフィッシュ（和名：メガネモチノウオ）や様々なハタ類の活魚流通は，生産の中心地である東南アジア諸国と消費の中心地であるホンコン・中国との間の複合的な環境問題のひとつである。

1994年，インドネシアの首都ジャカルタ北部，アンチョールにある水族館を訪ねた際に目にしたナポレオンフィッシュの説明板には，インドネシア語と英語によって，「漁業者が，ナポレオンフィッシュを麻痺させるために青酸カリを使い，また魚が潜むサンゴ礁を掘り起こし，その結果，サンゴ礁が破壊されている。インドネシアは，乱獲と危険なシアン化合物の使用から，この優雅な魚を保護する。」と書かれてあった。ナポレオンフィッシュは，ホンコンでは蘇眉（ソーメイ）と呼ばれ，当時，白身の高級魚として人気があった。大人のこぶし大の切り身で5,000円以上，もっとも美味とされる口唇部分には10,000円以上の値がついた。

魚を麻痺させるために用いる魚毒は，西南太平洋地域の小規模漁業で伝統的に利用されてきた。マメ科の植物の根茎を束ね，たたいて麻酔効果のある溶液を水中で滲み出させ，魚を獲った。これに対して化学毒を用いた現代的な魚毒漁が，1960年代，フィリピン，ルソン島の沿岸域で観賞魚を捕獲する時に初めて用いられた。化学毒の使用はすでに半世紀以上にわたる。フィリピンではその後，食

用魚を漁獲する際にも用いられるようになった。この漁法は，1970年代にはインドネシア西部のリアウ諸島へと拡散した。

漁業者は，安価で入手できる青酸カリの錠剤を砕いて水に溶かし，これをノズルのついたプラスチック製の容器に入れて海中に潜った。ナポレオンフィッシュやハタを見つけると，この水溶液を吹きかけた。魚は，一瞬気絶するが，生簀（いけす）に取り込んで一定時間おけば再び元気を取り戻した。生簀の魚は生きたまま集荷・運搬され，消費地へと届けられた。海中では，他方において漁獲対象以外の魚や幼魚の大量死，サンゴ礁の破壊などが進行したのはいうまでもない。

2 魚毒漁の背景と広がり

魚毒漁の背景には，ホンコンで海鮮料理がブームとなり，消費者に活魚を提供しはじめたことがあった。東南アジアの漁場で獲れるハタ類とナポレオンフィッシュは人気の中心となった。レストランは店頭に多くの水槽を設置

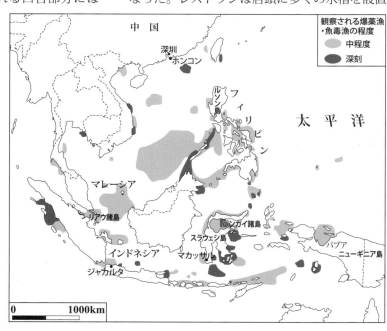

図1 観察される爆薬漁・魚毒漁の程度　　Burke et al.（2012）により作成。

し，客に魚を見せた。客の方は，魚の品定めをし，調理方法を決めてから料理の配膳を楽しみに待つ。さっきまで泳いでいた魚が調理されすぐに食卓に並ぶ「活きのよさ」は大きな優位性となった。富裕層や観光客は，"How fresh is too fresh?" というように，金に糸目をつけず，さらに新鮮な美味しい魚を追い求めた（Erdmann and Pet-Soede, 1996）。

東南アジアで拡大した活魚漁では，ホンコン漁船による操業形態から地元の漁業者が参入するように変化し，さらに漁獲物を一定期間蓄養する業者が介在するようにもなった。ホンコンからは性能の良い酸素発生機と活魚槽を備えた運搬船が生簀業者を巡回し，活魚を集荷する形態へと変化した。1990年代には空輸による活魚輸送も始まった。輸送時間の短縮化は，結果的に魚の鮮度を高めるという付加価値となったのである。

しかし，魚毒漁による漁獲圧の増加と環境への悪影響は，各地の漁場を短期間で終焉に追い込み，かわって新たな漁場が標的となる構造を生んだ（**図1**）。たとえば，インドネシア東部のバンガイ諸島では1980年代後半にリアウ諸島から生簀業者が進出し，1990年代には活魚漁のピークを迎えた。その後，業者の中には新規漁場の開拓のためにさらに東進し，パプア（ニューギニア島西部）へと移った者もいた（Indrawan, 1999）。南スラウェシ州マカッサルの沖合でも1990年代から2000年代には周辺地域の小規模漁業者を巻き込んで活魚漁が活発化した。生簀業者が蓄養した漁獲物を，駐在中のホンコンのエージェントが航空機を手配し，空輸していた（田和，2006）。

3 活魚流通と環境保全の活動

ナポレオンフィッシュは国際的な活魚流通によって脅威にさらされ，取引規制が必須の課題となっている。この魚は主としてインドネシア，マレーシア，フィリピンから輸出されている。2004年には野生生物のリストに関する国際自然保護連合の評価基準によって，「絶滅のおそれのある野生生物」に分類された。また2005年以降，絶滅のおそれのある野生動植物の種の国際取引に関する条約（CITES）の付属書

Ⅱ（絶滅のおそれはないが，輸出国の輸出許可書が必要なもの）に掲げられた。輸出を許可している唯一の国がインドネシアである。2010年には国際取引は空輸のみに限定すること，輸入品の立ち入り検査をすることなど，地域ごとの規制方法が求められた。

ホンコンでは，近年，ナポレオンフィッシュは活魚のほか，冷凍切り身，その他の派生品として取引されている。それがかえって「隠れ蓑」になっているようである。地元の研究者は中国の水産物市場および電子商取引の市場におけるナポレオンフィッシュの販売状況や広告をチェックしたり，中国国内の大都市域と観光地（北京，上海や福建省，広東省，海南省など）にある市場を調査したり，レストランを巡回してナポレオンフィッシュの販売状況を確認する，といった地道な作業を続けている。CITESに沿った合法的な輸入ではない事例が多いという（Wu and Sadovy de Mitcheson, 2016）。

ホンコンの吉澳島（クロックド）から深圳へ向けて活魚が輸送されている現場が確認されている。業者は，高い輸入関税，付加価値税，厳しい輸入条件を回避するために，この島を利用して中国へ違法に再輸出している。正式な書類を得るために要する時間を割くことで，活魚の致死率も低く抑えられるのである。監視体制および現在の取引規制の不十分さがこうしたことを繰り返させる。いわゆるIUU（違法：illegal・無報告：unreported・無規制：unregulated）と呼ばれるこの漁業に対しては，無監視（unmonitored）のまま放置される状況も大きな課題である（Sadovy de Mitcheson, 2019）。

近年，天然魚に代わってハタ類の養殖生産が発展してきたが，これとても事態の改善には程遠い。養殖における再生産のシステムが確立するには至っていないし，消費者は限られた養殖魚種だけでは満足しない。天然ものへの飽くなき欲求が消費者にはある。結果として，自然環境への悪影響，生物多様性の喪失，資源の枯渇，漁業者の収入減と雇用機会の喪失，観光業の衰退（ツーリストにとって魅力の減退），域外からの風評被害などが生じる。活魚漁の代償は限りなく大きい。

（田和正孝）

66

アジア

67

Asia

国境を越える大気汚染

Transboundary air pollution

1 酸性雨と光化学オキシダント

酸性雨は国を越えた大気汚染物質の輸送も原因となっており，その輸送距離は1,000kmにも及ぶ。日本で観測される酸性雨は，工場などの脱硫システムが高度に発達しているため，硫黄酸化物（SOx）による硫酸系の寄与割合が他のアジア諸国の酸性雨にくらべて低く，自動車から排出される窒素酸化物（NOx）による硝酸系の寄与割合が高いのが特徴である。日本海側では冬期の硫酸塩の沈着量が夏期より多いため，それはアジア大陸から冬の季節風に乗って飛来したものと考えられている（Nguyen et al., 2019）。

また，1980年代後半から日本全国の測定局で光化学オキシダント（Ox）濃度が上昇し，1985〜2004年度の20年間に，その平均濃度は約0.25ppb/年（1%/年）の割合で増えている（国立環境研究所，2009）。光化学オキシダントは，工場や自動車などから排出されたNOxなどが大気中で光化学反応を起こすことによって生成されるが，発生源規制等によって日本国内のNOxは年々減っている。一方，日本海にある離島や中部山岳などの空気がきれいなところなど，発生源が近くにない地域でも光化学オキシダント濃度が上昇し，汚染が広域化している。

その原因の1つとして，ユーラシア大陸からの越境汚染の影響が考えられる。中国からの大気汚染物質は，1980年から2003年までの四半世紀で，NOxが約4倍に増えていたと考えられる（図1）。とりわけ，春に移動性高気圧が東シナ海にあるケースでは，高気圧の北側の西風に乗って，高濃度の汚染気塊が日本列島に運ばれるというパターンになりやすいものと考えられる。また春には，アジア大陸から日本へNOxの気塊が到達する際に，日本の環境基準である60ppbをすでに超えていたこと，中国，韓国など東アジア諸国からのNOxの排出により5〜20ppbのオゾン（Oxの主成分）濃度の増加がもたらされていたことも明らかになっている。

一方，2005年以降の排出量の変化（**図1**，**図2**）には，二酸化硫黄（SO_2）やPM2.5（大気中に浮遊する微粒子のうち粒子径がおおむね2.5μm以下のもの）において顕著な低減がみられ，NOxにおいても2010年をピークとして減少に転じている。これらは2008年の北京オリンピックを契機とした中国政府の排出量削減努力の成果（景・一ノ瀬，2008）と考えられる。具体的には，工業プロセスにおける電気集じん装置や脱硫装

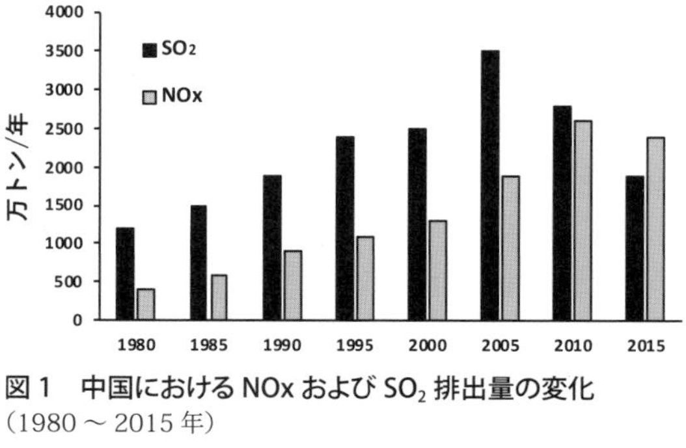

図1　中国における NOx および SO_2 排出量の変化
（1980〜2015年）
NOx は NO_2 換算値。
Kurokawa and Ohara（2020）のデータをもとに作成。

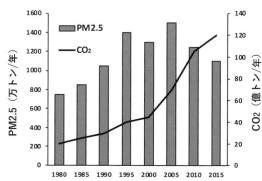

図2　中国における PM2.5 および CO_2 排出量の変化
（1980〜2015年）
Kurokawa and Ohara（2020）のデータをもとに作成。

置の導入，燃料の低硫黄化，自動車規制の推進などである（Kurokawa and Ohara, 2020）。

　一般に大気汚染物質は排出量が増大すると，健康被害，生態影響，視程悪化などの悪影響を比較的短期間で引き起こすため，関連する規制・法整備や対策設備導入等の必要性も比較的早く生じる一方，それら大気汚染物質の排出量が減少しても，二酸化炭素（CO_2）の排出量が同様のペースで減少するわけではない（**図2**）。CO_2は大気汚染物質にくらべて人間に対する毒性や短期的な影響は小さいうえ，大気汚染対策にくらべ，排出量削減効果が早く得られるものではない。

2 黄砂とバイオエアロゾル

　黄砂は東アジア内陸部の砂漠や乾燥地域の砂塵（ダスト）が，強風を伴う砂塵あらしなどによって上空に巻き上げられ，春・秋に東アジア・日本などの広範囲に飛散し，地上に降り注ぐ大気の現象である（Ma et al., 2021）。1950年代以降，中国では強砂塵あらしの発生回数が急速に増加している。その原因としては，気候変化や地表面被覆変化があげられる。中国科学院蘭州砂漠研究所によれば，中国の砂漠化土地面積は年々増加している。土地砂漠化の人為的原因としては過度の開墾，過放牧，森林破壊，野生植物の乱獲，水資源の濫用があげられる。砂塵あらしの防止対策として，植生の保護と再生が必要とされている。

　2013年5月22〜23日にゴビ砂漠で発生したダストは，発達中の低気圧とそれに伴う寒冷前線の通過によって発生したものであり，強風で舞い上がったダストが寒冷前線面上を暖気の上昇によって自由対流圏へと輸送されている（Kawai et al., 2015）。

　またゴビ砂漠でのダスト発生時には，多種多様な細菌群がエアロゾル（気体中に浮遊する微小な液体または固体の粒子）試料中より検出されている。ゴビ砂漠に生息する動物の糞や枯れ草などの散在により，土壌中に存在するこのような微生物群が大気中へ巻き上げられ，バイオエアロゾルとして長距離輸送される可能性も指摘されている（Ma et al., 2021）。近年では実際に，日本海を黄砂が渡ってくる様子が衛星画像として

捉えられているほか，モデルによる黄砂の数値予報も行われている。

3 PM2.5

　大気中に存在する粒子であるSPM（Suspended Particulate Matter）については，より小さな粒子のほうが健康に大きな影響を与えると認識されており，日本では2009年に，直径2.5µm以下の粒子であるPM2.5の環境基準（1年平均値が15µg/m³以下，かつ1日平均値が35µg/m³以下）が定められ，全国約1,000地点で毎時の自動測定が行われているものの，その達成率は低い状況である（国立環境研究所，2017）。PM2.5は，燃焼などによって直接生成される場合と，SOxやNOxなどのガス状の原因物質が大気中で化学反応により粒子化することで生成される場合がある。また，2013年に中国で大規模なPM2.5の大気汚染が報告されると，それ以降頻繁に報道されるようになり，人々の関心も急激に高まっている。

　PM2.5の観測網は，都市の影響を受けていないと考えられる佐渡島や対馬などの離島にも展開しており，大陸からの影響を判断するデータが取得されている。一方，東日本大震災（2011年3月）後は原子力発電所の稼働停止により，日本国内でも化石燃料の燃焼による排気ガスなどが増えているとされている。

4 これからの対応策

　中国からの越境大気汚染は，適切に管理されなければより大きな環境・公衆衛生問題に発展する可能性がある（Ngo et al., 2018）。地球温暖化との関係で，将来のCO_2排出量シナリオ研究の事例は多く，これらとも整合する大気汚染のシナリオにもとづく予測，温暖化対策との相乗効果を有する対策の提示が必要である。また，各国が共通の手法でモニタリングを行い，高い水準の調査データを得ることを通じ，問題の現状について各国間の情報や意識の共有化をはかることが重要と思われる。

　近年では，飛来するエアロゾルによる健康への影響も懸念されており，マスクの知識や飛来予測，健康への影響に関する予報等の活用が必要となるであろう。

（一ノ瀬俊明）

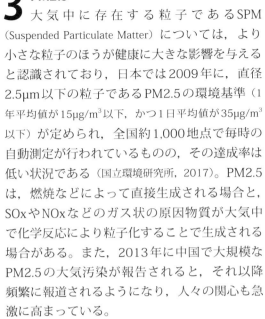

67

アジア

68 *Asia*
中国のゴミ問題
Waste issue of China

1 中国における廃棄物の管理

中国では，廃棄物処理について「固体廃棄物環境汚染防治法」に定められている。74条，75条において固体（固形）廃棄物とは，固形あるいは半固形の廃棄物質と定義し，液体廃棄物や容器に入った気体廃棄物も法の対象としていると明示されている。法律上，固形廃棄物は3つに大別される。工業などの生産活動から産出される工業固形廃棄物，都市の日常生活と関連して発生する都市生活廃棄物，そして国家が定めた危険な特性を持つ危険廃棄物である。しかし，農村と農業からの廃棄物は対象とされていない。

24条によると，処理目的での国外からの廃棄物の輸入は禁止されている。しかし25条によると，原料として利用可能な廃棄物の輸入は，国家環境保護総局などが策定するリスト登載のものについて許可を得て行うことができる。中国国内での廃棄物処理のための移動においては，23条で受入れ地の省級政府の環境行政部門による許可を必要としている。

現在世界中では毎年40億t以上の固形廃棄物が発生しており，そのほぼ半分が都市固形廃棄物（MSW: Municipal Solid Waste）である（Cheng et al., 2020）。中国は2003年に約1億3600万tの固形廃棄物を生産し，2004年には世界最大の廃棄物生産国となった（Havukainen et al., 2017）。2017年には中国において，約2億1500万tのMSWが発生している（Cheng et. al, 2020）。多くの都市では土地が不足しており，廃棄物発生量の増加と埋め立てに利用できる土地面積との間に深刻な矛盾が生じている（Zhang and Wang, 2020）。中国の都市の3分の2が，ゴミに包囲される現象に遭遇している（Cheng et al., 2020）。

2016年中国統計年鑑によれば，2015年における工業固形廃棄物の発生量は32億7079万tとなっていた。また，危険廃棄物は3976万tとなっていて，工業固形廃棄物と同様，増加傾向にあった。一方，大中城市固体廃棄物汚染環境防治年報は都市部の当該データを現在に至るまで示しており，近年では横ばい，ないしは減少の傾向がうかがえる（図1）。これは中国政府の政策努力（汚染賦課金など）の結果と考えられている。

中国の都市固形廃棄物は，主に焼却と埋立によって処分されている。これらの処理・処分において，リサイクル・再利用される量は全体の60.8％（2015年）となっている。また，1980～90年代に建設された高層ビル群の解体期には，大量の建築廃棄物の処理需要発生が予想される。中国都市部の産業廃棄物が内陸で廃棄されていることは，経済水準上位地域が下位地域へ環境負荷を押しつけていることを意味する。

ゴミ処理のための努力としては，市場メカニ

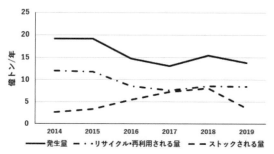

図1 都市工業固形廃棄物排出量の推移
大中城市固体廃棄物汚染環境防治年報により作成。

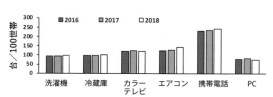

図2 都市部100世帯あたりの主要電化製品所有数の推移
中国統計年鑑により作成。

ズムにおけるゴミ処理システムの確立，ゴミ処理施設建設の推進，減量化，資源化，海外からの資金投資の活用などがある。2018年には中国都市部100世帯あたりで，洗濯機や冷蔵庫はそれぞれ約100台，カラーテレビは約120台，エアコンは約140台が所有されていた（2019年中国統計年鑑）。これら電化製品の普及は年々進んでいる（図2）。しかし，中古品の場合は西部地域等の農村に運ばれて再利用されるか，廃棄されることになり，廃棄される場合には環境へ負荷を与えることが懸念される。

2 越境する廃棄物

中国政府は中古廃家電等の輸入を禁止しているが，かつては日本や米国，EUなどからE-waste（電気・電子製品廃棄物）が流入していた可能性がある。著しい成長を見せている中国では，米国，ヨーロッパ，日本などから，プラスチックくず，古紙，鉄スクラップ，銅スクラップなどの再生資源を輸入していた。このうちプラスチックについては，中国政府による2017年の輸入規制により，日本からの輸出先に大きな変化が生じることとなり，それらは東南アジアへと向かっている（図3，図4）。

ここで問題となるのは，リサイクル目的で輸入されてきた廃棄物が，国際的な条約で取引が禁止されている有害廃棄物に該当する場合である。シリコンバレー毒性物質連合（SVTC: Silicon Valley Toxics Coalition）とバーゼル・アクション・ネットワーク（BAN: Basel Action Network）によって2002年2月25日に公表された報告書（Puckett and Smith, 2002）には，特に米国からの使用済みパソコン，家電製品，携帯電話などのE-wasteが中国，インド，パキスタンで深刻な環境問題を招いていると報告されていた。

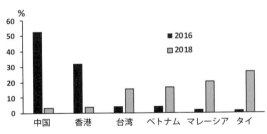

図3 中国における輸入規制前後の日本廃プラスチックの輸出先
柏瀬（2019）および楢橋（2019）をもとに作成。

また日本におけるE-wasteについても，リサイクル目的の金属スクラップはほとんどが中国に輸出されていた。これら金属スクラップは中部の浙江省で解体されていた。ここでは郷鎮企業や，それより小規模な私営企業，農民個人が請け負い，E-wasteの不適切処理によって環境汚染が広がっていた（国立環境研究所，2015）。

その結果，これらの地域の地下水が汚染され，飲料水は他の地域から運んでこなければならなくなった。この地域のある河川で採集されたサンプルは，世界保健機関（WHO: World Health Organization）のガイドラインで許容されている汚染レベルの190倍の数値を示していた。

有害廃棄物の越境移動に関しては，国際的な条約としてバーゼル条約（Basel Convention on the Control of Transboundary Movements of Hazardous Wastes and their Disposal）が締結されている。しかし，バーゼル条約ではリサイクル用として輸出される廃棄物は規制対象外となっており，アジアの途上国を中心に行われる不適正なリサイクルの一因となっている。

今後は，物を出す側の先進国政府・企業が，拡大生産者責任（EPR: Expanded Producer Responsibility）にのっとって廃棄物を処理することや，途上国の国内リサイクル事情の実態を把握し，途上国での適正処理を徹底することが必要である。また，有害廃棄物の発生を最小限にするためにすべての現実的な措置をとり，その保管，輸送，処理，再処理を管理する概念である「環境的に健全な管理」（ESM: Environmentally Sound Management）にも力を入れるべきであろう。

（一ノ瀬俊明）

68

アジア

図4 プラスチックの生産量，リサイクル量，輸入量
中国統計年鑑により作成。

69 *Asia*
台湾における伝統漁具 石干見（石滬）の保全と活用
Preservation and the practical use of the traditional stone tidal weirs (shíhù) in Taiwan

1 水中文化遺産としての石干見

水中にある遺跡を調査研究する「水中考古学」という学問がある。研究対象として，沈没船や古代都市などをすぐさま思い浮かべるかもしれないが，ユネスコ（UNESCO）では水中遺跡を「水中文化遺産」として，「少なくとも100年間，連続的または周期的に，部分的あるいは全部が完全に水中にある文化的，歴史的，考古学的特徴を有する，人類の存在を示すあらゆる痕跡」と定義し，対象をひろくとらえている。たとえば，水没した港湾や要塞の遺構なども含まれる。さらに，干潟やサンゴ礁のラグーン（礁池）に構築された石積みの定置漁具も，水中文化遺産の一つとして取り扱う方向性が国際的に定着しつつある。

このような石積みの漁具を日本では石干見（イシヒビ）と呼んできた。石干見は，岩塊を馬蹄形や半円形に積んだ漁具であり，長さが数百メートルにおよぶものもある。高さは沿岸域の潮位差によって異なるが，漁具全体が満潮時には海面下に没し，干潮時にはほとんど干あがるように積まれている。そのため，上げ潮流とともに接岸し石干見内に入った魚群の一部は，退潮時，沖へ出遅れて石積み内に封じこめられる。漁業者は，それらを小型の囲い網やたも網を用いて漁獲する。石干見内がほとんど干上がる時には手づかみで魚をとることもできる。

2 石干見の分布

石干見は，東アジア，東南アジア，西ヨーロッパの大西洋岸，北アメリカ西海岸，南太平洋のサンゴ礁島の周辺など，世界各地に分布していた。①遠浅の海岸，②潮汐作用，③使用できる石の存在，という3つの条件がそろえば，いずれの地域においても構築できたと考えて誤りはない。特に東アジアは，石干見が世界で最も密に分布した地域のひとつといえる。日本で

は九州地方から南西諸島にかけて分布していた。韓国では潮汐作用が顕著な朝鮮半島西海岸と南海岸，それに済州島に数多くみられた。台湾では石干見のことを石滬（閩南語系ではチューホー，北京官話系ではスーフー）と呼ぶ。石滬は，台湾本島北部の淡水河口部，北西部の海岸域（桃園市新屋区から苗栗県後龍鎮外埔里にかけて），台湾海峡に浮かぶ澎湖列島全域の海岸部に分布している（田和，2019）。石滬の起源を台湾の先史時代（紀元前5000〜4000年代）と考える説もあるが，正確なところはわからない。むしろ，中国大陸福建省沿岸部の漁民が使用していた技術が，彼らの澎湖列島への移住とともに伝わり，さらに

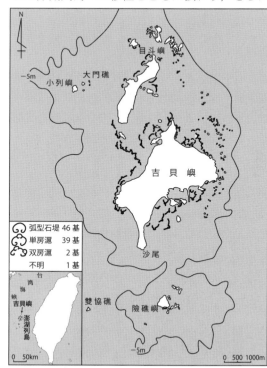

図1　澎湖列島最北の吉貝嶼周辺に残る石滬

吉貝嶼は漁業と出稼ぎの島である。「石滬の故郷」とも称されるほど石滬が集中する。島の周辺西部・北部・南部側（東部は岩礁地帯）には，1990年代後半の調査（洪，1999）によって88基の存在が確認された。2006年の調査（李，2009）では97基が確認されている。

洪（1999）をもとに作成。

それが台湾本島西海岸へと伝わったと考えるのが適当であるかもしれない。

3 石滬へのまなざし

石滬漁は，商業的漁業のみならず，集落ごとの「おかずとり」のための機能も有した。しかし，漁船漁業が中心になってからは衰退の一途をたどり，多くが放置され，崩壊した。

1990年代に入ると台湾各地で「在地文化」の見直しが叫ばれ，石滬も地域の貴重な文化財として注目を浴びるようになった。澎湖列島では観光業の発展とともに，体験型レジャーのツールとしての位置づけもなされた。地元の郷土史家が多くの市民を主導し，石滬の悉皆調査（1996～1998年）をおこなったことも，このような社会の情勢に連動したものととらえることができる。1999年にはこの調査の報告書（洪，1999）が刊行され，石滬の立地場所，名称，構造，所有関係などに関するデータベースが完成した。これによって550基以上の石滬が存在する（した）ことが明らかとなり，澎湖列島は石干見の世界一の集中地域であることが内外に周知された。その後の継続調査によって，50基以上の存在が新たに判明し，100基以上が現在でも漁具として使用されているという情報が得られた。数多くの石干見が漁具として有効に活用されている点も，世界に類を見ない澎湖列島の現代的な特色である。

4 文化遺産としての石滬

2000年以降，石滬の文化遺産としての価値づけは急速に高まってきた。石滬は，台湾文化局および澎湖県政府によって文化景観に選定され，文化資産としての登録も始まった。魚群

写真1　澎湖列島西嶼池西村にある「滬目」と呼ばれる石滬（2017年7月撮影）

が逃げないように石垣の先端部に「返し」のような曲線をつけた石積みの構造が，「如意」や「祥雲」など幸運や吉兆の意味を有する人文的景観と考えられるようになり，石滬への注目度は高まるばかりであった。澎湖列島における石滬の調査研究は，その後，澎湖科技大学観光休閒系の研究者に引き継がれ，さらに活発化している（李，2009）。

2003年には80基以上の石滬が存在する列島最北部の吉貝嶼に吉貝石滬文化館が開館している。2005年には澎湖県で文化資産保存法が整備され，第三条に文化景観の選定あるいは登録についての一項が加わった。澎湖国家風景区管理所・澎湖県政府による石滬の研究および広報・観光活動が活発化したのもこの頃からである。2005年の澎湖石滬文化祭の開催や後年の複数回にわたる石滬に関する学会・シンポジウム，体験漁業活動の実施などもこのなかに加わる。2007年には，列島最南部の七美嶼にある，2つの捕魚部をもつ「双心石滬」が文化資産として登録・保存されることになった。2008年には吉貝嶼の石滬が澎湖県文化景観「澎湖石滬文化景観－吉貝石滬群」として登録された。2009年には「澎湖石滬群」が台湾にある18の世界遺産潜力点のひとつに選定されている。さらに2010年には，馬公市内に澎湖生活博物館が開館した。ここには石滬のレプリカが展示された。石滬を維持管理する「保滬」についての詳しい説明がある。

以上のように，澎湖列島の石滬に対しては，文化景観，文化保存，観光といったまなざしが強調され，新たな価値づけが着実に進んでいる。研究者，行政，市民が一体となって，文化遺産を保全・活用しようとする動きとみることができる。特に地元の若者が，改廃した石滬を復元することを試みたり，その活動に関わる動画をYouTubeにアップしたりもしている。石滬の文化的価値をSNSで発信することも活発である。石滬に関する一連の総合的な調査・研究，保存活動が進められるなかに若い世代の積極的な参画がみられることは，文化遺産の保存と再生，さらには活用を進めるうえで，きわめて重要な成果である。

（田和正孝）

69

アジア

70 *Asia* ピナツボ火山の噴火と 被災地域のその後
Mt. Pinatubo 1991 eruption and regional change in the disaster area

1 1991年フィリピン・ピナツボ火山の噴火

ピナツボ火山は，1991年6月15日に総噴出量1.1×10^{13}kg，火山灰到達高度35kmという世界の噴火史上位に残る大噴火を起こした（国立天文台，2020）。この噴火で硫酸エアロゾルが全地球規模で拡がり，夏の地球平均気温を低下させた。加えて，6月に始まる雨季の強い降雨はラハール（Lahar, 火山泥流）を発生させた。降雨量がさらに増大するとラハールの流速は大きくなり，河床を剥削（はくさく），橋梁と堤防を破壊して溢流した。この噴火とラハールによる被害は，ピナツボ火山が位置するルソン島中部のパンパンガ州，ザンバレス州，ターラック州を中心に1,500km²に及び，死者はおおよそ1,000人，被災者は120万人近くにのぼった（吉田，2002）。中部ルソン地域で家を失った多くの被災民は，周辺地域に設けられた再居住地域で避難生活を余儀なくされ，多くの被災民は100km離れたメトロマニラ首都圏に職場を求め，そこに設けられた再居住地に流入した。

2 ラハールと闘ったパンパンガ州の変容

ピナツボ火山がある中部ルソン地域は，コメ，サトウキビ，マンゴー，野菜などフィリピンにおける農産物の一大拠点であり，メトロマニラから近いこともあり，人口扶養能が比較的大きい地域であった。この中で，パンパンガ州，ザンバレス州，ターラック州を襲ったラハールは，1回の溢流でもたらされる数mに及ぶ堆積物によって道路，農耕地や家屋を埋没させた。毎年雨季に発生するラハールとの闘いは噴火後10年以上も続いた。パッシグ・ポトレロ川流域では，ラハール災害を防ぐために巨大な堤防が建設され，被害地域の拡大を防いだものの，河床が上昇し，洪水の危険度は下流域で増大した（貝沼ほか，2008）。堤内で零細に行われていた養殖池や，ラハールを原料とするブ

ロックの成型・販売に代わり，近年，海外資本による大規模なラハール採砂プラント，セメント工場，高級住宅地・リゾート開発，医療拠点建設などが広大なラハール原野の中で進んでいる。ラハール災害地域を舞台としたグレーインフラ産業がパンパンガ州の地域経済を押し上げている。

3 ピナツボ山の噴火後の植生と土壌

ピナツボ山の斜面を衛星画像で概観すると，噴火直後に全面灰で覆われた山麓は，20年足らずで植被の回復がみられている（De Rose et al., 2011）。低地のラハール災害域の微生物生態を調べると，その回復の速さに驚かされる（吉田，2002）。ピナツボ火山北麓のオドーネル川上流域では，現在もなお，河道地形を大きく変えながら侵食・堆積作用が継続している（写真1）。河床およびピナツボ火口湖岸の砂礫地には，根粒菌をもつArarong（Trema orientalis;ウラジオエノキ）の実生が着床し，Talahib（Saccharum spontaneum;ワセオバナ）とともに先駆種としてラハール堆積地に繁茂している。ピナツボ火山噴出物はリン酸塩鉱物のアパタイトを含有しており（中丸ほか，2000），根粒菌に由来する硝酸態窒素やイネ科草本植生の根から浸潤する有機

写真1　ピナツボ山オドーネル川上流域の様子（2019年3月撮影）　山麓の植生は回復している。

Ararong, Talahib 先駆種 ⟶ 二次林 ─────────────⟶ 焼畑耕作地 ─────⟶

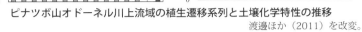

70

アジア

図1 ピナツボ山オドーネル川上流域の植生遷移系列と土壌化学特性の推移
渡邊ほか（2011）を改変。

酸の作用でアパタイトから可吸態化したリン酸や，長石類・黒雲母に由来するカリウムなどの主たる養分の循環が駆動されている。Ararongの一次生産力は大きく，6～7年で樹高5～6m，胸高直径10cmほどの二次林へと成長し，地上部に養分が貯留されていく。二次林には火入れがなされ，イモ類を作付する小規模な畑地に切り替わる。植生遷移系列に沿って土壌化学性を調べてみると，交換性陽イオン容量CEC，塩基飽和度BSといった肥沃度に関する指標値は被災前のパンパンガ低地の普通畑に匹敵するほどであった（図1）。焼畑による植生改変は，とかく環境への負荷が指摘されるが，地形が安定した尾根部に集落を構え，再生した二次林と小規模な耕地との伝統的な切替えは，山間部の地力回復に寄与しているといえる。上流域で循環が促進されている養分は，絶えず上流から下流域の中央ルソンの平野部へと供給されているのである。植被密度や植物の多様性とともに，土壌発達過程と生態システムを捉えながら地域固有の土地回復をみていく必要がある。

4 山岳民族アエタの暮らしの変容

焼畑農耕を営み，バナナの木をはじめとする森林の恵みで自活していた推定5万人の山岳民族アエタの人々は，ピナツボ山を神と崇め，森の中を自由に移動して自活し，低地民との接触を最低限にとどめていた。ピナツボ火山噴火による降灰，そして襲ってくるラハールから命からがら逃れ，用意された麓の再居住地で被災生活を送ったアエタの人々は，政府の保護政策の下，低地で職を得たり，山に戻ったりしている。アエタ民族は本来，密集した集落をつくらないが，オドーネル川河床から高く離れた尾根の上に作られた焼畑とその近くに構えた住居を見る限り，噴火をきっかけにアエタの人々の生活・文化に変革が訪れていることがうかがえる（写真2）。
（渡邊眞紀子）

写真2 ピナツボ山アエタ族の集落と焼畑跡地の景観
（上：2008年3月撮影 下：2019年3月ドローン撮影）

71 *Asia*
ソウル市北村における
ツーリズムジェントリフィケーション
Tourism gentrification in Bukchon, Seoul

1 北村における韓屋の集積

　ソウル市の歴史的市街地の中心は，漢城府である。**図1**によると，建築後50年以上経過した住宅数は，漢城府のあった鍾路区（チョンノ）が4,937戸と最も多く，漢江よりも北に多く集まっている。鍾路区のなかでも北村（プクチョン）には，古い住宅が多い。北村は景福宮と昌徳宮にはさまれた地域（**図2**）にあり，かつて両班（ヤンバン）とよばれる上流階級が居住した。2011年の調査では，北村にある903棟の建築物のうち，住居が733棟，木造の平屋建が573棟，1980年以前の木造が480棟であった（李・古谷，2015）。

　嘉會洞（カフェドン）における道路の大半は幅6mから4m以下であり，行き止まりの路地も多い（**図2**）。伝統的な住宅である韓屋では，各部屋は中庭を中心に配置されている。都市にある韓屋（ハノク）は敷地面積が限られているため，家屋がコの字形に配置されているものが多い。

2 嘉會洞の韓屋村の保存

　1976年に嘉會洞は民俗景観地域に指定された。1977年には，景福宮一帯を最高高度地区に指定して，高さ10mを超える建築行為が禁止された。その背景には，伝統的な建築の残る市街地を保存して，1988年開催のソウルオリンピックに際して，ソウルを訪問する外国人にソウルの歴史を紹介する機会にしようとしたソウル市の意図があった（金，1997）。

　ソウル市は，1984年に北村を韓屋保存地区に指定し，韓屋の増改築を厳格に規制し，新築建造物については建築審議委員会の審議を経て，伝統韓屋形式にするようにした。北村で韓屋を保存したい住民のある一方で，道は狭く上下水道も貧弱で現状を保存するだけでは住みにくいと感じ，中層の共同住宅を建てて賃貸住宅を経

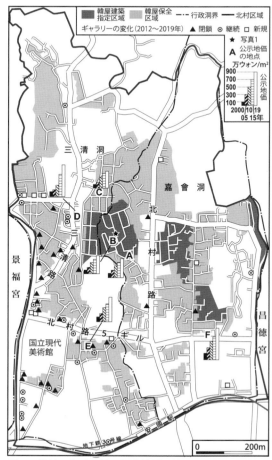

図2　北村における韓屋保全地域と地価の変化
藤塚・金（2020）により作成。

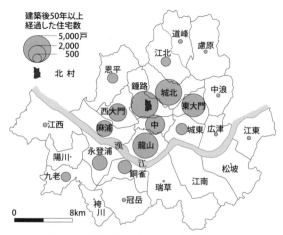

図1　ソウル市の建築後50年以上の住宅数（2016年）
Statistics Korea, *Population and Housing Census* により作成。

営したいという住民もあった。韓屋保存地区では，規制により建替えは抑制され，韓屋の老朽化が進んでも，修理のための経済的負担が大きいために，結果として放置されがちとなり，生活環境を悪化させた（權・小浦，2005）。

民俗景観地域指定への，地元住民の激しい反対運動が起こり，市は1991年に指定を解除した。1994年には，高さ制限は10mから16mに緩和され，嘉會洞において平屋ではない3階建ての住宅の建設も可能となった（藤塚・細野，2007）。老朽化した韓屋の住民は立ち退きとなり，韓屋の取り壊された跡地には現代的な住宅が建てられた。

このような韓屋村の景観破壊を防ぐことが必要になり，2010年には韓屋建築指定区域が定められた（図2）。そこで新たに建築物を建てる場合には，韓屋にする必要がある。

3 ツーリズムジェントリフィケーション

三清洞の三清路沿いや国立現代美術館近くには，多くの美術館やギャラリーが立地した。ギャラリーは，北村路5ギルへ拡大し，アートショップ，レストラン，カフェ，工芸店を兼ねるものが多くなった（Kim，2007）。ジェントリフィケーションにより，三清洞の三清路沿いのギャラリーは立ち退きとなり閉鎖された（図2）。

2014年の北村路5ギルの調査ではチェーン店が26.83%を占めていた（Yoon and Park，2018）。住宅のような非商業施設から，近隣商業の店舗，文化関連施設，個人所有の独立店，チェーン店へとかわり，地域的な特色ある店が失われた（Kim and Choi，2016）。図2によると，商業地のDとEとFの公示地価は，2005年頃から急上昇したことがわかる。特に，2015年以降はさらに急騰し，店舗の賃料上昇による商業の立ち退きが起こるようになった。

嘉會洞の韓屋の保全と三清洞の商業化の進展により，北村は広く知れわたるようになった。北村の韓屋の住民は，観光客が増加して，外部からの視線が気になることや，一般の住宅に観光客が侵入する問題を深刻に受け止めている。集落の中にカフェなどの商業施設が進出することに対しても，住民の不満が大きい（フンクほか，2010）。

写真1　嘉會洞の韓屋の玄関に入り写真撮影する観光客とプラカードを持つボランティア（2019年10月撮影）

2019年に行った現地調査では地域住民のボランティアが，「静かにしてください」と韓国語，英語，日本語，中国語で記したプラカードを手に持って立っていた（写真1）。韓屋の玄関に腰掛けたり，無断で立入る観光客も多く見かけた。ボランティアのひとりに尋ねると，2013年頃から中国人観光客が多くなり，朝8時くらいから騒がしくなるという。さらに，**写真1**の通りの，ある住宅は，2017年頃から空き家になり，買い手がつかないとのことであった。住宅地であるAとB地点の地価は，2010年頃から急上昇した（図2）。

韓屋村につくられたカフェや博物館における消費だけでなく，韓屋の外壁，玄関，屋根，通り，路地，それらの要素から構成される町並み，高台からの俯瞰など，激増した観光客が韓屋村の空間を消費する（写真1）。来訪する観光客の行動が，近隣において日々の緊張を起こし，地域住民の生活を徐々に難しくして，居場所の立ち退きが起こっている。北村における過度なツーリズムは，住宅の立ち退きと商業の立ち退きと居場所の立ち退きを伴う，ツーリズムジェントリフィケーション（Cocola-Gant，2018）を惹起したのである。

ソウル市は，2016年に韓屋保全区域を指定し（図2），韓屋の修復と新築に補助を措置し，韓屋を集中させようとしている。歴史的な町並みは拡がるが，ツーリズムジェントリフィケーションの影響を被る住民はさらに増えるであろう。地元住民の生活が守られなければ，真の歴史的町並みの再生にはならない。　（藤塚吉浩）

71

アジア

72 *Asia*
アジア太平洋地域における 米軍基地
Military bases of the US in the Asia-Pacific region

1 米軍基地の世界展開

本章は，グローバルに（世界）展開する事象がローカルな（地域）問題を惹起する事例として海外に展開する米軍基地を取り上げる。米軍基地は米国と安全保障上の利害関係を共有する諸外国にも数多く設置されている。米国国防総省（Department of Defense, 2018）によると，米国内の軍事基地・施設数は4,150であるが，海外施設は45ヵ国に514，州ではない8つの海外領土に111存在する。

図1は2019年の米軍の（海外領土を含む）海外基地の分布を示している。ここでの「基地」は上記の施設に加え，別の情報源から確認されるものを含む906施設を指す。しかし，「基地」の定義は確定されておらず，これら以外にも米軍が利用する海外小規模施設は200以上あるとされる（Vine, 2019）。

図1を見れば，東アジア（日本，韓国），西欧（ドイツ，イタリア），そして中東（トルコ，クウェート，イラク，アフガニスタン）への集中が明らかである。つまり，第二次世界大戦後の占領，冷戦（朝鮮戦争），対テロ戦争を通して米軍が展開した場所に基地は存続している。また，太平洋やカリブ海の島嶼にもかなりの基地が存在することがわかる。

戦後の米国の安全保障政策は，本土防衛よりも，米国に対する世界各地の脅威を国境のはるか前方で抑止する「前方展開」を基盤にしてきた。この方針に沿って，米軍は世界各地に展開する戦力のネットワークを維持しており，このネットワークの戦略的要となるのが海外基地なのである。

2 米軍基地と受入国

米国はこのようなネットワークを通して強力な軍隊を展開させ，その覇権的な地位を確立・維持してきたが，このネットワークの維持には，米国の力のみならず，基地受入国の合意・協力も不可欠である。核戦力まで保有する外国軍の駐留に対して，受入国の態度は一様ではない。つまり，米国の基地政策は以下のような次元から構成されると考えられる。まず，脅威と資源制約を勘案する米国の「戦略」，次に，受入国の脅威の共有と基地受容のリスクの間で揺れる「同盟政治」，そして基地をめぐる両国間の交渉や利害関係の結果としての「契約」で

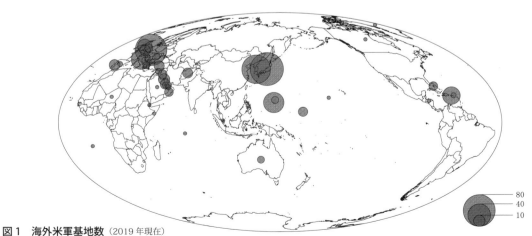

80
40
10

図1 海外米軍基地数（2019年現在）
この図における「基地」とは，Department of Defense (2018) に名称が掲載される面積10エーカー（約4.05ha）以上ないし地価1000万ドル（約10.6億円）以上の軍事施設，そして米国50州と首都以外に立地して約200名以上の軍要員を有するそれ以外の重要な軍事施設で，1つ以上の良質な政府，報道，あるいは学術系情報源で報告されたもの。　　Vine（2019）により作成。

ある（川名，2012）。

　確かに，受入国にとって，外国軍の駐留は安全保障政策の自律性を損ない，攻撃される可能性を高めつつも，自国の軍事力を補い，抑止力を確保する手段にもなる。しかし，後述するように，米国と受入国，さらに基地を受入れる地域社会との関係は必ずしも対等ではない。結果として，世界の米軍基地は，米国を中心とする世界秩序の構築と維持を支えるインフラとなっている。

3 アジア太平洋地域の米軍基地

　そこでアジア太平洋地域における米軍基地の展開を振り返ってみよう。米墨戦争（1846〜1848年）によってカリフォルニアを獲得した米国は太平洋航路への関心を高め，19世紀の末にかけてハワイ王国への干渉を繰り返した。米西戦争（1898年）の結果，米国は太平洋における覇権をスペインから奪い，太平洋諸島の領有を進めた。準州化したハワイ（オアフ島）には米軍基地が次々と建設され，米国に割譲されたグアムやフィリピンには1930年代末までに基地が建設された。第一次世界大戦後に北マリアナ，カロリン，マーシャル各諸島が日本の委任統治領となると，太平洋での日米の覇権争いが本格化した。1941年に日本がハワイ，ウェーク島，グアム，フィリピンの米軍基地を攻撃し，アジア太平洋戦争が始まった。1944年に米国はグアムと北マリアナ諸島のサイパン島とテニアン島を奪還し，1945年に琉球諸島と小笠原諸島を占領下に置くと，沖縄島に大規模な基地を建設した。そして戦後には日本と韓国が米国と軍事同盟を結び，米軍基地の受入国となった。

　このようにアジア太平洋地域の米軍駐留は，受入国との交渉の結果というよりも，米国ほかの帝国主義的勢力が拡張し対立した結果と言える。ここから，占領・軍事化された島々の住民は人種・民族的に劣位に置かれ，その人権，生活権，そして政治的諸権利が十分に保障されない，軍事優先の統治が現れる。それは島々が米国領土の一部であるか否かを問わない。なぜなら島々は米国によっても受入国によっても「周辺」化されているからである。

4 「世界の」地域問題としての米軍基地

米軍基地のグローバルなネットワーク化

は米国や受入国に安全保障上の利益をもたらす反面，基地が立地する地域社会とその住民に様々な影響を及ぼす。米軍基地は，小規模でも，維持と運営のための（強制的）借地，労働者雇用，多様なサービス需要を発生させ，受入地域に一定の経済効果をもたらしうるが，離農や基地関連収入とサービス経済への依存を促し，地域の社会経済はもとより，それらの利害をめぐって政治をも変容させる（山﨑，2010）。そして基地内外での米兵と地域住民との異人種・異文化・異性間関係は非対称的であり，米兵による傷害や暴行（特に性暴力）といった問題とその刑事裁判権をめぐる軋轢を発生させる（林，2012）。

　近年は基地をめぐる環境問題が注目されている。軍用機の離発着や軍事演習に伴う騒音や事故も一種の環境問題であるが，基地の建設，維持，閉鎖と関わる環境（土壌，水質，大気）汚染はアジア各国で指摘されてきた（Hayashi et al., 2009；徐，2015）。太平洋地域では，島嶼の脆弱な生態系が破壊される事例があり，環境保護団体による反基地運動が組織されてきた（カジヒロ，2020）。

　このように米国内外の「周辺」に置かれる米軍基地は，その帝国主義的性格に付随する地域問題の源泉として，地域住民からの抵抗に晒されてもきた（例：沖縄県，グアム）。これまで撤廃された基地は少なくないが，その理由には米国の政策や受入国の意向（特に政権交代）だけではなく，地域住民からの反対（例：プエルトリコ・ビエケス島，韓国・梅香里）も含まれる（林，2012）。

　他方，「前方展開」戦略の実効性と効率性に対する現実主義的立場からの批判もある（例えばGlaser, 2017）。日本は多額の経費を負担して米軍を受入れてきたが（川瀬，2011），米軍駐留自体が近年の米中関係を緊迫させる要因ともなっている（Nathan and Scobell, 2012）。

　加えて，将来的に国際情勢や軍事技術が変化すれば，米軍基地の機能や必要性も変化しうる。つまり，基地は決して所与でも必然でもなく，可変的なものである以上，その削減や撤廃は受入国政府の実行可能な政策課題と認識される必要がある。各国の主体的な安全保障政策が形成されるのもそこからであろう。　（山﨑孝史）

72

アジア

73 *Japan*
大都市の地震災害と被害軽減の取り組み
Urban earthquake disaster and risk mitigation plan

1 大都市の地震災害

近代地震学が発展して以降，大都市に甚大な被害を及ぼした地震の中で観測記録が残されている最も古い例は，1906年のアメリカ・カリフォルニア州を縦断するサンアンドレアス断層によるサンフランシスコ地震であろう。この地震は断層長さ約400km，地震を起こした断層の面積とその面上でのずれ量から求めるモーメント・マグニチュード（Mw）の指標で7.9と算出される巨大地震であった。地震の揺れによる建物の倒壊とそれに続く火災により，当時の人口40万人に対して死者数は3,000人に及んだとされる。一方，同じサンアンドレアス断層に沿って，1857年にロサンジェルス近郊でフォートテフォン地震（Mw7.9）も発生していたが，当時その地域はまだ人口が少なく死者は2名とされている。これ以降，世界の各地で発生した地震による直接的な人的・経済的被害は建造物の倒壊に伴う人命・財産の損失が主たるものであり，特に都市部で顕著となる。

日本でも，主に活断層から発生する内陸地殻内地震によって，都市部で大きな被害が引き起こされてきた。例えば，1891年には現在の岐阜県本巣市を震央として濃尾地震が発生した。この地震は，地震計で観測された揺れから算出される気象庁マグニチュード（Mj）で8.0と推定される断層長さ約80kmの大地震で，愛知県と岐阜県を中心に死者は約7,000人，全壊家屋は14万戸を超えたとされる。この地震の人的被害は，南海トラフを震源断層とする1944年の昭和東南海地震（Mj 7.9）の死者・行方不明者約1,200人よりも甚大であり，都市直下で発生する強震動（揺れ）の危険性を示している。日本ではその後も，相模湾のプレート境界面を震源断層とする1923年の大正関東地震（Mw 8.2）で，石や煉瓦造りの建造物の倒壊により主に関東南部で多くの圧死者を出した。また，1948年には，気象庁震度階7の新設につながる死者約4,000人の福井地震（Mj 7.1）が発生した。

日本列島は，それから約50年間にわたって地震の静穏期を迎えたが，その間に戦後の高度経済成長と相まって近代都市が発達した。そうした都市の直下に位置する活断層により発生した1995年の兵庫県南部地震（Mj 7.3, Mw 6.9）は，最大震度7の初めての観測例でもあり，建造物に対する被害が大きいとされる周期約1秒のキラーパルスと呼ばれる地震波が観測された。こうした揺れによる建造物の倒壊により，直接的な死者は6,000名以上を数えた。21世紀になっても，例えば2005年福岡県西方沖地震（Mj 7.0）や2018年の大阪北部地震（Mj 6.1）など都市に被害が及ぶ地震が起きている。その中でも，2011年に発生したプレート境界型の東北地方太平洋沖地震（Mw 9.0）では，地震の随伴事象である津波によって多くの人命が失われた。それだけでなく，関東・東北地方の広い範囲で液状化現象や地盤沈下を観測したように都市にも被害の爪痕が残った。特に，この地震では長周期地震動とよばれる周期の長い地震波による超高層ビルの大きな揺れが，東京など震源から離れた都市でも観測された。

このように，最近の地震被害の観察からは，地震のタイプや特性の相違によりさまざまな周期・振幅を持つ地震波が生成され，都市に立地する建造物の多様化と相まって，被害の範囲や災害の様相も多岐にわたることが明らかとなってきた。

2 地震の揺れの被害への対策

兵庫県南部地震を契機として，国は地震による災害から国民の生命，身体及び財産を保護することを目的とした地震防災対策特別措置法を1995年に制定し，地震調査研究推進本部

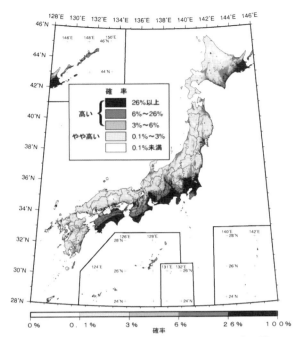

図1　2018年から2047年末までの30年間に震度6弱以上の揺れに見舞われる確率
文部科学省・地震調査研究推進本部（2018）をもとに一部編集。

（地震本部）が新設された。地震本部は，日本国内の主な地震活動について政府としての評価を行うと同時に，防災・減災のためのハザードマップとして「地震動予測地図」を，インターネットを通じて公表している（**図1**，「8 プレートテクトニクスと地震危険度評価」も参照）。そこでは，日本全土の地震危険度を「地震ハザードステーション」として，地図上で検索して最大250m四方の解像度で表示させることができる。

　地震の揺れの被害に対する防災・減災対策をすすめるためには，住民や事業者が主体的に過去の地震の被害を教訓とし，さらに，地震のハザードマップを参照して，想定される揺れに対する住宅・建造物の耐震化を行うなど具体的な地震防災対策が不可欠である。

　国も，一般の建造物，原子力発電所などの重要構造物，道路・橋梁などの土木構造物にそれぞれ耐震能力の保証に基づき建築を許可する法令を整備している。これらの法令は，初めての都市型地震災害と言われる1978年の宮城県沖地震（Mj7.4）での仙台市での被害に基づく1981年の改正や，兵庫県南部地震を受けた改正など大きな震災を経るごとに，その知見を活かした厳しい基準に改められている。

3 断層のずれの被害への対策

　2016年の熊本地震（Mj7.3, Mw7.0）では，主に布田川断層に沿って地表地震断層が出現し，その最大の変位は2mと大きなずれ量であった。建物被害は，1981年の建築基準法改正以前に建築された古い木造家屋に集中していた。しかし，地表に出現した地震断層の近傍に被害が集中するという特徴もあり，地震に伴う揺れだけでなく，断層に沿うずれの影響やその被害についても研究が進められている。例えば，アメリカ合衆国カリフォルニア州では，1971年のサンフェルナンド地震（Mw 6.6）で，断層の直上の家屋の約80%が破壊されたとされる。これを受けて，断層がずれることによる建物被害の軽減のために，活断層の両側約50フィート（約15m）の範囲には新たに建物を建ててはならない，また，活断層を中心に幅300mの地帯に建物を建築する場合は地質調査を行って活断層がないことを確認しなければならない，との主旨の活断層法を制定した。同様の規制や対応がニュージーランドや台湾でも行われている。

　日本でも，これまでの開発で活断層の真上に，建造物が立地している例が多数あるので同様の規制が必要だとする指摘と，活動間隔が1,000年以上の日本の活断層に規制はなじまないとの意見の双方があった。こうした中，神奈川県横須賀市では条例に基づく指針の中で，活断層上等における建造物の安全確保を掲げており，具体的に，北武断層の通過位置で断層から25mの範囲の開発規制を行った。また，徳島県でも条例を制定して，活断層を中心に40m幅の特定活断層調査区域を指定することで，活断層のずれに伴う被害を未然に防ぐための土地利用の適正化を目指している。

4 地震の被害軽減のために

　ここまで述べたように，大都市の地震被害の軽減のためには，その地域と周辺の活断層分布，地盤情報，過去の地震による被害状況などをもとにした地震危険度を十分に把握した上で，建造物の目的にかなった法規制，立地選定と建築計画，あるいは耐震改修を進めていくことが重要である。　　　　　　　（隈元　崇）

73

日本

74 *Japan*
子どもの貧困の地域差
Children's poverty rate by prefectures in Japan

1 子どもの貧困の指摘

　2006年の所得データに基づき2009年に厚生労働省が日本の子どもの相対的貧困率を公表した。18歳未満人口の相対的貧困率は14.2%であった（厚生労働省，2009）。約7人に1人という貧困率の高さだけが取り上げられ報道された。ホームレスやネットカフェ難民という言葉から社会の中の貧困は示されてきたが，子どもにまで貧困が及んでいることが認識された。また，日本ではストリートチルドレンなどを見かけることはほとんどなく，着るものも履く靴もない子どももまず見かけない。7人に1人という数字は実感と合わないものでもあった。これは貧困のとらえ方の違いによる。

　貧困の考え方には絶対的貧困と相対的貧困がある（阿部，2008）。絶対的貧困とは，栄養失調や衣類や住居が不十分な状態であり，日本ではさまざまな社会保障などが充実し，ほぼ対応できている。この絶対的貧困が社会的に語られる貧困概念なのではないだろうか。

　これに対して相対的貧困とは1人あたりの所得を高低で並べ，中央値の半分を下回る割合を貧困率とする。中央値の半分なので，高所得者の人数により貧困ラインは上がる。相対的貧困は，衣食住が全くないわけではないため，非常に見えづらい貧困である。OECDやEUなどの国際機関や多くの先進国はこの相対的貧困を貧困概念として取り上げている（阿部，2012，図1）。この貧困はその社会のほとんどの人々が享受している一般的な習慣や行為を行うことができないことを指す。子どもに当てはめると，学校に行けるが，クラブ活動をするための道具を用意できないとか，友達と遊んだり，修学旅行のための費用を負担できないなどがあげられる。また，**図1**からわかるように，高所得者が現れると中央値の位置が変化するため，あくま

でも相対的なものである。生存権の脅かされる状況を表す貧困の定義とは異なる。

　貧困率や子どもの貧困率を厚生労働省は公表するようにはなったが，その地域差が把握できるような資料が提示されてはおらず，日本の中で子どもの貧困がどのような様態になっているのか，十分には理解されていない。それに対して，戸室（2018）や田辺・鈴木（2018）は貧困率の地域差を算出しようとした。特に戸室（2018）は子どもの貧困率の地域差を求めた。ここでは戸室（2018）を活用して子どもの貧困率の地域差について検討する。

2 子どもの貧困の地域差の算出

　公的な統計では貧困率についての地域差は示されていないが，戸室（2018）は次の統計を利用して子どものいる世帯の絶対的貧困の地域差を把握した。その成果を紹介し，算出されたデータを地図化する。戸室（2018）が利用した統計は総務省『就業構造基本調査』と厚生労働省『被保護者調査』である。『就業構造基本調査』をオーダーメード集計し[1]，18歳未満の末子がいる世帯のうち，最低生活費以下の収入しか得られていない世帯の割合を都道府県別に集計した。都道府県間を比較する際，絶対的な貧困ラインを設定しないと比較できず，相対的な貧困で計算すると，高所得者の存在により，

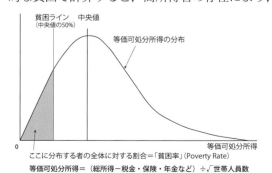

等価可処分所得 ＝（総所得－税金・保険・年金など）÷√世帯人員数

図1　等価可処分所得の中央値を使う相対的貧困の概念
阿部（2012）により作成。

その値は大きく異なる。そこで，2012年度の『被保護者調査』の「最低生活費」を利用して都道府県別の貧困ラインを設定した。

さらに，戸室（2018）は先の2つの統計から「最低賃金」，「捕捉率」（生活保護利用世帯割合），「非正規率」，「共働き率」，「三世代同居率」，「失業率」，「女性有業率」を取り上げ，これらの変数をまとめて比較する重回帰分析を実施し，都道府県別に子どもの貧困率の高低が生じる要因を説明しようとした。失業率は所得を失うことであり貧困と関係する。また，非正規率は非正規労働者の賃金が一般的に正規労働者よりも低いこと，共働き率は，夫の所得の低下が共働きにつながっている可能性があること，三世代同居率は同一世帯内に所得を得る人が増加することから，それぞれ取り上げられた。

子どもの貧困率は福井県と富山県で低く，沖縄県が最大，次いで大阪府が高く，九州と中国・四国，北海道・青森県といった地方と京都府，兵庫県，和歌山県でも高くなった（図2）。沖縄県の最低賃金は全国最低であるが生活費は割高なため，貧困が生まれやすいといわれている。

子どもの貧困率にプラスの影響を与えるものが失業率，共働き率，非正規率であった。貧困率にマイナスの影響を与えているものが三世代同居率と最低賃金である。共働き率が高い地域は貧困率が高いという意外な結果になった。貧困世帯が貧困から抜け出すために共働きするという結果が表れているともいえる。

3 福井県と富山県が低い理由と課題

福井県，富山県で貧困率が低くなった理由は，失業率の低さと三世代同居率の高さ，生活保護の捕捉率の低さをあげることができる。まず，共働き率は両県とも高いが，失業率も低い。また，最低賃金の絶対値は高くないものの，都道府県別の生活保護の水準と比較すると，この最低賃金は高く設定されており（星，2017），良質な労働環境が供給されているといえる。共働きをすることで貧困から脱出することが容易であるといえる。

これによって，福井県や富山県は貧困の面から見ると子育てしやすい地域に一見見えるが，

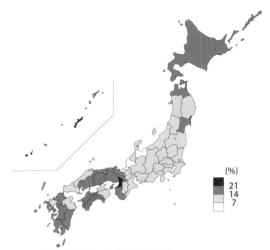

図2 都道府県別の子どもの貧困率
戸室（2018）により作成。

富山県6.5%，最大は大阪府23.6%）。生活に苦しんでいても生活保護の仕組みを利用できていない世帯がいる可能性がある。捕捉率が低いことは，貧困世帯に対して十分に手を差し伸べられていない可能性がある。また，子どもの貧困対策として市民やNPO，NGOなどが子ども食堂[2]などを運営しているが，これらの地域では貧困世帯が可視化されるということで，運営も活発とは言いがたい。これらの地域にある貧困に対する意識も何らかの施策で変えていく必要がある。

4 貧困率の地域差が示すもの

戸室（2018）は地域別に貧困ラインを設定して貧困率を求め，その要因を検討した。ここで貧困率の地域差はみられ，低い地域の要因は説明できた。しかしながら，高い地域ではそれぞれ固有の事情があり，一般化は難しい。ただし，失業率は貧困率に大きく寄与していた。失業時の生活保障を手厚くし，子どもの貧困率の増大に失業が大きく影響しない生活保障の仕組みを抜本的に整備する必要がある。また，三世代同居率等，地域の事情を踏まえた貧困対策の検討が必要である。子どもは生まれ育つ場所を自分で選ぶことはできず，どこに暮らそうともさまざまな機会の平等性を担保できるような貧困対策が必要である。

---

1) 政府統計は必要な費用を支払うことにより，複数のデータを組み合わせた集計などを行うことができる。
2) 貧困世帯で個食になりがちな子どもへ，交流を持ちながら安価な食事の機会を提供する仕組みのこと。

（大西宏治）

74

日本

75 *Japan* 沖縄島における円錐カルスト地形とその保全
Conservation of cone karst landform in Yamazato, Okinawa Island

1 円錐カルストとは

　世界の陸地面積の約13％は，炭酸塩岩（石灰岩や苦灰岩）で構成される。中でも湿潤熱帯気候下の石灰岩地域には，円錐カルストと呼ばれる凸型のカルスト地形が卓越する場所がある。円錐カルストは，間断なく立ち並んだ多数の円錐状の丘（以下，円錐丘）で特徴付けられる。円錐丘の比高は数ｍ〜100ｍ程度で，丘と丘の間にはコックピットと呼ばれる星型の深いドリーネが形成される。図1には，世界の炭酸塩岩分布図に，既存研究で円錐カルストの存在が報告された地点を示した。円錐カルストは，沖縄や，東南アジア，中米の島嶼地域を中心に分布する。

2 沖縄島における円錐カルストの存在意義

　日本の石灰岩地域をみると，秋吉台や平尾台ではドリーネやウバーレなどの凹地形が卓越するカルスト台地が広がるが，琉球列島ではそれらに加え，円錐カルストや石灰岩堤といった起伏の大きなカルスト地形が存在する。図2に示した沖縄島の本部町山里では，中・古生代の石灰岩地域に形成された典型的な円錐カルスト（写真1）が約5km²の範囲に広がる。その存

写真1　山里の円錐カルスト（2018年撮影）

在を初めて報告した目崎（1984）は，秋吉台，平尾台，山里における土壌中の二酸化炭素濃度の測定結果をもとに，気候的差異が地形形成に主要な役割をもつことを示唆した。また，漆原ほか（2017）による南大東島の溶食実験では，空中に設置した石灰岩よりも土壌中において最大5倍程度，溶食速度が大きいことが明らかとなった。すなわち，石灰岩がもつ割れ目などの弱線部において溶食が集中し凹地を形成するとともに，土壌に覆われた凹地部では，熱帯的な気候下での高い二酸化炭素濃度の存在がさらに溶食を加速させるため，円錐カルストが形成されるものと考える。

　このように，国内でも稀有な熱帯型カルストが存在する山里において，一部の円錐丘を破壊し

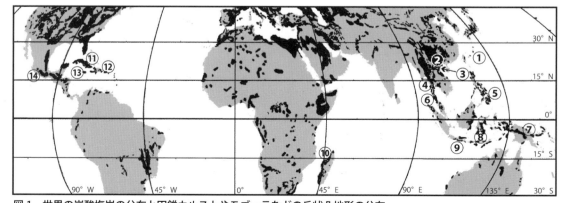

図1　世界の炭酸塩岩の分布と円錐カルストやモゴーテなどの丘状凸地形の分布
①日本（沖縄島）　②中国（雲南東部〜貴州省）　③ベトナム（ハロン）　④ベトナム〜ラオス（カンムアン）　⑤フィリピン（ボホール島）　⑥タイ（プーケット）　⑦パプアニューギニア　⑧インドネシア（スラウェシ島）　⑨インドネシア（ジャワ島）　⑩マダガスカル（ナリンダ）　⑪キューバ　⑫プエルトリコ　⑬ジャマイカ（コックピットカントリー）　⑭メキシコ（タバスコ州・チアパス州）
羽田（2021）を一部改変。基図はFord and Williams（2007）を使用。

採石を行うという話が持ち上がり，地域内において地形の保護が大きな議論となった。ここでは，山里で生じた採石場建設計画と，地形の保護・保全に動いた地域の歴史を振り返るとともに，今後の活用についての取り組みを紹介する。

3 円錐カルストの採石と地形の保護

本部町（2002）に記載された資料に基づき，山里の円錐カルストを巡る採石と地域における活動の歴史を振り返る。日本への復帰後，山里では採石のための鉱業権と土地を取得した民間企業が複数存在し，それらによる採石場建設計画が1991年に持ち上がった。各円錐丘は，民間企業や個人所有の土地となっている。地域住民の間では景観の破壊や騒音・粉塵等による住環境悪化への懸念から，反対運動が行われ，計画は中止された。保全の意識の高まりも受け，1996年には本部町立博物館で円錐カルスト企画展を開催，町では山里の自然公園化構想が検討され始めた。2000年には再び企業による採石場計画が浮上し，直後に山里の臨時区民総会において全会一致で反対の決議が可決され，「山里カルストを守る会」が発足した。一部企業は住民の意向をくみ取り，計画を断念したという。採石場計画の再燃と住民による反対運動は，地元新聞にも数多く取り上げられた。2001年に開催された国際地形学連合の巡検で山里を訪れた海外の研究者は，円錐カルストを巡る採石問題について，「日本で円錐カルスト

がここにしかないのであれば答えは決まっている。公園化し，保護とツーリズムを両立した教育の場にしてはどうか」とコメントしている。2000年以降，本部町カルスト講座の開催や，公園化に向けた沖縄県への働きかけなど地域の精力的な取り組みが功を奏し，円錐カルストが分布する一帯が2006年に沖縄海岸国定公園に編入されることが決定した。

4 保護から活用へ

国定公園化により開発行為から保護されることとなった山里の円錐カルストは，指定後どのように地域で活用されているのだろうか。本部町役場での聞き取り調査によれば，町主体の取り組みとしては遊歩道の整備や公民館講座の開催が，住民主体の取り組みとしては，もとぶカルスト山ゆり祭りや円錐丘へのイルミネーションといったイベントが実施されている。これらの活動は，町内外に向け円錐カルストの認知度を高め，自然保護の意識高揚と地域活性化に繋げることを目的としている。また，本部町では2020年度から新規事業として，円錐カルストの散策マップ作成や地域住民によるガイド養成講座が開始され，地形を活用した地域づくりへと次なる展開に進もうとしている。

山里は熱帯に卓越する円錐カルストが，ある広がりをもって形成されている日本で唯一の場所である。世界における円錐カルストの分布をみても，北限域に相当する亜熱帯地域のカルスト地形は限られており，山里の円錐カルストの地形学的価値は極めて高い。一方で，円錐カルストがなぜこの場所にみられるのか，現在ある地形はどのようなプロセスで形成されたのか，他地域と比較した際の山里の特徴は何かといった，未だ解明されていない学問的課題も多い。これら課題解決への取り組みは，この地形の存在価値をより明確にするため，この地形に対する認識を高めるためにも必要である。山里が，日本における熱帯型カルストの教科書的存在として広く一般に理解され，将来的にもこれ以上の改変が進まずに，活用されていくことを望む。

（羽田麻美）

図2 山里の位置と石灰岩の分布，国定公園区域
石灰岩の分布は，「20万分の日本1シームレス地質図V2」（産総研地質調査総合センター，2017）に基づく。

- ■ 中・古生代の石灰岩
- ▦ 第四紀石灰岩
- ▨ 沖縄海岸国定公園（陸域）区域

76 *Japan*
南大東島のサトウキビ栽培
The monoculture of sugar cane in Minamidaito Island

1 島に人が住み始めたのは

南大東島は北大東島，沖大東島とともに大東諸島に属する。1885（明治18）年に正式に日本の領土となった。1900（明治33）年に八丈島から南大東島の西海岸に上陸した22名によって開拓された。1900〜1901年にサトウキビを植え付けし，1902年に初めて黒糖80俵を製造した。当初サトウキビ栽培は玉置商会によって運営されていたが，1916（大正5）年東洋製糖会社に引き継がれ，製糖事業のほかに土地使用権もこの会社にうつった（南大東村誌編集委員会，1990）。

2 南大東島は隆起環礁？

南大東島と北大東島は琉球海溝の東方に位置し，フィリピン海プレート上の大東海嶺に位置する。大東海嶺は赤道付近から現在の位置に沈降しつつ，環礁を形成しながら北上してきた。南大東島はマグネシウムを多く含むドロマ

イト質石灰岩だが，以下は単に石灰岩と記述する。島はハグウエと呼ばれるリッジ（最高高度74.0m）とハグシタと呼ばれる盆地状の低地（5〜15m）からなり，比高30〜40mの急崖で接する（図1，図2）。この島の最終間氷期（12.5万年前）のサンゴの高度から算出した隆起率は極めて低く，1000年あたり0.03〜0.05mである（太田ほか，1991）。この島は単純に隆起した環礁そのものではない。隆起しつつ長期にわたって溶食を受けて形成されたカルスト地形である。中央のハグシタには淡水湖である，標高3mの大池や瓢箪池などがある。これはドリーネに淡水がたまったドリーネ湖であり，湖底の洞窟で海水と連動していて，干潮や満潮時には水面の高度が変動する。このハグシタには最終氷期に形成された洞窟（漆原ほか，2017）が複数存在する。

一方ハグウエには3〜4列のライムストーンウォールと呼ばれる再結晶して，溶食されにくくなった石灰岩が列をなしている。ここは土壌の被覆が少ないので，耕地として利用されず，防風林として残されている。ライムストーンウォールの間には薄いが土壌があり，耕地として利用されている。ハグシタは厚い土壌に覆われているが，長期に及んだ溶食の結果の石灰岩の残渣と混入する風成物質を母材とするため，粒子が細かい粘土を主体とする重埴土である。ハグシタとハグウエの高度差は溶食率の差にある（漆原ほか，1999）。土壌に覆われ続けて溶食を受けた場合は，裸出した石灰岩に比べて，同一期間に約5倍溶解する。このことを算出基準としてこの島の形態を形成するのに要した時間を約160万年と算出した（漆原ほか，2017）。

3 土地利用上の問題点

カルスト地形であるがゆえにこの島の農業的土地利用には2つの大きな問題点がある。一般にカルスト地域では，降水は地下の洞窟に

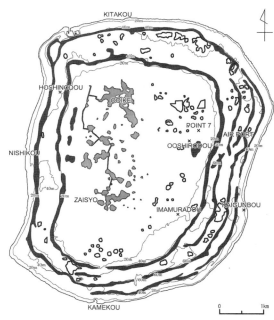

× 洞窟 　ライムストーンウォール 　ドリーネ湖 　ドリーネ

図1 南大東島のカルスト地形（漆原ほか，2017）

流入するため，表層は乾燥傾向となる（図2）。

第1の問題点は土壌が重埴土であることである。開拓当初からこの島ではサトウキビの栽培が行われてきた。玉置時代，東洋製糖時代，日東興業（大日本製糖）時代を通して，サトウキビの単一栽培が行われてきた。そして，1964年に住民の土地所有が認められた。そのため一戸の平均所有耕地は広く，5haである。刈り取り時は家内労働では間に合わない。一時は韓国人などの労働力や沖縄からの出稼ぎ労働者にたよった時代もあった。1975年ごろから，オーストラリアのハーベスターを見習って，大型のハーベスターが導入されるようになった。現在ではハーベスターは島内に16台あり，年間1,550haを収穫する。これはほぼ島内の90％の収穫面積に相当する。

ハーベスターは重量が17tあり，ハーベスターが切ったサトウキビを，伴走して荷台に乗せる10tトラックが耕地を走る。1990年代に，収量があがらなくなった耕地を調べてほしいと依頼を受けて，ボーリングステッキを打ち込んだが，40cmより深く打ち込めなくなった。すでに重埴土の心土は重機の重みで固まっていたのである。

第2の問題は，この島の雨の降り方が一様ではないことにある。風の強い台風は塩害をもたらすので嫌われるが，雨をもたらす台風はむしろ歓迎される。サトウキビは10日間雨が降らなくても耐えられるが，長い乾季が続くと危険である。2000年ごろまでは，自分の耕地に洞窟がある場合は，ポンプで地下水をくみ上げた。しかし今はこれをやめた。ドリーネ湖のそばにはコインで水をタンクに入れる設備があり，そこからタンクに入れて耕地に運ぶ。水を節約して利用するために点滴灌漑が導入されている。

ドリーネ湖の淡水ばかりでなく，洞窟の地下水も含め，島のすべての淡水は海水の上にのる淡水レンズを構成している。この淡水をくみ上げすぎて，淡水レンズを壊すと二度と元には戻らない。世界のカルスト地域では淡水レンズを壊してしまって，海水が上がってきて住めなくなった場所がいくつもある。

4 問題の解決方法は？

第1の土壌の問題解決は，熱帯を植民地として永く支配してきたオランダの記録にある。土壌化の進行の速い熱帯のインドネシアで，プランテーションの土壌を強い太陽光にさらすとラテライト化を起こした。これを避けるために，雑草でも樹木の小枝でも漉き込むように指導している。南大東島の土壌は土壌化の進行した重埴土であるという点で，熱帯土壌に近い。解決には積極的に有機物を混入することが必要である。今日ではバガス（搾りかす）を土壌に戻す作業が行われていることは喜ばしいことである。次にハーベスターの軽量化または小型化が可能であれば，改良して進めてはどうかと思う。

第2の水の問題は，必要最小限の水分量を，コントロールして灌水することである。これは村役場が淡水レンズの反転を起こさないように管理する必要がある。2013年に筆者らが村で講演した時には，住民のほとんどは利用できる淡水に限りがあることをご存じなかった。

今日ではサトウキビから転作を図り，カボチャを植える農家もあらわれた。船の輸送に適した作物を選ぶ必要があるが，淡水をあまり必要としない作物を取り入れることも一案である。

南大東島も北大東島も日本にとっては第三紀から第四紀にかけて成長を続けたサンゴ礁でできた貴重な島である。ぜひこの貴重な自然を長く人が住める島として保全に努めてほしい。

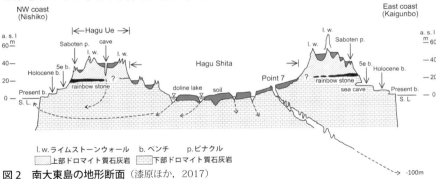

l.w.ライムストーンウォール b.ベンチ p.ピナクル
□上部ドロマイト質石灰岩 ■下部ドロマイト質石灰岩

図2　南大東島の地形断面（漆原ほか，2017）

（漆原和子）

77 *Japan*
熊本地震とサプライチェーン
The 2016 Kumamoto Earthquake and supply chains

1 サプライチェーンとは

サプライチェーン（supply chain）とは商品が生産者から消費者に届くまでの，調達・製造・物流・販売のすべての過程を一つのシステムとして捉える考え方である。日本語では供給連鎖や供給網とも訳される。商品が消費者に届くまでに，原材料の供給業者，製造業者，輸送業者，販売業者など多くの企業が連携することになる。例えば自動車は数万点の部品を必要とするが，そのうちたった1つの部品が供給されなくなるだけで，自動車の生産は停止を余儀なくされる。こうしたリスクに備えて，通常はある程度の在庫を持っているし，他の部品メーカーから供給を受けることができれば支障はない。しかし，サプライチェーンの段階のどこかが途絶され，代替的な供給先が見つからない場合は，サプライチェーン全体に大きな影響が生じ，消費者に商品を供給できなくなる。

サプライチェーンを途絶させるリスクには，大規模災害や事故，新型コロナウイルスのような感染症など様々なものがある。また米中対立の中で中国を除外したサプライチェーンを構築する動きなど，政治的リスクもある。ここでは，平成28年熊本地震（以下，熊本地震）を例に災害がサプライチェーンに及ぼす影響をみていく。

2 熊本地震の特徴

熊本地震は，2016年4月14日以降に熊本地方を中心に発生した一連の地震である。4月16日に発生した「本震」はマグニチュード7.3を観測した。最大震度7を同地点（益城町）で2度観測したのは観測史上初であった。布田川－日奈久断層帯の活動による内陸直下型地震であり，余震が多発しかつ広域に及んだ。熊本地震による人的被害は2020年12月11日現在で直接死50人，関連死を含めると計273人，重軽傷者は2,735人に上った。建物被害は全壊

8,642棟，半壊34,393棟，一部損壊155,177棟に及んだ（伊東・鹿嶋，2018）。

3 製造業の被害と復旧

熊本地震は県内で最も製造業が集中する地区を襲った。産業別では製造業の被害が最大であった。熊本県工業連合会および熊本県ものづくり工業会事務局が熊本地震から約1ヵ月後の2016年5月下旬に行った調査によれば，回答企業57社のうち82.5%には何らかの被害があった。とくに建物や装置への被害が大きかった。また地震後に一時的な休業に追い込まれた企業は30社に及ぶ。このうち1週間未満の休業が17社，1週間から2週間未満が3社，2週間から1ヵ月未満が4社，1ヵ月以上休業したのが1社であった（伊東ほか，2019）。

熊本県には県外から進出した大企業も多く立地する。その分布と生産の復旧時期を**図1**に示した。生産の復旧時期は立地場所によって異なっている。断層面からの距離が遠く揺れの小さかった企業では被災後2ヵ月以内で震災前水

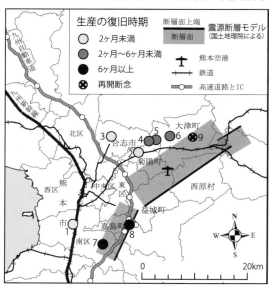

図1 誘致大企業の分布と生産の復旧時期
復旧時期は熊本地震発生前の生産能力を回復した時期。
鹿嶋（2018）による。一部修正。

準にまで生産が復旧した。一方，断層面に近く揺れの大きかった企業では復旧が長期化し，ホンダ（図中6）は約5ヵ月，アイシン九州（同7）とサントリー（同8）は半年以上を要した。HOYA（同9）は工場内火災発生により再開を断念した。このように，地震による揺れの相違が復旧期間に影響を与えている。地震被害を最小化するには，地震動予測地図を活用した対策がなされるべきであろう。

4 サプライチェーンへの影響

熊本地震による生産停止はサプライチェーンの途絶をもたらし，その影響は国内他地域や海外にまで波及した。中でもアイシン九州の事例は，サプライチェーンの寸断が広範囲に影響を及ぼした点，迅速な代替生産によって回復を図った点が特徴的である。

アイシン九州は，トヨタ系の有力部品メーカーであるアイシン精機（本社愛知県）の生産子会社である。従業者数は約700名である。主要製品は自動車のサンルーフ・ドア・シート部品などで，主要取引先はトヨタ，ダイハツ，日産などである。とくに「ドアチェック」（ドアの開閉を制御する部品）は年間300万台分を生産し，多くの自動車メーカーに供給していた。

アイシン九州における熊本地震の被害は設備，建屋，インフラ等に及んだ。自動車部品工場建屋の柱が多数損傷し，床面には段差が生じ，内壁も多数落下した。機械設備も多数破損したほか，1台2tほどの大型の金型が壁を突き破り，建屋の外に飛び出した。電源を喪失し，生産管理用サーバーも停止した。このように工場内で甚大な被害があった。

同社の生産停止によって，ドアチェックの供給が滞り，トヨタの国内15の完成車組立工場で生産が停止した。トヨタ向けのほぼ全量を同社で生産していたからである。工場の復旧には数ヵ月を要すると見込まれたことから，生産再開を急ぐために他工場での代替生産を決定した。代替生産先は九州地区の協力企業（7ヵ所）と愛知県内のアイシン精機工場（7ヵ所）となり（図2），4月23日から順次代替生産を開始した。代替生産の開始によって，5月7日からトヨタグループの完成車工場が順次操業再開した。復

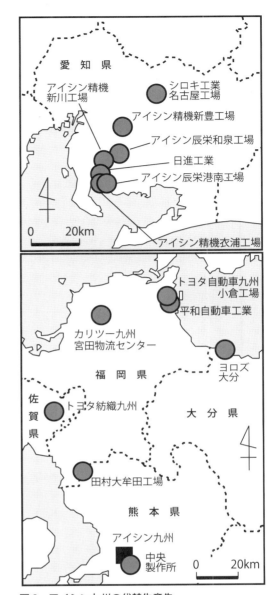

図2 アイシン九州の代替生産先
鹿嶋（2018）による。一部修正。

77

日
本

旧に当たってはアイシングループ，トヨタグループ，建設業者などから多数の人員が応援に駆けつけ，最大で1,200人体制に及んだ。

国際的な企業間競争の激化により，企業は在庫の削減や調達先の集中など，ムダを極力削減した「選択と集中」を進める。その反面，リスクへの対応力は下がり，サプライチェーンの脆弱性は高まっている。リスクへの備えをしすぎるとコストの増加につながり，企業の競争力を削ぐ。リスクとコストのバランスをどう取るか。コストは誰が負担するか。企業だけでなく消費者も考えるべき問題である。　（鹿嶋　洋）

78 *Japan* 北九州市八幡東区の急傾斜地にある住宅地の衰退
Decline of residential areas in the steep slopes of Yawata Higashi Ward, Kitakyushu City

1 八幡の都市発展

　北九州市八幡東区はかつて八幡村（枝光・大蔵・尾倉村の3村の合併によって1889年に誕生）であり，人口は2,118であった。製鉄所を誘致したのは全国に八幡村を含めて12ヵ所あり，八幡村に官営の八幡製鉄所を設立することが1897年に決まった（阿部，2007）。

　八幡製鉄所は，筑豊炭田の石炭を利用するとともに，中国からの鉄鉱石をもとに製鉄を行っていた。鹿児島本線よりも北の地域が洞海湾に面して水運にも適しており，製鉄所が集積していた。製鉄所の労働者の多くは，鉄道線路の南側の市街地にある社宅をはじめとした住宅地から通った。1930（昭和5）年に八幡を訪れた北原白秋は，「山へ山へと 八幡はのぼる はがねつむように 家がたつ」と詠んだ。

　第二次世界大戦後では，八幡に11基の溶鉱炉が稼働していた1960年頃が最盛期であった（阿部，2007）。1980年代になると，円高のために稼働していない溶鉱炉は整理され，発祥の地である八幡の東田地区からは失われた。製鉄所の跡地には，1990年にテーマパークのスペースワールドが開園した。スペースワールドの利便性を高めるために，東田2・3丁目の東にあったJRの線路は移設されて短絡線となり，スペースワールド駅が設置された（図1）。スペースワールドは，入場者数が減少して経営破綻し，2018年に閉園した。

2 急傾斜地にある住宅地の衰退

　図1では，八幡東区における町丁別の2010年から2015年までの人口増減率を示すとともに，等高線を示した。標高40mくらいまでは比較的緩やかであるが，標高40m以上になると等高線が密となり，急傾斜地となる。特に，標高50mを超える傾斜地において，人口の減少率が高い（図1）。

　2020年10月に，急な傾斜地の現地調査を行った。写真1は，末広町における空き家である。建物全てが植物に覆われており，建物の外形から住宅であるとわかる。住宅の手前のところは空き地となっている。写真2は，階段に面したところにある空き地と，管理物件の表示のある空き家である。このような傾斜のある住宅地には急な階段があり，階段沿いに家屋が建ち

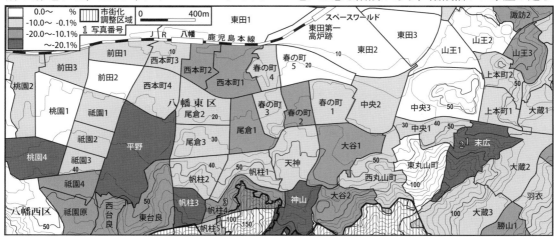

図1　八幡東区中心部における町丁別人口増減率（2010～2015年）
等値線は標高（m）を示している。2015年の平野1，2，3丁目の数値はないため，平野としての人口増減率である。
国勢調査により作成。

写真1　末広町における植物に覆われた空き家（2020年10月撮影）

写真2　末広町における急な階段に面した空き地と管理物件の表示のある家屋（2020年10月撮影）

並んでいる。住宅への道は階段のみであり，自動車や自転車や車イスなどではたどり着けない。傾斜地では階段や坂が物理的な障害となるため，高齢者には生活が徐々に難しくなる。

　写真3は，帆柱4丁目における住宅跡である。住宅の門と塀は残っているが，家屋は撤去され，住宅の跡地は畑として利用されていた。菜園への用途転換は，接道条件の悪い土地の活用方法として注目されるが，雨水の浸透性を高め，よう壁の崩壊を招く危険もある（志賀，2005）。

　これらの住宅地は，福岡県の急傾斜地崩壊危険区域に指定されるとともに，北九州市の宅地造成工事規制区域に指定されており，住宅地として新たに開発することはできない。

3　市街化調整区域への逆線引き

　八幡東区では，山間部が市街化調整区域である以外は，大半の地域が市街化区域である（図1）。2019年に北九州市は，傾斜地において市街化区域から市街化調整区域（市街化を抑制すべき区域）への逆線引きを発表した。これは人口減少や災害の危険がある，傾斜の急な市街化区域において，新たな居住地としての住宅・宅地開発を抑制するものである。見直し地域においては，概ね30年後（2049年頃）を目途に，ゆるやかに無居住化および更地化（緑地化）を進めていく方針である。候補地の住民に対して説明を行い，住民との協議が整った地域について，見直しを行うとした（北九州市，2019）。子孫が将来住めるのかという不安や資産価値が下がるとの意見があり，八幡東区の見直し候補地は，当初の292ha，10,000人，5,400棟の対象から，2023年の都市計画原案では75ha，

写真3　帆柱4丁目における住宅跡に残る門と塀と畑（2020年10月撮影）

170人，120棟へと縮小された。

　傾斜地が住宅地化したのは，それぞれの所有者が家屋を建ててきた結果である。そのため，空き家であっても所有者があるので，その所有者の意向が尊重される。

　北九州市では，老朽空き家等除去促進事業として，1981年5月以前に建築された空き家のうち，倒壊や部材の落下のおそれがある危険な家屋か，接道状況の悪い敷地上にある除去が困難な家屋には，1戸当たり50万円を上限に，除去に要した額の3分の1を補助している。傾斜地の階段のみに面している空き家はこの条件を満たすので，除去には補助が適用される。

　八幡東区の急傾斜地には，空き家（写真1），空き地（写真2），住宅が畑になったところ（写真3）もある。急傾斜の住宅地の実態としては，無居住化が進んでいる。急傾斜の住宅地において必要なのは，居住者が高齢化していくなかで，生活をどのように支援できるかを考えることである。

（藤塚吉浩）

78

日本

79 *Japan*
海を渡る獣害
──宿毛市沖の島の事例
Wild boars swimming across the sea: The case of Okinoshima, Sukumo City

1 沖の島における獣害

2006年に筆者は，高知県宿毛市沖の島において，防風のための石垣について現地調査を行った（漆原ほか，2008）。『宿毛市史』（宿毛市史編纂委員会，1977）によると，沖の島には鹿垣も存在する。現在の沖の島にシカはいないが，藩政期にはシカが多く，シカの害を防ぐために，1,230間（2,236m）余りの鹿垣が1,215人によりつくられた。

『わが故郷　土佐・沖の島』（郷土誌編集委員会，1982）に記された伝承によると，宇和島藩主伊達氏家老の左京が，畑の少ない沖の島で不作の年の食糧として，多くのシカを放ったという。1907（明治40）年頃にもシカが多く，島外から大勢の者が来て捕獲したと記されている。

また，同書ではイノシシについて，もともと沖の島にイノシシはいなかったが，1920（大正9）年夏に幡多地域で洪水があり，イノシシが泳ぎ渡って，棲息し繁殖したと記されている。農作物を荒らすイノシシに困り，村役場では1頭10円の懸賞金で捕ることを奨励し，1928（昭和3）年には19頭の捕獲があり，この頃に根絶されたという（郷土誌編集委員会，1982）。

ところが，近年また出没して被害が出ており，

猪除けもあるという。なぜまたイノシシの被害があるのだろうか。聞き取り調査を続けていくと，イノシシは海を渡って来ることがわかった。イノシシが泳いでいるとの連絡を受けて，船で捕獲に出かけた人の経験談を聞くことができた。泳いでいるイノシシを突こうとすると，それをかいくぐって潜り，10mほど先に浮かび上がるという。イノシシは，島まで泳ぎ着く十分な体力を備えているのである。

山頂付近まで開墾されていた沖の島では，かつての畑の大半は耕作放棄地となっている。耕作放棄地は，臆病なイノシシが身を隠すのには好都合であり，集落の近くの畑まで近寄ることができる。人口が減少し，高齢化の進む沖の島では，かつてのようにイノシシを撲滅させることは容易ではない。

イノシシの捕獲数は，沖の島付近でどれくらい変化したのだろうか。宿毛市と大月町の資料をもとに，捕獲された頭数の変化について**図1**に示した。

宿毛市沖の島では，2000年代初頭には捕獲頭数が30頭前後で推移していたが，2020年度には55頭まで増えた。鵜来島では，2020年度にイノシシ捕獲の報告はないが，イノシシによる被害のために，イモ類の作付けはされていない（黒潮実感センター，2017）。

2 幡多地域のイノシシとシカ

沖の島に近い大月町の柏島や一切では，2006年度にイノシシは捕獲されなかった。2020年度になると，鉾土や頭集，平山では，捕獲頭数が多くなった。シカの捕獲頭数は，大月町の頭集で2004年度が10頭，2005年度が27頭，2006年度が28頭と増えた。

大月町で増えたイノシシが，**図1**中の矢印のような方向に，島伝いに海を渡り沖の島へ移動するものが多くなったのだろうか。あるいは，

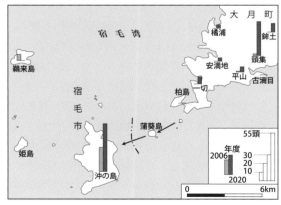

図1　沖の島付近のイノシシ捕獲頭数（2006・2020年度）
宿毛市と大月町の資料により作成。

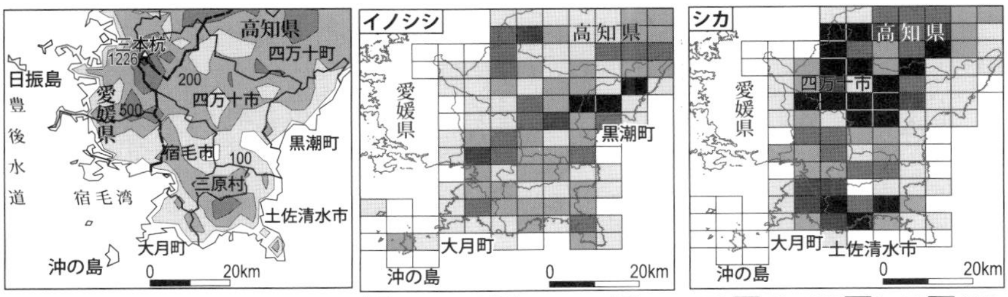

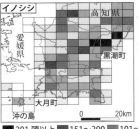
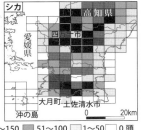
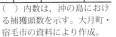

図中の数字は標高（m）を示す。

図2　高知県幡多地域におけるイノシシ・シカの捕獲頭数（2015年）

凡例：■201頭以上　■151〜200　■101〜150　■51〜100　□1〜50　□0頭

高知県（2018a, b）により作成。

表1　大月町・宿毛市におけるイノシシ・シカの捕獲数

	年度	イノシシ	シカ
大月町	2018	107	292
	2019	186	258
	2020	218	266
宿毛市	2019	984 (46)	1098
	2020	934 (55)	1146

（　）内数は，沖の島における捕獲頭数を示す。大月町・宿毛市の資料により作成。

79

日本

子だくさんのイノシシ（1年に4〜5頭生まれる）が繁殖し，生息数の拡大を抑えられていないことが原因なのだろうか。

　イノシシおよびシカが沖の島に渡るのか考察するために，幡多地域を対象に，イノシシとシカの捕獲頭数を5kmメッシュごとに示した（図2）。イノシシの捕獲数は黒潮町で201頭以上と多く，大月町においても多い（図2）。

　シカは，四万十市の内陸部において，201頭を超える捕獲頭数のメッシュが連続している（図2）。愛媛・高知県境付近にある三本杭（さんぼんぐい）の山頂にはミヤコザサが生えていたが，シカの食害により消滅し，裸地化した（奥村，2011）。山頂付近の地表には植生がなくなり，表土が流亡しており，急傾斜地では侵食も起こった。シカが増えすぎて，剝被害を受けた樹木も枯死しているという（奥村，2011）。

　土佐清水市から大月町にかけても，201頭以上シカを捕獲したメッシュがある（図2）。**表1**は，大月町と宿毛市におけるシカの捕獲数の推移を示している。四万十市で多いシカは，隣接する宿毛市においても捕獲数が増えている（表1）。大月町におけるシカの捕獲数は連続して250頭を超えているので（表1），シカの生息数は多いと考えられる。

3　獣害は海を渡るか

　シカの捕獲数は山間部に多いように（図2），シカは比較的標高の高い森に生息している。シカの走力はすぐれており，外敵から逃れるためには，斜面をかけのぼって，尾根を越えるのが有利である（高槻，2015）。狩猟で追われたシカが山に駆け上がるのであれば，沖の島にシカが渡る可能性は低い。

　イノシシの捕獲数について，大月町では2018年から2020年にかけて倍増した（表1）。『イノシシの泳ぐ時代』を著した高橋（2017）によると，イノシシの泳ぐ最長距離は15〜20kmに達する。イノシシは猟犬などに追われた場合には，目標を定めずに海に突進して力の限り泳いでいく。愛媛県の日振島（図2）には，海を泳いでイノシシが上陸するのを目撃する情報は珍しくないという（高橋，2017）。沖の島も同じ豊後水道にあり，イノシシが泳いで渡る可能性は高い。

　高橋（2017）によると，捕らえたイノシシを放つと，山の上の方に向かわず，山の下方に逃げるという。イノシシが，三方を海に囲まれた大月町で猟犬に追われたならば，山から下り海に突進して，沖の島へ渡るのではないか。沖の島でイノシシが増えているのは，棲み着いたイノシシが生息数を増やしているとともに，大月町で急増したイノシシが，泳ぎ着いているものと考えられる。

　猟犬を使った巻き狩りを海岸付近や島で行う場合には，泳ぐイノシシを発生させると高橋（2017）は指摘し，海岸付近や島嶼部での駆除は，捕獲檻や罠などを主体とする方がよいという。大月町において巻き狩りが実施されるのであれば，イノシシが海を渡るおそれがあり，狩猟方法の見直しが必要である。

　高知県では狩猟人口確保のため，2017年度から県猟友会と協力して，初心者向けの「わな猟体験ツアー」（参加費500円）を宿毛市において実施している。このツアーには，狩猟に関心のある者のほか，獣害に悩む農業者の参加もある。体験ツアーの開催によって，農業者によるわな猟を広められるのであれば，海を渡る獣害を減らせる可能性はある。　　　　　（藤塚吉浩）

80 *Japan*
激甚化する豪雨と河川災害
──2018年西日本豪雨による肱川の氾濫
Intensifying precipitation and river management:
Flooding of the Hiji River due to the Western Japan Torrential Rain in 2018

1 激甚化する豪雨災害

全国約1,300地点のアメダス観測地点で観測された降水量のデータ（図1）によれば，1976年から2019年の間に，日本国内の大雨および短時間強雨の発生頻度は増加し，雨の降る日数は減少傾向にある一方，日本国内の年降水量には長期変化傾向は見られないという（文部科学省・気象庁，2020）。すなわち，近年，雨の降り方が極端になっており，地球温暖化の進行に伴って，この傾向はさらに強まると予測されている。

このように雨の降り方が変化する中で，私達はこれまで以上に真摯に防災・減災に取り組む必要がある。また，それと同時に，近年の河川災害では，これまでの認識を改めなければいけない場面がしばしば現れるようになってきた。

2 2018（平成30）年7月豪雨

2018年7月豪雨は，中国・四国地方や北九州に河川災害や土砂災害をもたらした。愛媛県では7月4日22時から降雨が断続的に続き，7月5日から8日にかけては記録的な大雨となった。5日0時から8日24時までの降水量は，西予市宇和町で539.5mmを観測した。広島県や岡山県などで35ヵ所で河川の堤防が決壊したのに対し，愛媛県の肱川（ひじかわ）では堤防は決壊しなかったが，橋梁の流出や家屋の浸水などが発生し，8名が死亡し床上浸水は2千戸を超えた。

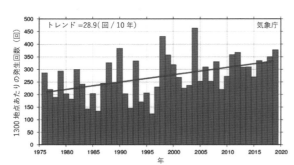

図1 1時間降水量50mm以上の短時間強雨の年間発生回数の経年変化（1976〜2019年）　気象庁ホームページより。

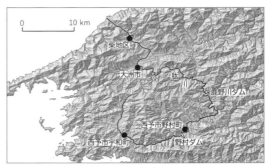

図2 肱川流域　　　　　　　地理院地図などから筆者作成。

肱川は源流から内陸に向かって蛇行しながらぐるりと巡って伊予灘に注いでいるため，流域の大部分を山地が占める割に河床勾配は緩い（図2）。また，宇和盆地や野村盆地，大洲盆地のような凹地以外は，全体的には狭隘なV字谷が河口まで続いている。このため，大雨が降った際には本流に降水が集まりやすい一方，本流の水は滞留しやすく，盆地や狭い谷底平野では河川氾濫を繰り返してきた。

3 野村盆地における氾濫

肱川の氾濫は，肱川の上流にある野村ダムと鹿野川ダムが，異常洪水時防災操作（緊急放流）を行った後に始まった。野村ダム直下の野村盆地では，7月7日4時30分に緊急放流について西予市や関係各機関に伝達され，5時15分に放流警報が出された後，6時20分に放流が始まった。まもなく野村盆地では越流で沿岸の浸水が起こり，最大浸水高は5mに達した。野村盆地の沖積低地は全域水没したほか，低位河成段丘の一部においても2mを超える浸水があった（図3）。野村町の市街地は低位段丘上に立地していたが，野村ダムの完成（1982年）以降，野村盆地で氾濫が発生したことはなく，沖積低地に保育所や給食センター，住宅が立地するようになっており，今回の豪雨で壊滅的な被害を受けた。緊急放流の情報伝達に過誤は無かったのか，住民の避難行動がなぜ円滑に進ま

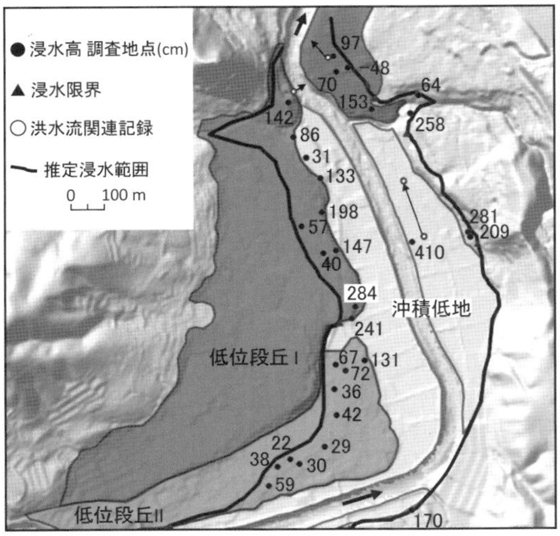

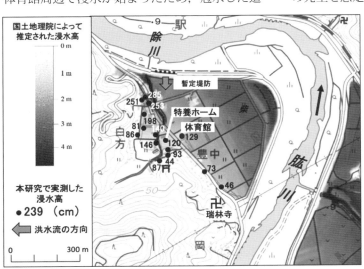

図3 野村町の浸水状況　　川瀬ほか（2019）を修正。

（図の凡例）
- ● 浸水高 調査地点(cm)
- ▲ 浸水限界
- ○ 洪水流関連記録
- ▬ 推定浸水範囲
- 0　100 m

（図中の記述）97, 48, 70, 153, 64, 258, 142, 86, 31, 133, 198, 57, 147, 40, 281, 209, 410, 284, 241, 沖積低地, 低位段丘Ⅰ, 67, 131, 72, 36, 42, 22, 29, 38, 30, 59, 低位段丘Ⅱ, 170

なかったのか，現在でも検証は終わっていない。

4 肱川下流域の氾濫

大洪水を繰り返す肱川下流域では，堤防整備や河道拡幅などの整備工事が進められていたが，一部に「暫定堤防」と呼ばれる低い堤防が設置されていた。大雨の際には暫定堤防から遊水池機能を有する水田に河川水が流れ込んで，本流の水位上昇を抑制するのである。しかし，2018年豪雨の際には，暫定堤防から沿岸に溢れ出す河川水の量が尋常でなかった上，背後の山間部からも低地に向かって雨水が流れ下りてきて，山裾の集落まで浸水が及んだ。図4の大洲市柴地区では，洪水警報を受けて住民は避難場所の旧柴小学校体育館に集まった。しかし，体育館周辺で浸水が始まったため，冠水した道

路を歩いて，より標高の高い瑞林寺へ移動した。一方，体育館の向かいに位置する特別養護老人ホームでは，肱川下流方向の高台に位置する関連施設（図4の範囲外）に，利用者を車で搬送することを試みたが，道路の冠水で行き詰まってしまった。そのため，施設に引き返して，2階への垂直避難に切り替えた。1階の屋内の浸水高は1.2mで，段差なく施設内に入れるよう玄関がバリアフリー対応となっているため，外の土地の浸水高とほとんど同じであった。

5 河川管理と避難行動の課題

西日本豪雨やその後毎年のように続く洪水災害を受けて，各地のダムの建設や操作方法が見直されている。しかし，例えば野村ダムの建設の背景には柑橘栽培のための農業用水需要の高まりがあり，ダムを満水にしておきたい利水と豪雨前には空にしておきたい治水という，相矛盾する機能のバランスを取るのは容易ではない。

三隅（2014）は，気象予報技術や情報技術が目覚しく進歩しているにも関わらず，1990年代以降も風水害が減少していない理由として，①気象を予測する技術がまだ確立していないこと，②時々刻々と変化する災害の状況を防災担当者が十分に把握する手段がなく現場が混乱しがちであること，③水害が起こったとき避難する経路がなく住民が「避難したくてもできない」状況が発生していること，④気象災害はひとつの場所ではまれにしか発生しないため住民が激しい気象の発生を想定しておらず避難が遅れがちであること，を指摘している。

水害常習地帯である肱川流域では住民の防災意識は比較的高いが，この豪雨災害は住民が生きてきた数十年という経験に基づいた避難行動では命を守ることが難しいことを示した。同様のことは全国の河川流域で起こり得る。まずは，ハザードマップの活用や長期的な災害履歴からその土地の潜在的な災害リスクを知り，その上で，想定に因われない避難行動が必要である。

（川瀬久美子）

図4 大洲市柴地区の浸水状況　　川瀬・石黒（2020）を修正。

（図の凡例）
- 国土地理院によって推定された浸水高: 0 m ～ 4 m
- 本研究で実測した浸水高 ●239 (cm)
- ← 洪水流の方向
- 0　300 m

（図中の記述）除川, 駅, 暫定堤防, 特養ホーム, 体育館, 285, 251, 253, 198, 81, 86, 129, 白方, 146, 120, 93, 豊中, 44, 87, 73, 肱川, 46, 瑞林寺, 岡, 50

80

日本

81 *Japan*
瀬戸内工業地域の地域的特徴と今日的課題
Regional characteristics and contemporary issues of the Setouchi industrial area

1 瀬戸内工業地域の位置づけ

　瀬戸内工業地域は，その名のとおり，瀬戸内海沿岸各地に発達した工業地域であり，古代より経済的にも文化的にも大いに栄えた回廊地域であった。近代化期には，種々の近代工業や軍需産業が立地し，工業地域の原型が形成され，戦後，高度経済成長期以降には，臨海部に基礎素材型の重化学工業を主とした工業地域が形成された。これは，瀬戸内海が大型船で原料や製品を輸送し得る工業運河の役割をも果たしていたことが一因としてあげられる。

　1960年代には，岡山県南および東予地区が新産業都市に，備後および周南地区が工業整備特別地域に指定され，徳山，周南，岩国，福山，水島（倉敷）に進出した石油化学コンビナートや二つの製鉄所を中心に重化学工業が急速にのび，北九州工業地帯を凌駕する規模となった。

　その後の主要工業地域別製造品出荷額等の推移を示した**図1**によれば，瀬戸内工業地域は1970年以降，安定した工業生産を継続しており，他の工業地域に比して大きな変動はみられない。現在，最大の工業地域は中京工業地帯であり，全国の製造品出荷額等の55.9％を占める一方，瀬戸内工業地域の占める割合は29.7％である。このように，瀬戸内工業地域は阪神工業地帯や関東内陸工業地域とほぼ同規模の出荷額であり，比較的上位に位置する工業地域として位置づけられる。

2 瀬戸内工業地域の構造的特徴

　図2は，主要工業地域について，製造品出荷額等の業種別構成を示したものである。日本全体では，機械工業の割合が最も大きく，全体の46.0％を占め，それに次ぐのが，13.1％を占める製鉄業などの金属工業と化学工業となる。一方，高度経済成長期初期の1955年においては，機械工業の割合は18.7％，金属工業の割合が15.3％，化学工業の割合が15.4％であり，2度にわたる石油危機により主導産業は機械工業にとって代わられた。

　瀬戸内工業地域に注目すると，機械工業の割合は35.2％で最も大きな値を示すものの，化学工業や金属工業の割合が総じて高い。また，業種別の特化係数を算出すると，その構造的特徴がより鮮明になる。すなわち，金属工業の特化係数は1.39，化学工業の特化係数は1.67である一方，機械工業の特化係数は0.77に留まっており，依然として，金属工業と化学工業が瀬戸内工業地域の主力部門であることがわかる。

　また，日本の繊維工業は重化学工業化と相まって，高度経済成長期以降，衰退傾向にあるものの，瀬戸内工業地域における繊維工業の特化係数は1.75であり，繊維工業も盛んな工業地域であることも特徴として見いだせる。

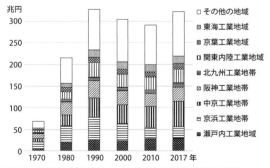

図1　主要工業地域における製造品出荷額等の推移
工業統計調査により作成。

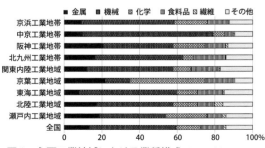

図2　主要工業地域における業種構成（2017年）
工業統計調査により作成。

3 工業集積の分布的特徴

高度経済成長期初期における瀬戸内工業地域の分布的特徴を論じた村上（1960, 1986）によれば，瀬戸内工業地域は，岡山県南部地区，備後南部地区，広島・呉地区，宇部・小野田地区，新居浜地区，今治地区など12の工業集積地域によって構成される。これらの個別の工業地区の位置を確認すると，工業集積が連続する阪神工業地帯や京浜工業地帯とは異なり，工業集積が点的に分布するという瀬戸内工業地域特有の分布的特徴をみることができる。

2017年における市町村別製造品出荷額等を示した図3によると，製造品出荷額等が1兆円を超える工業都市は，約3.7兆円を計上する倉敷市を筆頭に，広島市（約3.2兆円），福山市（約1.7兆円），周南市（約1.2兆円），呉市（約1.1兆円），岡山市（約1.0兆円），今治市（約1.0兆円）の5市となる。とくに，岡山県南，広島周辺，備後南部と周南地区が瀬戸内工業地域の工業生産の核となっている。そのほか比較的生産規模の大きな都市としては，防府市，東広島市，西条市，新居浜市，山陽小野田市，四国中央市，尾道市，光市，坂出市，岩国市などがあげられ，現在でも工業地区は広域にわたり点在している。

こうした工業地区においては，特定の業種に特化している都市が少なくない。図3によれば，岡山県南の主要工業都市である倉敷市では，市内の水島地区がその生産の大半を担っており，鉄鋼業，石油化学工業が全体の製造品出荷額等の約4分の3を占める。また，備後南部の福山市においても鉄鋼業の割合は高く，全製造品出荷額等の約45%のシェアを有している。そのほか，周南市では，化学工業が全体の75%を占めており，企業城下町としての性格を有する工業都市でもある。

4 瀬戸内工業地域の今日的課題

最後に，瀬戸内工業地域の課題についていくつか指摘しておきたい。日本のみならず多くの先進国において，第三次産業化が進展し，国民経済を牽引する部門としての工業のもつ役割が減じている。また，工業部門に限ってみれば，日本の主導産業は機械工業や高付加価値型の先端産業へとシフトしている一方で瀬戸内工業地域は概ね素材型産業にいまだに特化しており，業種構成が硬直化している都市も少なくない。こうした瀬戸内工業地域の有する産業構造上の特性は，今後の工業発展にとって優位となるとは考え難い。

一方，日本を俯瞰すると，大都市圏地域と非大都市圏地域との経済的な格差是正は，これまで国が試みてきたものの十分達成されていない。たしかに，瀬戸内地域は，かつて地方の工業化政策であった「新産・工特」の恩恵に浴した地域であるが，中心地域と周辺地域をつなぐ中間地域としての位置づけには変化はない。現在の瀬戸内工業地域に立地する工場には，域外資本によって成立したものも多く，当該工業地域が素材型産業の立地に特徴付けられることからみても，域内での価値連鎖や経済循環が十分確立しているとは言えず，大都市圏地域への従属から，必ずしも脱却していないように思われる。さらに，その結果，グローバル経済との関係性も希薄であることも課題としてあげられよう。　　（北川博史）

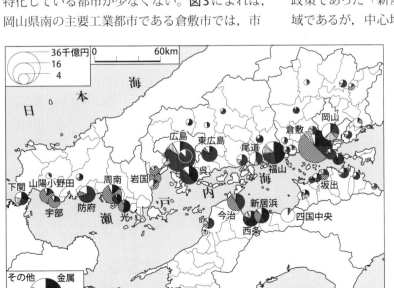

図3　製造品出荷額等からみた主要工業都市における業種構成（2017年）
製造品出荷額が1000億円以上の市町村のみ。　　工業統計調査により作成。

81

日本

82 *Japan*
兵庫瀬戸内における漁業資源の管理と「豊かな海」
Management of fishery resources and the theory of "Productive Sea" at the Hyogo Seto Inland Sea

1 はじめに

瀬戸内海において漁業資源の枯渇が大きな問題となっている。そのようななか，瀬戸内海環境保全特別措置法（1973年）の一部を改正する法律が2015年10月に施行され，「第2条の2」として環境の保全に関する基本理念が新たに加えられた。ここには，「地域の多様な主体による活動を含め，藻場，干潟その他の沿岸域の良好な環境の保全，再生および創出など瀬戸内海を豊かな海とするための取り組みを推進する」ことが謳われている。これに応じて，兵庫県の瀬戸内海側の漁場（以下，兵庫瀬戸内と記述）では，資源の再生に向けた取り組みが進んでいる。漁業者，漁業協同組合，行政機構，研究機関，関係諸団体が協力して，「豊かな海」を取り戻そうとしている（Tawa, 2021）。

2 兵庫瀬戸内の漁業

兵庫瀬戸内は大きく，播磨灘と大阪湾とに分かれる。播磨灘の北部には「鹿の瀬」と呼ばれる砂地の浅瀬が形成され，魚類の産卵場所として古くから知られてきた。大阪湾では，神戸沖，淡路島東浦沖が主たる漁場である。

漁業種類としては小型底びき網を主とする経営体がもっとも多い。漁獲対象はマダイ，カレイ類，エビ類，マダコなどである。船びき網の経営体数がこれに次ぐ。春先にはイカナゴ漁，春～秋にはシラス漁がおこなわれる。釣漁業としては延縄，ひき縄，一本釣りなどがある。延縄ではメバル，カサゴ，アナゴなどのほか，近年ではハモの漁獲が好調である。ひき縄ではサワラ，タチウオ，一本釣りではマダイやスズキ，ヒラメなどが漁

獲される。

漁船漁業による年間の漁業生産量は，1960年代後半の約8万tをピークに減少を続け，近年は4万t前後で推移している。これにかわって伸びてきたのが養殖業である。ノリ養殖，ワカメ養殖のほか，播磨灘沿岸ではカキ養殖がさかんになっている。このうちノリ養殖は1960年代後半から開始され，1980年代には「浮き流し」という技術の導入によって，神戸沖から播磨灘，淡路島北部において冬場の漁閑期を補う漁業として定着した（図1）。生産枚数は，佐賀県に次ぐ全国第2位である。近年の兵庫瀬戸内では，養殖業の生産額が漁船漁業の生産額をしのぐ。

3 漁場環境の変化

瀬戸内海では海域汚染がすでに1950年代の中盤から具体化しはじめた。1960年代に入ると沿岸諸地域の工業化の結果，美しい海は「汚れた海」へと急激に姿を変えていった。1980年代中盤以降には都市再開発型の埋立てが顕著となり，工場排水に加えて生活排水が海

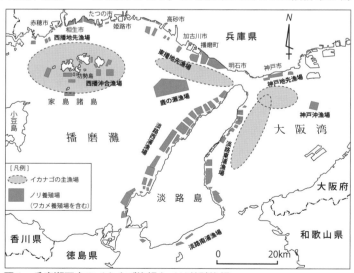

図1　兵庫瀬戸内のイカナゴ漁場とノリ養殖漁場
図中の漁場名は各地区のノリ養殖漁場に付したものである。
兵庫県のり養殖安定対策協議会資料，兵庫県立農林水産技術総合センター水産技術センター資料および聞き取りにより作成。

面へ流出したことから，環境破壊が一層進んだ。

1970年代前半の播磨灘北部は，大規模な赤潮が発生して養殖ハマチが大量にへい死するなど，常時，赤潮のような状態であった。この状況を受けて，瀬戸内海環境保全特別措置法が制定されたのである。以降，化学的酸素要求量（COD）および窒素・リンの総量の規制が順次導入され水質改善が進んだ。赤潮の発生が減少するとともに透明度も回復した。しかしながら，今度は海水中の栄養塩濃度，特に溶存無機態窒素（DIN）濃度の低下が進み，1990年代後半からは養殖ノリの色落ちが発生した。漁船漁業の漁獲量も同時期から減少を続けている。DIN不足が海域の生産力低下につながっていることが懸念されている（反田，2015）。近年は，水質改善が過度に進行し貧栄養状態である。そのため，漁業者からは，「海がきれいになりすぎている」，という不安の声が聞かれる。

4 「豊かな海」への施策

漁業関係者は，漁業資源が豊富な海域を表現する言葉として栄養塩が良好な「豊かな海」を提唱している。美しさを強調する「きれいな海」とは一線を画す意味合いを含む。兵庫県漁業協同組合連合会は，2018年に，「豊かな海」を取り戻すためのコミック版の広報誌を発行した。これは『瀬戸内海を豊かな海に！〜痩せた海，瀬戸内海への警告』と題されている。

「豊かな海」を取り戻そうとする行政の方策の一つが，「流総の大転換」である。これは，国土交通省水管理・国土保全局下水道部が2015年1月に改訂した流域別下水道整備総合計画を指す。すなわち，従来の水質環境基準を

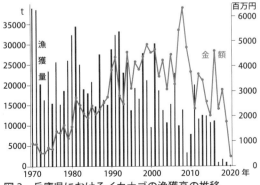

図2　兵庫県におけるイカナゴの漁獲高の推移

兵庫県資料（https://web.pref.hyogo.lg.jp/nk16/documents/r2gyokaku.pdf）により作成（最終閲覧日：2021年3月1日）。

達成する「水質」の軸に加え，「エネルギー」の軸，「時間」の軸，「空間」の軸の3つの軸を考慮した「四次元流総」の策定を推進するようになった。県では，加古川下流・二見・五色の3つの浄化センターで，2018年11月から翌年の4月にかけて，全窒素の濃度を引き上げて排水する季節別運転が開始された。

5 「豊かな海」を取り戻すために

近年，漁業者自らが漁場環境の変化や漁業資源量の減少に対して，経験知とともに，科学知に基づいて積極的に意見を表明している。家島諸島坊勢島では多くの船びき網漁船が稼働し，春には孵化後間もないイカナゴの漁がおこなわれている。1990年代後半からは「くぎ煮」（佃煮）が全国的に有名になり，需要が増すにしたがって魚価も高騰した。しかし，漁獲量は激減し（図2），影響は流通・加工業にも及んでいる。漁業者のなかには，時間，場所，流通の3つの制限条項を提案している人がいる。すなわち，①日曜日に加えて新たに別の曜日の休漁日を設け，漁場を休ませる，②イカナゴの日々の成長に応じて，漁場をローテーション方式で利用する，③くぎ煮用の小サイズのものだけに注目するのではなく，資源保護の意識を流通業者や消費者も含めて共有する，の3つである。

漁業者は，「豊かな海」を取り戻すための運動も展開している。取り組みを多くの人に伝えることはもちろんであるが，「漁師でしか見ることができない海の光景や，獲れる魚の変化といった話をするだけでも，海の現状や，海にとって何が大事なのかを伝えることができる」という漁業者の姿勢が評価されている。

実際の操業域と市民目線の「海」とのギャップをなくすことも重要である。市民の活動の場は山での植林活動などもあるが，そのほとんどは海岸清掃や生物観察など，「海辺」である。市民が漁場である「沖の海」をいかにとらえるかが「豊かな海」を取り戻そうとする行動に大きくかかわっている。漁業者が，一般市民に対して海を知ってもらう努力を怠ることがあってはならない。ひいては「兵庫瀬戸内を豊かな海にしたい」という社会的コンセンサスを得ることが是非とも必要となる。

（田和正孝）

82

日本

83 *Japan* 京都市都心部における町家ゲストハウスの急増

Increase of *machiya*-style guesthouses in the central area of Kyoto City

1 京都市都心部の空間変容

　京都市では，第二次世界大戦の戦火をほとんど被らなかったので，都心部に多くの寺院や，戦前からの町家が残っている。筆者は，非居住機能の建物更新を指標として，1980年代の京都市都心部の空間変容を調査し，中心業務地区である烏丸通や四条通沿いの地域において多くのオフィスビルが建設されたことと，主要街路に囲まれた内側の地域のなかで，特に高辻通以南五条通以北の地域や御池通以北丸太町通以南の地域には，建築物から駐車場に変化したものが多かったことを明らかにした（藤塚，1990）。

　本章では，藤塚（1990）の研究対象地域と同じ，丸太町通，堀川通，五条通，河原町通で囲まれた地域を対象として，2010年代半ば以降急増した簡易宿所の分布を検討する（図1）。

2 伝統的町家の減少

　京都市都市計画局と京都市景観・まちづくりセンターによる「京町家まちづくり調査」によると，1998年には町家が約28,000軒あったが，2003年には，25,000軒となり約10%減少した（宗田，2009）。2008年の町家悉皆調査（対象23,887軒）では，15坪未満の町家は全体の26%であり，小規模町家全体の36%は路地沿いのもので，47%は2軒以上が連なる長屋であった。敷地規模の小さなものが多く，接道条件を満たさ

ない町家も多く，それらは建て替えが難しい（宗田，2009）。

　京都市は，京都の町並み，歴史・文化の象徴である町家の保全・継承のために，2017年11月16日に「京都市京町家の保全及び継承に関する条例」を制定した。京都市では，指定された地区内の町家や，個別に指定された町家を対

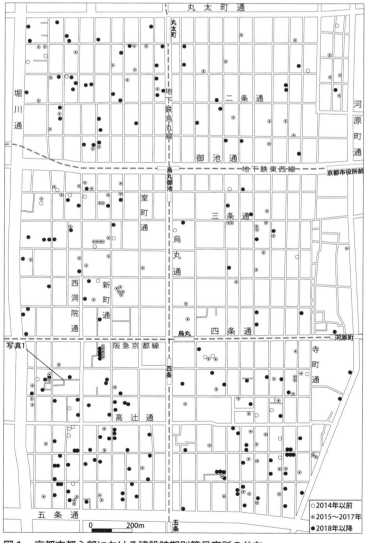

図1　京都市都心部における建設時期別簡易宿所の分布

京都市の資料により作成。

凡例：
○2014年以前
◉2015〜2017年
●2018年以降

象に，町家の保全・継承に必要となる大規模改修工事や維持修繕にかかる費用の一部の補助が行われる。すなわち，町家を簡易宿所として改修する場合は，補助対象となる。

3 急増する町家ゲストハウス

旅館業法における簡易宿所として営業するもののなかには，町家を改修して行うものと，中高層住宅のような建物を利用して行うものがある。加登（2021）によると，2017年以降，京都府以外の所有者による簡易宿所には，容積率の限界まで収益を上げるために，町家を解体してビルに建て替えるものが増えたという。本章の分析対象は町家を改修したものであり，これが町家ゲストハウスである。京都市の民泊条例では，町家を対象に，玄関帳場の設置が緩和されている。その条件は，客室数が1室であること，概ね10分で駆けつけられるように，宿泊施設から800m以内に管理者が駐在することである。

京都市において町家ゲストハウスは，細街路のある住宅密集地域内に多く立地するため，地域では騒音やゴミ等の問題が発生し，さらには地価高騰を誘発する（池田，2020）。簡易宿所について地域住民が問題としているのは，宿泊客が騒ぐ声による騒音と，タバコの不始末による火災である（加登，2020）。

4 パンデミックによる簡易宿所の廃業

表1は，2014年度以降の京都市における宿泊施設数の推移を示したものである。町家ゲストハウスを含む簡易宿所数は，2019年度に3,337で最も多かったが，2020年度には3,104に減少した。これは，COVID-19による感染症の拡大による観光客の減少が原因で，2020年度には632の宿泊施設が廃業した（表1）。

パンデミックによる町家ゲストハウスへの影響を調査した池田（2021）によると，

写真1　路地にある町家ゲストハウス（2020年8月撮影）

（写真内注記：同業他社による管理物件表示の張り紙）

COVID-19による感染症の拡大のために外国人観光客が減少し，営業が継続できないものや，営業許可が下りていても開業できないものがあり，なかにはマンスリーレンタルに転用するものもあったという。

図1をみると，町家ゲストハウスは，四条通以南に多く，御池通と四条通間では新町通以西に多く，御池通以北に多いことがわかる。1980年代の調査（藤塚，1990）では建築物から駐車場に変化したものが多かった地域であり，町家が失われてきたところである。四条烏丸は中心業務地区の核心部であり，四条通と河原町通は中心商店街なので，その近くには町家ゲストハウスは少ない。四条通以南の分布について詳しく検討すると，路地沿いのところに多くみられる。これらの多くは，接道条件を満たさない町家であり，再利用するためには修復が前提となる。表通りに面した住宅よりも路地にある住宅の方が地価は安価であるため，開発業者にとっては不動産の取得が容易となる。

写真1は，路地に面した町家ゲストハウスであるが，開発した所有者は廃業し，同業他社に売却したため，ゲストハウスの看板の下に管理物件である旨の張り紙があった。廃業した町家ゲストハウスは，大きな資本により買収されるだけで，レンタル用に転用されることもあるが，客室数が1室という条件下では，再改装なしに賃貸住宅への転用は難しい。町家を保全するだけでなく，居住者を確保するために，町家の修復再利用が重要である。

（藤塚吉浩）

表1　京都市における宿泊施設数の推移

年度	ホテル・旅館	簡易宿所	新規開業	廃業
2014	542	460	106	
2015	532	696	255	29
2016	550	1,493	838	23
2017	575	2,291	909	86
2018	624	2,990	919	171
2019	656	3,337	663	284
2020	679	3,104	422	632

『京都市観光協会データ月報（2021年7月）』により作成。

83

日本

百瀬川治水の歴史地理

Historical geography of the flood control that took place in the Momose River's alluvial fan

1 百瀬川治水の歴史

　滋賀県高島市の百瀬川扇状地付近（**図1**）では，度重なる氾濫との闘いと同時に豊富な地下水を利用した生活が営まれてきた。

　天井川下の百瀬川隧道（**図1地点1，写真1**）の存在など，高等学校の定番読図教材で「地図学の聖地」の1つとなっている（松山，2017）。

　土地条件図「竹生島」からは旧河道が推定される。現在の河道は，扇状地の北部に偏っており，標高140m以下で天井川が形成されている。荒れ川であった百瀬川の氾濫を克服するための取り組みは古くから行われ，その歴史は高島市立マキノ中学校の校歌4番にも「いく度か 堤あふれし 百瀬川治めし人の たゆまざるいさおし学び 現世の苦難に克ちて いそしまんわれらが使命 あゝ われらマキノ中学生」と歌われており，流路固定や築堤など，人為的関わりの強い事がうかがわれる。

　度重なる河川氾濫による被害を防ぐため，天井川を切り下げて河川断面を広げるための改修

写真1　天井川下の百瀬川隧道（2020年12月撮影）

写真2　国道161号バイパス付近（2020年12月撮影）
百瀬川から生来川への落差工。百瀬川隧道より下流側。

工事（百瀬川補助広域基幹河川改修工事）が1975年から始まった。この工事では，北側から百瀬川に迫り並行して流れる生来川を併せて改修が行われた。これまでの工事で，国道161号バイパスより下流部では旧生来川の流路を新百瀬川として改修したが（**図1地点2，写真2**），その後さらに百瀬川隧道よりも上流地点に新百瀬川への落差工（**図1地点3，写真3**）と，下流への土砂流出を防ぐ沈砂池を設ける工事が行われている。

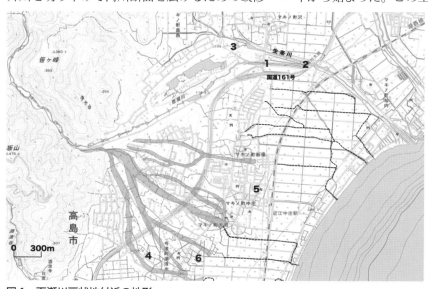

図1　百瀬川扇状地付近の地形
旧河道と埋められた谷に灰色のアミを掛けた。破線は圃場整備前の水路である。図中の数字は写真番号を示す。
土地条件図「竹生島」および地理院地図をもとに作成。

写真3　隧道上流側に建設中の落差工（2020年12月撮影）
10年以上にわたって建設されたが，未だ百瀬川とは接続されていない。工事は進んでおり，近々完成か。

これによって交通上のネックであった百瀬川隧道も近い将来不要となる。

2 扇状地の土地利用と水利用

　百瀬川扇状地では，井戸を掘ることや湧水により生活用水を得やすかった扇端の湧水帯に沿って集落が立地している。集落名には「大沼」や「深清水」のように水との結びつきを物語るものが見られる。

　扇央は一般に砂利など水はけの良い堆積物でできており，乏水地のため水田がつくりにくい。しかし，百瀬川扇状地の扇央には，旧河道に沿って明治時代に水田が開かれた。扇頂から少し上流に行ったところにある頭首工から分水し，大沼と深清水に導水している。水田の下流側には果樹園が広がり，水はけの良いところで良く根を張る柿栽培（富有，西村早生，**図1地点4**，**写真4**）が盛んである。一方，百瀬川扇状地の北側にある知内川扇状地では上流部の花崗岩の影響で真砂土が堆積しており，栗の栽培が盛んである（澤田ほか，2018）。

　1970年代には，大規模な河川改修とともに圃場整備も行われた。扇端の集落から琵琶湖岸にかけて広がる水田では，集落付近で自然に湧

写真4　扇央部での柿の栽培（2005年11月撮影）

写真5　中庄にあるショウズ（清水）（2020年12月撮影）
奥に地蔵菩薩がある。

写真6　北深清水のイケ（2020年12月撮影）

き出した伏流水を農業用水として利用していたが，圃場整備の影響で地下水面が下がり，湧水が涸れてしまったり，極端に減少したりしたところもある。地下水面の低下は，圃場整備の際に水田下に埋設された排水パイプによると考えられる。現在では，琵琶湖から汲み上げた水を農業用水として利用している。また，家庭にも琵琶湖の水を利用した水道が引かれている。

　扇端部で自然に湧き出す水は「ショウズ（清水）」と呼ばれ，地蔵菩薩がまつられているところもある（**図1地点5**，**写真5**）。ショウズが流れるところはカワと呼ばれる。また，イケと呼ばれる洗い場（**図1地点6**，**写真6**）があり，ここも湧水である。

　百瀬川扇状地の集落には，カワを中心とした葬式等の互助組織がある。しかし，人々を結びつけていたカワ自体の利用が少なくなった今，これらの結びつきも弱まっている。様々な形で水を利用し，水の共同利用によって形成されてきた地域の結びつき維持のための有効なてだては難しいようである。

（吉水裕也）

84

日本

85 *Japan*
砺波散村の景観変容
Landscape changes in the Tonami dispersed settlement

1 砺波散村の屋敷林の変化

　富山県砺波市には家屋と家屋の間がおよそ100 m程度離れて立地する散村景観が広がる（**写真1**）。砺波の散村景観は高校の地理の教科書にも取り上げられており，広く知られている（松山・西峯，2017）。散村とは，「民家が密集せず，孤立した民家（孤立荘宅）が散在する村落」（藤田，1997）と定義される。砺波平野はどこでも飲料水と農業用水が得られること，歴史的に戦乱の影響も少なかったこと，江戸時代に砺波平野を統治した加賀藩[1]が屋敷周辺に田を耕作することを許可する耕地制度をとっていたことも散村景観の形成に影響した（金田，1986）。

　砺波散村では木々に覆われた家屋（アズマダチ，季節風を避けるため家の正面は東を向くもの）をみることができる（**写真2**）。これは散村の家屋に特徴的な屋敷林で，砺波地方では「カイニョ」と呼ぶ。南西からの季節風のため，スギを主体にカシやケヤキの高木が家屋の西から南にかけて植えられていた。暴風や冬の風雪から家屋を守り，夏の日差しを遮り，そしてフェーン現象による火災の類焼を防ぐといった自然環境から暮らしを守るために活用されてきた。また，スギは建築材としても利用され，枝や落ち葉は燃料としても使われていた。しかし，アルミサッシやプロパンガスが普及したため，屋敷林が生

写真1　砺波散村の景観（2007年5月撮影）

写真2　カイニョに覆われたアズマダチ（2006年5月撮影）

活に必要なくなり手入れは行き届かなくなった。その結果，台風の強風や大雪により屋敷林が倒木することが増えカイニョを整理した家屋もみられるようになり，景観を特徴付ける要素が減少しつつある。

2 散村景観変容の二つの画期

　第二次世界大戦後をみると，砺波散村の景観変容には二つの画期がある。一つは1960年代の圃場整備と工場の進出であり，もう一つは1980年代以降の住宅開発である。

　江戸時代からの米どころである砺波では，農業の効率化などのために，大規模な圃場整備が行われた。かつては不定形だった圃場が，圃場整備事業実施の結果，区画は方格となり，農業が機械化されていった（**図1**）。散村で居住する人々は農業に従事する労働時間が短縮され，余剰の労働力を他の産業に振り向けることができるようになった。圃場整備で直線化した道路は自動車で移動しやすく，モータリゼーションも相まって通勤が容易になり，兼業化していった。

　田植えや稲刈りには休暇を利用し，日々の作業については，兼業農家として朝夕，土日などを利用することで取り組めるコメ農家として，兼業化していった。この結果，富山県の農業は

米中心となった。この傾向は，富山県全体でも見られ，耕地のうち田が占める割合が70％を超え[2]，野菜の生産額が全国最下位になってしまった[3]。

　また，大型車輌も容易に通過できる道路整備が行われ，工場が砺波地域に進出した（図1）。農業景観の広がる中に工場の建ち並ぶ風景が生み出されていった。

　そして，散村の孤立荘宅の維持が困難な住民が家屋を手放すようになり，そこへ住宅団地が開発された（図2）。散村の中に住宅団地が立地する景観が生まれたのである（安カ川，2019）。住宅開発が進むことで，砺波市は，山側の南砺市から都市部への通勤の利便性の高い砺波市に転居する人々を，そして，都市部よりも安価な土地を求める高岡市などの人々の双方の転入者を迎え入れることにより，2010年まで人口増加が続いた。

　このようにして，散村景観が広がる中に工場や住宅団地が見られる統一性がやや欠ける景観が広がる結果となった。

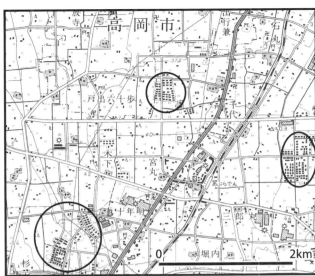

図2　散村の中の住宅団地　　1:25,000地形図「戸出」1996年により作成。

3 散村景観の保全上の課題

　散村景観は，自然環境を農業に最適化した結果生まれた景観である。自然環境と人間の営為の相互作用の結果の景観といえる。その景観が失われるとなれば，伝統的建造物保存地区など様々な手立てで保全が検討される。しかしながら，散村は広域に及ぶこともあり，開発抑制によるデメリットも大きい。特に砺波市は近年まで住宅団地の開発により，人口が増加していた。さらに，新たな開発が人口流入につながり，地域の活性化に寄与することを考えると，開発を止めるのも慎重にならざるを得ない。

　そこで，散村全体ではなく，散村をいくつかの地区に区切って保全する取り組みを行うことになった。砺波市と「散居景観を活かした地域づくり協定」を結んだ地区にはカイニョなどの保全の支援などの資金と技術の双方を支援することとなった[4]。

　今後，このような保全が効果をあげて，散村景観が保全されるのか，アズマダチやカイニョが維持できず，散村景観が虫食い的に変化していくのだろうか。住民の意思決定がどのようになされるのか注目したい。

1）砺波市は，江戸時代には加賀藩領であり，加賀百万石に対して大きな貢献をしていた。
2）日本統計年鑑（2020年度）より。
3）生産農業所得統計（2020年度）より。
4）この事業は砺波市の南側の南砺市と一体的に実施されている。

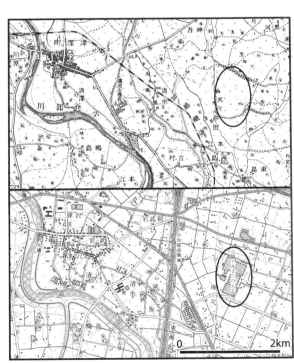

図1　散村への圃場整備と工場の進出
1933年発行の1：25,000地形図「出町」（上図）および1996年の1：25,000地形図「砺波」（下図）により作成。

（大西宏治）

85

日本

86 *Japan*
身近な地域の国際化
——富山に暮らす外国人との共生
Internationalization in neighborhood: Living with foreigners in Toyama

1 富山に暮らす外国人

1980年代まで富山県に暮らす外国人はオールドカマーといわれる人々で，第二次世界大戦前に朝鮮半島や中国から日本に来て暮らしていた人たちとその子孫で構成されていた。その後，1990年の出入国管理及び難民認定法の改正により，日系3世，4世などに対する在留資格として「定住者等」が新設され，日本で就労が可能となった。日本から戦前期，そして戦後になってからも，南米への移民が行われ，多くの日系人が生まれていた。その後，日本は高度経済成長を経て，南米との間に経済格差が生まれ，日本に向けた移民が発生する素地ができていた。

その結果，1990年以降，日系ブラジル人を中心に南米などから数多くの労働者が流入した。日系ブラジル人は組み立て工場などで就労することが多く，群馬県大泉市，静岡県浜松市，愛知県豊田市などで大規模に集住するようになった（戸井田，2005）。彼らは日本のバブル経済時の労働力不足を補う形で就労することになった。彼らのことをニューカマーと呼ぶ。

富山県にも数多くの日系ブラジル人が流入し，

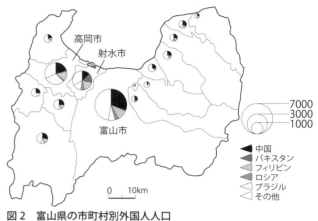

図2　富山県の市町村別外国人人口

富山県内外国人統計により作成。

就労した。富山県は工業県であり，豊田市や浜松市ほどではないが，就労可能な環境と，比較的安価で広い賃貸の住居を借りることができることから，数多くの日系ブラジル人を集め（図1），高岡市は日本海側最大の日系ブラジル人が集住する都市となった（渡辺，1995）。

しかしながら，2008年に起こったリーマンショックにより，世界的な大不況が発生し，製造業が大きな打撃を受けた。日系ブラジル人の中には仕事を失い，帰国したり，富山を離れたりした者も少なくない。

2 市町村別外国人構成

富山県の市町村別外国人人口を比較すると，図2のようになる。現在ではほとんどの地域で中国人が多数を占める。ただ，射水市や高岡市ではブラジル人が多い。これらの地域は工業地域で，そこに就労するブラジル人がリーマンショック後も富山での生活を継続させた結果だといえる。また，射水市をみるとパキスタン人が多い。これは中古車販売店が立地するエリアであり，その経営者や家族が居住しているためであ

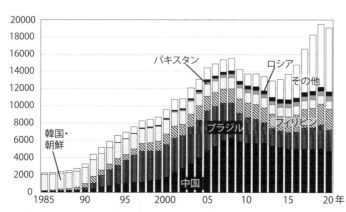

図1　富山県の外国人人口の構成の経年変化

富山県内外国人統計により作成。

る。地方である富山であっても多様な外国人の居住がみられる。さらに市町村別に見ると，それぞれの産業などの特徴と供給できる住宅などを踏まえた外国人の集住がみられる。そこには知人・親戚などを呼び寄せるチェーンマイグレーションの存在がうかがわれる。

なお，2020年における外国人の変化をみると，技能実習や留学が減少している。これはコロナ禍によるものだと推測される。しかしながら，介護職等であると同一職種で日本以外の先進国の方が給与水準は高く，コロナ禍をきっかけに，外国人は日本を技能実習の場や就労の場として選択しない可能性もある。

3 富山に暮らす外国人の特徴

1980年代半ば以降，ニューカマーとして興行ビザなどでフィリピン人が入国したり，2000年以降，中国人が研修目的で入国することは全国どこでもみられる現象である。これに対して富山県の特徴としては，ロシア人とパキスタン人の存在がある。富山県の伏木富山港はロシアからの貨物船の発着があり，ロシア向けの中古車輸出日本一であった。2000年から2008年まで伏木富山港のロシア向け中古車輸出は増加し続けた。しかしながら，2009年にはロシア向けの中古車輸出は大幅に減少した。その理由はリーマンショックによる世界同時不況でロシア経済が打撃をうけたこと，完成車に対する輸入関税をロシアが引き上げたことなどがあげられる（岡本，2012）。

ロシア人バイヤーへの中古車販売を引き受けていたのはパキスタン人の中古車業者であった。

写真1　富山モスク（2018年5月撮影）

彼らは1994年ごろから中古車業者として伏木富山港に近い地域で商売を始め，その後，伏木富山港や国道8号線沿いに集中的に立地していった（図3）。2009年までは順調に事業者数が増加していたが，その後，減少に転じた。しかしながら，パキスタン人コミュニティは拡大を続け，カレー専門店の経営など，新たな展開を見せている。パキスタン人はイスラム教徒が多く，彼らは富山にモスクを立地させた（写真1）。射水市でパキスタン人の経営するエスニック料理店などをまとめて「イミズスタンカレー」という愛称で呼ぶ日本人も増えてきた。

4 多様性のある地域に向けて

富山のような地方都市でも，外国人居住者がさまざまな理由で集住する地区があることがわかった。保守的な社会の富山においてパキスタン人の中古車販売店が連なる国道8号沿いの地域は，彼らが事業を始めたころは住民も違和感を覚え，地域の中で軋轢が生じることもあったようである。1994年から歳月がたち，パキスタン人の中には日本で子どもが生まれ，育っていく家庭も珍しくなくなっている。彼らが次々と出店させているパキスタンカレーの店などをまとめてイミズスタンカレーと呼ぶようになったように，この地域の日本人の日常生活とパキスタン人との間に多様な形で接点が生まれつつある。このようにして，次第に日本社会も外国人が身近に暮らしていることを当たり前のことと考え，多様性を許容できる社会がやってくる日は近いかもしれない。

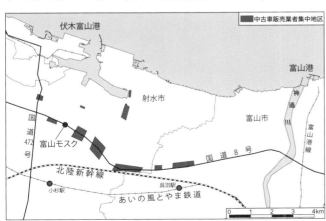

図3　国道8号沿いの中古車販売店の分布

（大西宏治）

86

日本

87 *Japan* 富山市のコンパクトな まちづくりと SDGs
The compact city policy and SDGs of Toyama City

1 現代社会で必要とされるコンパクトシティ

人口や建築物などの都市密度が低いと交通エネルギー消費量が増大するといわれている。そのため，環境に配慮したまちづくりに向けて，市街地を中心部に集約化するコンパクトシティに取り組む都市が増えている。EUではLRT（Light Rail Transit：低床式車両を活用した電車）の整備と電車の駅周辺に都市機能を集中させる交通政策，土地利用政策が行われている（松原，2013）。LRTは乗り降りしやすく，中心市街地では路面電車のような活用ができる。日本でも政府は自治体のコンパクトシティ化を推進し，自治体の「中心市街地活性化基本計画」の中から認定した計画に対して補助金などで支援をはじめた。富山市はその先陣を切って2007年に認定の第1号となった。

では富山市はなぜコンパクトシティに取り組まなければならなかったのだろうか。そして，コンパクトシティに取り組む中でどのような課題が克服され，残された課題は何なのだろうか。

2 富山市のコンパクトなまちづくり

富山市はコンパクトシティへの取り組みを「コンパクトなまちづくり」と呼び，①公共交通の利便性の向上，②賑わい拠点の創出，③まちなか居住の推進を3つの柱として取り組んでいる。**図1**は，交通結節点をお団子，鉄道や幹線道路のバス路線を串とした都市構造のモデルである。単心のコンパクトシティではなく，鉄道駅やバス交通の結節点の徒歩圏に居住者を緩やかに誘導するとともに，公共施設や各種のサービスを集中させる地域生活拠点を構築し，公共交通を利用することで生活が成り立つようなまちづくりを志向した（大西，2018）。コンパクトなまちづくりの取り組みの一環で，富山駅北を走る旧JR富山港線の鉄軌道部分を引きつぎ，路面電車の運行区間を加えLRT化した。

日本初の本格的なLRTといわれ注目を集めた。駅間を短くし，運行頻度を15分間隔と高くすることで，新たな利用者獲得に成功した。その後，市内電車の環状線化，公共交通を補完するシェアサイクル（アヴィレ）の導入，北陸新幹線延伸に伴う富山駅高架化に伴う富山駅南北の路面電車の接続など，積極的に公共交通の整備に取り組んでいる。

では，なぜコンパクトなまちづくりに取り組むことになったのだろうか。それは低密度に広がる市街地を持つからである。そのような市街地となった原因の一つが富山大空襲である。1945年8月2日未明に空襲を受け，市街地の焼失率は99.5％であった（鈴木，2015）。終戦後は1945年12月に全国のトップを切って富山市復興都市計画街路の建設が決定され，戦災復興土地区画整理事業により都市基盤を整備した。早期に直線的で幅の広い道路整備が進み，高度経済成長やモータリゼーションを経て，自家用車が移動手段の中心となった。その結果，居住地が郊外に拡散した（**図2**）。スプロール

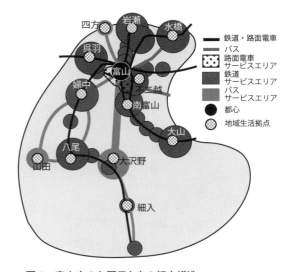

図1 富山市のお団子と串の都市構造
富山市中心市街地活性化推進計画により作成。

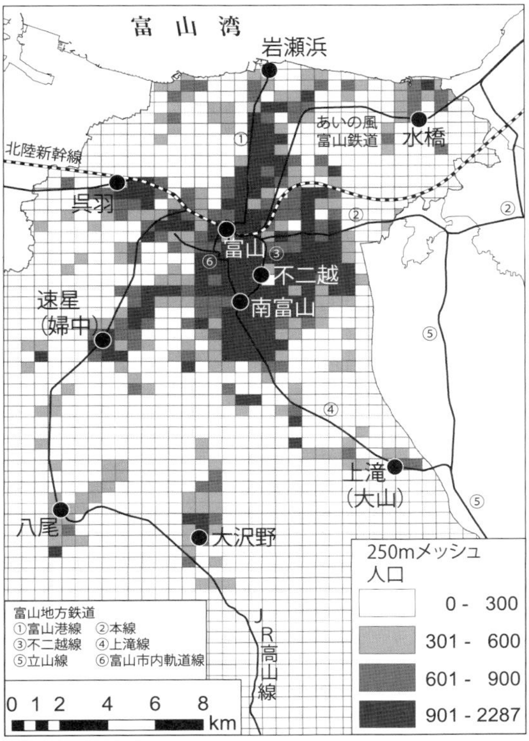

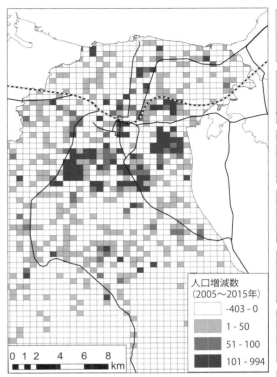

図2　富山市市街地の人口分布（2015年）
国勢調査により作成。

図3　富山市市街地の人口増減（2005〜2015年）
国勢調査により作成。

87

日本

（虫食い的な開発）があちこちで見られ，道路延長は長い。その維持費に加え，積雪地域のため除雪費も大きな負担となる。これらのコストを削減することが，コンパクトなまちづくりに期待される。さらに，公共交通の利便性向上により，中心市街地の価値が高まり，中心市街地の地価が維持されると，固定資産税収入の増加にもつながる。中心市街地が出かける目的地となるよう，全天候型の広場（グランドプラザ）が整備され，週末には様々なイベントが開催される。また，いくつもの再開発事業が行われ，商業機能と居住機能を持つ複合施設が立地している。

3 コンパクトなまちは達成できるのか?

コンパクトなまちづくりによって中心市街地の人口増加がみられることから，効果がある取り組みといえる（図3）。しかし，中心市街地の外側の鉄道沿線以外の地域でも人口増加地区が散在する。これらの流入者の多くは戸建て住宅取得者とみられる。住民にコンパクトなまちづくりの理解が浸透していなかったり，ライフステージや家族構成から自動車交通に依存しながら広い戸建て住宅の取得を選択した世帯が

ある。これらの住民の意思決定の要因を理解し，効果的な誘導施策を検討しなければ，コンパクトなまちづくりが十分には進まないだろう。

コンパクトなまちづくりはSDGs（Sustainable Development Goals：持続可能な開発目標）の17ある目標の複数と関連し，SDGsの11「住み続けられるまちづくり」に親和性が高い。公共交通に移動手段をシフトさせ，環境負荷を低減させることや，誰でも移動しやすいまちづくりなどが合致する。この取り組みを普及させるため，学校教育で取り上げられるように「富山市のりもの語り教育（交通環境学習）」[1]として富山市が教材を開発した。授業でコンパクトなまちづくりを取り上げ，児童の理解を促そうとしている（大西，2018）。現時点では図1のようなコンパクトなまちが達成されているわけではないが，今後，児童・生徒が大人になり，居住地を選択するときに効果が現れるのではないだろうか。

1）https://www.city.toyama.toyama.jp/katsuryokutoshisouzoubu/kotsuseisakuka/mobilitymanegement_8.html（最終閲覧日：2021年11月13日）

（大西宏治）

88 *Japan* 黒部川扇状地の農業用水路死亡事故

Fatal accidents at the agricultural canals of the Kurobe River's alluvial fan

1 黒部川扇状地の特色

黒部川扇状地は富山県の東端に位置し，散村景観を持つ地域である。水はけのよい扇状地でありながら，立山連峰の雪解け水などを活用することができ，水田耕作が盛んである。気候や水利は水田に向いているが，水はけがよい「ざる田」であるため，田に水をためることが難しく，次々と水を追加する必要があり，低水温のため稲の生育不良が頻繁に発生した。

その状況を克服しようと考え出されたのが流水客土である（国土交通省北陸地方整備局・国土地理院，2006）。冬の農閑期に扇状地の扇頂付近の細かな粘土を水圧ポンプで崩し，その泥水を用水路に流して水田に行き渡らせることにより，細かな土が田に残り，土質が緻密になり，水持ちがよくなった。この結果，低水温による生育不良が起こらなくなっていった。

また，扇状地は海に突き出した形になり，扇端部海岸付近に湧水が発生する。その結果，海岸に沿って湧水群がある。この水は共同の水場として野菜を洗ったり，洗濯をしたりと生活用水として利用されている（**写真1**）。地下水は，飲料水や食品加工にも活用されている。

2 農業用水路事故

富山県では2009年から2018年間の10年間で184件の農業用水路への転落死亡事故が発生している。富山県の死亡事故をみると，65歳以上の高齢者は149名で8割を占めている（竹沢ほか，2021）。立山連峰を背後に持つ急峻な地形のため，流下する農業用水路も急勾配になり，流速が大きい。また，扇状地のために元来，水はけがよく，用水路の通水量が他県と比べて多くなる。用水路は農業用水以外にも防火，消雪など多面的に利用され，通年通水している。そして散村の形態の地域では家屋の周りに用水路は張り巡らされている。その結果，農

写真1　湧水の活用　　　　とやま観光ナビによる。

業用水路事故が発生しやすい。

富山県では農業用水路死亡事故が数多く発生している。NHKの取材によれば[1]，2018年の1年間に農業用水路への転落事故で亡くなった人数の多い上位5県をみると，新潟県21名，富山県と岡山県で18名，熊本県と大分県で14名となっている。

2019年の農業用水路死亡事故は富山県で12件であり，砺波平野を含む地区で4件，黒部川扇状地を含む地域で3件と散村地域で高い割合を占めている[2]。事故自体は幅1m未満の小さな水路での事故が半数を占める。

3 黒部川扇状地の用水路と事故との関係

2019年に発生した黒部川扇状地での用水路死亡事故の地点をみてみよう。3件のうち事故地点のはっきりしている2件を取り上げる[3]。それぞれ扇央部にあたるところで死亡事故が発生した。この地域の農業用水路を取り出し，そこから100mのバッファを発生させてみた（**図1**）。これは，用水路から100m移動するとたどり着く空間を検索したものである。すると，入善町のほぼ全域がバッファで埋まってしまった。このことから改めて用水路が張り巡らされていて，家屋から出て100m以内の移動により用水路にたどり着いてしまうことがわかる。用水

図1　用水路からの100mバッファ　　　基盤地図情報により作成。

写真2　用水路の注意看板
とやま水土里ネットによる。

88

日本

路への接触回数が増えれば，事故の発生する回数も増加する。このことから，農業をしやすい用水路のはり巡らされた環境は事故の発生しやすい環境ともいえる。

さらに，用水路の水は庭への水やりや，積雪時の排雪の場としても活用される。そのため，用水路に蓋をしたり，アクセスを制限するような柵などを設けて安全対策をしてしまうと，利便性が損なわれるため，多くの住民はそのような形での対策を望まない。さらに用水路の総延長が長い。用水路の管理者は国や自治体ではなく，土地改良区など，農地の整備を行う地域の農業に関わる団体であり，用水路の安全確保のための十分な資金を持たない場合も多い。このようにしてハードの側面から危険を除去する対策が十分には進まなかった。

4 安全対策と啓発活動

富山県における用水路事故件数が多いことから，2019年1月に富山県農業用水路事故防止対策推進会議を設置し，事故を減少させるためにどのような手立てが考えられるか検討した。取りうる対策としてはソフト対策，ハード・セミハード対策であるとまとめられ，富山県農業用水路安全対策ガイドラインが策定された[4]。

ソフト対策としては①注意喚起の看板の設置（写真2），②広報啓発活動，③地域での安全点検や危険個所マップづくりのワークショップの実施などが提案されている。ワークショップでは過去に危険を感じた体験などを収集し，意見交換したり，危険な地点を改めて調べなおしたりすることなどが重要であると指摘された。

これらのソフト対策でも解決しがたい場合，フェンス設置などのハード整備が必要となる。またセミハード整備として，用水路の視認性を高めるため，夜間などに発光する道路鋲の設置や，用水路沿いへのポール設置などが提案された。

農業従事者は用水路の危険性は十分に認識しているものの，農業従事者も高齢化が進み，以前は問題なかった作業に危険が生じることも認識する必要がある。また，散村地域でも住宅開発が進み，農業と関係を持たない住民もいる。その人たちにとっては用水の存在を自分の生活の中で意識する機会は少なく，無意識のうちに用水路のそばを通過し，接点を持つ結果となる。用水路の置かれた状況が変化したことに対応し，事故の起こらない環境に向けて住民の認識を高める住民参加型のワークショップなどの取り組みが重要となるであろう。

1）NHK政治マガジン　2019年7月29日　http://www.nhk.or.jp/politics/articles/statement/20632.html（最終閲覧日：2021年11月1日）
2）富山県農業用水路事故防止対策推進会議（2019年12月）資料
3）用水路の流下する勢いがあるため，事故地点と発見地点が大きく異なる場合が珍しくなく，今回は事故地点と発見地点が同じだと推測される2件を取り上げた。
4）https://www.pref.toyama.jp/1602/sangyou/nourinsuisan/nougyou/niigkawa/kj00021303.html（最終閲覧日：2021年11月1日）

（大西宏治）

89 *Japan*
御嶽山噴火災害と登山ブーム
Eruption of Ontake Volcano in 2014 and the mountaineering boom in Japan

1 2014 年の御嶽山噴火

　御嶽山（3067m）は長野県と岐阜県の県境に位置する活火山である。1979年の水蒸気爆発まで噴火の歴史記録がなく「死火山」とされていたことから，活火山の定義が見直され「休火山」「死火山」の語が使われなくなる契機となった。最近1万年間における4回のマグマ噴火（マグマが地上に到達する噴火）に加え，数百年に1回の割合で水蒸気噴火（水蒸気圧が高まって噴火する水蒸気爆発と，マグマと地下水が接して発生した水蒸気が噴出するマグマ水蒸気爆発）が堆積物中に記録されている（産業技術総合研究所，2021）。また，1979年以降は1991年にも水蒸気噴火を起こした。

　2014（平成26）年9月27日（土曜日）11時52分に発生した噴火は，噴出物の量を示す噴火マグニチュード（M）は2.1，爆発の強さを示す火山爆発指数は2とされる水蒸気噴火であった。1990年からの雲仙普賢岳噴火はマグマ噴火であり，噴火Mが4.8，火山爆発指数が3であったことと比べても大きな噴火ではない。にもかかわらず，2014年の御嶽山噴火は第二次世界大戦後の日本で最大の死者58名を出した火山災害となった。これは，紅葉の見ごろとなった週末で晴天だったこともあり多くの登山客が来ていたこと，昼食時間に近く登山客の多くが火口がある山頂付近に集まっていたことが大きな要因となった。この件は，現象の物理的影響（ハザード）と災害の規模（ディザスター）が必ずしも比例しないことを示している。

　もう一点，被害を大きくした要因として噴火直前まで火山活動が明瞭では

なかったことも挙げられる。9月10日ごろから火山性地震や低周波地震が観測されていたが，火山性微動が観測されたのは噴火の11分前，噴火に直接結びつく長周期地震動は観測されなかった。

2 御嶽山噴火の防災上の影響

　大被害となった2014年御嶽山噴火災害を受けて，火山防災の体制が大きく強化された。一つは，火山ハザードマップの普及，もう一つは火山噴火レベルの導入促進である。

　2021年4月現在，日本の活火山は111座であり，そのうち約半数の54座でハザードマップが公開されている（**図1**）。御嶽山噴火以前から火山ハザードマップの公開は進みつつあったが，白山など11座が噴火後に追加されたことで，陸域の主要な火山についてはおおよそ公開が終わった。

▲ 御嶽山噴火以前
▲ 御嶽山噴火以後
△ 未整備

図1　ハザードマップの公開状況と公開年次
気象庁のホームページなどにより作成。

図2　噴火警戒レベルの導入状況　気象庁のホームページにより作成。

▲ 導入済み
△ 未導入

写真1　北陸中日新聞に掲載されている火山情報

日本

一方で，国民のハザードマップの認知度は約3割程度ともいわれており（NTTドコモモバイル社会研究所，2020），認知度の向上は課題となっている。登山客が登山時のリスクを適切に把握するために，登山口や山小屋などでハザードマップの閲覧を可能にするなど，さらなる普及を図っていく必要があろう。

ハザードマップの公開とともに進められたのが噴火警戒レベルの導入である。噴火警戒レベルは，火山活動の状況に応じて，あらかじめ定めてある「警戒が必要な範囲」と防災機関や住民等の「とるべき防災対応」を5段階に区分して気象庁が発表する指標である。御嶽山の噴火災害を受けて2015年に改定された活動火山対策特別措置法において，火山地域において火山防災協議会の設置が義務付けられた。この火山防災協議会において平時にあらかじめ噴火警戒レベルに応じた警戒範囲と対応行動が定められ，気象庁の噴火警戒レベルの判定に対応して自動的に防災行動が発動するように地域防災計画に定められる。2007年から導入が開始され，現在，111の活火山の内，48火山において導入されている（図2）。そのうち，18火山は2015年以降に導入されており，御嶽山噴火は導入を

進める契機となった。

噴火警戒レベルもハザードマップと同様に住民や登山客に対する発信が重要である。白山では地元新聞に火山情報が掲載されるようになり（写真1），導入に一定の効果がみられた。

3　登山ブームと火山防災

ハザードマップ，噴火レベルに加えて，登山客に対する情報周知や規制にも大きな変化がみられた。第三次登山ブームともいわれる現在，御嶽山のように多くの登山客が集中する火山は災害危険度が高い山となる。

日本山岳会によるマナスル初登頂を契機とする1960年代の第一次登山ブームでは，山に関する学習，技術の伝達などが大学山岳部，社会人山岳会などの場で行われていた。日本におけるヒマラヤ氷河調査の契機となったのも1960年代の山岳部登山隊である（渡邉・上田，2001）。第一次の頃の若者が退職し山に戻った1990年代の第二次登山ブームは平成登山ブームとも呼ばれ，登山客の多くが中高年となった。そして2000年〜現在の第三次登山ブームでは「山ガール」など，ビギナーが多く登山するようになった結果，第二次登山ブームから継続する中高年登山者と合わせ，火山地域に限らず遭難が多発するようになっている。

御嶽山噴火以降，各地の火山で登山届の提出義務化や，ヘルメット装備の呼びかけなど，登山客に対する働きかけも強まった。登山客自身が，噴火の危険性がある活火山に登山しているという意識を持ち。火山情報を確認してから入山する，火口付近の滞在時間を短くするなど，賢い登山客になることで被災するリスクを低減できることを理解すべきであろう。**（青木賢人）**

90 *Japan*
耕作放棄地の拡大
Increase in farmland abandonment

1 耕作放棄地の拡大状況

　耕作放棄地の拡大が問題になってだいぶたつが、解消に歯止めがかかっていない。1985年に全国の耕作放棄地の面積は13.5万haであったのが、2015年には42.3万haと3倍以上に達している（図1）。近年の増加はほとんど土地持ち非農家の農地であり、都市に転出した子どもが相続しても営農も貸出もされないところが増えている。なお、耕作放棄地とは、1年以上作付されておらず今後も耕作する意思のない土地のことであり、農業センサスで農家の人に尋ねて調査している。類似の概念として、遊休農地と荒廃農地があげられる。これらの用語の定義には違いがあり、統計数値も大きく異なるが、農家の人をはじめ一般に耕作放棄地と同じような意味で使われることが多い。

　耕作放棄の状況は地域差が大きい。図2は、関東地方の市町村別耕作放棄地率である。これは、耕作放棄地面積÷（農業経営体と自給的農家の経営耕地面積＋耕作放棄地面積）×100で求めた。この図から、埼玉県の秩父地方、栃木県と群馬県にまたがる足尾山地、群馬県北部、茨城県の八溝山地などで耕作放棄地が広がっていることがわかる。つまり、中山間地域でやはり状況が厳しいのである。

2 耕作放棄される原因

　耕作放棄される原因には、土地の傾斜、標高などの環境条件（森本，2007）のほかにも、担い手の高齢化や人手不足（寺床，2009）、道路の未整備や狭隘な圃場といったことからの低い生産性、鳥獣害などがあげられる。しかし結局のところ、儲からないから耕作されなくなったと言える。たとえば高齢化で跡継ぎがいなくても、儲かる土地ならば誰かがそこを買うか借りて、やがて耕作が再開されるであろう。戦後の食糧が足りない時代には山を切り開き、旧植民地からの引き揚げ者などが米作りなどを開始した。そうした条件が悪く市場から遠いところでも一定の利益（所得）が得られるよう、食糧管理制度のもとで米価が決められていたのだ。ところが、米が余るようになって米流通が自由化され、他の作物でも輸入自由化が進んで供給が増え、価格が低下した。

　x＝市場までの距離、y＝利益、t＝単位距離あたりの輸送費、p＝市場単価、q＝作物収量、c＝農産物単位あたりの生産コストとする

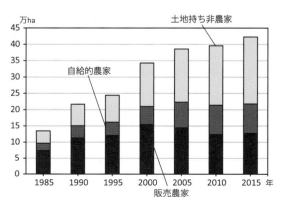

図1　全国の耕作放棄地の推移　農林業センサスにより作成。

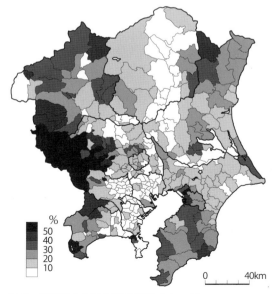

図2　関東地方の耕作放棄地率（2015年）
農林業センサスにより作成。

90

日本

図3　耕作放棄地の拡大の空間的概念

写真1　ノコギリで伐採作業（2016年6月撮影）

写真2　刈払機で草刈作業（2016年6月撮影）

写真3　岩石が残る荒地（2016年6月撮影）

と，利益は次の式で表すことができる。

$$y =（p×q）-（c×q）-（t×q×x）$$
$$=-t q x+q（p-c）$$

　これは右下がりの一次関数のグラフで図示できる（図3）。x切片は，利益が0になるところであり，赤字では経営していけないので，ここが地代が得られなくなる最劣等地（今井，1985），すなわち経済的に耕作できる限界の耕境である。市場単価（p）が下がると，y切片が原点側に移動し，グラフは下方に移動し，x切片はm_1からm_2へ移動する。つまり，耕作放棄地の拡大は，耕境の縮小として理解できる。

3 耕作放棄を解消すべきか

　耕作放棄地を発生させない，もしくは耕作放棄地を農地として再生させる政策は数多くなされてきた。たとえば，中山間地域等直接支払制度で条件の悪い地域の農業を金銭的に支援したり，再生させる場合の費用の一部を補助したり，農地の出し手（貸付希望者）と受け手（借受希望者）の間に入って貸借を容易にする農地中間管理機構を整備したりしてきた。こうした施策は部分的に耕作放棄の抑制・解消に役立っているが，根本的な解決には至っていない。

　山間部にある耕作放棄地は雑草が生い茂っているという程度ではない。筆者はかつて学生とともに長野県長和町で耕作放棄地の再生を手伝ったことがある。標高約1400mの高地で戦後の開拓地である。まず，生えた木を伐採し（写真1），次に刈払機で草を刈り（写真2），荒地（写真3）になったところで抜根と除礫を行う。耕作が放棄されて数年すると，このようなひどい状態に戻ってしまうのだ。たいへんな労力の原野の開拓である。人海戦術で無償労働だからこそ可能であったが，補助金があっても，実際に再生しようと思う人は少ないであろう。さらに，そこから土作りを行う必要がある。

　耕作放棄地が増加すると何が問題なのか。イノシシなどの獣害が発生しやすくなること，農村の牧歌的な景観が汚されること，病害虫の発生により周囲の圃場に外部不経済を発生させることなどがあげられるが，第一義的には食料自給率が低く，耕地面積が小さい日本で土地資源が有効活用されないということである。中山間地域において，仕事が減った公共事業の穴を埋めるために，建設業者などが農業に新規参入して，耕作放棄を解消した事例もみられる（高柳，2011）。しかし，再生には費用がかかり，条件不利地域では，作付しても耕境の外側にあるので，なかなか利益が出ない現実も直視すべきである。牧草地など粗放的農業を目指し，それも無理ならば植林によって（庄子，2015），森林の多面的機能に委ねることも視野に入れるべきであろう。

（高柳長直）

91
Japan
首都圏の洪水リスクを考える
Considering the flood risk of the Tokyo Metropolitan area

1 関東平野中央部の地形と河川

首都圏を抱える関東平野中央部は造盆地運動の中心にあたり，武蔵野台地・大宮台地・常総台地などの更新世の台地と，利根川・荒川水系の河川沿いの沖積低地が分布する（図1）。

沖積低地にみられる微地形は，自然のプロセスである洪水の繰り返しなどにより形成されたものである（海津，2019）。利根川と荒川はそれぞれ埼玉県熊谷市付近まで扇状地を広げ，そこから下流では自然堤防と後背湿地の組み合わせからなる地形が卓越する。利根川・荒川は，近世以降この関東平野の中央部で人工的な流路のつけかえが行われた。現在の利根川は台地を削って鬼怒川水系と接続され，房総半島の東側で太平洋に注いでいるが，改変前の利根川は荒川と合流して東京湾に注いでいた。東京低地は主に三角州（デルタ）からなり，干拓や埋め立てが行われ，地盤沈下による「ゼロメートル地帯」も広がっている（貝塚ほか，2000）。

利根川や荒川の洪水は，前線や台風などにより流域に豪雨がもたらされ，水が河川に集中して発生する。また，台風の通過時に東京湾で高潮が発生し，沿岸部が浸水することがある。このように，河川水や海水などが通常の量より増えたり，通常の範囲からあふれ出したりするのが自然現象としての「洪水」である。そして，そのような自然現象により人間の生活や活動がダメージを受けたとき，これは「水害」となる。

沖積低地での生活は灌漑用水や水上交通として川の恵みを受ける反面，水害常習地として悩まされてもきた。このため，古くから地形条件に合わせた土地利用が行われ，自然堤防は集落や畑に，後背湿地は水田などに利用されてきた。利根川・荒川下流域でも自然堤防を結ぶ小規模な堤防で囲まれた（濃尾平野の輪中と同様の）「領」と呼ばれる共同体が成立し，水塚や水屋も数多

く認められた。

2 洪水と水害の変化

1947年9月のカスリーン台風では，埼玉県北部（現在の加須市）で利根川の右岸堤防が決壊し（図1の①），洪水流はかつての利根川沿いを流下し，3日間かけて東京低地まで達した。自然堤防では水の引くのが早かったが，後背湿地では2週間以上湛水が続いたところがあった。

1958年9月の狩野川台風は，伊豆半島の狩野川流域に土砂災害や洪水の大きな被害をもたらしたが，東京の武蔵野台地を刻む谷底低地に進出した住宅地や，東京低地に広がった市街地での浸水被害も大きかった。

流域が都市化され土地利用が変化すると、洪水・水害のパターンも変化する。森林や農地が都市化でコンクリートやアスファルトに覆われて雨水の浸透能が低くなり，側溝や下水道ができることで河川への水の集中が早まる。また，

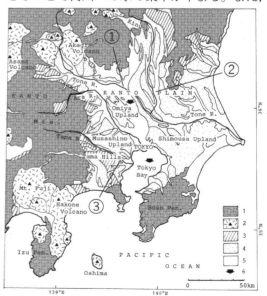

図1　関東平野とその周辺
1 山地，2 火山，3 丘陵，4 台地，5 低地，6 造盆地運動の沈降中心
①～③：本文で取り上げる事例　① 1947年破堤地点（加須市），② 2015年破堤地点（常総市），③ 2019年浸水地点（川崎市）　　Kubo（1990）による。加筆修正。

遊水機能を持つ水田が市街化されると，わずかな浸水でも被害に直結することになる。さらに，降った雨水を河川に排水することができずに浸水が発生したり，下水道で逆流がおこったりする内水氾濫も拡大した。

上流部のダム建設や連続堤防，遊水地等の整備がすすみ，また，内水対策として排水機場（ポンプ排水）に加え，首都圏外郭放水路（地下トンネル）というような施設も建設され，人々は首都圏では大規模な水害は起こらないと思うようになった。ところが近年になって，温暖化に伴う大雨の発生頻度の増加が指摘され（文部科学省・気象庁，2020），ほぼ毎年，「それまで記録されたことのない大雨」が全国各地で観測され，首都圏でも大規模な水害が発生している。

2015年9月の関東・東北豪雨では栃木県・茨城県の鬼怒川流域で記録的な豪雨となり，茨城県常総市で鬼怒川が溢流・破堤して大規模な災害となった（図1の②）。溢流した場所はソーラーパネル設置のために河畔砂丘が削り取られた場所で（写真1），また，堤防が決壊した場所は自然堤防上に位置していたが，激しい水流で押堀というえぐれた地形ができ，周辺の住宅は

写真1　河畔砂丘が削られた場所（常総市若宮戸 2016年3月撮影）

写真2　堤防決壊地点（常総市上三坂 2015年9月撮影）

大きく破壊された（写真2）。さらに，後背湿地の市街地が広範囲に浸水した。鬼怒川は利根川水系の最大級の支川であり，首都圏でこのような大規模な破堤による水害が発生したことは大きな衝撃であった。

さらに，2019年10月の台風19号（東日本台風）も首都圏に大きな被害をもたらした。利根川水系の秋山川・思川など，荒川水系の越辺川，那珂川・久慈川水系等で破堤による大規模な浸水被害が生じた。相模川水系など複数のダムでは「異常洪水時防災操作」（緊急放流）が実施された。多摩川下流では堤防の決壊はなかったが，旧河道などの地形条件の場所が浸水し，川崎市のタワーマンションが被災した（図1の③）。東京低地では避難所が満員となり，受け入れを断ったところもあった。

3　改めて水害対策を考える

首都圏をはじめとする各地の沖積低地では高度経済成長期に急速に開発が進行し，その結果水害リスクが拡大した。そのため，河川改修などのハード対策に加え，避難計画や洪水ハザードマップ[1]の作成などのソフト対策の充実が叫ばれた。しかし，「想定外」を避けるためにハザードマップの浸水想定区域は想定最大規模まで引き上げられ，1000年に一度の規模の洪水では結局沖積低地のほとんどが浸水するという表示になった（久保，2018）。

ここでの事例の多くが国管理の一級河川の破堤氾濫であり，公共事業だけで地域を守ることはできないこと，住民自身がリスクを知り自主避難が必要なこと，高齢者などの「災害弱者」を守ることなど，これまでのやり方の限界が明らかとなっている。地理学の立場から必要なことは，洪水と水害の発生メカニズムとしての自然環境と歴史・社会経済条件など地域の特性を知ることと，地域ごとのリスクを明らかにした上で，住まい方や土地利用にふみこんだ流域全体での水害対策を進めることである[2]。

---

1) ここでは水防法により河川管理者（国交省や都道府県など）が浸水想定区域などのデータを提供し，それをもとに市町村等が避難所や避難に関する情報を用意して住民へ提供するもの等を指す（鈴木，2015）。
2) 現在国土交通省により「流域治水」と名づけられたプロジェクトがすすめられている。

（久保純子）

92 *Japan*
都市のメタボリズム的な土地利用変化──東京・原宿界隈の事例
Metabolic change in urban land use: A case of Harajuku area, Tokyo

1 「春の小川」から「表」参道へ

　商業地に隣接しているとはいえ，それまで純然たる住宅街だったところに俄かに店舗が出来，それに倣うかのように同業者が増殖し始め，気が付くといつの間にやら立派な商店街に成り代わっているといった事態は，高度経済成長期であればいざ知らず，このご時世それ程多く認められるものでもないだろう。逆に今まで商店街であった通りに仕舞た屋が増え，シャッター商店街となり，それらが取り壊され建て替えられたかと思うとマンションだったりする状況の方が多いのではないだろうか。商店街が商業機能を失い住宅地化しているのである。本章では，このうちの前者について見てみたい。場所は東京・原宿である。

　原宿は元は隠田という名の旧くからの集落で，童謡「春の小川」に出てくる川（諸説あり）である渋谷川支流の隠田川沿いに発達している。そうした一農村が大正期に入って，とりわけ1920年に明治神宮が建造されることで大きく様相を変えていくことになった。大山街道（青山通り・国道246号）から明治神宮へとまっすぐ伸びる表参道がその契機となったと言えよう。しかしこの時点ではこの表参道は飽くまでも明治神宮の表「参道」であって，それ以外のなにものでもない。もとより近隣の青山や代々木は旧陸軍の関連施設が展開する軍の街であった。ここに1926年，高級な集合住宅である同潤会青山アパートが出来，第二次世界大戦後，代々木練兵場が進駐軍の住宅地・ワシントンハイツとなったころから原宿は再びその様相を大きく替えていった。現存する子ども向け玩具販売のキディランドや，その名の通り東洋趣味の古美術商であるオリエンタルバザーは，この時代の産物である。この後1964年の東京オリンピック開催に向けて大変動が起こる。ワシントンハ

イツがオリンピック選手村の敷地となり，隠田川は選手村の水洗便所に対応するため巨大な下水管として暗渠化された。この改変が現在の原宿・裏原宿の景観にとって決定的な契機となったのである。図1は1963年6月時点の空中写真である。これを見ると，隠田川と明治通りの間に小規模な建造物が密集していたことが分かる。

2 記号消費の舞台へ

　1958年，明治通りと表参道の交差点北東角にセントラルアパート（現東急プラザ）が出来た。当初は米軍関係者用だったものが徐々にファッションに敏感な人々が集まるようになってから，原宿は（ワシントンハイツ在住の米兵を含めた）地元客以外の客が訪問する場所となっていった。この時分の頃は浅井慎平『原宿セントラルアパート物語』（1997）や高橋靖子『表参道のヤッコさん』（2012）に詳しい。

　1980年代になると，また大きな転換点を迎える。田中康夫の『なんとなく，クリスタル』（1981年）に描かれるような記号消費の場と化していったのである。自己の属性を提示する都

図1　1963年の原宿
国土地理院 地図・空中写真閲覧サービス（https://mapps.gsi.go.jp/maplibSearch.do#1　整理番号 MKT636-C9-15，1963年6月26日撮影）により作成。

図2　1963年（左）と2019年（右）の表参道付近（破線で囲んだ範囲が裏原宿エリア）
国土地理院 地図・空中写真閲覧サービス（整理番号 CKT20191-C41-76　2019年10月9日撮影）により作成。

合の良い表象がブランド品，という現在にまで続く自己呈示の在り方がこの時代に表出する。ブランド品という記号があたかもそれを所持する人物の品質を担保するといった錯覚が一般化していったのである。

　1980年代になると，この手の記号を体現するモノで溢れたセレクトショップ（その嚆矢はBEAMS：1976年だろう）が増殖し始めた。トレンドの商品やライフスタイル，ショップやカフェ，それらが集まる界隈を紹介する雑誌やムックの出版と相まって，多くの人が集まる場所へと原宿は変貌していった。だがまだこの時期，表参道には店舗は少なかった。明治通りとの交差点と青山通り（国道246号）との交差点，または明治通りから千駄ヶ谷方面にかけて，そうしたスポットは集中していたのであるが，2021年現

在の表参道は，全面的にブランドの記号で溢れた空間となっている（マークス，2017参照）。

3　「裏」の消失化

　これと並行して，セントラルアパートは解体されて新たな商業空間（東急プラザ）へと変貌し，その裏側に広がっていた近隣型商店街と閑静な住宅地の中に1990年代初頭から若手デザイナーのショップが出店され始めた。これが所謂「裏原宿」である（石山，1999参照）。**写真1**は住宅が取り壊され更地となった風景を映し出している。周りに木造モルタル造2階建ての家屋が見える。ここも今ではRC造の建物が建てられ商業店舗となっている。

　そしてこの隠田川暗渠に沿って表参道を越えた下流側（渋谷方面）にも商業店舗が増殖して今日に至っている（キャットストリート）。図2は，1963年と2019年の空中写真を並べたものであるが，この半世紀ほどで，表参道を中心として，RC造で大型化した建造物が大幅に増えていることが分かるだろう。かつての住宅は商業店舗へと次々建て替えられていった。日用品を売っていた商店街は，高級な買廻り品を揃える店に入れ替わっていった。生活者の影は，この界隈ではどんどん薄れていくばかりである。なお1980年代以降の原宿については別稿（大城，2016）でも記しているので，そちらも参照されたい。

（大城直樹）

写真1　裏原宿の改変（2007年2月撮影）

92

日本

93 *Japan*
タンポポの危機
The decline of Japanese dandelions

1 タンポポとは

　タンポポはキク科タンポポ属（*Taraxacum*）の総称である。和名はフジナ，タナとも呼ばれ，日本の在来種は，研究者によっては15種，または22種あるとされている。現在では帰化したセイヨウタンポポとの交配種が分布のほとんどを占めている。

　中央ヨーロッパや中東では，若菜をサラダに

図1　調査地点　　　　　　漆原ほか（2012）による。

用いる。日本では若菜を和え物にしたり，花を二杯酢で食べる。根は解熱，利尿，胆汁分泌を促すといわれ，漢方薬として用いたり，コーヒーの代用として用いることもある。

　花は3日連続して朝開き，夕方閉じる。日あたりを好み，水はけのよい場所を好む。舌状花と呼ばれる小さな花が円盤状をなし，花の基部を包む外総苞片がある。

2 在来種と外来種

　現在日本に分布するタンポポは，大きく在来種と外来種と，その交配した雑種に分けられる。正確には遺伝子を用いて分類するが，後述のように，外観上の特色と開花期と，土壌酸度（pH）によって，およその分類をすることが可能である。

　外来種は，明治時代初期に，札幌農学校の米人教師によって札幌市に導入されたとされている。牧野（1904）は「このタンポポは，南道してやがて日本全体に広がるであろう。」とのべている。今日ではセイヨウタンポポは，北海道から沖縄まで分布する。

　在来種のタンポポは，染色体を2本持つ，2

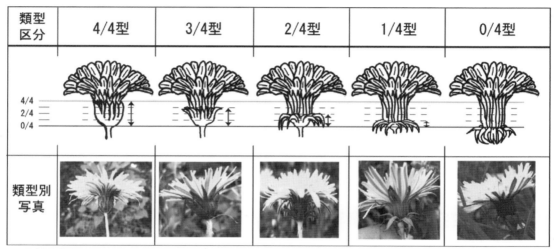

図2　外総苞片の反り返り位置による分類　　　　　　漆原ほか（2012）による。

図3　類型別の開花時期　　　　漆原ほか（2012）による。

倍体である。受精によってのみ増殖できる。しかし，外来種のほとんどは，3倍体以上の倍体数である。3倍体以上のタンポポは，同一の遺伝子を持つクローンを作ることができる（岩坪，2010）。この特性が，分布を拡大する一つの要因であると考えられる。

3 東京都心における在来種と外来種の分布

東京都心部の桜田門，日比谷公園，市ヶ谷外堀，迎賓館，小石川植物園で，タンポポの分類と分布，開花期，土壌酸度（pH）について調査を行った（漆原ほか，2012）。調査地点は**図1**に示した。

タンポポの外総苞片の反り返りの位置によって，**図2**に示すように分類した。外総苞片が全く反り返らない在来種（4/4），最も下部で反り返る外来種（0/4）とした。その中間型を交配種（3/4），（2/4），（1/4）に分けた。そのうえで，これらがどこに分布し，いつまで開花を続けるかを調べた。それぞれの類型別の開花期間は**図3**に示した。この図から明らかなように，在来種（4/4）は2月初めに咲きはじめ，5月初めに

は咲きおわる。その後咲くことはない。一方外来種（0/4）は，3月中旬に咲きはじめ，6月には咲きおわり，10月にも咲いた。しかし気象条件がよければ，12月まで咲き続ける年もある。交配種（3/4）はより在来種に近い開花時期を示すが，（2/4），（1/4）はより外来種に近い開花時期を示す。

在来種は江戸時代以来土壌攪拌が行われていない桜田門と，小石川植物園の一角に分布するのみであった。他の地点はいずれも外来種と交配種のみの分布であった。次にそれぞれの種別に生育している地点のpHを調べた。その結果は**図4**に示した。種別に，生育する土壌の酸度の範囲に一定の傾向が表れた。特に在来種の生育範囲はpHが5.9から6.3までの間である。一方外来種はpHが6.3から6.9までである。交配種は在来種と外来種の間の値で生育している。このことは，在来種は土壌攪拌されていない日本古来の自然環境の下で生成された土壌で生育している種であり，一方，都市化などで土壌攪拌され，特にコンクリート破片などが混じるなどのpHが上がった環境下では，外来種かその交配種が生育していることが判明した。

4 在来種の保護と保全

在来種は日本固有の環境や土壌を好み，受精によってしか次世代に種をつなぐことができない。在来種を保護，保全するためには，日本の自然環境を維持することにつとめなければならない。我々の上記の調査期間中にも，桜田門のコドラートの一つで在来種が根こそぎ盗掘されたことがある。桜田門は日中は監視員がみまわっているところである。しかし，持ち帰っても自宅の攪拌された土壌の庭では，在来種をそだてることはできない。在来種を見つけたら，その場で生育し続けられるよう，見守ってやってほしい。

在来種の保護，保全はタンポポに限ったことではない。昆虫，鳥類，魚類に至るまで，われわれ人間の手によって，外来種が国内に持ち込まれ，安易に野外に放たれることによって，それまでの生態系が侵され，在来種が駆逐される危機にさらされているのである。

（漆原和子）

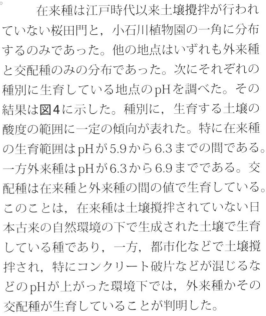

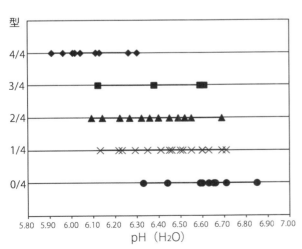

図4　類型別の土壌酸度　　　　漆原ほか（2012）による。

94 *Japan* 九十九里浜の海岸侵食と海浜観光の動向

Beach erosion and trends in seaside tourism in Kujukuri Beach

1 日本の海岸侵食

今日，温暖化に伴う海面上昇による砂浜海岸の侵食は世界各地で問題となっている。海岸侵食は海水面の上昇だけでなく，ローカルにみれば，ダム建設などによる河川の土砂運搬量の減少，護岸や築港などによる海岸環境の人工的改変によって生じている。日本では40〜50年前から，これらの人工的な要因によって砂浜海岸の侵食が進んでおり，2000年以降は年間160haもの砂浜が消失しつつあるといわれる。なかでも千葉県の九十九里浜では1970年代以降広範囲に渡って海岸侵食が進み深刻な問題となっている。砂浜海岸の減少は，国土が失われ，生態系が損なわれるだけでなく，波浪に対する防御が弱くなるという防災上の問題や，観光資源の消失という問題を生んでいる。

2 九十九里浜の海岸侵食

九十九里浜は海岸線が約60kmに及ぶ日本最大規模の砂浜海岸である。この砂浜は，主として北部の屛風ヶ浦と南部の太東崎における海食崖の崩落土砂が，沿岸漂砂により運ばれ，堆積してできたものである。この堆積作用によって，九十九里浜の汀線は全体として前進を

続け，それは1960年頃まで続いた。しかし，1960年代以降，屛風ヶ浦の崩落防止対策や，北端の飯岡漁港，南端の太東漁港の防波堤建設などによる沿岸漂砂の阻止によって，土砂の堆積が変化するようになった（宇多，2012）。また，南部の茂原を中心とする地域では地下水の汲み上げに起因する地盤沈下が生じている（大木ほか，2016）。その結果，中央部に位置する片貝漁港の周辺や，飯岡漁港の南部などの汀線は前進する一方，北部の旭海岸，吉崎海岸，野手海岸，南部の白子海岸，一松海岸，一宮海岸などでは侵食が進み，1961年と比較すると2015年には汀線が大きく後退している（図1）。侵食の程度は場所によって異なるが，100m近くも汀線が後退した場所もある。その対策として1990年頃から県が中心となって，侵食が著しい区間でヘッドランド（砂を留めるためのT字型の突堤）や離岸堤の設置や，砂を運び入れる養浜を行ってきた。しかし，現在も侵食区域は拡大しており，県では，2020年に九十九里浜全域を対象とした対策計画を策定し，今後30年間に養浜とヘッドランド等の施設設備を組み合わせた対策を実施することにしている。

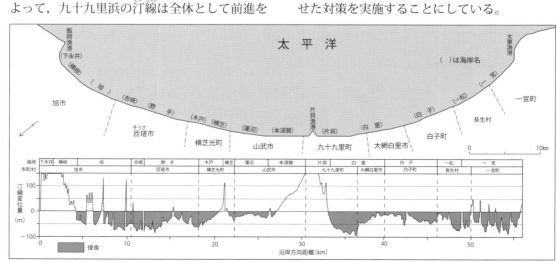

図1 九十九里浜の1961年から2015年にかけての汀線変化量 千葉県県土整備部の資料により作成。

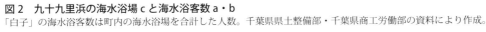

図2　九十九里浜の海水浴場 c と海水浴客数 a・b
「白子」の海水浴客数は町内の海水浴場を合計した人数。千葉県県土整備部・千葉県商工労働部の資料により作成。

94

日本

3 九十九里浜の海浜観光の動向と課題

　九十九里浜は海水浴やサーフィンなどを主とした海浜観光地として知られる。なかでも海水浴は地域への影響が大きく，かつて海浜部に民宿や海の家などが多数設けられ，夏季には海水浴客で大変にぎわった。しかし，近年は人々のレジャーの多様化によって海水浴客の減少が顕著である。その動向を千葉県全体で見ると，全盛期の1970年頃は年間1300万人の海水浴客があったが，以後減少を続け，2008年には260万人，2019年には95万人にまで減少した。九十九里浜全体では，2008年には107万人であった海水浴客は，2019年には29万人に減少している。地域的には，かつては海水浴の中心地であった片貝をはじめとする九十九里浜中央部での海水浴客の減少が顕著である（図2a，b）。また，九十九里浜の海水浴場は2008年以前には36カ所あったが，次第に減少し2019年には18カ所に半減している（図2c）。海水浴場の閉鎖は海水浴客の減少が影響しているが，北部や南部の海岸では，海岸侵食により海水浴場として適さなくなったことが大きく影響しており，海岸侵食が海水浴客の減少に拍車をかけている。2020，2021年は新型コロナウイルスの流行により，全域に渡って海水浴場は開設されず，今後いっそう海水浴離れが進むことが予想される。サーフィンなどのビーチスポーツは盛んであるとはいえ，海水浴客の減少により，九十九里浜沿岸部での観光業は衰退傾向にあり，地域の活性化が課題となっている。今後は海浜といえども，海や砂浜をアピールするだけではなく，白子町がテニスの町として知られるように，広い平地を生かした陸上でのスポーツ観光の振興などが必要とされよう。

（中西僚太郎）

95 *Japan*
2011年東北地方太平洋沖地震と海底活断層
Submarine active faults that caused the 2011 Great Earhquake in Tohoku

1 プレート境界周辺の海底活断層

南海トラフ・相模トラフ・日本海溝・日本海東縁においては，長さ数十〜500kmの活断層が多数確認されており，海底面の高度には数百〜数千m以上のずれがある。このような大きなずれは，これらの活断層が海底面を繰り返しずらしてきた（固有の地震を発生させてきた）ことを示している。

ところが，プレート境界において発生する地震とこれらの海底活断層との関係について，地震研究者の多くは無関心である（例えば，JAMSTEC, 2017）。プレート境界周辺で発生する地震と，近傍の海底活断層とは関係はないと考えている地震研究者もいるようである。最近関心が高まっている，南海トラフで想定される「連動型地震」の考え方においても，海底活断層の存在には注意は払われていない。

2 日本海溝周辺の海底活断層と歴史地震

日本海溝周辺には，海底面をずらしている海底活断層が多数分布している（図1，渡辺ほか，2012）。これらは変動地形学的に認定され，音波探査結果でも確認されているものである。

日本海溝の海溝軸から東側には，正断層が密に分布している。このうち，三陸沖の海溝軸沿いのものは長さ200kmに達している。海溝軸近傍から数10km西側（陸側）では，延長約500km程度の長大な逆断層（X）が存在している。さらに陸側には，一回り小規模（長さ50km以上）の逆断層が複数確認されている。

千島海溝においては，海溝軸の活断層と，陸側の海溝斜面中部に海溝と並走する長い活断層がある。これらの活断層は，上記の日本海溝軸およびその陸側の活断層とは連続していない。また，長大な逆断層（X）より南では，活断層の連続性は不明瞭となり，房総沖以南では別の海底活断層が連続しているように見える。

図1には，19世紀末以降に発生した主な地震の震源域（地震調査委員会，1999, 2011）も図示した。八戸沖の①などを除けば，過去の大きな地震の震源域と海底活断層の位置はほぼ一致していることがわかる。長さ50km程度以上の小ぶりの逆断層は，M7〜8の歴史地震の震源域に対応して分布している。2011年3月11日に発生した東北地方太平洋沖地震（M9.0）の震源域（⑮）は，延長約500kmの逆断層（X）の分布範囲とほぼ一致している。長大な逆断層（X）の活動を想定した計算結果（渡辺ほか，2012）によると，陸域の隆起・沈降パターンや津波の波形や高さなどに関する観測事実と一致する結果が得られている。

3 海底活断層と地形情報の重要性

2011年東北地方太平洋沖地震は，プレート境界の複数の破壊領域が連動して発生したものであり，海底活断層を考慮しない見解もある（地震本部，2020）。しかし，地震時に観測された様々な事実は，長大な逆断層（X）の活動によっても十分に説明されるものである。この活断層がM9.0の超巨大地震を引き起こしたと考えても，何ら問題はない。延長約500kmに達する長大な逆断層（X）は，同様の地震を繰り返し発生してきたと考えられる。

これまでに知られている歴史地震の震源域は，変動地形学的に認定される海底活断層の位置と非常によく対応している。今後，海底活断層の特性を把握して地震活動を検討し直す必要がある。たとえば，歴史地震の震源域と海底活断層の位置を比較し，最近は大きな地震を起こしていない海底活断層の分布域を「地震空白域」として注意する必要があると思われる。そのためには，詳細な地形情報による活断層調査が重要な課題となろう。

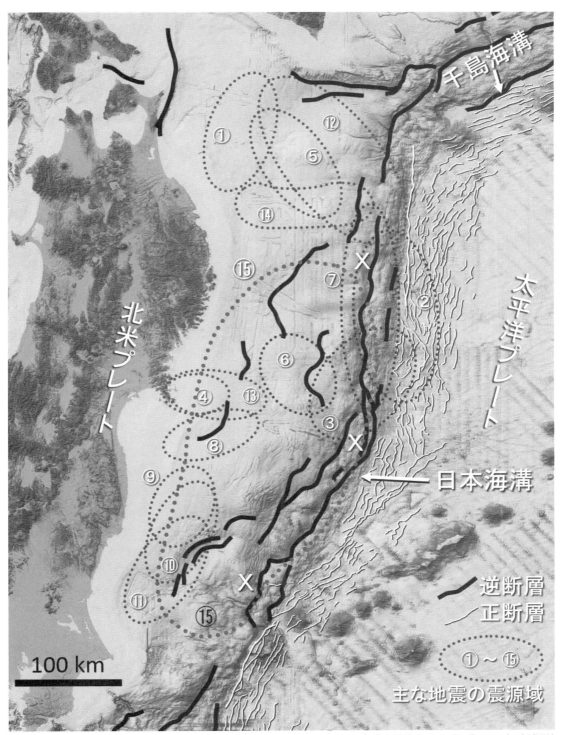

① 1856年 安政八戸沖地震（M7.5），② 1896年 明治三陸地震（M8.2），③ 1897年 仙台沖地震（M7.4），④ 1897年 宮城県沖地震（M7.4），⑤ 1901年 青森県東方沖地震（M7.2），⑥ 1915年 宮城沖地震（M7.5），⑦ 1933年 昭和三陸地震（M8.1），⑧ 1936年 金華山沖地震（M7.5），⑨ 1938年 福島県東方沖地震（M7.7），⑩ 1938年 福島県東方沖地震（M7.7），⑪ 1938年 福島県東方沖地震（M7.5），⑫ 1968年 十勝沖地震（M7.5），⑬ 1978年 宮城沖地震（M7.5），⑭ 1994年 三陸はるか沖地震（M7.6），⑮ 2011年 東北地方太平洋沖地震（M9.0）

図1　日本海溝周辺の海底活断層と19世紀以降の主な地震の震源域

主な地震の震源域は，地震調査委員会（1999，2011）による。

（渡辺満久）

96 *Japan*
福島における原子力災害からの復興
Revitalization following the nuclear disaster that took place in Fukushima

1 福島原発事故と広域・長期避難

2011年3月11日に，東北地方太平洋沖地震に伴って福島原発事故が発生し，大量の放射性物質が拡散した。原発周辺の12市町村には避難指示等が発令され，9市町村は役場ごと避難することになった（図1）。これらの市町村以外からも，原発や放射能に対する恐怖や不安を理由として多数の住民が避難することになり，16万人を超える住民が広域的で長期的な避難を余儀なくされた。

2 福島復興政策の本質

福島原発事故の発生後に構築された福島復興政策は，"除染なくして復興なし"との理念のもとに，除染を復興の起点かつ基盤として位置づけた上で，避難指示区域内では「将来的な帰還」，避難指示区域外では「居住継続」を前提として，「被災者の復興＝生活の再建」と「被災地の復興＝場所の再生」を同時的に実現することが可能な法的・制度的状態を創造する政策である（川﨑，2018a）。その中心的な課題は「復興＝避難者の消滅」であり，とりわけ，避難指示を解除して避難者という存在を消滅させることである（川﨑，2018b）。

避難者を消滅させるために，福島原発事故の原因者の一者である国が避難元の原状回復に関する法的・制度的な基準をほとんど一方的に決定し，これを満たした段階で避難者は帰還が可能な状況に至ったことにする。実際に帰還するかどうかは避難者の自己決定に委ねるが，この時点で国や東京電力の責任は果たされたことにして，被災者に対する支援や賠償の打ち切りが進められてきた（図2）。

3 福島復興10年間の到達点

2021年3月で福島原発事故が発生してから10年が経過した。確かに，空間線量率は大幅に低減し，公式統計上の避難者数は16万人から4万人に減少した。しかし，これは避難先で自宅を購入した避難者が対象外となったことなどによるものであって，今なお多くの住民が避難し続けているが，避難者は，生活再建支援策の打ち切りによって，生活再建どころか，避難生活さえままならない状況に追い込まれている。"少数派"の帰還した住民は，避難者ではなくなったものの，生活再建が果たされたわけではなく，依然として困難性と不可能性に満ちた環境のもとで暮らす被災者であり続けている。

そして，市町村は存続の危機に陥っている。特に避難指示の解除時期が遅かった市町村では，住民の帰還も事業所の再開も営農の再開も進んでおらず，まち（村も含む）が崩壊していくという状況にある。チェルノブイリ原発事故の最大の教訓は，「大きな原発事故は一瞬で町や村

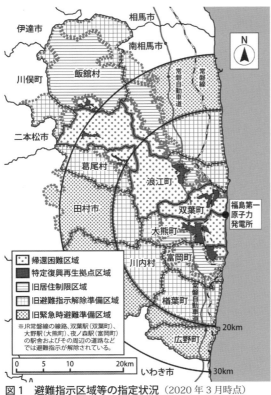

図1　避難指示区域等の指定状況（2020年3月時点）

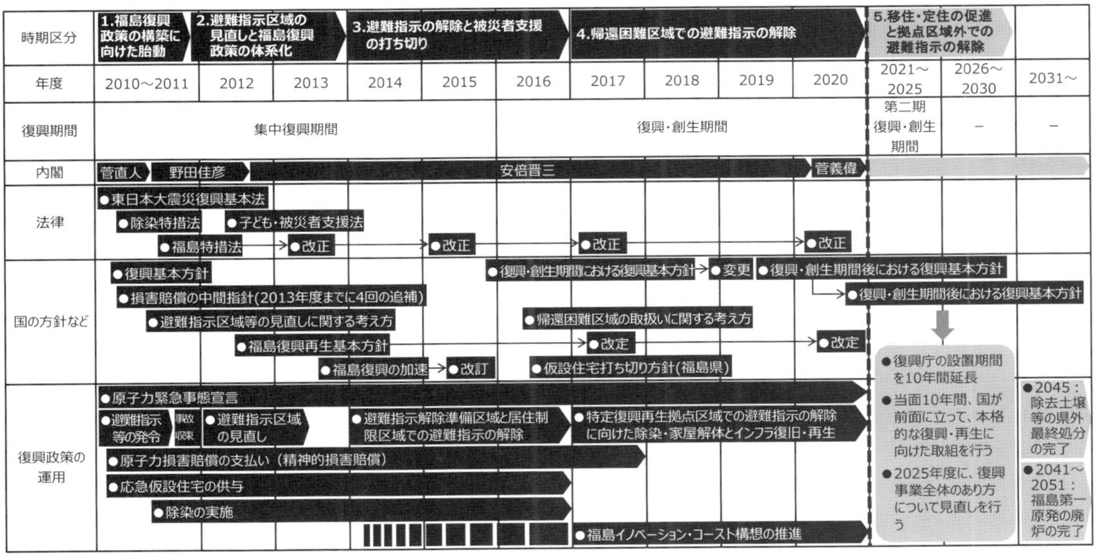

時期区分	1.福島復興政策の構築に向けた胎動	2.避難指示区域の見直しと福島復興政策の体系化	3.避難指示の解除と被災者支援の打ち切り		4.帰還困難区域での避難指示の解除				5.移住・定住の促進と拠点区域外での避難指示の解除			
年度	2010~2011	2012	2013	2014	2015	2016	2017	2018	2019	2020	2021~2025	2026~2030	2031~
復興期間	集中復興期間					復興・創生期間					第二期復興・創生期間	–	–
内閣	菅直人	野田佳彦		安倍晋三							菅義偉		
法律	●東日本大震災復興基本法 ●除染特措法 ●子ども・被災者支援法 ●福島特措法		→改正		→改正		→改正			→改正			
国の方針など	●復興基本方針 ●損害賠償の中間指針(2013年度までに4回の追補) ●避難指示区域等の見直しに関する考え方 ●福島復興再生基本方針 ●福島復興の加速 →改訂					●復興・創生期間における復興基本方針 →変更 ●帰還困難区域の取扱いに関する考え方 →改定 ●仮設住宅打ち切り方針(福島県) →改定				●復興・創生期間後における復興基本方針 ●復興・創生期間後における復興基本方針			
復興政策の運用	●原子力緊急事態宣言 ●避難指示等の発令 ●避難指示区域の見直し ●避難指示解除準備区域と居住制限区域での避難指示の解除 ●原子力損害賠償の支払い（精神的損害賠償） ●応急仮設住宅の供与 ●除染の実施					●特定復興再生拠点区域での避難指示の解除に向けた除染・家屋解体とインフラ復旧・再生 ●福島イノベーション・コースト構想の推進					●復興庁の設置期間を10年間延長 ●当面10年間、国が前面に立って、本格的な復興・再生に向けた取組を行う ●2025年度に、復興事業全体のあり方について見直しを行う	●2045：除去土壌等の県外最終処分の完了 ●2041~2051：福島第一原発の廃炉の完了	

図2　福島復興の10年間

をまるごと消滅させる」ということであったが，福島では，「大きな原発事故は遅かれ早かれ町や村をまるごと消滅させる」との教訓を得ることになりかねない。「まち残し」が大きな課題となっている。

4 "検証なくして復興なし"

政府は，福島については，2021年度以降の10年間，引き続き国が前面に立って本格的な復興・再生に向けた取り組みを行うものとした。福島が前述の状況にあることからすれば当然であるが，問題は原子力災害からの復興に関する検証が行われていないことにある。

福島原発事故については，事故発生直後に4つの委員会によって検証が行われたが，原子力災害からの復興に関する検証は行われていない。

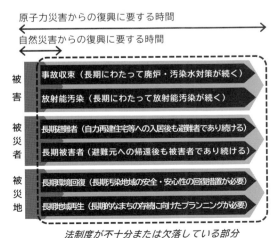

原子力災害からの復興に要する時間

自然災害からの復興に要する時間

被害	事故収束（長期にわたって廃炉・汚染水対策が続く）
	放射能汚染（長期にわたって放射能汚染が続く）
被災者	長期避難者（自力再建住宅等への入居後も避難者であり続ける）
	長期被害者（避難元への帰還後も被害者であり続ける）
被災地	長期環境回復（長期汚染地域の安全・安心性の回復措置が必要）
	長期地域再生（長期的なまちの存続に向けたプランニングが必要）

法制度が不十分または欠落している部分

図3　原子力災害の特質に即した復興法制度の必要性

少なくとも，原発事故の発生に伴う被害実態の包括的な把握，被災者の生活再建と被災地の復興・再生に関する到達点の解明，原発事故の再発防止策と再発した場合の被害の最小化策の合理性に関する確認を行うことが必要であり，その上で，復興に向けた課題を抽出するとともに道筋を描くことが必要だと考えられる。

5 原子力災害の特質に即した法制度と行政組織

原子力災害は，自然災害とは異なって，原因者の存在，被害の広域性と長期性，避難の広域性と長期性をその特質とする（図3）。しかし，自然災害を主たる対象とする災害対策基本法と，これをベースとする原子力災害関連法が前提としている空間性と時間性は，原子力災害の特質に即したものになっていない。これが福島復興政策の欠陥の根本的な原因となっている。

長期にわたる被災者の生活再建と被災地の復興・再生の支援を保障する法制度の構築が必要である。今後，福島に限らず，原発事故が再発した場合への備えとして，長期にわたる避難生活における住宅，就業・就学，放射線防護，健康管理，医療・福祉，避難先での住民としての地位など，総合的な観点から被災者と被災地の支援のあり方を規定した原子力災害対策基本法の制定と，これを担う防災省などの国家行政組織の創設が検討されてよい（川﨑，2021）。教訓は，法制度として残されてこそ将来の災害復興に活かされる。

（川﨑興太）

96

日本

97 *Japan*
三陸地域の市街地再編
Urban reconstruction of the Sanriku coastal areas after the Great East Japan Earthquake

1 東日本大震災による被害

2011年3月11日14時46分に発生した東北地方太平洋沖地震は東北地方に甚大な被害をもたらした（以下，東日本大震災）。消防庁災害対策本部（2018）『東北地方太平洋沖地震（東日本大震災）について（第158報）』によれば，死者に行方不明者を加えた東北地方の人的被害は22,121人，住家全半壊は361,263棟にのぼる。

被害の大半は津波によるものであり，太平洋沿岸の市町村に集中した（図1）。特に，入江や岬が複雑に入り組んだリアス海岸になっている

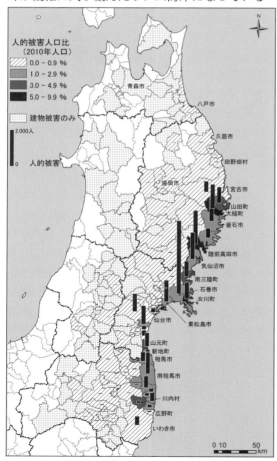

図1　東北地方の人的被害とその人口比
人的被害とは死者と行方不明者の合算を指す。
国勢調査および消防庁（2018）により作成。

三陸地域の津波被害は大きく，岩手県大槌町（8.3％），陸前高田市（7.8％），宮城県女川町（8.7％）の人的被害は，2010年時点の人口比で5％を超えた。人的被害は当該市町村の自然減に直接反映される。上記3市町の2005〜2010年の人口増減率は，それぞれ-7.5％，-5.7％，-6.3％であり，従前から人口の減少は激しかったが，2010〜2015年のそれは，それぞれ-23.0％，-15.2％，-37.0％にまで拡大した。これらの市町では，人的被害による自然減に加え，災害リスクの認知や心理的ダメージの負荷によって，域外への居住地移動が促進され，人口減少が加速化したと考えられる。

2 残留住民の自市町村内移動

2015年の国勢調査に基づいて，2010年の10月から2015年の9月までに東北6県で発生した居住地移動を発地市町村ベースで捉えると，青森県の八戸市（61.7％），青森市（60.4％），岩手県の陸前高田市（67.4％），山田町（66.0％），釜石市（65.9％），大船渡市（63.1％），田野畑村（62.8％），大槌町（61.1％），宮城県の石巻市（67.1％），気仙沼市（67.0％），福島県のいわき市（63.9％），新地町（63.5％）では，自市町村内移動が60％を超えた。このように，三陸地域では，人口減少が加速化する中で，自市町村内移動も活発化した。つまり，住居を失った（あるいは従前の住居に住めなくなった）住民の中には，自市町村内に滞留して新たな住居を定めた者も多かった。

三陸地域，特にリアス海岸が発達する同地域南部の市町村では，発祥を漁村に置く小規模な市街地が入江奥に形成されており，市街地相互の連続性は低い。また，近隣に新たな生活基盤を築くことが可能な大都市も存在しない。自市町村内への残留を決めた被災者は，こうした地理的な制約を考慮したものと解釈される。

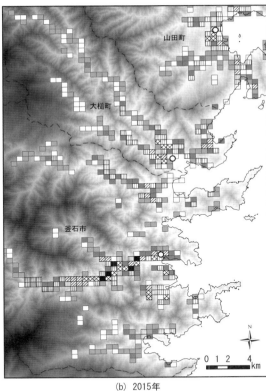

(a) 2010年	(b) 2015年

○ 市町村役場　□1-9　▨10-49　▨50-99　▥100-299　▨300-499　▨500-999　■1,000-1,999（単位：人）

図2　三陸地方南部（山田町，大槌町，釜石市）の人口分布の変化

山田（2020）による。

97

日
本

3 都市化中心の移動

　国勢調査の500mメッシュのデータを用いて，東日本大震災を挟んだ三陸地域南部（山田町，大槌町，釜石市）の人口分布の変化を見ると，人口密度が全体的に低下していることが分かる（図2）。3市町の人口はいずれも入江に注ぎ込む小河川の沢沿いに細長く分布している。また，主要な都市施設を中心に同心円状の構造を持つ市街地が計画的に形成されてきたというわけではないが，震災前は役場が市街地の中心に位置していた。

　しかし，震災後，山田町では役場周辺の人口減少が進み，大槌町では役場から海岸線までの地区で人の居住が見られなくなった。一方，両町共に内陸では人口が増加したメッシュもある。同様の傾向は釜石市においても指摘され，人口分布の重心が内陸に移動したことを伺わせる。これは，絶対的な人口減少が進む中で，防減災を重視した新市街地が海岸部の低地を避けて内陸部の高台に建設され，残留住民がそれに対応

して居住地を移動したためである。

　三陸地域の産業基盤は漁業にあり，港湾施設のある臨海部を除外する都市計画はありえない。そのため，新市街地建設は結果的に市街地の空間的拡大に繋がる。一方で，人口減少は，当地域における震災前からの恒常的な問題であり，いずれの市町においても市街地のコンパクト化が都市計画の至上命題とされてきた。その必要性が震災によって無くなるということはない。三陸地域における今後の課題は，市街地の再編に関わる上記の相反する方向性を整合させていくことである（山田，2018）。

　当地域におけるこうした課題は，居住地と就業地のゾーニングに基づく職住分離を徹底させつつ，ゾーンごとにコンパクト化を進めることで解決されうる。ただし，個人事業所が多い小規模市町村においては，職住分離に抵抗を感じる事業者が多く，それが経済的な非効率や低活性を招いてしまうことが政策遂行上の壁になると考えられる。

（山田浩久）

山形県酒田市飛島の人口問題

Population problem in Tobishima Island, Sakata City,
Yamagata Prefecture, Japan

1 自然環境に対応した特異な生活形態

　酒田市飛島は，酒田港から北西に約39km
の日本海上に位置し，周囲約10km，面積約
2.8km²の山形県唯一の有人島嶼部である（図1）。
同島と本土を結ぶ交通機関は，定期連絡船の
「とびしま」のみである（所要時間75分）。付近
を北流する対馬暖流によって，同島は漁場に恵
まれ，植生も独特な景観を呈するが，冬季は北
西の強い季節風によって海が荒れることが多く，
本土との往来も困難になる。

　島民は古来より，冬季は近海での漁を休み，
男手が遠洋での出稼ぎに出ることで収入を得て
いた。1909（明治42）年に，全国初の女性消防
団が設立されたのも，冬季に火災から島を守る
者が女性しかいなかったためである。しかし，
1950年代における漁業の隆盛や離島振興法に
基づく港湾整備等の労働力需要の発生によって，
まとまった現金収入を得られるようになると，
行商や婚姻で繋がっていた本土に別宅を購入す
る島民が増え，そこで出稼者の帰省を待ちなが
ら春の漁の再開に備えるという生活が生まれ，
定着していった。

2 島民の島外流出

　新潟県の粟島は，飛島と類似した自然環境，
地理的位置にあり，比較対象にしやすい。国勢
調査によれば，いずれも1950年に人口のピーク
を迎え，1960年代から本格的な人口減少期に
入るが，1950年に飛島1,618人，粟島892人
であった人口は1995年に逆転し，2015年の人
口は，それぞれ204人と370人である（図2）。

　飛島の1960〜2010年における年齢10歳階
層ごとのコーホートの増減を見ると，1960年
代から激しく減少したのは20歳代に至るコー
ホートであり，就職・進学によるものであると
思われる（表1）。また，1980年代以降は，10
歳代，30歳代，40歳代に至るコーホートの減
少が激化し，若年世帯を中心に挙家離島が発生
したことが分かる。これによる世帯数の急減は
図2からも確認できる。さらに，60歳代，70
歳代，80歳代以上に至るコーホートでも大幅
な減少が観察される。このことは，死亡による
自然減を勘案しても，相当数の高齢者が島外に
流出したことを物語る。本土にある医療機関で継
続的な受診を必要とする高齢者は本土の別宅か

図1　飛島の位置

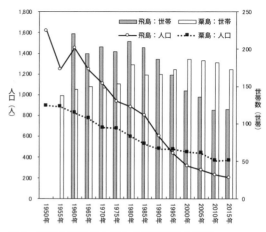

図2　飛島と粟島の人口および世帯数の逆転
飛島1950年，1955年，粟島1955年の世帯数はデータ無し。
国勢調査により作成。

ら通院／入院していたが，滞在期間の長期化が結果的に離島に結びついたと考えられる（山田，2018）。

急激な飛島の人口減少を人口移動のプッシュ／プル要因から整理すると，飛島には居住域に平坦部が少なく，漁業以外に生業となる産業がなかったことがプッシュ要因として挙げられる（山田，2005）。プル要因は，本土での別宅居住が定着し，離島後の住居や生活に対する不安が軽減されやすかったことである。

3 移住の試み

飛島の人口減少は2000年に遷緩点が現れる。これは，2000年までに39歳以下の階層のほとんどが離島してしまった結果，2000年代においては若年層の離島が発生せず，高齢者のみが減少する段階に入ったためであり，人口減少が抑制されたためではない（表1参照）。また，2000年，2010年，2015年の高齢化率は，47.8％，59.6％，66.0％であり，高齢化も急速に進行している。

しかし，2010年代に入ると，39歳以下の階層において若干名の増加が見られ，2015年には35年ぶりに世帯数も1世帯増加した。これは，島内で進められている移住施策によるものと考えられる。ただし，その試みは「政策」と言うよりは，行政や地元大学の誘導のもとで設立された民間団体の「活動」にすぎない。粟島でも2000年代後半より移住に大きな関心が寄せられていたが，こちらは一島一村の自治体として機能する粟島浦村が村の重点課題として移住を政策化し，実行している。

住民基本台帳人口を使用して，2010～2020年の人口変動の詳細を見ると，2010年代に入り人口が増加し，それが維持されつつある粟島に対し，飛島では人口が絶対的に減少し続けている（図3）。また，飛島では，住民基本台帳人口が国勢調査人口を上回っており，住民登録をしている人口よりも実際に島内で生活している人口の方が少ないことが分かる。

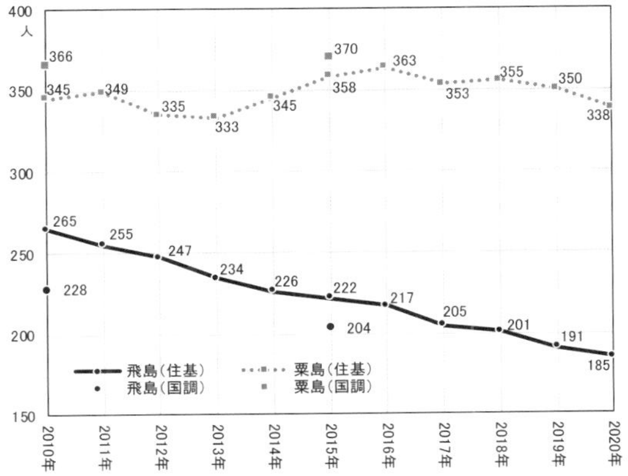

粟島浦村の移住政策が一定の成果を挙げているのは，移住者に対する行政のバックアップが確保されているためである。加えて，移住者を受け入れるコミュニティが存続していることが大きいと考えられる。急激な人口減少と高齢化によって，飛島のコミュニティは疲弊が著しく，移住者を取り込んで自身を再編していくだけの体力が既にない。

飛島での活動を一過性の盛り上がりとして終わらせず，同島の人口維持に結びつけていくためには，移住者が定住し，独自のコミュニティを形成していけるだけの社会的，経済的な価値を移住者自らが新たに創造していく必要がある。

（山田浩久）

表1　飛島における1960～2010年の年齢10歳階級別コーホートの増減数と増減率

（単位：人，括弧内は％）

年齢階級	男性					女性				
	2000～2010年	1990～2000年	1980～1990年	1970～1980年	1960～1970年	2000～2010年	1990～2000年	1980～1990年	1970～1980年	1960～1970年
0-9歳→10-19歳	1 (100.0)	-20 ※	-34 (-97.1)	-36 (-66.7)	-59 (-46.5)	0 (0.0)	-23 (-2300.0)	-27 (-128.6)	-62 (-147.6)	-84 (-90.3)
10-19歳→20-29歳	1 (100.0)	-33 (-1650.0)	-37 (-217.6)	-51 (-67.1)	-87 (-113.0)	0 (0.0)	-19 (-950.0)	-34 (-425.0)	-52 (-126.8)	-74 (-151.0)
20-29歳→30-39歳	2 (50.0)	-15 (-750.0)	-43 (-130.3)	-25 (-48.1)	-60 (-75.0)	1 (33.3)	-6 (-300.0)	-7 (-20.6)	-6 (-14.0)	-20 (-27.8)
30-39歳→40-49歳	1 (33.3)	-15 (-83.3)	-9 (-20.9)	-6 (-8.1)	-16 (-25.4)	-1 (-100.0)	-13 (-61.9)	-10 (-30.3)	-7 (-10.8)	-15 (-14.5)
40-49歳→50-59歳	0 (0.0)	-4 (-10.3)	-12 (-19.4)	3 (4.5)	-9 (-16.1)	0 (0.0)	-5 (-17.9)	-5 (-8.3)	-4 (-6.2)	-6 (-9.1)
50-59歳→60-69歳	-7 (-21.9)	-18 (-40.9)	-19 (-40.4)	-10 (-21.7)	-16 (-55.2)	-2 (-7.7)	-4 (-15.4)	-4 (-16.1)	-4 (-6.5)	-15 (-26.3)
60-69歳→70-79歳	-7 (-18.9)	-18 (-62.1)	-15 (-48.4)	-9 (-45.0)	-26 (-92.9)	-7 (-15.6)	-17 (-43.6)	-18 (-40.9)	-19 (-50.0)	-11 (-44.0)
70歳以上→80歳以上	-34 (-377.8)	-26 (-185.7)	-20 (-222.2)	-24 (-266.7)	-20 (-400.0)	-39 (-177.3)	-22 (-190.9)	-29 (-145.0)	-31 (-281.8)	-25 (-147.1)

※は母数0。

国勢調査により作成。

図3　飛島の人口と世帯数の推移
住民基本台帳人口：飛島は3月31日，粟島は1月1日時点。
国勢調査および住民基本台帳により作成。

98

日本

99 *Japan*
北進を続けるイノシシ
——岩手県雫石町の例
Wild boars going north: The case of Shizukuishi Town, Iwate Prefecture

1 イノシシは北東北には生息できない？

　古来イノシシは人々に愛されもし，疎まれもしてきた。イノシシは陰陽五行思想では「水」の運気を持ち，火を制御すると考えられてきた。茶道では，「炉開き」の茶事（旧暦10月，新暦11月）にはウリボウの縞目をあしらった亥の子餅を用いる。平安時代にはイノシシの繁殖力にあやかり，子孫繁栄を祈り無病息災を願って，亥の子餅を贈りあう風習があった。一方では，年に4頭から6頭の子を産み，群れで田畑を荒らすことから人々に疎まれてきた。

　江戸時代に盛岡藩は，大掛かりな野生動物の捕獲を行った。正保4（1647）年，慶安2（1649）年，慶安4（1651）年に8,000人の勢子を動員して，イノシシ，シカ，オオカミなど660頭を捕り，鹿革は幕府に献上したとある。北東北を襲った，江戸時代の三大飢饉である寛延2（1749）年，天明3（1773）年，天保3-9（1832-1838）年には不作の田畑を荒らし，飢饉に拍車

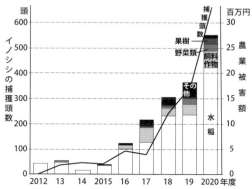

図2　岩手県におけるイノシシ捕獲頭数と農業被害の推移
岩手県（2021）により作成。

をかけた。とりわけ寛延2（1749）年には，八戸藩で「猪けがづ（猪飢饉）」が起きたことが記されている（岩手県，1963）。明治時代に入り，近代的猟銃の導入や土地利用の拡大によって岩手県ではイノシシを根絶した。2001年の「いわてレッドデータブック」にもイノシシは絶滅したと記録されていた（岩手県，2019）。

2 イノシシは北進しているのか？

　環境省は1978年度から，全国のニホンジカとイノシシの生息分布調査を実施してきた。結果は全国総メッシュ17,376のうちの生息メッシュを示す方法で図化された（環境省，2021）。**図1**は，東北地方における1978〜2020年度のイノシシの生息地域を示した。

　1978年度には福島県と宮城県南部にわずかに分布するのみであった。2003年度には宮城県北部まで確認され，2011年度には岩手県南部と秋田県南部まで北上した。2014年度には秋田県南部と，岩手県北部まで拡大し，2020年度には青森県北部までの東北全域で生息が確認され，イノシシの北進がわかる。この現象を地球温暖化のためとする見解もあるが，必ずしもそれが要因とは言えない。かつて生息していた地域に再び戻ってきたと考えるのが妥当である。耕作放棄地が増え，作物は食べ放題で，

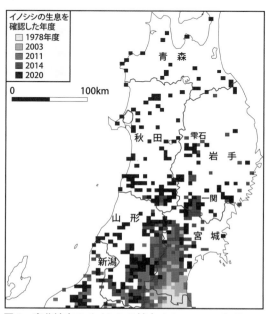

図1　東北地方のイノシシの拡大（1978〜2020年度）
環境省（2021）により作成。

図3 雫石町におけるイノシシ捕獲頭数（2020年度）
有害捕獲，狩猟，指定管理捕獲数を示す。
岩手県（2021）により作成。

めったに捕獲されないなど生息しやすい条件が
そろってきたことが要因である。

3 岩手県と雫石町のイノシシ被害

図2は，岩手県における2012〜2020年
度のイノシシの捕獲数と農業被害額を示してい
る（岩手県，2021）。2016年度以降加速度的に
捕獲数は増え，2020年度には600頭を超えて
いる。その被害は圧倒的に水稲が多く，次いで
畑作物である。2020年度のイノシシの生息
メッシュで集中するのは一関市付近と，奥羽山
脈山麓に位置する雫石町付近である。

雫石町は，雫石川の河岸段丘からなる山間盆
地と，それを取り囲む山麓斜面からなる。主に
農牧畜が営まれているが，高齢化が進み，耕作
放棄地が急増している。一方で温泉を利用した
スキー場や，ゴルフ場もある。雫石町では
2016年2月にセンサーカメラでイノシシの群
れが初めて撮られた。8月には3頭が初めて捕
獲された。図3には2020年の雫石町のイノシ

写真1　夜間の水田で稲穂を食べるイノシシ（2018年8月）
岩手県雫石町役場提供。

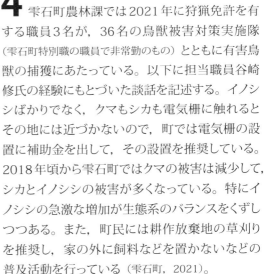

写真2　ゴルフ場のイノシシによる掘り起こし（2019年5月）
岩手県雫石町役場提供。

シの捕獲数をメッシュで示した（岩手県，2021）。
図中の1は2018年8月に稲穂を食べるイノシ
シの群れを動画撮影（写真1）した地点である。
この地域はイノシシの被害も多く，一晩で群れ
にジャガイモ畑を食い尽くされ，翌年は作物を
ニンニクに切り替えたと農業従事者は語る。写
真2は，一晩にしてゴルフ場が広域にわたって，
深く掘られた状況を示している。

4 雫石町の取り組み

雫石町農林課では2021年に狩猟免許を有
する職員3名が，36名の鳥獣被害対策実施隊
（雫石町特別職の職員で非常勤のもの）とともに有害鳥
獣の捕獲にあたっている。以下に担当職員谷崎
修氏の経験にもとづいた談話を記述する。イノシ
シばかりでなく，クマもシカも電気柵に触れると
その地には近づかないので，町では電気柵の設
置に補助金を出して，その設置を推奨している。
2018年頃から雫石町ではクマの被害は減少して，
シカとイノシシの被害が多くなっている。特にイ
ノシシの急激な増加が生態系のバランスをくずし
つつある。また，町民には耕作放棄地の草刈り
を推奨し，家の外に飼料などを置かないなどの
普及活動を行っている（雫石町，2021）。

今後の対策として，イノシシ，シカ，クマな
どを住民の居住空間に近づけないための緩衝地
帯を確保する必要がある。すなわち，電気柵の
設置，草刈りの励行，耕作放棄地の管理，屋敷
の周りの森林の管理といった取り組みが必要で
ある。一つの種が生態系を乱すほど繁殖するこ
とを避けるために，積極的な捕獲も必要である。
しかし，農業従事者の高齢化は進む一方で，農
牧業の後継者不足が進んでいく。これからは，
地域ぐるみの自然環境の管理がますます必要に
なるであろう。　　　　（漆原和子・藤塚吉浩）

99

日
本

100 *Japan* 住民とクマ達との軋轢の増加 ─人との共生は可能か？
Increasing conflicts between the residents and bears: Is it possible to live together?

1 ヒグマとツキノワグマの違いは？

　現在の日本ではヒグマは北海道に，ツキノワグマは本州と四国にのみ生息し，九州では近年絶滅してしまった。ヒグマは現在本州には生息していないが，更新世中期から後期には生息しており，山口県や長野県などから化石が見つかっている（川村，1982）。ヒグマは一般的にその巨大な体格（オスでは400kgを越す個体もいる）から来るイメージとして，小型のツキノワグマ（最大で120kg前後）より狂暴な恐ろしい動物ととらえられがちである。しかしこれまで2種のクマの調査に関わって来た筆者の印象としては，それは必ずしも正しくなく，ヒグマの方が人目を避けひっそりと暮らすことを好む，いわばシャイな動物である。かつて北海道中南部での発信機装着個体の3年間にわたる追跡調査では，北海道で最も開発が進んだ新千歳空港周辺の石狩低地帯一帯を挟んで，高速道路や国道，JRなどをひそかに横断しては日高地方と胆振・石狩地方間を約75kmに渡って何度も往来している実態を確認したが（青井，1998），その期間中人による目撃例や人身事故も一切なかった。このことはヒグマがいかに人目を避けて，ひそかに行動しているかということを物語っている。一方ツキノワグマは，特に近年人里に出てくる

ことが多く，人が居住している住宅内まで侵入して冷蔵庫の食べ物をあさるなどの例も珍しくない。人間を避けるという行動がヒグマよりは希薄で，そのためもあり人身事故者数もヒグマよりはるかに多い（図1）。

　この2種のクマの食性は植物質中心で両者間にほとんど変わりはないが，性格や行動には上述のように大きな違いがあると言える。

2 クマの生息実態，人との軋轢の実態

　図2に，日本におけるクマ類の2003年と2013年時点の生息分布の状況（日本クマネットワーク，2014）を示す。全国的にクマの分布は低山帯，いわゆる里地に向けて拡大傾向がみられ，特に東北，中部，近畿，中国地方で顕著である。ヒグマについても同様の傾向がみられる。逆に縮小（後退）している地域は四国以外ほとんどみられず，全国各地でクマの生息域が拡大している。このように分布域が拡大し，都市部周辺までがクマの生息地になっている国は先進国では日本だけである。これは日本における過

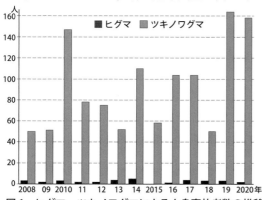

図1　ヒグマ・ツキノワグマによる人身事故者数の推移
2021年の環境省速報値により作成。

図2　クマ類の分布（2003・2013年度）
2003年度環境省調査と日本クマネットワーク（2014）により作成。

疎，高齢化の進行と，それに伴う里地・里山地域からの人間の撤退，さらにそれにより増加しているクリ，カキなどの放置果樹がもたらすクマ類の里地への誘引効果などによって彼らの生息地の拡大，さらには生息数の増加も反映している可能性が高い。以前はクマと無縁であった地域にまで生息地が拡大している現象は，全国各地で地域住民との間の軋轢の要因になっている。またクマ類による被害，特に人身被害も増加している（図1）。特にツキノワグマにおいて顕著で，被害者数はヒグマでは毎年2〜3人だが，ツキノワグマでは毎年100人以上が襲われている。また死亡事故者数も，2012〜2021年にヒグマによる死亡者は4人に対しツキノワグマでは10人と，ツキノワグマの方が多い。事故発生地域では時として住民がパニックに陥ることもあり，拡大が進んでいるクマの生息域に隣接する地域では，人とクマとの軋轢は深刻な地域問題の一つと言える。

3 人とクマとの共生のために

クマの生息域の拡大，出没増加，それにともなう人との軋轢増大への対策としては，多くの場合捕獲（駆除）が中心である。クマが生息している市町村では，里地への出没や被害が発生すると直ちにオリを設置して捕獲→殺処分というパターンで解決をはかることが多い。図3に近年のクマ類の有害捕獲数の推移を示した。ヒグマでは毎年600〜700頭でほぼ一定しているが，ツキノワグマはかつて1,000頭前後だったものが，2019年以降は5,000〜6,000頭となり大幅に増加している。

捕獲による対応は，一時的には出没や被害をおさえるのに有効な場合も多いが，必ずしも問題個体が捕獲されるとは限らず，またクマが好

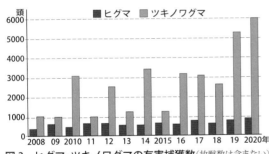

図3 **ヒグマ・ツキノワグマの有害捕獲数**（放獣数は含まない）
2021年の環境省速報値により作成。

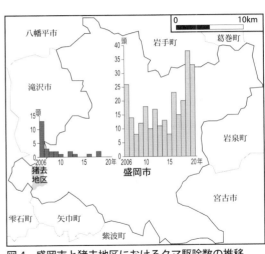

図4 **盛岡市と猪去地区におけるクマ駆除数の推移**
盛岡市農政課の資料により作成。

むハチミツなどをオリの誘引エサに用いるため容易に捕獲ができ，このことが捕獲数増加に拍車をかけている。そこで捕獲（駆除）だけに頼らない，クマそのものが里地に安易に出てこないような対策を地域ぐるみで実践することにより軋轢低下に成功する事例も増えてきている。

その代表例として，岩手県盛岡市近郊（中心街から10km前後）のリンゴ栽培を中心とした猪去地区がある。この地区では以前よりクマ出没，リンゴ食害に悩まされ問題発生時にはその都度オリをおいて駆除する，という対策が中心であった。2006年の大量出没時には盛岡市全体の有害捕獲数26頭中13頭がこの集落だけで捕獲された（図4）。これをきっかけに，クマ関係者が一堂に会し，クマの出にくい里づくり活動を開始した。それは猪去自治会，市農政課，岩手大学の学生・教員らの協働で，リンゴ園周辺を見通し良くする刈り払い，山際のリンゴ園をすべて電気柵で囲う，クマを里に誘引する廃果リンゴを放棄せず適切に処分するなどの活動を地域を挙げて継続したところ，被害が激減しその結果として駆除数が0の年も含めて大幅な減少を見た（図4）。この実績により農水省から表彰された。

この様に人とクマとの軋轢の原因をクマに求めるのではなく，集落の大きな課題として地域をあげて対策に取り組むことが，今後益々必要になる人とクマとの共生策には欠かせないことをこの事例は示している。

（青井俊樹）

文 献 一 覧

1 世界の地域問題

石原照敏・森滝健一郎編 1989. 『地域構造と地域問題―四国・中国地方を中心に』大明堂.

漆原和子・藤塚吉浩・松山 洋・大西宏治編 2007. 『図説 世界の地域問題』ナカニシヤ出版.

川島哲郎 1988. 現代世界の地域政策―地域政策とは何か. 川島哲郎・鴨澤 巖編『現代世界の地域政策』1-22. 大明堂.

小金澤孝昭 1992. 産業構造の再編成と地域問題. 石井素介編『総観地理学講座 14 産業経済地理―日本』235-259. 朝倉書店.

竹内啓一 1998. 『地域問題の形成と展開―南イタリア研究』大明堂.

2 地域問題の見つけ方

松山 洋 2015. 続・10 年ぶりの 1 号氷河. 地理 60(12)：88-91.

松山 洋編 2017.『地図学の聖地を訪ねて―地形図片手にたどる測量の原点と地理教科書ゆかりの地』二宮書店.

松山 洋 2018. 写真と図で見る「37 年ぶりの大渇水」―小笠原諸島父島, 母島における少雨時（2016 ～ 2017 年）と平常時（2018 年）の状況の比較. 地学雑誌 127：823-833.

松山 洋・川瀬久美子・辻村真貴・高岡貞夫・三浦英樹 2014. 『自然地理学』ミネルヴァ書房.

3 地理院地図の自然災害伝承碑

国土地理院応用地理部 2020. 先人が伝える災害の教訓「自然災害伝承碑」を地図で発信. 農村計画学会誌 38：466-467.

4 「地図にない場所」をなくすには

川崎昭如・目黒公郎 2010. 2010 年ハイチ地震で見られたウェブマッピングによる災害対応支援の新動向. 生産研究 62：409-416.

西村雄一郎 2017a. カウンターマッピング. 若林芳樹・今井 修・瀬戸寿一・西村雄一郎編『参加型 GIS の理論と応用―みんなで作り・使う地理空間情報』39-43. 古今書院.

西村雄一郎 2017b. 大学教育と参加型 GIS. 若林芳樹・今井 修・瀬戸寿一・西村雄一郎編『参加型 GIS の理論と応用―みんなで作り・使う地理空間情報』147-152. 古今書院.

若林芳樹 2018. 『地図の進化論』創元社.

5 オープンデータと市民参加

稲継裕昭編 2018. 『シビックテック―ICT を使って地域課題を自分たちで解決する』勁草書房.

瀬戸寿一 2017. PGIS とオープンガバメント・オープンデータ. 若林芳樹・今井 修・瀬戸寿一・西村雄一郎編『参加型 GIS の理論と応用―みんなで作り・使う地理空間情報』52-57. 古今書院.

瀬戸寿一・関本義秀 2018. 地域単位でのシビックテック活動の波及と持続可能性に関する研究―アーバンデータチャレンジにおける取り組みを事例に. 都市計画論文集 53(3): 1515-1522.

6 地域問題を描く主題図の作成

浮田典良 1994. 『大学地理教育とレポート―「レポート支援方式」という試み』古今書院.

浮田典良 2005. 『地図表現半世紀―私の描いた主題図 126』ナカニシヤ出版.

浮田典良・森 三紀 1988. 『地図表現入門―主題図作成の原理と実際』大明堂.

浮田典良・森 三紀 2004. 『地図表現ガイドブック―主題図作成の原理と応用』ナカニシヤ出版.

藤塚吉浩 1992. 京都市西陣地区におけるジェントリフィケーションの兆候. 人文地理 44：495-506.

藤塚吉浩・高柳長直 2016. 『図説 日本の都市問題』古今書院.

7 高等学校必履修科目「地理総合」で大切にされていること

碓井照子 2018. 『「地理総合」ではじまる地理教育 持続可能な社会づくりをめざして』古今書院.

日本学術会議心理学・教育学委員会・史学委員会・地域研究委員会合同, 高校地理歴史科教育に関する分科会 2011. 『提言 新しい高校地理・歴史教育の創造―グローバル化に対応した時空間認識の育成』日本学術会議.

文部科学省 2018. 『高等学校学習指導要領解説 地理歴史編』東洋館出版.

8 プレートテクトニクスと地震危険度評価

今泉俊文・宮内崇裕・堤 浩之・中田 高編 2018. 『活断層詳細デジタルマップ新編』東京大学出版会.

活断層研究会 1991. 『新編日本の活断層』東京大学出版会.

内閣府・中央防災会議 2020. 防災情報のページ. http://www.bousai.go.jp/index.html/（最終閲覧日：2020 年 12 月 4 日）.

文部科学省・地震調査研究推進本部 2018. 『地震動予測地図』. https://www.jishin.go.jp/evaluation/seismic_hazard_map/（最終閲覧日：2020 年 12 月 4 日）.

GEM 2018. Global Earthquake Map. https://www.globalquakemodel.org/gem/ (last accessed 4 December 2020).

USGS 2020. Earthquake Hazards. https://www.usgs.gov/natural-hazards/earthquake-hazards/ (last accessed 4 December 2020).

9 気候変化と気候変動

川崎 健・谷口 旭・二平 章・花輪公雄 2007. 『レジーム・シフト―気候変動と生物資源管理』成山堂書店.

気象庁 2021a. 天気とその変化に関する用語. https://www.jma.go.jp/jma/kishou/know/yougo_hp/tenki.html（最終閲覧日：2021 年 5 月 28 日）

気象庁 2021b. 太平洋の海面水温に見られる十年～数十年規模の変動. https://www.data.jma.go.jp/gmd/kaiyou/data/db/climate/knowledge/pac/pacific_decadal.html（最終閲覧日：2021 年 5 月 28 日）

花輪公雄 2017. 『海洋の物理学』共立出版.

IPCC 2013. *Climate change 2013. The physical science basis. Contribution of Working Group I to the fifth assessment report of the Intergovernmental Panel on Climate Change.* ed. T. F. Stocker, D. Qin, G.-K. Plattner, M. Tignor, S. K. Allen, J. Boschung, A. Nauels, Y. Xia, V. Bex and P. M. Midgley. New York: Cambridge University Press.

10 地球温暖化

安成哲三 2018.『地球気候学―システムとしての気候の変動・変化・進化』東京大学出版会.

IPCC 2013. *Climate change 2013. The physical science basis. Contribution of Working Group I to the fifth assessment report of the Intergovernmental Panel on Climate Change.* ed. T. F. Stocker, D. Qin, G.-K. Plattner, M. Tignor, S.K. Allen, J. Boschung, A. Nauels, Y. Xia, V. Bex and P. M. Midgley. New York: Cambridge University Press.

IPCC 2018. *Global warming of 1.5℃. An IPCC special report on the impacts of global warming of 1.5℃ above pre-industrial levels and related global greenhouse gas emission pathways, in the context of strengthening the global response to the threat of climate change, sustainable development, and efforts to eradicate poverty.* ed. V. Masson-Delmotte, P. Zhai, H.-O. Pörtner, D. Roberts, J. Skea, P. R. Shukla, A. Pirani, W. Moufouma-Okia, C. Péan, R. Pidcock, S. Connors, J. B. R. Matthews, Y. Chen, X. Zhou, M. I. Gomis, E. Lonnoy, T. Maycock, M. Tignor, and T. Waterfield. New York: Cambridge University Press.

11 世界における氷河の後退

青木賢人 1999. 現成氷河の質量収支データに基づく涵養域比（AAR）法の検証. 地理学評論 72A：763-772.

上田 豊 1983. ネパール・ヒマラヤの夏期涵養型氷河における質量収支の特性Ⅰ―東ネパール AX010 氷河の質量収支. 雪氷 45：81-90.

内藤 望 2001. ネパール・ヒマラヤにおける近年の氷河縮小. 雪氷 63：207-221.

IPCC 2014. The Working Group I Fifth Assessment Report Summary for Policymaker.（気象庁による日本語訳は https://www.data.jma.go.jp/cpdinfo/ipcc/ar5/ipcc_ar5_wg1_spm_jpn.pdf）（最終閲覧日；2021 年 4 月 29 日）

Owen, L.A., Gualtieri, L. Y. N., Finkel, R. C., Caffee, M. W., Benn, D. I. and Sharma, M. C. 2001. Cosmogenic radionuclide dating of glacial landforms in the Lahul Himalaya, northern India: defining the timing of Late Quaternary glaciation. *Journal of Quaternary Science* 16: 555-563.

World Glacier Monitoring Service 2020. Global glacier change bulletin No. 3 (2016–2017). https://wgms.ch/ggcb/ (last accessed 29 April 2021)

12 エルニーニョ・ラニーニャ

Halpert, M. S. and Ropelewski, C. F. 1992. Surface temperature patterns associated with the Southern Oscillation. *Journal of Climate* 5: 577-593.

Horel, J. D. and Wallace, J. M. 1981. Planetary-scale atmospheric phenomena associated with the Southern Oscillation. *Monthly Weather Review* 109: 813-829.

Nitta, Ts. 1987. Convective activities in the tropical western Pacific and their impact on the northern hemisphere summer circulation. *Journal of the Meteorological Society of Japan* 65: 373-390.

Ohba, M. and Ueda, H. 2009. Role of nonlinear atmospheric response to SST on the asymmetric transition process of ENSO. *Journal of Climate* 22: 177-192.

Ropelewski, C. F. and Halpert, M. S. 1987. Global and regional scale precipitation patterns associated with the El Nino/Southern Oscillation. *Monthly Weather Review* 115: 1606-1626.

Ueda, H. and Matsumoto, J. 2000. A possible triggering process of east-west asymmetric anomalies over the Indian Ocean in relation to 1997/98 El Nino. *Journal of the Meteorological Society of Japan* 78: 803-818.

Ueda, H., Kibe, A., Saito, M. and Inoue T. 2015. Snowfall variations in Japan and its linkage with tropical forcing. *International Journal of Climatology* 35: 991-998.

Wang, B., Wu, R. and Fu, X. 2000. Pacific-east Asian teleconnection: How does ENSO affect East Asian climate? *Journal of Climate* 13: 1517-1536.

13 深層循環

花輪公雄 2017.『海洋の物理学』共立出版.

Broecker, W. S. 1987. The biggest chill. *Natural History* 96(10): 74-82.

Broecker, W. S. and Peng T. 1982. *Tracers in the sea.* New York: Lamont-Doherty Geological Observatory, Columbia University.

IPCC. 2007. *Climate change 2007. The physical science basis. Contribution of Working Group 1 to the fourth assessment report of the Intergovernmental Panel on Climate Change.* ed. S. Salmon, D. Qin, M. Manning, M. Marquis, K. Averyt, M. M. B. Tignor, H. L. Miller Jr. and Z. Chen. New York: Cambridge University Press.

IPCC. 2013. *Climate change 2013. The physical science basis. Contribution of Working Group 1 to the fifth assessment report of the Intergovernmental Panel on Climate Change.* ed. T. F. Stocker, D. Qin, G.-K. Plattner, M. Tignor, S.K. Allen, J. Boschung, A. Nauels, Y. Xia, V. Bex and P.M. Midgley. New York: Cambridge University Press.

14 トウモロコシと大豆の空間的集中をめぐる課題

荒木一視 2014.『食料の地理学の小さな教科書』ナカニシヤ出版.

加藤彰介・馬場 燃 2020. バッタ大量発生，農作物の被害拡大：アフリカ東部から南西アジアへ波及. 日本経済新聞（2020 年 3 月 3 日）.

シャルヴェ，J.-P. 著，太田佐絵子訳 2020.『地図とデータで見る農業の世界ハンドブック』原書房.

藤田幸一 2006. インドの食料問題と食料政策：その構造と展望. 国際開発研究 15(2): 51-64.

FAO, IFAD, UNICEF, WFP and WHO. 2021. *The state of food security and nutrition in the world 2021. Transforming food systems for food security, improved nutrition and affordable healthy diets for all.* Rome: FAO. DOI: 10.4060/cb4474en.

USDA. 2019. Recent trends in GE adoption: Adoption of genetically engineered crops in the United States, 1996-2019. https://www.ers.usda.gov/data-products/adoption-of-genetically-engineered-crops-in-the-us/recent-trends-in-ge-adoption.aspx (last accessed 14 July 2021)

15 世界と日本のジオパーク

日本ジオパークネットワーク 2021. JGN 活動状況調査 2020 年 認知度調査 不満改善・認知未訪問調査報告書. https://geopark.jp/activity/research/r2020/r2020_02.pdf（最終閲覧日：2021 年 4 月 29 日）

文部科学省 2021. ユネスコ世界ジオパーク. https://www.mext.go.jp/unesco/005/004.htm（最終閲覧日：2021 年 4 月 29 日）

Global Geoparks Network 2021. Members list. http://www.globalgeopark.org/aboutGGN/list/index.htm (last accessed 29 April 2021)

UNESCO 2021a. World network of biosphere reserves. https://en.unesco.org/biosphere/wnbr (last accessed 29 April 2021)

UNESCO 2021b. World heritage list. http://whc.unesco.org/en/list/ (last accessed 29 April 2021)

16 地球温暖化の影響を受けるツバル

神保哲生 2004.『ツバル―地球温暖化に沈む国』春秋社.

山野博哉 2019．生態系保全に基づく小島嶼国の国土の維持．日本サンゴ礁学会誌 21：63-71.

若林良和 2007．地球温暖化の被害を受けるツバル．漆原和子・藤塚吉浩・松山 洋・大西宏治編『図説 世界の地域問題』30-31．ナカニシヤ出版.

17 サモアにおける「伝統」をめぐる葛藤

山本真鳥 2018.『グローバル化する互酬性―拡大するサモア世界と首長制』弘文堂.

Iati, I. 2016. The implications of applying the Torrens system to Samoan customary lands: Alienation through the LTRA 2008. *Journal of South Pacific Law* 2016(1):66-88.

Meleisea, M. and Schoeffel, P. 2020. Culture, constitution and controversy in Samoa. The Interpreter. https://www.lowyinstitute.org/the-interpreter/culture-constitution-and-controversy-samoa (last accessed 25 March 2021)

Samoa Bureau of Statistics (SBS) 2016a. Agricultural survey 2015 report. https://www.sbs.gov.ws/economics (last accessed 25 March 2021)

Samoa Bureau of Statistics (SBS) 2016b. Samoa socio-economic atlas 2016. https://www.sbs.gov.ws/populationanddemography (last accessed 27 March 2021)

Ward, R. G. and Ashcroft, P. 1998. *Samoa: Mapping the diversity*. Suva: University of the South Pacific.

18 オーストラリアにおける大規模森林火災

Global Forest Watch 2020. Fires. https://www.globalforestwatch.org/topics/fires/ (last accessed 9 December 2020)

19 外資に頼る天然資源開発

Department of Mines, Industry Regulation and Safety, Western Australia 2019. Statistics digest 2018-19. http://dmp.wa.gov.au/Documents/About-Us-Careers/Stats_Digest_2018-19.pdf (last accessed 3 March 2019)

20 メルボルンにおける人口の急拡大とコンパクトシティ政策

堤 純 2019．オーストラリア・メルボルン―急激な人口増加に対応する都市機能の集約．谷口 守編『世界のコンパクトシティ：都市を賢く縮退するしくみと効果』216-248．学芸出版社.

Currie, G., Delbosc, A. and Pavkova, K. 2018. Alarming trends in the growth of forced car ownership in Melbourne. Australasian Transport Research Forum 2018 Proceedings. https://www.monash.edu/__data/assets/pdf_file/0004/1515676/ATRF2018_Paper_8_Forced-Car-Ownership-in-Melbourne-.pdf (last accessed 30 July 2019)

21 アフリカ諸国の脱プラスチック政策とその実効性

経済産業省 2019．世界の石油化学製品の今後の需給動向（2019 年 10 月）．https://www.meti.go.jp/policy/mono_info_service/mono/chemistry/sekaijukyuudoukou201910.html（最終閲覧日：2021 年 3 月 14 日）

Greenpeace Africa 2020. 34 plastic bans in Africa: A reality check. https://www.greenpeace.org/africa/en/blogs/11156/34-plastic-bans-in-africa/ (last accessed 14 March 2021)

Reality Check Team 2019. Has Kenya's plastic bag ban worked? BBC NEWS. August 28. https://www.bbc.com/news/world-africa-49421885 (last accessed 14 March 2021)

United Nations, Department of Economic and Social Affairs, Population Division 2019. World population prospects 2019, online edition. rev.1. https://population.un.org/wpp/ (last accessed 14 March 2021)

United Nation Environment Programme（UNEP）2018. Single use plastics: A roadmap for sustainability. https://www.unep.org/resources/report/single-use-plastics-roadmap-sustainability (last accessed 14 March 2021)

World Bank 2021. World Development Indicators DataBank. The World Bank Group. https://databank.worldbank.org/source/world-development-indicators (last accessed 14 March 2021)

22 サヘルの砂漠化

篠田雅人 2016．『砂漠と気候 増補 2 訂版』成山堂書店.

23 ナイジェリアの首都移転と首位都市

阿部和俊 2015．『世界の都市体系研究』古今書院.

阿部和俊 2017．経済的中枢管理機能からみた日本の主要都市と都市システム（2015）―支所の集計方法に注目して．地理学報告（愛知教育大学）119：15-20.

阿部和俊 2019．経済的中枢管理機能からみた日本の主要都市と都市システム（2015 年）．阿部和俊・杉浦芳夫編『都市地理学の継承と発展―森川 洋先生 傘寿記念献呈論文集』4-14．あるむ.

24「緑の革命」を受け入れない農村

ヴェルト，M. 1968.『農業文化の起源』岩波書店.

斎藤幸平 2020．『人新世の「資本論」』集英社.

杉村和彦 2015．東アフリカ農牧民から見た世界史像．石川博樹・小松かおり・藤本 武編『食と農のアフリカ史―現代の基層に迫る』135-151．昭和堂.

平野克己 2013.『経済大陸アフリカ』中央公論社.

福井勝義 1999．1-1 自然と人間の共生史と矛盾．福井勝義・赤阪 賢・大塚和夫『世界の歴史 24 アフリカの民族と社会』11-51．中央公論社.

米山俊直 1986．『アフリカ学への招待』NHK 出版.

Maghimbi, S., Sugimura, K. and Mwamfupe, D. G. 2016. *Endogenous development, moral economy and globalization in agro-pastoral community in Central Tanzania*. Dar es Salaam: Dar es Salaam University Press.

United Republic of Tanzania. 2006. *National sample census of agriculture 2002/2003 small holder agriculture Vollume II: Crop secter-national report*. Zanzibar: National Bureau of Statistics.

25 モザンビークの都市問題

寺谷亮司・小林 修・栗田英幸 2021．『愛媛大学とモザンビーク・ルリオ大学とのグローカル・コラボレーション 2008-2021 年』愛媛大学.

福永 晃 2021．モザンビーク・ナンプラ市貧困街における居住環境の現状と課題からみる持続的な地域社会づくりに関する研究．愛媛大学社会共創学部卒業論文.

Ministry of Economics and Finance 2016. *Poverty and well-being in Mozambique: Fourth national poverty assessment*. Maputo: Ministry of Economics and Finance.

26 ネオアパルトヘイト都市，ヨハネスブルグの不均等発展

寺谷亮司 2007. 南アフリカ共和国・アパルトヘイト都市. 漆原和子・藤塚吉浩・松山 洋・大西宏治編『図説 世界の地域問題』50-51. ナカニシヤ出版.

宮内洋平 2016. 『ネオアパルトヘイト都市の空間統治 ― 南アフリカの民間都市再開発と移民社会』明石書店.

Clarno, A. 2017. *Neoliberal apartheid: Palestine/Israel and South Africa after 1994*. Chicago: The University of Chicago Press.

Didier, S., Morange, M. and Peyroux, E. 2013. The adaptative nature of neoliberalism at the local scale: Fifteen years of city improvement districts in Cape Town and Johannesburg. *Antipode* 45: 121-139.

Landman, K. 2006. Privatising public space in post-apartheid South African cities through neighbourhood enclosures. *Geojournal* 66: 133-146.

Lemanski, C. 2004. A new apartheid? The spatial implications of fear of crime in Cape Town, South Africa. *Environment and Urbanization* 16: 101-112.

Von Schnitzler, A. 2016. *Democracy's infrastructure: Techno-politics and protest after apartheid*. Princeton: Princeton University Press.

27 氷河流域別にみるパタゴニア氷原の盛衰

Minowa, M., Schaefer, M., Sugiyama, S., Sakakibara, D. and Skvarca, P. 2021. Frontal ablation and mass loss of the Patagonian ice fields. *Earth and Planetary Science Letters*, 561, 1, 116811, DOI: 10.1016/j.epsl.2021.116811.

WGMS and NSIDC 1999, updated 2012. *World Glacier Inventory, Version 1*. Boulder: National Snow and Ice Data Center. DOI: 10.7265/N5/NSIDC-WGI-2012-02.

28 小さな農牧業大国，ウルグアイ

佐藤宏樹・石井清栄 2019. 海外情報「Natural Beef」と形容されるウルグアイ産牛肉の特徴と対日輸出見通し. 畜産の情報 359：62-79.

下保暢彦 2020. 第4章 ウルグアイ. 農林水産政策研究所編『プロジェクト研究（主要国農業政策・貿易政策）研究資料第3号 令和元年度カントリー・レポート：ブラジル・メキシコ・アルゼンチン・ウルグアイ・オーストラリア』1-17. 農林水産政策研究所.

米元健太・玉井明雄 2017. 海外情報 ウルグアイの牛肉生産の現状と輸出市場での潜在力. 畜産の情報 329：92-122.

CEPAL 2020 Informe Especial Covid-19, No.5. https://www.cepal.org/sites/default/files/publication/files/45782/S2000471_es.pdf (last accessed 11 April 2021)

Investment, Export and Country Brand Promotion Agency 2019. Uruguay XXI, Foreign Trade Report. 6. https://www.uruguayxxi.gub.uy/en/information-center/article/foreign-trade-annual-report-2019/ (last accessed 11 April 2021)

Norberg, M. B. 2020. *Political economy of agrarian change in Latin America: Argentine, Paraguay, and Uruguay. Cham*, Switzerland: Palgrave Macmillan.

29 アマゾンの森林消失と環境政策

丸山浩明編 2013. 『ブラジル』朝倉書店.

松本栄次 2012. 『写真は語る 南アメリカ・ブラジル・アマゾンの魅力』二宮書店.

30 ペルーの世界遺産を取り巻く諸問題

坂井正人 2019. ナスカ台地の地上絵：ナスカ早期からインカ期までの展開. 青山和夫・米延仁志・坂井正人・鈴木 紀編『古代アメリカの比較文明論：メソアメリカとアンデスの過去から現代まで』140-158. 京都大学学術出版会.

関 雄二 2003. マチュ・ピチュにロープウェー. 月刊『みんぱく』8月号：13.

関 雄二 2014. 『アンデスの文化遺産を活かす 考古学者と盗掘者の対話』35-46. 臨川書店.

31 ペルー海岸砂漠に見るインカ道遺構の損壊とその背景

梅原隆治 1985. インカの古道. 藤岡謙二郎編集代表『講座 考古地理学3 歴史的都市』364-371. 学生社.

梅原隆治 2007. リマにおける肥大化するスラム（プエブロ・ホーベン）. 漆原和子・藤塚吉浩・松山 洋・大西宏治編『図説 世界の地域問題』64-65. ナカニシヤ出版.

梅原隆治 2009. ペルーにおけるインカ道遺構の損壊に関する事例研究. 四天王寺大学紀要 48：363-375.

PIA 2016. Parque Industrial de Ancón. https://www.proyectosapp.pe/modulos/JER/PlantillaProyecto.aspx?ARE=0&PFL=2&JER=8385 (last accessed 5 May 2021)

32 ジャマイカにおける熱帯作物の光と影

漆原和子編 1996. 『カルスト―その環境と人びとのかかわり』大明堂.

Selvaraju, R. with Trapido, P. J., Santos, N., Lacasa, M., M., P., Hayman, A. A. 2013. *Climate change and agriculture in Jamaica: Agriculture sector support analysis*. Rome: Food and Agriculture Organization of the United Nations.

Windsor Research Centre 2020. Cockpit Country is our home. http://cockpitcountry.com/index.html (last accessed 28 December 2020)

33 ユカタン半島におけるマングローブ枯死林の修復

Miyagi, T. 2010. Manual practico para losestudios, evaluaciones y planeament de medidas para la rehabilitation del ecosystem de manglares en Yucatan, Ria Celestun. In *Manual practico para la rehabilitacion del ecosyyema de manglares en Yucatan, Mexico*, ed. CONANP and JICA, 21-74. Mexico City: CONANP and JICA.

Miyagi, T. 2013. Environmental characteristics of mangroves for restoration in the Yucatan Peninsula, Mexico. *Mangrove Ecosystems Occasional Paper* No.4: 1-21.

34 肥満大国のアメリカ

クライツァー，G. 著，竹迫仁子訳 2003. 『デブの帝国 いかにしてアメリカは肥満大国になったのか』バジリコ.

ニューマン，C. 2004. 肥満 私たちはなぜ太るのか. ナショナルジオグラフィック 10(8)：42-57.

Story, M. and French, S. 2004. Food advertising and marketing directed at children and adolescents in the US. *International Journal of Behavioral Nutrition and Physical Activity* 1: 1-14.

35 ハワイの日系人と戦争の記憶

秋山かおり 2020. 『ハワイ日系人の強制収容史：太平洋戦争と抑留所の変遷』彩流社.

相賀渓芳 1948. 『鐵柵生活』布哇タイムス社.

中嶋弓子 1993. 『ハワイ・さまよえる楽園―民族と国家の衝突』東京書籍.

フランクリン王道・篠遠和子 1985. 『図説 ハワイ日本人史 1885 ～ 1924』ビショップ博物館出版局.

Japanese Cultural Center of Hawai'i Resource Center (JCCH) 2015. Total number of Japanese Americans and Japanese nationals from Hawaii interned during World War II. https://guides.library.manoa.hawaii.edu/ld.php?content_id=13960891. (last accessed 31 March 2021)

Japanese Cultural Center of Hawai'i Resource Center (JCCH) 2021. The Untold Story: Internment of Japanese Americans in Hawai'i. https://www.hawaiiinternment.org/students/internment-camps-hawa'i (last accessed 31 March 2021)

36 アメリカ合衆国とメキシコの国境問題

カレーニョ, G.・長岡 誠 2019. メキシコと米国の国境地帯. 国本伊代編『現代メキシコを知るための70章』106-109. 明石書店.

田原徳容 2018.『ルポ 不法移民とトランプの闘い』光文社新書.

Fox, J. 2021. Trump didn't actually accomplish much on immigration. Bloomberg (2 February, 2021) https://www.bloomberg.com/opinion/articles/2021-02-02/trump-didn-t-actually-accomplish-much-on-immigration (last accessed 30 May 2021)

Miller, M.E. 2019. Pancho Villa, prostitutes and spies: The U.S.-Mexico border's wild origins. Washington Post (11 January, 2019). https://www.washingtonpost.com/history/2019/01/10/pancho-villa-prostitutes-spies-us-mexico-border-walls-wild-origins/ (last accessed 3 May 2021)

Nowrasteh, A. 2021. President Trump reduced legal immigration. He did not reduce illegal immigration. CATO Institute (20 January, 2021). https://www.cato.org/blog/president-trump-reduced-legal-immigration-he-did-not-reduce-illegal-immigration (last accessed 15 June 2021)

Parker, L. 2019. 6 ways the border wall could disrupt the environment. National Geographic (10 January, 2019). https://www.nationalgeographic.com/environment/article/how-trump-us-mexico-border-wall-could-impact-environment-wildlife-water (last accessed 26 April 2021)

37 オガララ帯水層の地下水位低下と灌漑農業の持続性をめぐる課題

斎藤 功 2007a. 大規模灌漑の発達と食糧基地の形成. 漆原和子・藤塚吉浩・松山 洋・大西宏冶編『図説 世界の地域問題』68-69. ナカニシヤ出版.

斎藤 功 2007b. フィードロットの発展とオガララ帯水層の危機. 漆原和子・藤塚吉浩・松山 洋・大西宏冶編『図説 世界の地域問題』70-71. ナカニシヤ出版.

矢ケ﨑典隆・斎藤 功・菅野峰明編 2003.『アメリカ大平原―食糧基地の形成と持続性』古今書院.

McGuire, V. L. 2017. Water-level and recoverable water in storage changes, High Plains aquifer, predevelopment to 2015 and 2013–15. *U.S. Geological Survey Scientific Investigations Report 2017–5040*. DOI: 10.3133/sir20175040.

Meehan, M. A., Stokka, G. and Mostrom, M. 2021. Livestock water requirements. NDSU Extension. https://www.ag.ndsu.edu/publications/livestock/livestock-water-requirements (last accessed 2 May 2021)

Moran, G. 2019. High Plains farmers race to save the Ogallala Aquifer. Civil Eats (18 November 2019). https://civileats.com/2019/11/18/high-plains-farmers-race-to-save-the-ogallala-aquifer/ (last accessed 28 February 2021)

Sanderson, M. R., Griggs, B. and Miller, J. A. 2020. Farmers are depleting the Ogallala Aquifer because the government pays them to do it. The Conversation. (10 November 2020) https://theconversation.com/farmers-are-depleting-the-ogallala-aquifer-because-the-government-pays-them-to-do-it-145501 (last accessed 21 March 2021)

38 ニューヨーク市におけるジェントリフィケーション

藤塚吉浩 2017.『ジェントリフィケーション』古今書院.

藤塚吉浩 2021. ニューヨーク市ブルックリン北部におけるジェントリフィケーションと地誌学習. 新地理 69(2)：117-123.

森 千香子 2019.「予期せぬ共生」と人種分断を越える実践. アメリカ史研究 42：54-72.

Gould, K. and Lewis, T. 2017. *Green gentrification: Urban sustainability and the struggle for environmental justice*. New York: Routledge.

Lees, L. 2003. Super-gentrification: The case of Brooklyn Heights, New York City. *Urban Studies* 40: 2487-2509.

Zukin, S. 1982. *Loft living: culture and capital in urban change*. Baltimore and London: The John Hopkins University Press.

Zukin, S. and Braslow, L. 2011. The life cycle of New York's creative districts: Reflections on the unanticipated consequences of unplanned cultural zones. City, *Culture and Society* 2: 131-140.

39 カナダの公用語マイノリティ

飯野正子・竹中 豊総監修, 日本カナダ学会編 2021.『現代カナダを知るための60章（第2版）』明石書店.

40 収支で見るグリーンランド氷床の氷量

DMI, DTU and GEUS 2021. Polar Portal. http://polarportal.dk/forsiden/ (last accessed 28 February 2021)

Portner, H.-O., Roberts, D.C., Masson-Delmotte, V., Zhai, P. , Tignor, M., Poloczanska, E., Mintenbeck, K., Alegria, A., Nicolai, M., Okem, A., Petzold, J., Rama, B. and Weyer, N.M. eds. 2019. *IPCC special report on the ocean and cryosphere in a changing climate*. Geneve: IPCC.

Sasgen, I., Wouters, B., Gardner, A., King, M., Tedesco, M., Landerer, F., Dahle, C., Save, H. and Fettweis, X. 2020. Return to rapid ice loss in Greenland and record loss in 2019 detected by the GRACE-FO satellites. *Communications Earth & Environment* 1(1), DOI: 10.1038/s43247-020-0010-1.

41 ロンドンのインナーシティ問題

英国環境省編 1978. 英国におけるインナーシティ政策. 自治研究 54(8)：70-90.

藤塚吉浩 2016. ジェントリフィケーション研究のフロンティア―2000年代のロンドンの事例を中心に. 日本都市社会学会年報 34：44-58.

リビングストン ケン編著, ロンドンプラン研究会訳 2005.『ロンドンプラン―グレーター・ロンドンの空間開発戦略』都市出版.

Davidson, M. 2009. London's Blue Ribbon Network: riverside renaissance along the Thames. In *Regenerating London: Governance, sustainability and community in a global city*. ed. R. Imrie, L. Lees and M. Raco, 173-191. Abingdon: Routledge.

42 グラン・パリ政策とオリンピック

荒又美陽 2020. メガイベントと都市計画―東京とパリを例に. 観光学評論 8：139-159.

手塚 章 1998. パリ近郊工業地帯（プレーン・サン・ドゥニ地区）の変容. 高橋伸夫・手塚 章・ピット, J-R. 編『パリ大都市圏―その構造変容』129-139. 東洋書林.

松井道昭 1997.『フランス第二帝政下のパリ都市改造』日本経済新聞社.

森 千香子 2016.『排除と抵抗の郊外―フランス〈移民〉集住地域の形成と変容』東京大学出版会.

INSEE 2020. Fichier Localisé Social et Fiscal (FiLoSoFi) - Année 2017. https://www.insee.fr/fr/statistiques (last accessed 19 March 2021)

43 リールにおける産業構造の転換と社会連帯経済の挑戦

小田宏信 2003. ノール・パドカレ地域における産業転換過程. 高橋伸夫・手塚 章・村山祐司・ピット, J-R. 編『EU統合下におけるフランスの地方中心都市―リヨン・リール・トゥールーズ』231-254. 古今書院.

立見淳哉・長尾謙吉・三浦純一編 2021．『社会連帯経済と都市―フランス・リールの挑戦』ナカニシヤ出版．

44 オランダにおける農業と自然

一ノ瀬裕一郎 2013．オランダ農業が有する競争力とその背景．農林水産省平成24年度海外農業情報調査分析事業（欧州）報告書．https://www.maff.go.jp/j/kokusai/kokusei/kaigai_nogyo/k_syokuryo/pdf/eu_netherlands.pdf（最終閲覧日：2021年7月6日）

伊藤貴啓 2009．低地の生活（オランダ）．中村和郎・高橋伸夫・谷内 達・犬井 正編『地理教育講座Ⅳ 地理教育と系統地理』876-893．古今書院．

オランダ農業・自然・食品品質省 2018．農業・自然・食料：その重要性と関連性 循環型農業のリーダーとしてのオランダ．https://www.agroberichtenbuitenland.nl/binaries/agroberichtenbuitenland/documenten/publicaties/2019/05/31/vision-in-japanese-version/Vision++-Japanese+Version.pdf（最終閲覧日：2021年8月27日）

西尾道徳 2014．EUの硝酸指令と家畜ふん尿負荷軽減．畜産環境情報 52：1-8．

AFP 2019．オランダ農家，トラクター行進で気候対策に抗議「史上最大」の渋滞発生．https://www.afpbb.com/articles/-/3247499?cx_part=search（最終閲覧日：2021年8月27日）

CBS 2021. Statline. https://opendata.cbs.nl/statline/#/CBS/nl/ (last accessed 27 August 2021)

European Commission 2020. Farm to fork strategy. https://ec.europa.eu/food/horizontal-topics/farm-fork-strategy_en (last accessed 6 July 2021)

European Communities 1991. Council Directive of 12 December 1991 concerning the protection of waters against pollution caused by nitrates from agricultural sources (91/676/EEC). *Official Journal of the European Communities* No. L375: 1–8.

European Union (EU) 2019. Eurostat regional yearbook 2019. https://ec.europa.eu/eurostat/web/products-statistical-books/-/ks-ha-19-001 (last accessed 6 July 2021)

European Union (EU) 2021. Farm indicators by agricultural area, type of farm, standard output, legal form and NUTS 2 regions. https://appsso.eurostat.ec.europa.eu/nui/show.do?dataset=ef_m_farmleg&lang=en (last accessed 27 August 2021)

OECD 2021. OECD data nutrient balance. https://data.oecd.org/agrland/nutrient-balance.htm (last accessed 27 August 2021)

45 ドイツの米軍基地における難民の収容問題

岡本奈穂子 2019．『ドイツの移民・統合政策―連邦と自治体の取り組みから』成文堂．

川口マーン惠美 2019．『移民 難民―ドイツ・ヨーロッパの現実 2011-2019』グッドブックス．

Deutsche Welle 2019. Die US-Armee in Deutschland: Zahlen und Fakten. https://www.dw.com/de/die-us-armee-in-deutschland-zahlen-und-fakten/a-50151636 (last accessed 14 Mar 2021)

Stadt Bamberg, 2020, Bamberger Zahlen 2019: Statistisches Jahrbuch der Stadt Bamberg. 28-30. https://www.stadt.bamberg.de/B%C3%BCrgerservice/%C3%84mter-A-Z/Strategische-Entwicklung-und-Konversionsmanagement_/Strategische-Entwicklung-und-Konversionsmanagement/Strategische-Entwicklung/Statistik/ (last accessed 3 April 2021)

46 共通農業政策と地理的表示

市川康夫 2020．『多機能化する農村ジレンマ―ポスト生産主義後にみるフランス山村変容の地理学』勁草書房．

高柳長直 2006．『フードシステムの空間構造論―グローバル化の中の農産物産地振興』筑波書房．

高柳長直・宮地忠幸・両角政彦・今野絵奈 2011．北イタリア・トレヴィーゾにおける地理的表示制度による野菜産地の形成．農村研究 113：66-79．

矢口芳生 1998．WTO農業協定下の農村社会・地域資源保全―日本型デカップリング政策の展開方位．農業経済研究 70：87-96．

47 地球温暖化とヨーロッパアルプスのスキー場

呉羽正昭 2017．『スキーリゾートの発展プロセス―日本とオーストリアの比較研究』二宮書店．

Abegg, B., Agrawala, S., Crick, F. and de Montfalcon, A. 2007. Climate change impacts and adaptation in winter tourism. In *Climate change in the European Alps: Adapting winter tourism and natural hazards management*. ed S. Agrawala, 25-60. Paris: OECD.

Steiger, R. 2011. The impact of snow scarcity on ski tourism: An analysis of the record warm season 2006/2007 in Tyrol (Austria). *Tourism Review* 66(3): 4-13.

Steiger, R. and Scott, D. 2020. Ski tourism in a warmer world: Increased adaptation and regional economic impacts in Austria. *Tourism Management* 77: 104032. DOI: 10.1016/j.tourman.2019.104032.

Steiger, R., Damm, A., Prettenthaler, F. and Pröbstl-Haider, U. 2020. Climate change and winter outdoor activities in Austria. *Journal of Outdoor Recreation and Tourism*, 100330. DOI: 10.1016/j.jort.2020.100330.

48 変わる東ヨーロッパの環境問題

加賀美雅弘 2007．ハンガリー．加賀美雅弘・木村 汎編『東ヨーロッパ・ロシア（朝倉世界地理講座10）』157-169．朝倉書店．

加賀美雅弘編 2019．『ヨーロッパ（世界地誌シリーズ11）』朝倉書店．

森 和紀 2007．多様な自然環境．加賀美雅弘・木村 汎編『東ヨーロッパ・ロシア（朝倉世界地理講座10）』8-22．朝倉書店．

49 プラハのヴルタヴァ川沿岸の住宅地開発

藤塚吉浩 2019．社会主義後のプラハにおけるジェントリフィケーション．都市地理学 14：28-37．

Carter, F. W. 1979, Prague and Sofia: an analysis of their changing internal city structure. In *The socialist city: Spatial structure and urban policy*. ed. R. A. French and F. E. I. Hamilton, 425-459. Chichester: John Wiley & Sons.

Cook, A. 2010, The expatriate real estate complex: Creative destruction and the production of luxury in post-socialist Prague. *International Journal of Urban and Regional Research* 34: 611-628.

Elleder, L. 2015. Historical changes in frequency of extreme floods in Prague. *Hydrology and Earth System Sciences* 19: 4307-4315.

Jungmann, J. 2014, *Holešovice = Bubny: V Obietí / Embraced by the River Vltava*. Praha: Muzeum hlavního města Prahy.

Sýkora, L. 2005. Gentrification in post-communist cities. In *Gentrification in a global context: The new urban colonialism*. ed. A. Rowland and G. Bridge, 90-105. London and New York: Routledge.

Sýkora, L. 2007. Office development and post-communist city formation: The case of Prague. In *The Post-socialist city: Urban form and space transformations in Central and Eastern Europe after socialism*. ed. Stanilov, K. 117-145. Dordrecht: Springer.

Sýkora, L. 2009. New socio-spatial formations: Places of residential segregation and separation in Czechia. *Tijdschrift voor Economische en Sociale Geografie* 100: 417-435.

文献一覧

50 ブダペストにおける廃墟化した建造物の再利用

加賀美雅弘 2007．EU 拡大に伴う東ヨーロッパの都市市街地の変化—ハンガリー・ブダペストの市街地再開発．小林浩二・呉羽正昭編『EU 拡大と新しいヨーロッパ』1-16．原書房．

藤塚吉浩 2020．社会主義後のブダペストにおけるツーリズムジェントリフィケーション．都市地理学 15：91-99．

ルカーチ，J. 著，早稲田みか訳 2010．『ブダペストの世紀末—都市と文化の歴史的肖像』白水社．

Kovács, Z. 1998. Ghettoization or gentrification? Post-socialist scenarios for Budapest. *Netherlands Journal of Housing and the Built Environment* 13: 63-81.

Kovács, Z. 2009. Social and economic transformation of historical neighbourhoods in Budapest. *Tijdschrift voor Economische en Sociale Geografie* 100: 399-416.

Kovács, Z., Wiessner, R. and Zischner, R. 2013. Urban renewal in the inner city of Budapest: gentrification from a post-socialist perspective. *Urban Studies* 50: 22-38.

Lugosi, P., Bell, D. and Lugosi, K. 2010. Hospitality, culture and regeneration: urban decay, entrepreneurship and the "ruin" bars of Budapest. *Urban Studies* 47: 3079-3101.

Olt, G., Smith, M. K., Csizmady A. and Sziva, I. 2019. Gentrification, tourism and the night-time economy in Budapest's district VII – the role of regulation in a post-socialist context. Journal of Policy Research in Tourism, *Leisure and Events* 11: 394-406.

Smith, M. K., Egedy, T., Csizmady, A., Jancsik, A., Olt, G. and Michalkó, G. 2017. Non-planning and tourism consumption in Budapest's inner city. *Tourism Geographies* 20: 524-548.

51 ドバイの都市開発とその持続可能性

山下博樹 2010．乾燥地の都市化とドバイの都市開発をめぐる国際情勢．新地理 58(3)：27-35．

山下博樹 2013．ドバイ繁栄の象徴か，砂上の楼閣か，ブルジュ・ハリファ．地理 58(6)：24-31．

52 西シベリアで増加する極端気象

森 正人・今田由紀子・塩竈秀夫・渡部雅浩 2013．Event attribution（イベントアトリビューション）．天気 60：413-414．

Dole, R., Hoerling, M., Perlwitz, J., Eischeid, J., Pegion, P., Zhang, T. Quan, X.-W., Xu, T. and Murray, D. 2011. Was there a basis for anticipating the 2010 Russian heat wave? *Geophysical Research Letters* 38: 1–5.

IPCC 2013: *Climate change 2013. The physical science basis. Contribution of Working Group I to the fifth assessment report of the Intergovernmental Panel on Climate Change.* ed. T. F. Stocker, D. Qin, G.-K. Plattner, M. Tignor, S.K. Allen, J. Boschung, A. Nauels, Y. Xia, V. Bex and P.M. Midgley. New York: Cambridge University Press.

Menne, M. J., Williams, C. N., Gleason, B. E., Rennie, J. J. and Lawrimore, J. H. 2018. The Global Historical Climatology Network monthly temperature dataset, version 4. *Journal of Climate* 31: 9835-9854.

Mizuta, R. Murata, A., Ishii, M., Shiogama, H., Hibino, K., Mori, N., Arakawa, O., Imada, Y., Yoshida, K., Aoyagi, T., Kawase, H., Mori, M., Okada, Y., Shimura, T., Nagatomo, T., Ikeda, M., Endo, H., Nosaka, M., Arai, M., Takahashi, C., Tanaka, K., Takemi, T., Tachikawa, Y., Temur, K., Kamae, Y., Watanabe, M., Sasaki, H., Kitoh, A., Takayabu, I., Nakakita, E. and Kimoto, M. 2017. Over 5000 years of ensemble future climate simulations by 60 km global and 20 km regional atmospheric models. *Bulletin of the American Meteorological Society* 98: 1383-1398.

Pokrovsky, O. S., Shirokova, L. S., Kirpotin, S. N. S., Kulizhsky, P. and Vorobiev, S. N. 2013. Impact of western Siberia heat wave 2012 on greenhouse gases and trace metal concentration in thaw lakes of discontinuous permafrost zone. *Biogeosciences* 10: 5349–5365.

RIHMI-WDC 2020: Weather over the territory of the Russian Federation in 2010. http://meteo.ru (last accessed 23 April, 2021)

Watanabe, M. Shiogama, H., Imada, Y., Mori, M., Ishii M. and Kimoto, M. 2013. Event attribution of the August 2010 Russian heat wave. *SOLA* 9: 65-68.

World Meteorological Organization (WMO) 2017. Guidelines on the Calculation of Climate Normals. https://library.wmo.int/doc_num.php?explnum_id=4166 (last accessed 23 April, 2021)

53 シベリアにおける永久凍土の環境変化

飯島慈裕 2019．北極域の永久凍土研究の現在：陸域環境変化の視点から．土壌の物理性 143：5-16．

田畑伸一郎・後藤正憲編 2020．『スラブ・ユーラシア叢書 14 北極の人間と社会—持続的発展の可能性』北海道大学出版会．

Fedorov, A. N., Ivanova, R. N., Park, H., Hiyama, T. and Iijima, Y. 2014. Recent air temperature changes in the permafrost landscapes of northeastern Eurasia. *Polar Science* 8: 114–128.

54 アラル海周辺の環境問題

石田紀郎 2020．『消えゆくアラル海』藤原書店．

井上守江・伊東享子・奥野ひろみ 2016．カラカルパクスタン自治共和国の健康問題，予防医療．信州公衆衛生雑誌 10：79-87．

地田徹朗 2020．環境破壊の歴史と今を追う 中央アジア・アラル海地域の社会変容と持続可能性．Field+23：27-29．

山中典和・トデリッチ クリスティーナ編 2020．『乾燥地の塩類集積』今井出版．

FAO 2003. *Fertilizer use by crop in Uzbekistan*. Rome: Food and Agriculture Organization of the United Nations.

NASA Goddard Space Flight Center 2021. Earth Observatry, World of Change: Shrinking Aral Sea. https://earthobservatory.nasa.gov/world-of-change/AralSea (last accessed 28 April 2021)

55 中央アジアにおける野生動物の保護と観光狩猟

松山 洋 2021．パミールの気候環境と水環境．渡辺悌二・白坂 蕃編『変わりゆくパミールの自然と暮らし—持続可能な山岳社会に向けて』77-96．ブイツーソリューション．

渡辺悌二・泉山茂之 2021．パミールの自然保護地域と自然資源．渡辺悌二・白坂 蕃編『変わりゆくパミールの自然と暮らし—持続可能な山岳社会に向けて』117-134．ブイツーソリューション．

Mallon, D. and Kulikov, M. 2015. *Transboundary snow leopard conservation in Central Asia: Report of the FFI/CMS Workshop*, 1-2 December 2014. Cambridge & Bonn: Fauna & Flora International and Convention on Migratory Species.

56 南アジアの高山における氷河の変化とその社会問題

Chand, M.B. 2020. *Development of glacial lakes in the Everest and Kangchenjunga regions, Nepal Himalaya*. PhD thesis, Hokkaido University.

Mauer, J. M., Schaefer, J. M., Rupper, S. and Corley, A. 2019. Acceleration of ice loss across the Himalayas over the past 40 years. *Science Advances* 5:

eaav7266, DOI: 10.1126/sciadv.aav7266.

Wang, X., Guo, X., Yang, C., Lin, Q., Wei, J., Zhang, Y., Liu, S., Zhang, Y., Jiang, Z. and Tang, Z. 2020. Glacial lake inventory of high-mountain Asia in 1990 and 2018 derived from Landsat images. *Earth System Science Data* 12: 2169-2182.

57 モンゴルの遊牧とグローバリゼーション
小長谷有紀 2007．モンゴル牧畜システムの特徴と変容．*E-journal GEO* 2：34-42.

篠田雅人・森永由紀 2005. モンゴル国における気象災害の早期警戒システムの構築に向けて．地理学評論 78：928-950.

Matsumiya, Y. 2017. Expansion and internal changes of Ger areas in Ulaanbaatar, Mongolia, with an analysis using aerial photography. *Geographical Review of Japan* 90B: 26-37.

58 南アジアにおける仏教聖地と観光開発
井田克征 2020．第3章 宗教 さまざまな信仰が共存する南アジア．石坂晋哉・宇根義己・舟橋健太編『シリーズ 地域研究のすすめ ようこそ南アジア世界へ』59-76．昭和堂.

別所裕介 2018．ポスト王制期ネパールにおける"仏教の政治"とヒマラヤ仏教徒の社会参画．岩尾一史・池田 巧編『チベット・ヒマラヤ文明の歴史的展開』143-173．京都大学人文科学研究所.

森 朋子・黒瀬武史・西村幸夫 2020．国際連合による事業化プロセスから見る丹下健三「ルンビニ開発計画」─1972 年マスタープラン大綱完成まで．都市計画論文集 55：1304-1309.

Pew Research Center 2015. Religious Composition by Country, 2010-2050. https://www.pewforum.org/2015/04/02/religious-projection-table/2010/number/all/ (last accessed 20 December 2020)

59 ブータン王国首都ティンプーの都市化
鈴木秀和・佐藤哲夫・江口 卓・高木正博・杉本 惇・Wangda, P.・Kaka 2021．ティンプーの都市化と水道水源．地域学研究 34：1-31.

Bacani, E. and Mehta, S. 2020. Analyzing the welfare-improving potential of land pooling in Thimphu city, Bhutan: Lessons learned from ADB's experience. *ADB South Asia Working Paper Series* No.76. Manila: Asian Development Bank.

60 インドにおける人口とジェンダー
上山美香 2018．経済発展と子供の人的資本に関するジェンダーバイアス─南アジアを中心とした四半世紀の動向．経済志林 85(4)：355-379.

Dagar, R. 2014. *Gender, identity and violence: Female deselection in India*. Abingdon: Routledge.

61 バングラデシュ東南部におけるロヒンギャ難民
日下部尚徳 2018．ロヒンギャ問題再熱をめぐる地政学．日下部尚徳・石川和雅編『ロヒンギャ問題とは何か─難民になれない難民』14-36．明石書店.

斎藤之弥 2018．私たちが見た難民キャンプ：日本赤十字社スタッフの回想録．日下部尚徳・石川和雅編『ロヒンギャ問題とは何か─難民になれない難民』79-96．明石書店.

杉江あい 2018．バングラデシュにおけるロヒンギャ難民支援の現状と課題．*E-journal GEO* 13：312-331.

Braun, A., Höser, T. and Delgado Blasco, J. M. 2021. Elevation change of Bhasan Char measured by persistent scatterer interferometry using Sentinel-1 data in a humanitarian contex. *European Journal of Remote Sensing* 54: 109-126.

Emergency Response Coordination Centre, European Commission (EC) 2021. Bangladesh, Cox's Bazar: Fire in Rohingya mega camp. https://erccportal.jrc.ec.europa.eu/ercmaps/ECDM_20210331_Rohingya-camp-fire.pdf (last accessed 21 April 2021)

Inter Sector Coordination Group— Bangladesh (ISCG) 2018. Joint response plan for Rohingya humanitarian crisis. https://reporting.unhcr.org/sites/default/files/JRP%20for%20Rohingya%20Humanitarian%20Crisis%20-%20March%202018.PDF (last accessed 21 April 2021)

Inter Sector Coordination Group— Bangladesh (ISCG) 2019. Joint response plan for Rohingya humanitarian crisis. https://reliefweb.int/sites/reliefweb.int/files/resources/2019%20JRP%20for%20Rohingya%20Humanitarian%20Crisis%20%28February%202019%29.compressed_0.pdf (last accessed 21 April 2021)

UNHCR 2018. Independent evaluation of UNHCR's emergency response to the Rohingya refugees influx in Bangladesh August 2017– September 2018. https://www.unhcr.org/5c811b464.pdf (last accessed 21 April 2021)

62 ベトナム北部紅河デルタのマングローブ林拡大地域
藤本 潔・宮城豊彦 2016．マングローブ林の植生配列と微地形との関係およびその応用可能性．藤本 潔・宮城豊彦・西城 潔・竹内裕希子編『微地形学─人と自然をつなぐ鍵』80-104．古今書院.

宮城豊彦 2020．世界のマングローブ林を把握する．科学 90：667-669.

Hong, P. N. ed. 2004. *Mangrove ecosystem in the Red river coastal zone*. Hanoi: Agricultural Publishing House.

Miyagi, T., Nam, V. N., Shin, L. V., Kainuma M., Saitoh A., Hayashi K. and Otomo M. 2014. Further study on the mangrove recovery processes in Can Gio, Vietnam. *ISME Mangrove Ecosystems Technical Reports* 6: 15-30.

63 ベトナムの韓国人移住者
Kim, D. and Yoon, H. 2003. Reality in paradise: A pilot study of Korean immigrants in New Zealand using the 1996 census. In *The new geography of human moblity: Inequality trends?* ed. Y. Ishikawa and A. Montanari, 85-102. Rome: Home of Geography.

64 マレー半島東海岸の変わりゆく漁村
田和正孝 2009．東南アジアの漁業地域．藤巻正己・瀬川真平編『現代東南アジア入門【改訂版】』88-108．古今書院.

田和正孝 2013．海と魚と人のかかわり─自然資源利用の実践と地理的知の行方．池谷和信編『生き物文化の地理学』257-276．海青社.

65 ジャワ島の農業・農村問題
遠藤 尚 2006．西ジャワ農村における住民の階層構造と親族関係─ボゴール県スカジャディ村の事例．アジア経済 47(9)：2-21.

加納啓良 1993．中部ジャワ農村経済の構造変容─サワハン区再調査から．梅原弘光・水野広祐編『東南アジア農村階層の変動 研究双書 431』89-117．アジア経済研究所.

ギアーツ，クリフォード著，池本幸生訳 2001．『インボリューション─内に向かう発展』NTT 出版．Geertz, C. 1963. *Agricultural involution: the processes of ecological change in Indonesia*. Berkeley: University of California Press.

水野広祐 1993．西ジャワのプリアンガン高地における農村階層化と稲作経営─バンドゥン県チルルク村の事例を中心として．梅原弘光・水野広祐編『東南アジア農村階層の変動 研究双書 431』119-163．アジア経済研究所.

文献一覧

横山繁樹 1999．高度経済成長化西ジャワ灌漑村における多就業と階層構造変容．農業綜合研究 53(2)：51-97.

BPS-Statistics Indonesia 2020. *Statistical yearbook of Indonesia 2020*. Jakarta: BPS-Statistics Indonesia.

66 魚毒漁と活魚流通

田和正孝 2006．『東南アジアの魚とる人びと』ナカニシヤ出版.

Burke, L., Reytar, K., Spalding, M. and Perry, A. 2012. *Reefs at risk revisited: Summary for decision makers*. Washington, DC: World Resources Institute.

Erdmann, M. and Pet-Soede, L. 1996. How fresh is too fresh?: The live food fish trade in Eastern Indonesia. *Naga the ICLARM Quarterly* 19(1): 4-8.

Indrawan, M. 1999. Live reef food fish trade in the Banggai Islands (Sulawesi, Indonesia): A case study. *Live Reef Fish Information Bulletin* 6: 7-14.

Sadovy de Mitcheson, Y. 2019. Live reef food fish trade: Undervalued, overfished and opportunities for change. International Coral Reef Initiative. https://www.icriforum.org/wp-content/uploads/2020/05/ICRI%20Live%20Reef%20Food%20Fish%20Report-44p-double_0.pdf (last accessed 26 April 2021)

Wu, J. and Sadovy de Mitcheson, Y. 2016. The trade in humphead wrasse into and through Hong Kong. *Live Reef Fish Information Bulletin* 21: 24-27.

67 国境を越える大気汚染

景 元書・一ノ瀬俊明 2008．北京の大気汚染―さまざまな非効率の元凶．地理 53(6)：36-39.

国立環境研究所 2009．越境大気汚染の日本への影響 光化学オキシダント増加の謎．環境儀 No.33：10-11.

国立環境研究所 2017．PM2.5の観測とシミュレーション 天気予報のように信頼できる予測を目指して．環境儀 No.64：12-13.

Kawai, K., Kai, K., Jin, Y., Sugimoto, N. and Batdorj, D. 2015. Dust event in the Gobi Desert on 22-23 May 2013: Transport of dust from the atmospheric boundary layer to the free troposphere by a cold front. *SOLA* 11: 156-159.

Kurokawa, J. and Ohara, T. 2020. Long-term historical trends in air pollutant emissions in Asia: Regional Emission inventory in ASia (REAS) version 3.1. *Atmospheric Chemistry and Physics* 20: 12761-12793.

Ma, Y., Jin, Y., Zhang, M., Gong, W., Hong, J., Jin, S., Shi, Y., Zhang, Y. and Liu, B. 2021. Aerosol optical properties of haze episodes in eastern China based on remote-sensing observations and WRF-Chem simulations. *Science of the Total Environment* 757, 143784, DOI:10.1016/j.scitotenv.2020.143784.

Ngo, N.S., Zhong, N. and Bao, X. 2018. The effects of transboundary air pollution following major events in China on air quality in the US: Evidence from Chinese New Year and sandstorms. *Journal of Environmental Management* 212: 169-175.

Nguyen, G.T., Shimadera, H., Sekiguchi, A., Matsuo, T. and Kondo, A. 2019. Investigation of aerosol direct effects on meteorology and air quality in East Asia by using an online coupled modeling system. *Atmospheric Environment* 207: 182-196.

68 中国のゴミ問題

柏瀬あすか 2019．行き場を失う日本の廃プラスチック．ジェトロ地域・分析レポート．https://www.jetro.go.jp/biz/areareports/special/2019/0101/4e336b896cde689c.html（最終閲覧日：2021年3月9日）

国立環境研究所 2015．使用済み電気製品の国際資源循環―日本とアジアで目指す E-waste の適正管理．環境儀 No.57：5-14.

楢橋広基 2019．輸入規制は厳格も，国内規制の運用には課題（中国）．ジェトロ地域・分析レポート．https://www.jetro.go.jp/biz/areareports/special/2019/0101/4e336b896cde689c.html（最終閲覧日：2021年3月9日）

Cheng, J., Shi, F., Yi, J. and Fu, H. 2020. Analysis of the factors that affect the production of municipal solid waste in China. *Journal of Cleaner Production* 259: 301-306.

Havukainen, J., Zhan, M., Dong, J., Liikanen, M., Deviatkin, I., Li, X. and Horttanainen, M. 2017. Environmental impact assessment of municipal solid waste management incorporating mechanical treatment of waste and incineration in Hangzhou, China. *Journal of Cleaner Production* 141: 453-461.

Puckett, J. and Smith, T. 2002. *Exporting harm: The high-tech trashing of Asia. The Basel Action Network*. San Jose: Seattle 7 Silicon Valley Toxics Coalition.

Zhang, Z. and Wang, X. 2020. Nudging to promote household waste source separation: Mechanisms and spillover effects. *Resources, Conservation and Recycling* 162, 105054. DOI: 10.1016/j.resconrec.2020.105054.

69 台湾における伝統漁具石干見（石滬）の保全と活用

田和正孝 2019．『石干見の文化誌』昭和堂.

洪 國雄 1999．『澎湖的石滬』澎湖県立文化中心.

李 明儒 2009．『漁滬文化的起源與分佈』澎湖県政府文化局.

70 ピナツボ火山の噴火と被災地域のその後

貝沼恵美・小田宏信・森島 済 2008．『変動するフィリピン 経済開発と国土空間形成』二宮書店.

国立天文台編 2020．『理科年表 2020』丸善出版.

中丸康夫・南條正巳・山崎慎一 2000．新鮮火山灰に含まれるアパタイトと土壌―植物系における主な活性成分との短期間における反応性．日本土壌肥料学雑誌 71：55-62.

吉田正夫 2002．『自然力を知る―ピナツボ火山災害地域の環境再生』古今書院.

渡邊眞紀子・高岡貞夫・森島 済・坂上伸生・Mario Collado・小口 高 2011．フィリピン・ピナツボ火山オドーネル川上流域における植生遷移と土壌性状にもとづく地力回復過程．地学雑誌 120：631-645.

De Rose, R., Oguchi, T., Morishima, W. and Collad M. 2011. Land cover change on Mt Pinatubo, the Philippines, monitored using ASTER VNIR. *International Journal of Remote Sensing* 32: 9279-9305.

71 ソウル市北村におけるツーリズムジェントリフィケーション

金 基虎 1997．韓国の都市保存の課題と展望―韓屋保存地区嘉会洞の事例．都市問題 88(11)：43-62.

權 泰穆・小浦久子 2005．都心住宅地における歴史的環境の保全施策と居住者の環境評価に関する研究―韓国・ソウル北村地域の都市型韓屋を事例にして．日本建築学会計画系論文集 70：95-100.

藤塚吉浩・金 容珉 2020．ソウル市北村におけるツーリズムジェントリフィケーション．日本都市学会年報 53：257-263.

藤塚吉浩・細野 渉 2007．ソウルの都市発展と伝統的景観の保全―旧市街地を中心に．阿部和俊編『都市の景観地理 韓国編』12-21．古今書院．

フンク カロリン・安 哉宣・金高文香・徐 載勝 2010．ソウルにおける都市観光の新しい展開．環境科学研究 5：87-107．

李 東勲・古谷誠章 2015．韓国，ソウル市の北村における街路空間構造が伝統住居密集地域の変化に与える影響に関する研究．日本建築学会計画系論文集 80：527-536．

Cocola-Gant, A. 2018. Tourism gentrification. In *Handbook of gentrification studies,* ed. Lees, L. with Phillips, M., 281-293. Cheltenham: Edward Elgar Publishing.

Kim, H. 2007. The rise of Samcheong-dong as a cultural consumption space: critical reflections on art gallery boom and urban regeneration strategy of Seoul. *The Korean Urban Geography* 10(2): 127-144.

Kim, H. J. and Choi, M. J. 2016. Characteristics of commercial gentrification and change in perception of placeness in cultural districts: the case of Samcheong-dong and Sinsa-dong streets in Seoul. *Journal of Korea Planning Association* 51(3): 97-112.

Yoon, Y. and Park, J. 2018. Stage classification and characteristics analysis of commercial gentrification in Seoul. *Sustainability* 10(7): 1-16.

72 アジア太平洋地域における米軍基地

カジヒロ, K. 著，山﨑孝史編訳 2020．太平洋諸島における米軍基地―その影響と抵抗運動．現代地政学事典編集委員会編『現代地政学事典』162-165．丸善出版．

川瀬光義 2011．米軍基地維持財政支出膨張の構造．立命館経済学 59：1094-1110．

川名晋史 2012．『基地の政治学―戦後米国の海外基地拡大政策の起源』白桃書房．

徐 戴哲 2015．在韓米軍基地の汚染浄化基準について．藤田陽子・我部政明・前門 晃・桜井国俊編著『米軍基地による環境変化が与える自然及び社会への影響に関する複合的研究』（平成 24 年度～27 年度科研費補助金基盤研究（B）研究成果報告書 資料 10）1-8．琉球大学国際沖縄研究所．

林 博史 2012．『米軍基地の歴史―世界ネットワークの形成と展開』吉川弘文館．

山﨑孝史 2010．大山コザ市政と琉球列島米国民政府．人権問題研究 10：5-22．

Department of Defense 2018. Base structure report— Fiscal year 2018 baseline. https://www.acq.osd.mil/eie/Downloads/BSI/Base%20Structure%20Report%20FY18.pdf (last accessed 30 December 2020)

Glaser, J. 2017. Withdrawing from overseas bases: Why a forward-deployed military posture is unnecessary, outdated, and dangerous. *Policy Analysis* 816: 1-28.

Hayashi, K. Oshima, K. and Yokemoto, M. 2009. Overcoming American military base pollution in Asia: Japan, Okinawa, Philippines. *The Asia-Pacific Journal: Japan Focus* 7(28-2): 1-7.

Nathan, A. J. and Scobell, A. 2012. How China sees America: The sum of Beijing's fears. *Foreign Affairs* 91(5): 32-47.

Vine, D. 2019. Lists of US military bases abroad 1776-2019. https://dra.american.edu/islandora/object/auislandora%3A81234 (last accessed 30 December 2020)

73 大都市の地震災害と被害軽減の取り組み

文部科学省・地震調査研究推進本部 2018．地震動予測地図．https://www.jishin.go.jp/evaluation/seismic_hazard_map/ （最終閲覧日：2020 年 12 月 4 日）．

74 都道府県別にみる子どもの貧困率

阿部 彩 2008．『子どもの貧困』岩波書店．

阿部 彩 2012．「豊かさ」と「貧しさ」：相対的貧困と子ども．発達心理学研究 23：362-372．

厚生労働省 2009. 相対的貧困率の公表について．https://www.mhlw.go.jp/houdou/2009/10/h1020-3.html （最終閲覧日：2021 年 10 月 29 日）

田辺和俊・鈴木孝弘 2018．都道府県の相対的貧困率の計測と要因分析．日本労働研究雑誌 625：45-58．

戸室健作 2018．都道府県別の子どもの貧困率とその要因―福井県に着目して．社会政策 10(2)：40-51．

星 貴子 2017．ワーキングプアの実態とその低減に向けた課題．JRI レビュー No.41：16-51．

75 沖縄島における円錐カルスト地形とその保全

漆原和子・Lauritzen, S.-E.・Slabe, T.・Knez, M.・乙幡康之 2017．南大東島におけるカルスト化過程．地形 38：107-128．

産総研地質調査総合センター 2017．20 万分の 1 日本シームレス地質図 V2．https://gbank.gsj.jp/seamless/ （最終閲覧日：2021 年 2 月 24 日）

羽田麻美 2021．円錐カルスト地形研究の概要と今後の課題．法政大学地理学会編『法政大学地理学会創立 70 周年記念論文集』47-58．法政大学文学部地理学科．

本部町 2002．『本部町山里円錐カルスト自然公園化検討調査報告書』本部町．

目崎茂和 1984．日本の主要カルストの地形形成について．琉球大学法文学部紀要 史学・地理学篇 27・28：139-169．

Ford, D. and Williams, P. W. 2007. *Karst hydrogeology and geomorphology.* West Sussex: Wiley.

76 南大東島のサトウキビ栽培

漆原和子・鹿島愛彦・榎本浩之・庫本 正・ミオトケ ファランツデイーター・仲程 正・比嘉正引 1999．日本における石灰岩片溶食率の経年変化とその地域性．地学雑誌 108：45-58．

漆原和子・Lauritzen, S.-E.・Slabe, T.・Knez, M.・乙幡康之 2017．南大東島におけるカルスト化過程．地形 38：107-128．

太田陽子・大村明caue・木庭元晴・河名俊男・宮内崇裕 1991．南・北大東島のサンゴ礁段丘から見た第四紀後期の地殻変動．地学雑誌 100：317-336．

南大東村誌編集委員会 1990．『南大東村誌（改訂）』南大東村役場．

77 熊本地震とサプライチェーン

伊東維年・鹿嶋 洋編著 2018．『熊本地震と地域産業』日本評論社．

伊東維年・鹿嶋 洋・根岸裕孝編著 2019．『熊本地震と熊本県の工業―熊本県工業連合会の復旧・復興支援活動の記録』成文堂．

鹿嶋 洋 2018．熊本地震に伴う製造業の被災状況と復旧過程の地域性．経済地理学年報 64：138-149．

78 北九州市八幡東区の急傾斜地にある住宅地の衰退

阿部和俊 2007．近代工業都市の典型 北九州市八幡東区の都市景観の変遷．阿部和俊編『都市の景観地理 日本編 1』96-100．古今書院．

北九州市 2019．『北九州市区域区分見直しの基本方針』北九州市建築都市局都市計画課．

志賀 勉 2005．北九州市における斜面市街地の現状と課題．新都市 59：54-59.

79　海を渡る獣害

漆原和子・勝又 浩・藤塚吉浩 2008．高知県宿毛市沖の島における石垣．漆原和子編『石垣が語る風土と文化―屋敷囲いとしての石垣』127-144．古今書院.

奥村栄朗 2011．三本杭周辺のニホンジカによる天然林衰退．依光良三編『シカと日本の森林』139-158．築地書館.

郷土誌編集委員会 1982．『わが故郷「土佐・沖の島」』弘瀬小学校.

黒潮実感センター 2017．『2017 年度 宿毛市沖の島・鵜来島および宿毛湾沿岸域調査報告書』黒潮実感センター.

高知県 2018a．『第 4 期 高知県第二種特定鳥獣（イノシシ）管理計画』高知県.

高知県 2018b．『第 4 期 高知県第二種特定鳥獣（ニホンジカ）管理計画』高知県.

宿毛市史編纂委員会編 1977．『宿毛市史』宿毛市教育委員会.

高槻成紀 2015．シカという動物．前迫ゆり・高槻成紀編『シカの脅威と森の未来―シカ柵による植生保全の有効性と限界』17-30．文一総合出版.

高橋春成 2017．『泳ぐイノシシの時代―なぜ，イノシシは周辺の島に渡るのか？』サンライズ出版.

80　激甚化する豪雨と河川災害

川満久美子・石黒聡士 2020．2018 年西日本豪雨による肱川下流域の浸水被害と流域治水の課題．愛媛の地理 26：31-39.

川満久美子・石黒聡士・森 伸一郎・岡村未対・小野耕平・藤森祥文・森脇 亮 2019．2.1.2 肱川流域 1（野村地区，東大洲地区）．愛媛大学編『平成 30 年 7 月豪雨 愛媛大学災害調査団報告書』25-35．愛媛大学.

三隅良平 2014．『気象災害を科学する』ベレ出版.

文部科学省・気象庁 2020．日本の気候変動 2020．https://www.data.jma.go.jp/cpdinfo/ccj/2020/pdf/cc2020_honpen.pdf（最終閲覧日：2021 年 3 月 15 日）

81　瀬戸内工業地域の地域的特徴と今日的課題

村上 誠 1960．瀬戸内工業地域の発展．広島史学研究会編『史學研究三十周年記念論叢』698-718．広島史学研究会.

村上 誠 1986．瀬戸内臨海工業地帯の形成．北村嘉行・竹内淳彦・井出策夫編『地方工業地域の展開』45-54．大明堂.

82　兵庫瀬戸内における漁業資源の管理と「豊かな海」

反田 實 2015．瀬戸内海東部の貧栄養化と漁業生産．山本民次・花里孝幸編『海と湖の貧栄養化問題』91-128．地人書館.

Tawa, M. 2021. Fisheries resource governance in Hyogo Seto Inland Sea: Fishers, the government, research institutes, and fishers' organizations. In *Adaptive fisheries governance in changing coastal regions in Japan.* ed. A. Ikeguchi, T. Yokoyama, and S. Sakita, 71-87. Singapore: Springer.

83　京都市都心部における町家ゲストハウスの急増

池田千恵子 2020．町家のゲストハウスへの再利用と地域に及ぼす影響―京都市東山区六原を事例に．地理学評論 93A：297-313.

池田千恵子 2021．観光需要の拡大による地域の変容―京都市下京区菊浜を事例として．日本都市学会年報 54：167-175.

加登 遼 2020．京都市中心部の簡易宿所型ジェントリフィケーションに対する居住者評価―京都市下京区修徳学区を事例として．日本建築学会計画系論文集 85：1195-1205.

加登 遼 2021．京都市中心部における簡易宿所型ジェントリフィケーションが都市組織に与えた影響―2015 年から 2019 年までの京都市下京区修徳学区を事例として．日本建築学会計画系論文集 86：1443-1453.

藤塚吉浩 1990．京都市都心部の空間変容―更新建築物の分析を中心として．人文地理 42：466-476.

宗田好史 2009．『町家再生の論理―創造的まちづくりへの方途』学芸出版社.

84　百瀬川治水の歴史地理

澤田一彦・松本伸示・村田 守 2018．滋賀県琵琶湖西岸の後背地の地質が異なる隣接 2 河川流域の教員研修プログラムの開発―人間生活との関わりを通して．地学教育 70：131-144.

松山 洋編 2017．『地図学の聖地を訪ねて』二宮書店.

85　砺波散村の景観変容

金田章裕 1986．砺波散村の展開とその要因．砺波散村地域研究所紀要 3：1-11.

藤田佳久 1997．散村．山本正三・石井英也・奥野隆史・手塚 章編『人文地理学辞典』178-179．二宮書店.

松山 洋・西峯洋平 2017．教科書に出てくる地形図を考察する．松山 洋編『地図学の聖地を訪ねて』52-55．二宮書店.

安カ川恵子 2019．散村コミュニティの変容と持続性．金田章裕編『21 世紀の砺波散村と黒部川扇状地』158-174．桂書房.

86　身近な地域の国際化

岡本勝規 2012．ロシア向け中古車輸出動向と輸出業者の業態変容―伏木富山港周辺を事例に．砺波散村地域研究所研究紀要 29：39-45.

戸井田克己 2005．『日本の内なる国際化―日系ニューカマーとわたしたち』古今書院.

渡辺雅子編 1995．『共同研究　出稼ぎ日系ブラジル人【上】論文篇：就労と生活』明石書店.

87　富山市のコンパクトなまちづくりと SDGs

大西宏治 2018．富山市のコンパクトなまちづくりと現状．農業法研究 53：35-48.

鈴木晃志郎 2015．観光学者からみた富山．地理 60(2)：18-27.

松原光也 2013．交通政策と地域．人文地理学会編『人文地理学事典』530-531．有斐閣.

88　黒部川扇状地の農業用水路死亡事故

国土交通省北陸地方整備局・国土地理院 2006．『古地理に関する調査　古地理で探る越中・加賀の変遷』国土交通省北陸地方整備局.

竹沢良治・星川圭介・川島秀樹・堀田善之 2021．農業用水路のヒヤリハット調査を通じた安全啓発方針の検討．農業農村工学会誌 89：249-252.

89　御嶽山噴火災害と登山ブーム

NTT ドコモモバイル社会研究所 2020．データで読み解くモバイル利用トレンド 2020-2021―モバイル社会白書．https://www.moba-ken.jp/whitepaper/wp20.html（最終閲覧日 2021 年 8 月 31 日）

産業技術総合研究所 2021．日本の活火山．https://gbank.gsj.jp/volcano/Act_Vol/index.html（最終閲覧日 2021 年 8 月 31 日）

渡邉興亜・上田 豊 2001．ヒマラヤ氷河調査事始め．雪氷 63：147-157.

90　耕作放棄地の拡大

今井敏信 1985．耕境に関する研究について．東北地理 37：279-292.

庄司 元 2015．福島県西会津町における耕作放棄抑制のメカニズム．季刊地理学 66：284-297.

高柳長直 2011．山村における企業による農業参入．藤田佳久編『山村政策の展開と山村の変容』61-85．原書房.

寺床幸雄 2009．熊本県水俣市の限界集落における耕作放棄地の拡大とその要因．地理学評論 82A：588-603.

森本健弘 2007．関東地方における耕作放棄地率分布と環境条件の対応―農業集落カードを利用して．人文地理学研究 31：159-173.

91 首都圏の洪水リスクを考える

海津正倫 2019．『沖積低地 土地条件と自然災害リスク』古今書院.

貝塚爽平・小池一之・遠藤邦彦・山崎晴雄・鈴木毅彦編 2000．『日本の地形 4 関東・伊豆小笠原』東京大学出版会.

久保純子 2018．洪水ハザードマップとその利用．都市問題 109(6)：64-74.

鈴木康弘編 2015．『防災・減災につなげる ハザードマップの活かし方』岩波書店.

文部科学省・気象庁 2020．日本の気候変動 2020．https://www.data.jma.go.jp/cpdinfo/ccj/index.html（最終閲覧日：2021 年 3 月 11 日）

Kubo, S. 1990. The uplands and lowlands of Tokyo: A geomorphological outline. *Geographical Review of Japan* 63B: 73-87.

92 都市のメタボリズム的な土地利用変化

浅井慎平 1997．『原宿セントラルアパート物語』集英社.

石山 城 1999．『裏原宿完全ガイドブック BIBLE X』夏目書房.

大城直樹 2016．1980 年代の「裏原宿」―文化地理学的回想．地理 72(9)：69-73.

高橋靖子 2012．『表参道のヤッコさん』河出書房新社.

田中康夫 1981．『なんとなく，クリスタル』河出書房新社.

マークス，D. 著，奥田祐士訳 2017．『AMETORA 日本がアメリカンスタイルを救った物語』ディスクユニオン．W. D. Marx 2015. *Ametora: How Japan saved American style*. New York: Basic Book.

93 タンポポの危機

岩坪美兼 2010．日本のタンポポの倍数性．http://www.sci.u-toyama.ac.jp/topics/topics1.html（最終閲覧日：2020 年 11 月 30 日）

漆原和子・乙幡康之・石黒敬介・高瀬伸悟 2012．タンポポの類型別の分布とその開花季節．地球環境 17(1)：59-68.

牧野富太郎 1904．日本ノたんぽぽ．植物学雑誌 18：92-93.

94 九十九里浜の海岸侵食と海浜観光の動向

宇多高明 2012．急速に進む九十九里浜の侵食．科学 82：1229-1238.

大木康弘・宇多高明・大谷靖郎・五十嵐竜行・三波俊郎 2016．九十九里浜全域における地盤沈下を考慮した沿岸漂砂量分布の算定．土木学会論文集 B2（海岸工学）72(2)：I_775-I_780.

95 2011 年東北地方太平洋沖地震と海底活断層

JAMSTEC 2017．東北地方太平洋沖地震で断層すべり 65m．http://www.jamstec.go.jp/j/about/press_release/quest/20170111/（最終閲覧日：2021 年 3 月 16 日）

地震調査委員会 1999．三陸沖から房総沖にかけての主な地震と主な震源域．https://www.jishin.go.jp/main/chousa/02jul_sanriku/f05.htm（最終閲覧日：2021 年 3 月 16 日）

地震調査委員会 2011．三陸沖から房総沖にかけての地震活動の長期評価（第二版）について．https://www.jishin.go.jp/main/chousa/11nov_sanriku/index.htm（最終閲覧日：2021 年 3 月 16 日）

地震本部 2020．海溝型地震の長期評価．https://www.jishin.go.jp/evaluation/long_term_evaluation/subduction_fault/（最終閲覧日：2021 年 3 月 16 日）

渡辺満久・中田 高・鈴木康弘・後藤秀昭・隈元 崇・徳山英一・西澤あずさ・木戸ゆかり・室井翔太 2012．日本海溝とその周辺の活断層と巨大地震．地球惑星科学関連学会 2012 年連合大会．SSS38：P08.

96 福島における原子力災害からの復興

川﨑興太編 2018a．『環境復興―東日本大震災・福島原発事故の被災地から』八朔社.

川﨑興太 2018b．『福島の除染と復興』丸善出版.

川﨑興太編 2021．『福島復興 10 年間の検証―原子力災害からの復興に向けた長期的な課題』丸善出版.

97 三陸地域の市街地再編

消防庁災害対策本部 2018．『平成 23 年（2011 年）東北地方太平洋沖地震（東日本大震災）について（第 158 報）』消防庁.

山田浩久 2018．被災地における土地利用改変の実態と今後の課題―宮城県石巻市を事例にして．東北地理学会編『東日本大震災と地理学』91-102．笹木出版印刷.

山田浩久 2020．東日本大震災の被災地における居住地移動と市街地再編との関係―東北地方の被災県に着目して．季刊地理学 72：71-90.

98 山形県酒田市飛島の人口問題

山田浩久 2005．山形県・飛島の人口減少と住民の生活行動の変容．平岡昭利編著『離島研究 II』201-218．海青社.

山田浩久 2018．飛島 別宅による島の盛衰，平岡昭利・須山 聡・宮内久光編『図説 日本の島―76 の魅力ある島々の営み』16-17．朝倉書店.

99 北進を続けるイノシシ

岩手県 1963．『岩手県史 第 5 巻 近世篇 2 盛岡藩（附・八戸藩）』岩手県.

岩手県 2019．『第 2 次イノシシ管理計画』岩手県.

岩手県 2021．『令和 2 年度のイノシシ管理対策の実施状況について』岩手県イノシシ管理検討委員会.

環境省 2021．全国のニホンジカ及びイノシシの個体数推定及び生息分布調査の結果について（令和 2 年度）．https://www.env.go.jp/press/files/jp/26915.pdf（最終閲覧日：2021 年 7 月 14 日）

雫石町 2021．『広報しずくいし 2021 年 7 月号』雫石町.

100 住民とクマ達との軋轢の増加

青井俊樹 1998．『ヒグマの原野』フレーベル館.

川村善也 1982．日本産のクマの化石．ヒグマ 13：23-27.

日本クマネットワーク 2014．『ツキノワグマおよびヒグマの分布域拡縮の現況把握と軋轢抑止および危機個体群回復のための支援事業報告書』日本クマネットワーク.

キーワード一覧 <small>（数字は関連の深い章番号）</small>

あとがき

　『図説 世界の地域問題』が残り少なくなったとナカニシヤ出版から連絡を受けて，その後どのようにするか編者で相談した。世界ではCOVID-19も含めた新しい問題が起こっているので，どのようなテーマをカバーするべきか立案することになった。編者たちは世界の地域問題に関心を持ち続けていたので，新たな本にできるだけのテーマ一覧を作り上げるのに１日もかからなかった。それをもとにナカニシヤ出版に連絡したところ，是非この企画を進めましょうとご快諾を頂いた。

　『図説 世界の地域問題』編集時の記憶は編者たちの中で色あせず，何をするべきかわかっていたので，編者たちは即座に行動に移した。巻末に挙げた文献一覧について，2008年の月刊『地理』53巻２号で，文献の出典が簡単にはたどれないと指摘された。各執筆者から原稿が寄せられると，すぐにその原稿と文献情報を照らし合わせて，その文献に必ずたどり着けるように念入りにチェックした。編者たちは地理学に関係する学術雑誌の編集経験が豊富なので，文献情報は学術雑誌に投稿できる水準に達した。

　立案した当初は，COVID-19はいずれ収まるであろうと考えていたので，数日間の合宿形式で編集会議を行うつもりであった。ところが，COVID-19は収まるどころか日本全国に影響は及び，さらにはパンデミックになってしまった。編者たちが集まらずに編集をどのように行うのか，未知の世界であった。

　COVID-19の後に開かれる様々な会議は，オンライン会議システムを使って行われることが普及した。我々の編集会議もオンラインで行うことになった。対面形式と違ってオンラインで編集を始めると，執筆者とのやりとり，編者間の議論を繰り返す必要が出てきた。オンラインによる編集委員会は40回を超えた。編集会議を積み重ねてきたため，各編者からどのような意見が出てくるかは，お互いに言われなくてもわかるくらいになった。編者たちの緊密な連携はさらに強固になり，信頼関係は深まった。さらに，各執筆者とのやりとりを通じて最新の地域事情を知ることができたのは，編者たちにとって望外の喜びであった。

　本書のタイトルには区切りのよい100という数字を付けたが，これだけのテーマを揃えることができたのは編者たちの密かな誇りである。出版社からはさらに次の著作に配慮したタイトルがよいとのお言葉も頂いたが，そのように期待されていることは，とても嬉しい。もしも次作があるのなら，いくつか課題がある。写真や主題図をカラーで印刷できたら，読者の皆さんにもっとわかりやすくなる。紙の本の形態を取っているが，電子書籍としての発行も視野に入れる必要がある。未だに世界で拡大しているパンデミックの影響を含めて，地域問題のその後については記すべきテーマである。

　出版事情が厳しくなっているにもかかわらず，本書の刊行をお認め頂いた，ナカニシヤ出版の中西 良社長をはじめ，快く編集をお引き受けくださった吉田千恵さんには大変お世話になった。厚く謝意を表したい。

　本書が，地理学を学ぶ方々はもちろん，地域問題に関心のある他分野の多くの方々にご利用いただければ，それは著者たちにとって喜ばしいことである。

　2021年11月

編者のひとりとして

藤塚吉浩

執筆者一覧

(五十音順・*印は編者・数字は担当の項目番号)

青井俊樹　Aoi Toshiki　**100**
　岩手大学名誉教授

青木賢人　Aoki Tatsuto　**11,15,89**
　金沢大学地域創造学類

阿部和俊　Abe Kazutoshi　**23**
　愛知教育大学名誉教授

荒又美陽　Aramata Miyo　**42**
　明治大学文学部

飯島慈裕　Iijima Yoshihiro　**53**
　東京都立大学大学院都市環境科学研究科

一ノ瀬俊明　Ichinose Toshiaki　**67,68**
　国立研究開発法人国立環境研究所

伊藤貴啓　Ito Takahiro　**44**
　愛知教育大学教育学部

植田宏昭　Ueda Hiroaki　**12**
　筑波大学生命環境系

内田みどり　Uchida Midori　**28**
　和歌山大学教育学部

梅原隆治　Umehara Takaharu　**30,31**
　四天王寺大学名誉教授

*漆原和子　Urushibara-Yoshino Kazuko
　1,32,76,93,99　ブカレスト大学名誉教授

江口卓　Eguchi Takashi　**59**
　駒澤大学文学部

遠藤尚　Endo Nao　**65**
　東北学院大学地域総合学部

大石太郎　Oishi Taro　**39**
　関西学院大学国際学部

大城直樹　Oshiro Naoki　**92**
　明治大学文学部

*大西宏治　Ohnishi Koji　**1,3,74,85,86,87,88**
　富山大学人文学部

大山修一　Oyama Shuichi　**21**
　京都大学大学院アジア・アフリカ地域研究研究科

加賀美雅弘　Kagami Masahiro　**48**
　東京学芸大学教育学部

影山穂波　Kageyama Honami　**35**
　椙山女学園大学国際コミュニケーション学部

鹿嶋洋　Kashima Hiroshi　**77**
　熊本大学大学院人文社会科学研究部

川﨑興太　Kawasaki Kota　**96**
　福島大学共生システム理工学類

川瀬久美子　Kawase Kumiko　**80**
　愛媛大学教育学部

川畑一朗　Kawabata Ichiro　**21**
　京都大学大学院アジア・アフリカ地域研究研究科

川東正幸　Kawahigashi Masayuki　**18**
　東京都立大学大学院都市環境科学研究科

北川博史　Kitagawa Hirofumi　**81**
　岡山大学社会文化科学学域

金科哲　Kim Doo-Chul　**63**
　岡山大学環境生命科学研究科

久保純子　Kubo Sumiko　**91**
　早稲田大学教育学部

隈元崇　Kumamoto Takashi　**8,73**
　岡山大学理学部

倉光ミナ子　Kuramitsu Minako　**17**
　お茶の水女子大学基幹研究院人間科学系

呉羽正昭　Kureha Masaaki　**47**
　筑波大学生命環境系

澤柿教伸　Sawagaki Takanobu　27,40
　法政大学社会学部

篠田雅人　Shinoda Masato　22
　名古屋大学大学院環境学研究科

杉村和彦　Sugimura Kazuhiko　24
　福井県立大学学術教養センター

瀬戸寿一　Seto Toshikazu　5
　駒澤大学文学部

高柳長直　Takayanagi Nagatada　34,46,90
　東京農業大学国際食料情報学部

立見淳哉　Tatemi Junya　43
　大阪公立大学大学院経営学研究科・商学部

田和正孝　Tawa Masataka　64,66,69,82
　関西学院大学名誉教授

堤 純　Tsutsumi Jun　19,20
　筑波大学生命環境系

寺田裕佳　Terada Yuka　61
　大阪市立大学大学院創造都市研究科・院

寺谷亮司　Teraya Ryoji　25
　愛媛大学社会共創学部

中西僚太郎　Nakanishi Ryotaro　94
　筑波大学人文社会系

難波孝志　Namba Takashi　45
　大阪経済大学情報社会学部

西村雄一郎　Nishimura Yuichiro　4
　奈良女子大学研究院人文科学系

西森啓祐　Nishimori Keisuke　16

羽田麻美　Hada Asami　75
　琉球大学国際地域創造学部

花輪公雄　Hanawa Kimio　9,13
　山形大学理事・副学長

＊藤塚吉浩　Fujitsuka Yoshihiro
　1,6,32,38,41,49,50,71,78,79,83,99
　大阪公立大学大学院経営学研究科・商学部

二村太郎　Futamura Taro　14,36,37
　同志社大学グローバル地域文化学部

＊松山 洋　Matsuyama Hiroshi　1,2,52
　東京都立大学大学院都市環境科学研究科

丸山浩明　Maruyama Hiroaki　29
　立教大学文学部

宮内洋平　Miyauchi Yohei　26
　立教大学アジア地域研究所

宮城豊彦　Miyagi Toyohiko　33,62
　東北学院大学名誉教授

森 日出樹　Mori Hideki　60
　松山東雲女子大学人文科学部

森永由紀　Morinaga Yuki　57
　明治大学商学部

森本 泉　Morimoto Izumi　58
　明治学院大学国際学部

安成哲三　Yasunari Tetsuzo　10
　総合地球環境学研究所

山﨑孝史　Yamazaki Takashi　72
　大阪公立大学大学院文学研究科

山下博樹　Yamashita Hiroki　51
　鳥取大学地域学部

山田浩久　Yamada Hirohisa　97,98
　山形大学人文社会科学部

吉水裕也　Yoshimizu Hiroya　7,54,84
　兵庫教育大学大学院学校教育研究科

渡邊貴典　Watanabe Takanori　52
　東京都立大学大学院都市環境科学研究科

渡辺悌二　Watanabe Teiji　55,56
　北海道大学地球環境科学研究院

渡邊眞紀子　Watanabe Makiko　70
　東京都立大学名誉教授

渡辺満久　Watanabe Mitsuhisa　95
　東洋大学社会学部

図説 世界の地域問題 100
100 Regional Problems in the World

2021 年 12 月 27 日　初版第 1 刷発行 2023 年 10 月 15 日　初版第 4 刷発行	(定価はカバーに 表示しています)

編　者　　漆原和子・藤塚吉浩
　　　　　松山　洋・大西宏治

発行者　　中　西　　良

発行所　株式会社　ナカニシヤ出版
〒606-8161　京都市左京区一乗寺木ノ本町 15
TEL　(075) 723-0111
FAX　(075) 723-0095
https://www.nakanishiya.co.jp/

ⓒ Kazuko URUSHIBARA-YOSHINO 2021（代表）　Printed in Japan
印刷・製本／ファインワークス　　装丁／白沢 正

落丁・乱丁本はお取り替えいたします
ISBN978-4-7795-1613-9 C0025